中国国土资源统计年鉴

CHINA LAND AND RESOURCES STATISTICAL YEARBOOK

2014

中华人民共和国国土资源部　编

Compiled by the Ministry of Land and Resources P.R.C.

地质出版社

Geological Publishing House

· 北　京 ·

Beijing

图书在版编目（CIP）数据

2014中国国土资源统计年鉴／中华人民共和国国土资源部编. —北京：地质出版社，2015. 4
ISBN 978-7-116-09158-0

Ⅰ. ①2… Ⅱ. ①中… Ⅲ. ①国土资源-统计资料-中国-2014-年鉴 Ⅳ. ①F129. 9-54

中国版本图书馆CIP数据核字（2015）第034554号

责任编辑：蔡 莹
责任校对：关风云
出版发行：地质出版社
社址邮编：北京海淀区学院路31号，100083
电 话：（010）66554528（邮购部）；（010）66554604（编辑室）
网 址：http：//www.gph.com.cn
传 真：（010）66554607
印 刷：北京地大天成印务有限公司
开 本：890mm×1240mm 1/16
印 张：23. 75
字 数：700千字
版 次：2015年4月北京第1版
印 次：2015年4月北京第1次印刷
定 价：198. 00元
书 号：ISBN 978-7-116-09158-0

《中国国土资源统计年鉴2014》编委会

《中国国土资源统计年鉴2014》编辑部

China Land and Resources Statistical Yearbook 2014
Editorial Board

China Land and Resources Statistical Yearbook 2014
Staff

编者说明

一、《中国国土资源统计年鉴2014》是一部全面反映中华人民共和国国土资源状况和国土资源行政管理情况的资料性年鉴。本书收录了全国和各省（自治区、直辖市）2013年国土资源及行政管理各方面大量的统计数据，以及2009年以来5年的国土资源主要统计数据。

二、本年鉴的统计范围是全国土地资源、矿产资源、海洋资源，国土资源调查、勘查，国家、省（自治区、直辖市）、市（地）、县四级国土资源行政主管部门对土地资源、矿产资源的行政管理和国家对海洋资源的行政管理，国土资源科学技术研究和国土测绘。

三、本年鉴资料内容包括概况，国土资源调查、勘查，国土资源开发利用，国土资源行政管理，国土资源科学技术研究，测绘和其他资料。各章节后附有主要统计指标解释，对主要国土资源综合统计指标的含义、统计范围、统计口径、计算方法等作了简要说明。

四、本年鉴资料主要来源于国土资源部、全国各省（自治区、直辖市）国土资源主管部门、国家海洋局、国家测绘地理信息局、中国地质调查局和部其他直属单位，以及各地勘主管单位上报的国土资源综合统计年报。部分资料摘自《中国统计年鉴》。

五、本年鉴的全国性统计数据均未包括香港特别行政区、澳门特别行政区和台湾省。

六、一些数据的合计数或相对数，因受进位的影响，不一定等于分项的累加。

七、本年鉴各表中，对全表的有关注解均在该表上方，对表中部分指标的注解则在该表下方。凡带续表的资料，对部分指标的注解一律在最后一张续表的下方。

八、本年鉴表中的符号使用说明：空格表示该项统计指标数据不详或无该项数据；“①”表示本表下有注解。

PREFACE

Ⅰ. The *China Land and Resources Statistical Yearbook 2014* is an informative yearbook reflecting comprehensively the status of land and resources of the People's Republic of China and their administration. The *China Land and Resources Statistical Yearbook 2014* collects a wealth of statistical data of land and resources and their administration of the whole country and all the provinces (autonomous regions, and municipalities directly under the central government) in 2013, as well as the main statistical data of land and resources over five years since 2009.

Ⅱ. Statistics in the yearbook cover the national land, mineral, and marine resources, land and resources survey and exploration, administration of land and mineral resources by competent administrative departments of land and resources at the state, provincial (autonomous region, and municipality directly under the central government), municipal (prefectural), and county levels, and administration of marine resources by the state, scientific and technological research on land and resources, and land surveying and mapping.

Ⅲ. The yearbook contains seven chapters: general status of land and resources, land resources survey and mineral resources exploration, land and resources development and utilization, land and resources administration, scientific and technological research on land and resources, surveying and mapping, and other data. In addition, explanatory notes on main statistical indicators follow each chapter, which give brief descriptions of the connotations, statistical scope, statistical approaches, and calculation methods of the main land and resources statistical indicators.

Ⅳ. The principal sources of the yearbook are annual comprehensive statistical reports on land and resources submitted by the competent land and resources administrative departments of the Ministry of Land and Resources and various provinces (autonomous regions and municipalities directly under the central government) throughout China, State Oceanic Administration, National Administration of Surveying, Mapping and Geoinformation, China Geological Survey, other institutions affiliated to MLR and various departments in charge of geological exploration. Individual data are extracted from *China Statistical Yearbook*.

Ⅴ. The national statistical data involved in the yearbook do not include those of the Hong Kong Special Administrative Region, Macau Special Administrative Region, and Taiwan Province.

Ⅵ. Some aggregations or rates/ratios may not add up to the sum of the series because of rounding.

Ⅶ. The notes concerning the whole table are placed at the upper part of the table, while the notes concerning individual indicators are placed at the lower part. If the table is a continued one, the footnotes are placed in the last page.

Ⅷ. Notations used in the yearbook: blank indicates that the data of the statistical indicator of the item are either non-applicable or unavailable; "①" means see footnotes below.

土地资源状况 Land Resources

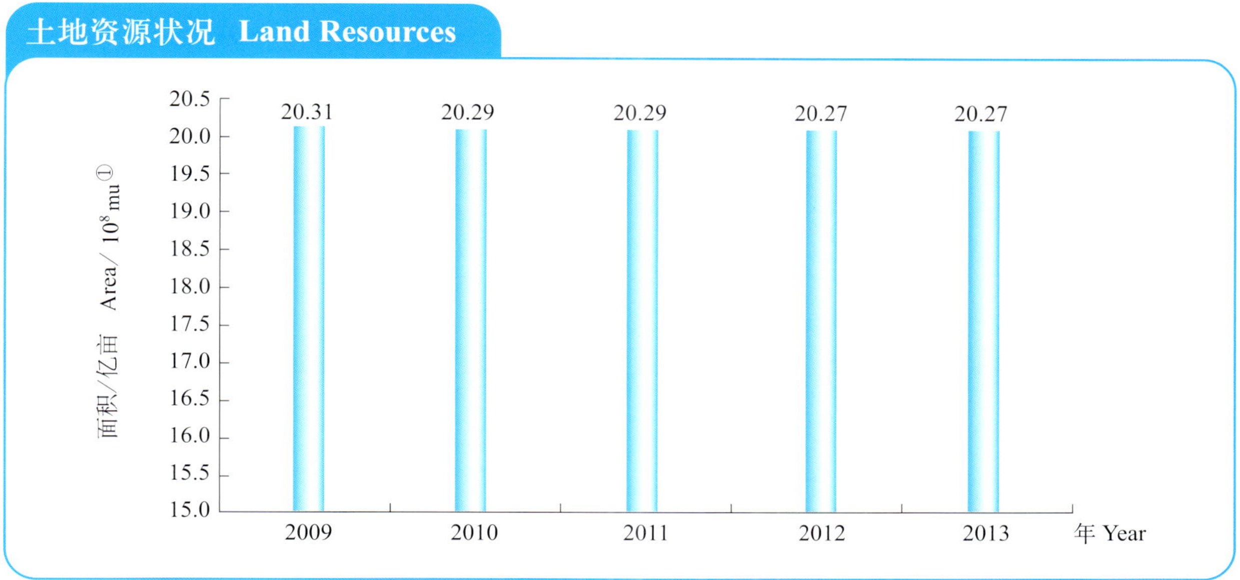

图 1 2009–2013 年全国耕地面积变化情况

Fig.1 Cultivated land area in 2009–2013

注：本图数据采用第二次全国土地调查数据。

Note: The histogram using the second national land survey data.

矿产资源勘查 Mineral Resources Exploration

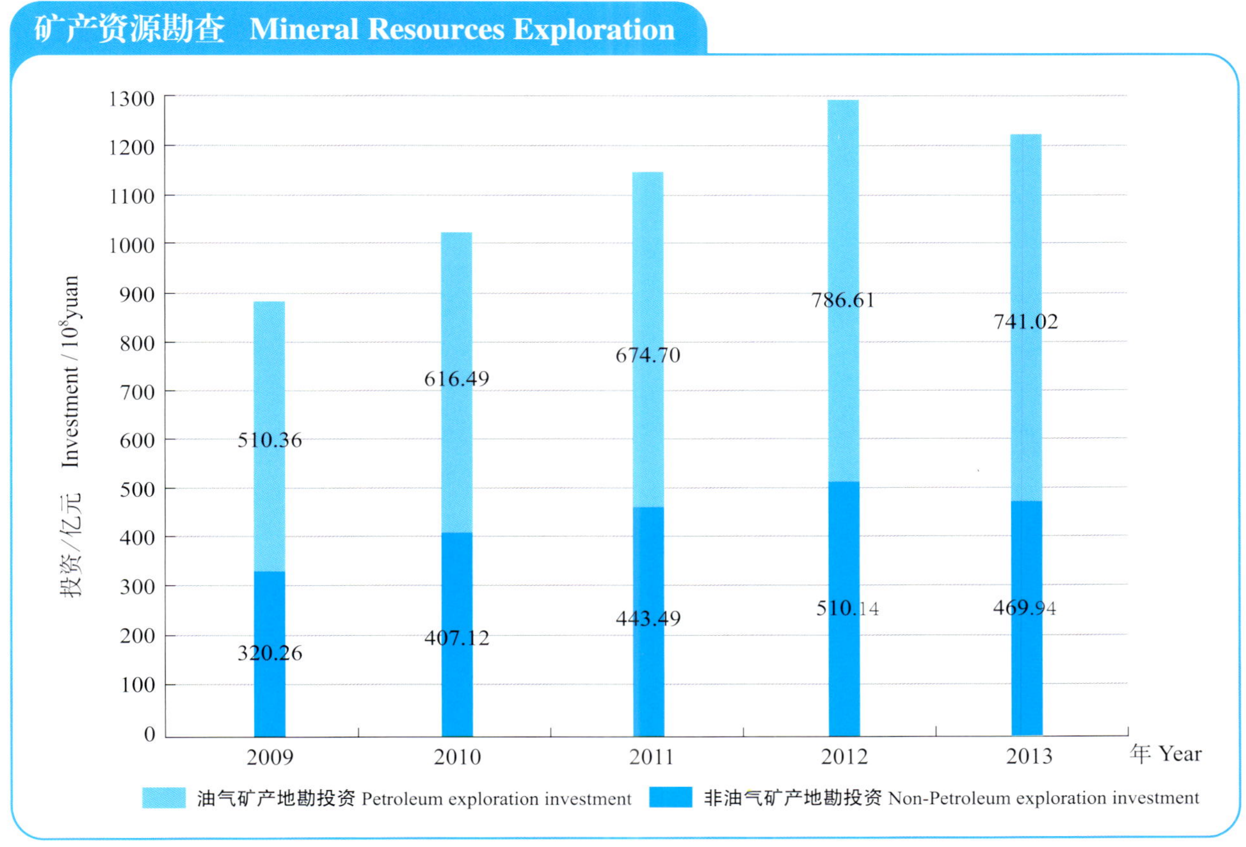

图 2 2009–2013 年全国地质勘查投资情况

Fig.2 Investment in China's geological exploration in 2009–2013

① 1 亩 =0.067 公顷。

① 1mu=0.067 hectare.

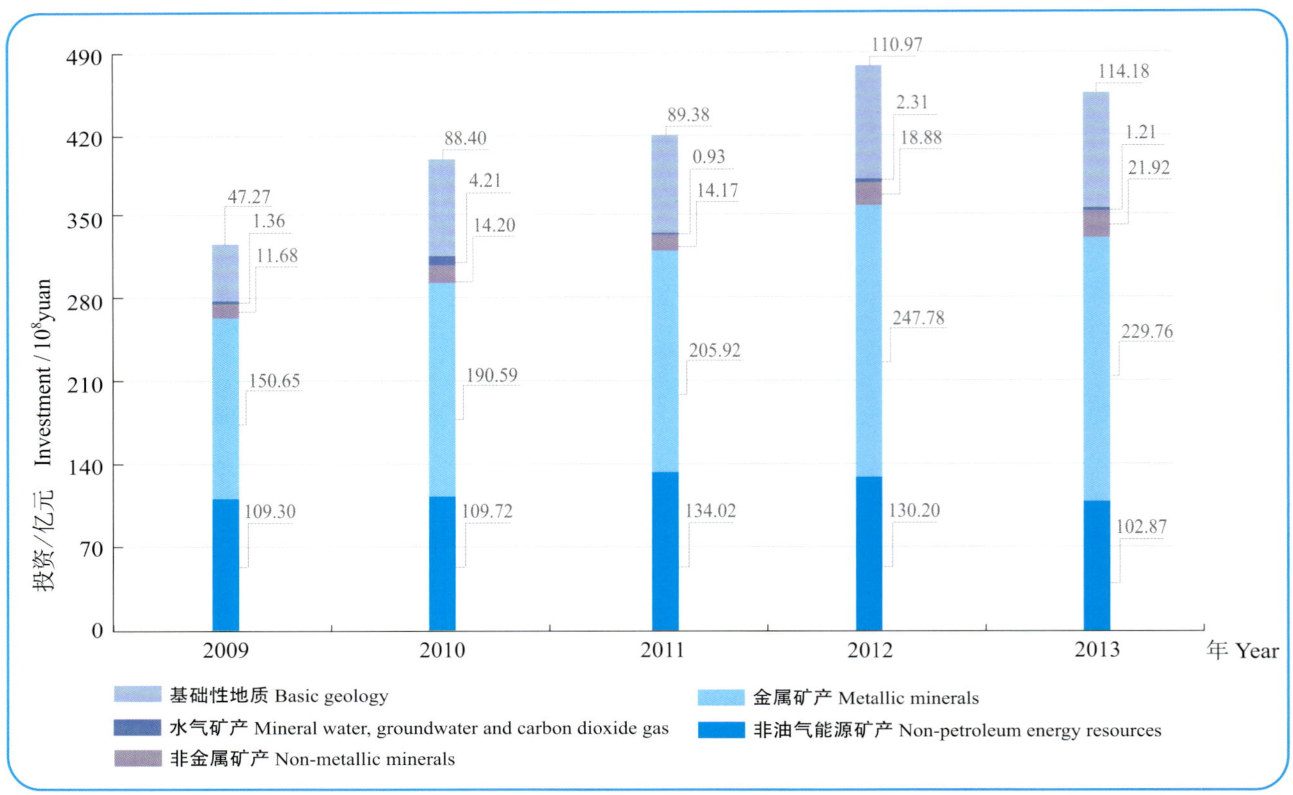

图 3　2009—2013 年全国非油气矿产地质勘查投资情况
Fig.3　Investment in China' s non-petroleum minerals exploration in 2009—2013

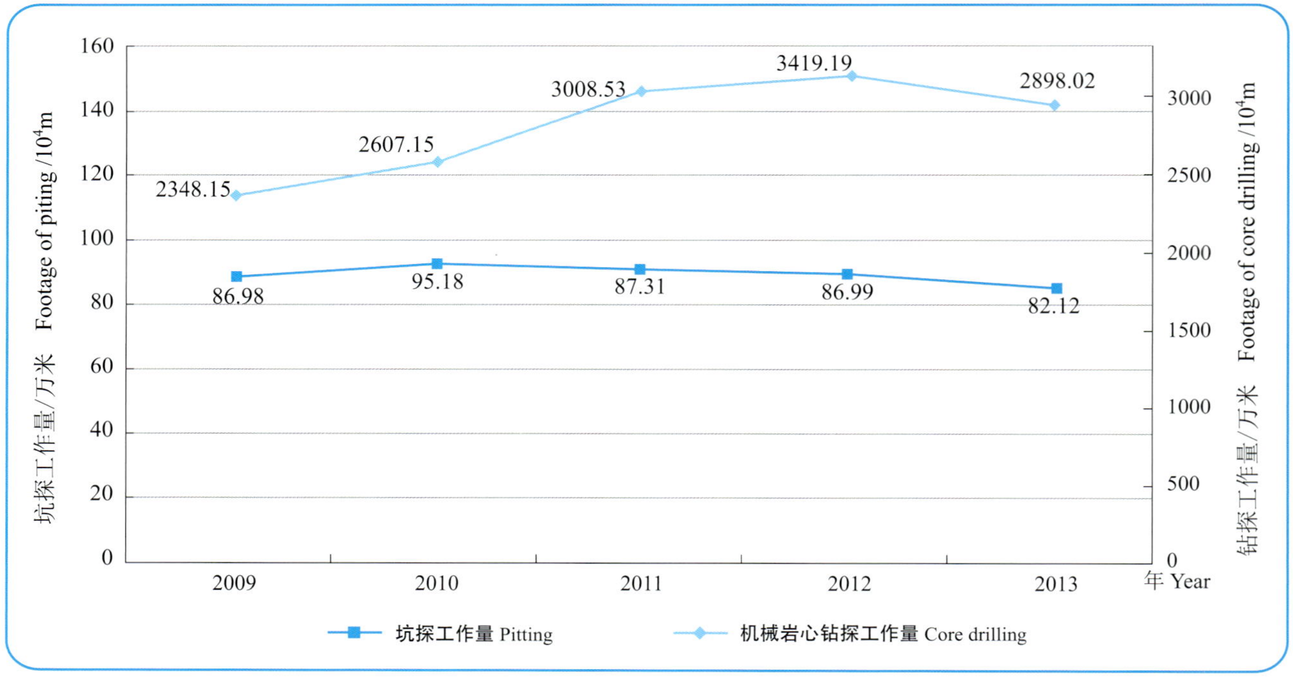

图 4　2009—2013 年我国地质勘查坑探和机械岩心钻探工作量的变化情况
Fig.4　Footage of pitting and core drilling for China' s geological exploration in 2009—2013

土地资源开发利用 Land Resources Development and Utilization

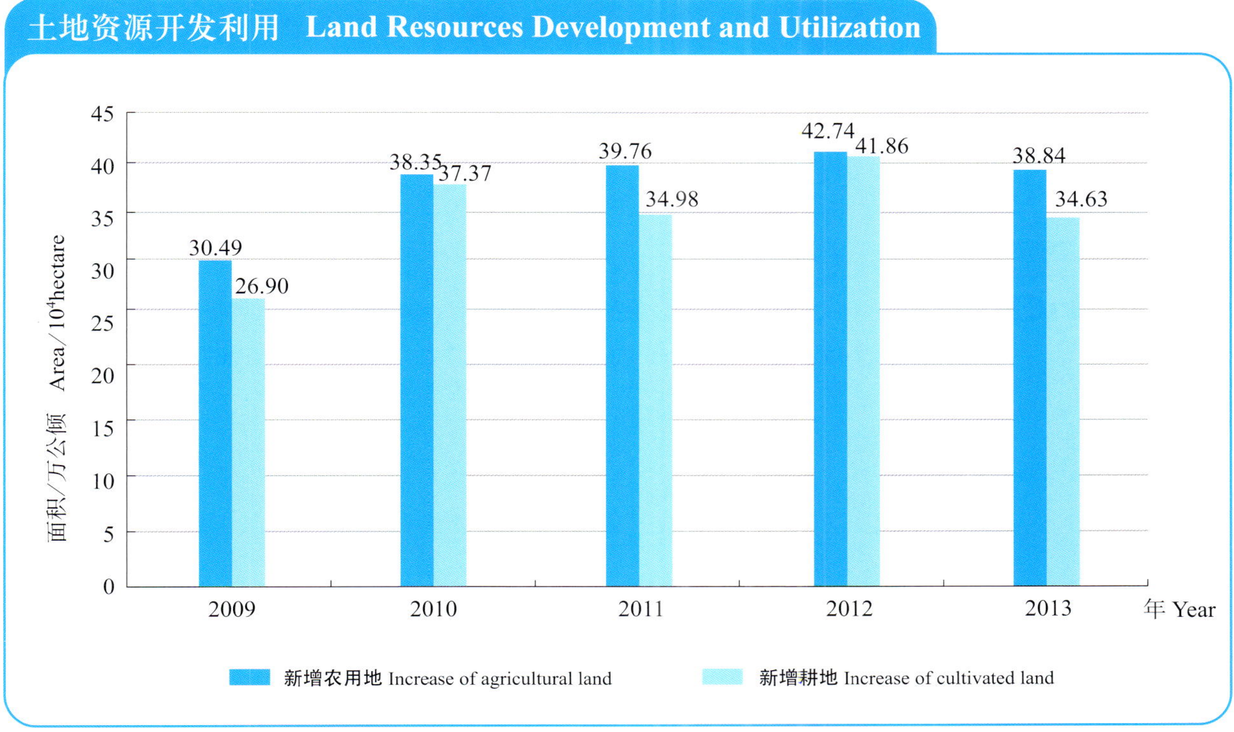

图 5 2009—2013 年土地整治增加农用地和耕地面积情况
Fig.5 Area of agricultural land and cultivated land increased by land consolidation and improvement in 2009—2013

国土资源管理机构 Land and Resources Administrative Agencies

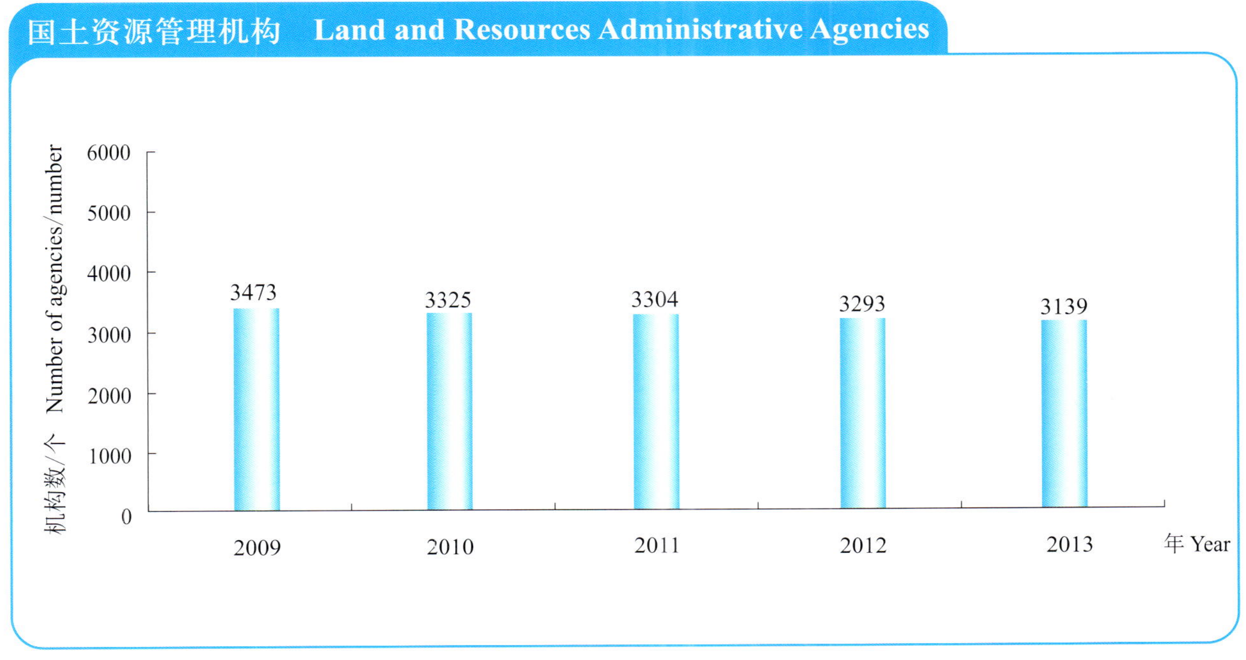

图 6 2009—2013 年全国省、市、县国土资源管理机构数
Fig.6 Number of land and resources administrative agencies of provincial, municipal and county levels of China in 2009—2013

土地资源管理 Land Resources Administration

图 7 2009—2013 年审批建设用地情况
Fig.7 Examination and approval of land for construction in 2009—2013

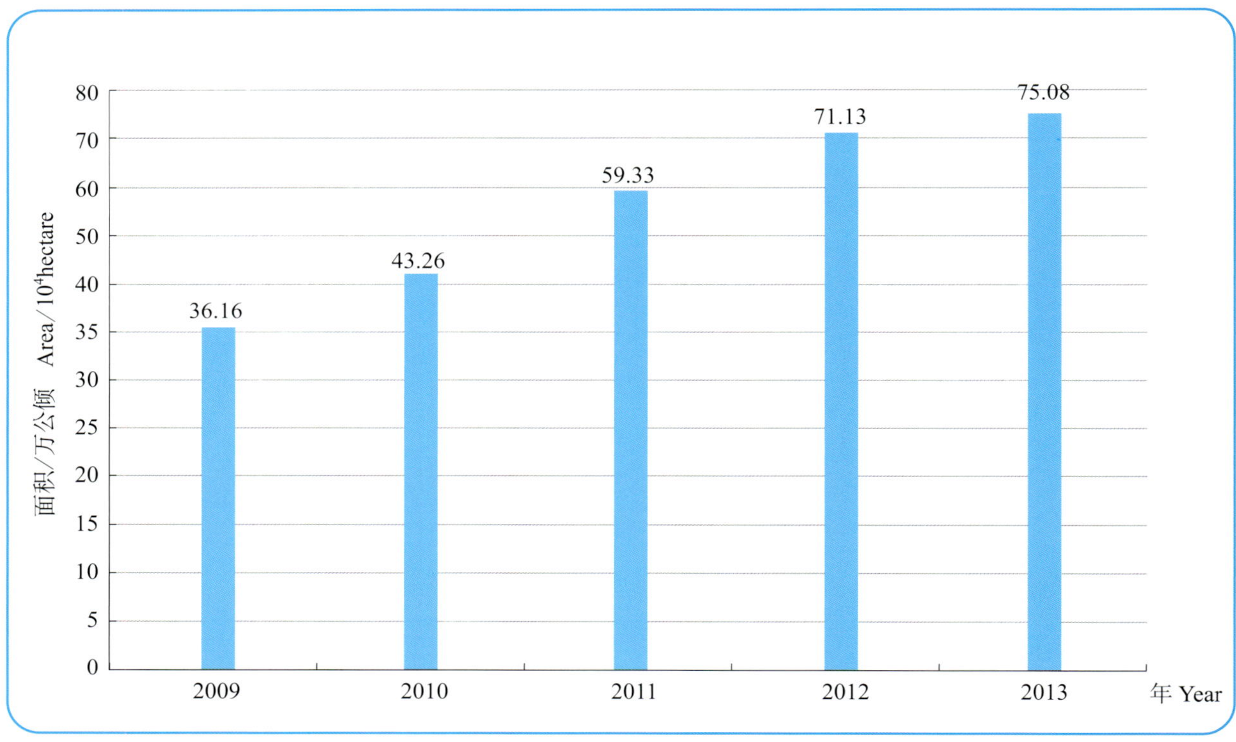

图 8 2009—2013 年国有建设用地供应情况
Fig.8 State-owned land of construction use supplied in 2009—2013

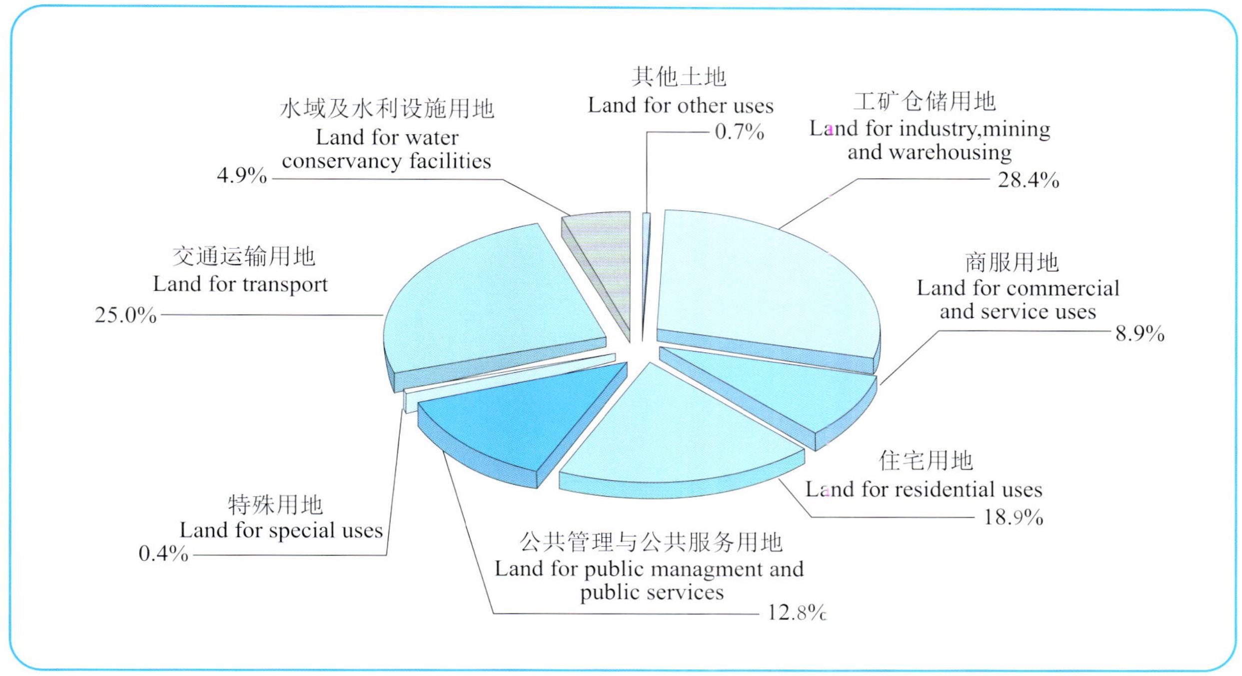

图 9 2013 年国有建设用地供应结构情况

Fig. 9 The structure of state-owned land of construction use supplied in 2013

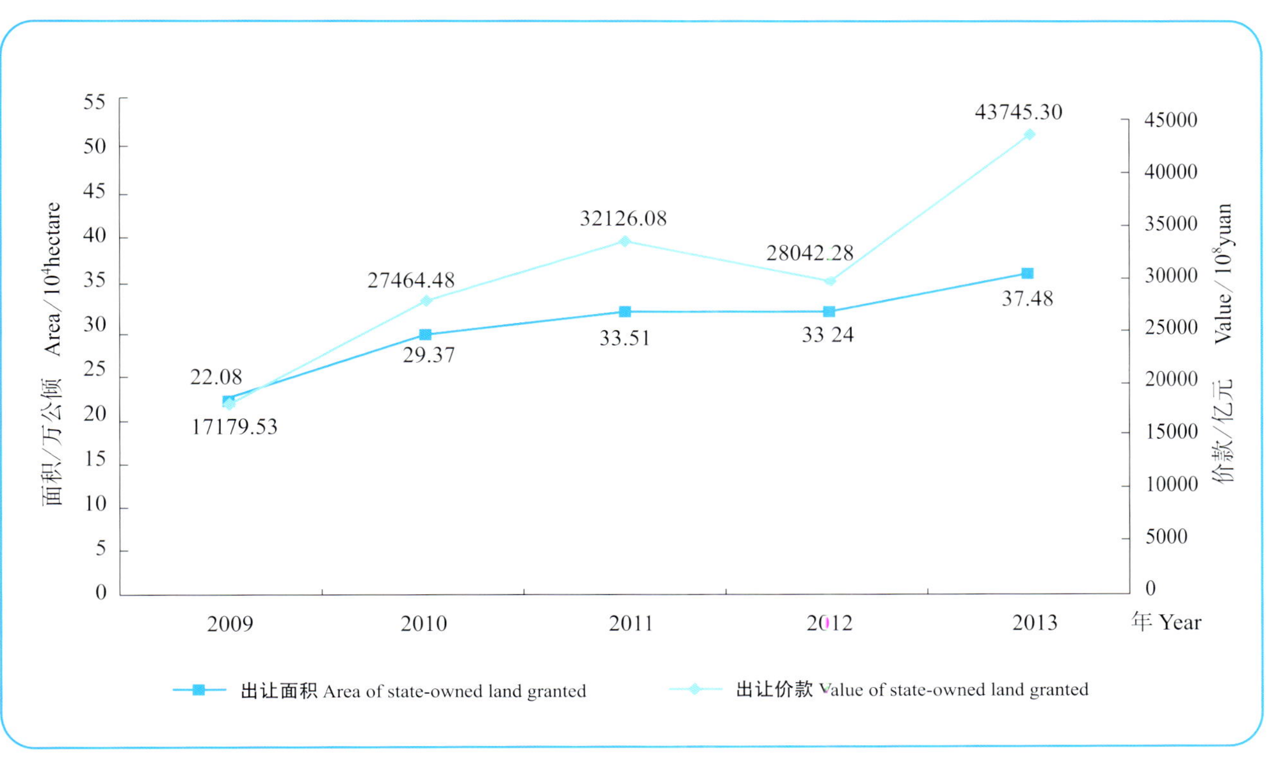

图 10 2009—2013 年国有建设用地出让情况

Fig.10 State-owned land of construction use granted in 2009—2013

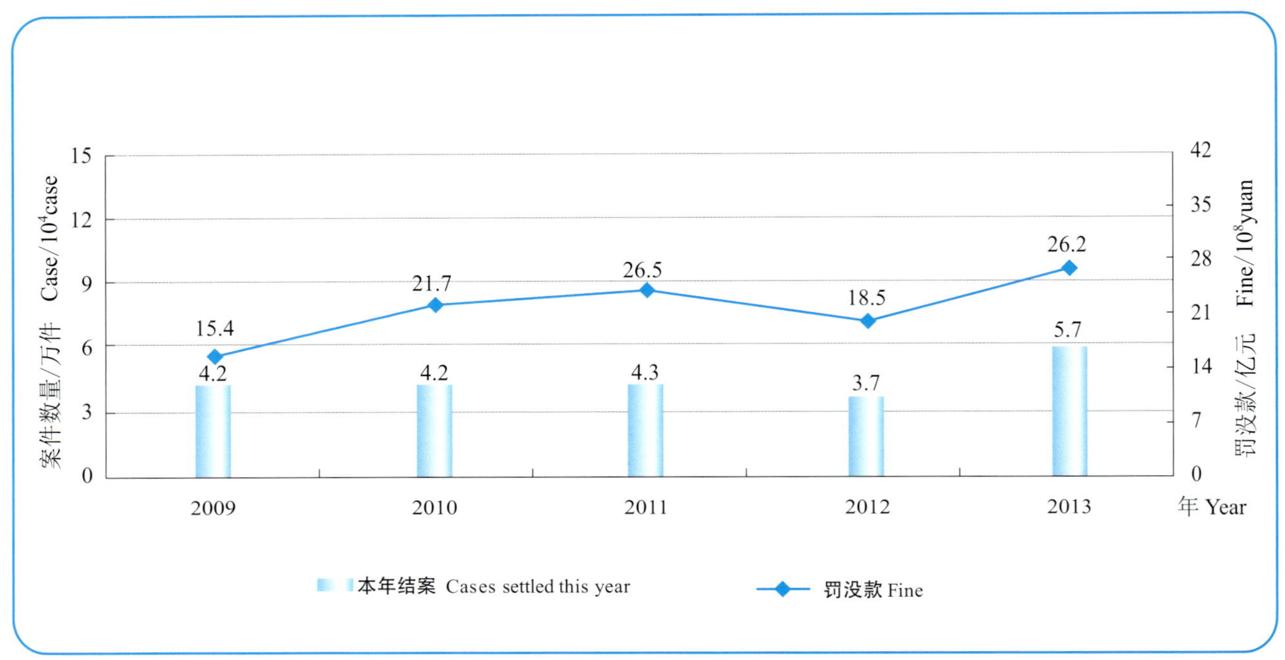

图 11　2009—2013 年土地违法案件查处情况
Fig.11　Cases handling of land law violations in 2009—2013

矿产资源管理　Mineral Resources Administration

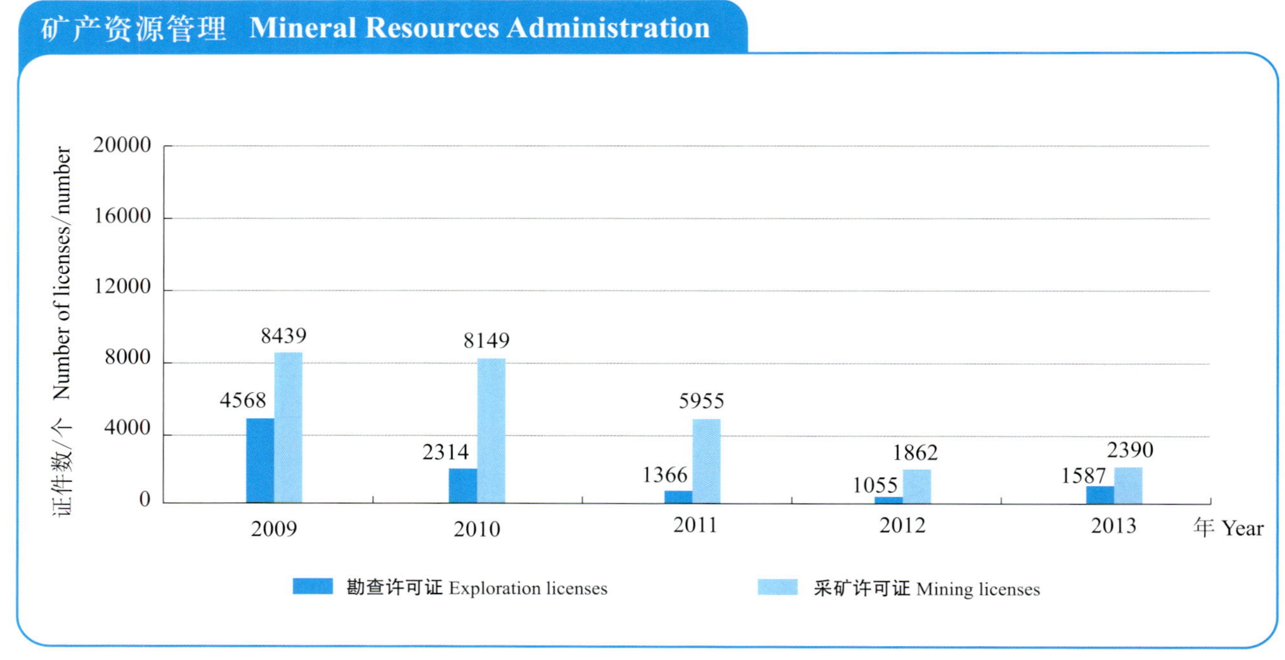

图 12　2009—2013 年新立的勘查、采矿许可证情况
Fig.12　Exploration and mining licenses newly issued in 2009—2013

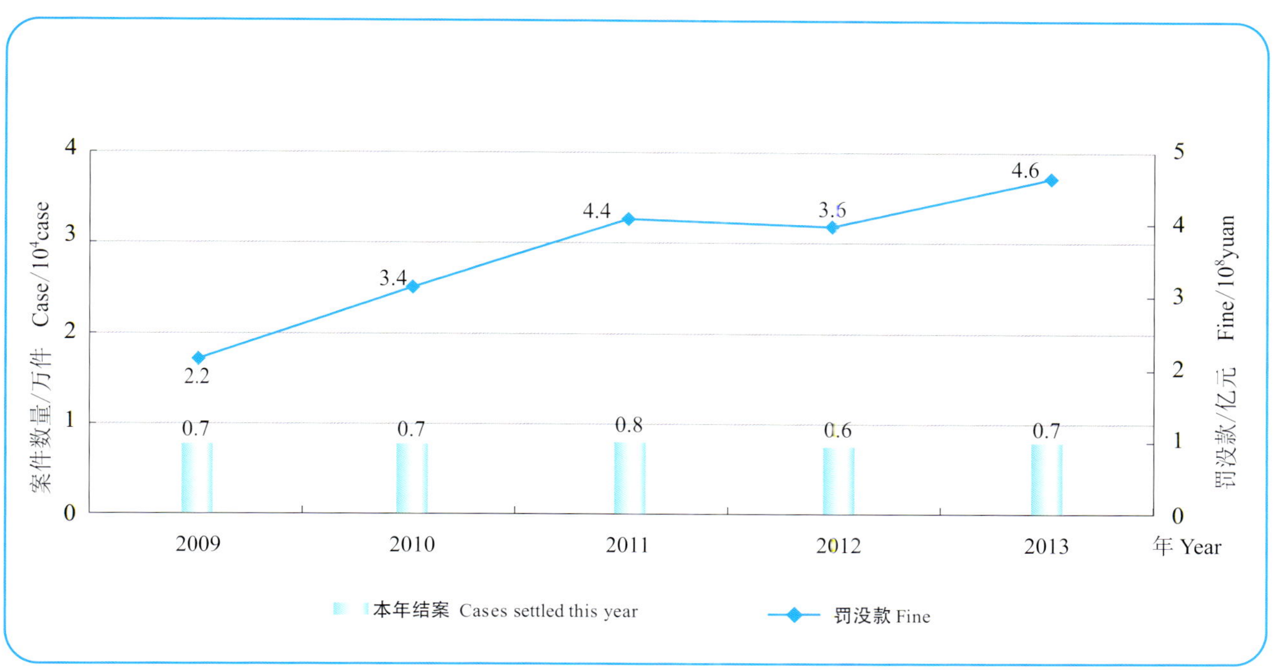

图 13　2009—2013 年矿产资源勘查、开采违法案件查处情况
Fig.13　Cases handling of illegal exploration and mining in 2002—2013

地质环境管理　Geo-environmental Management

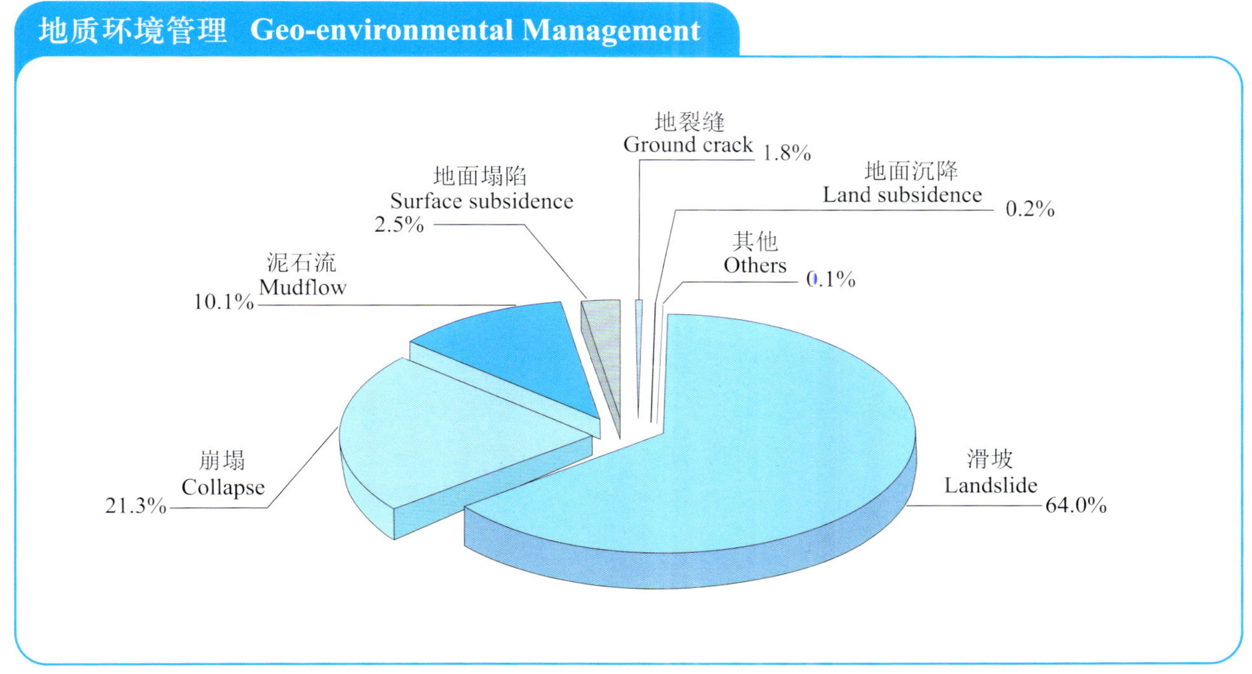

图 14　2013 年地质灾害构成情况
Fig.14　Composition of geohazards occurring in 2013

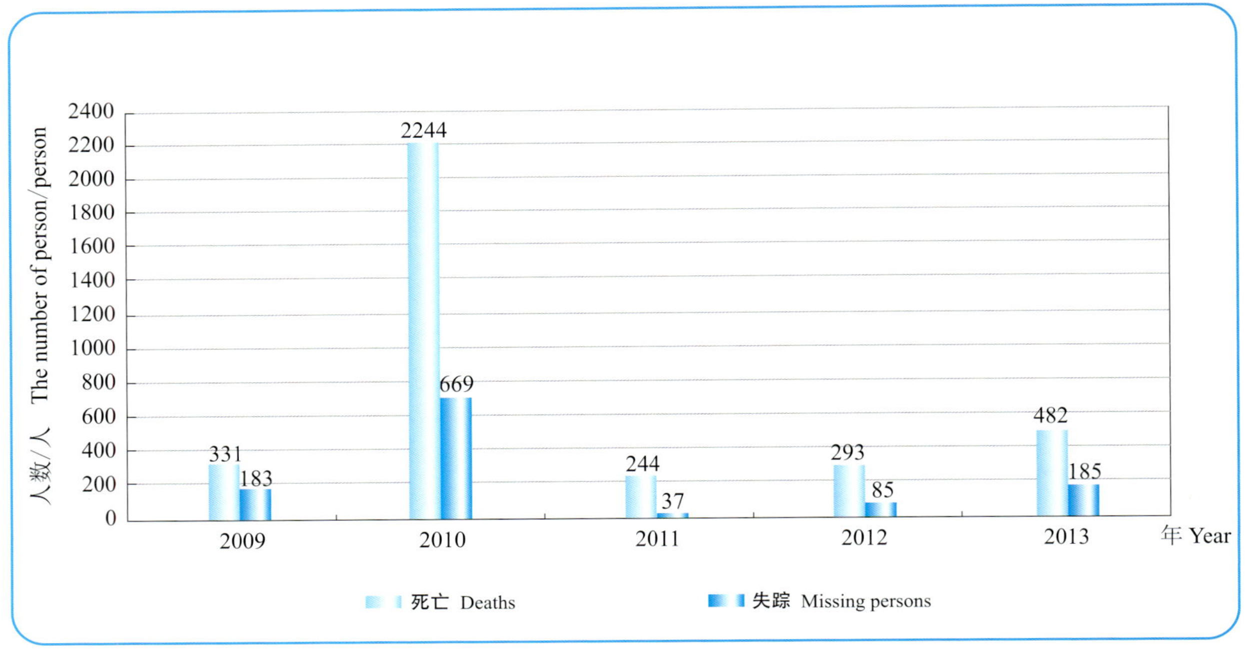

图 15　2009—2013 年地质灾害造成人员死亡和失踪情况
Fig.15　Deaths and missing persons caused by geohazards in 2009—2013

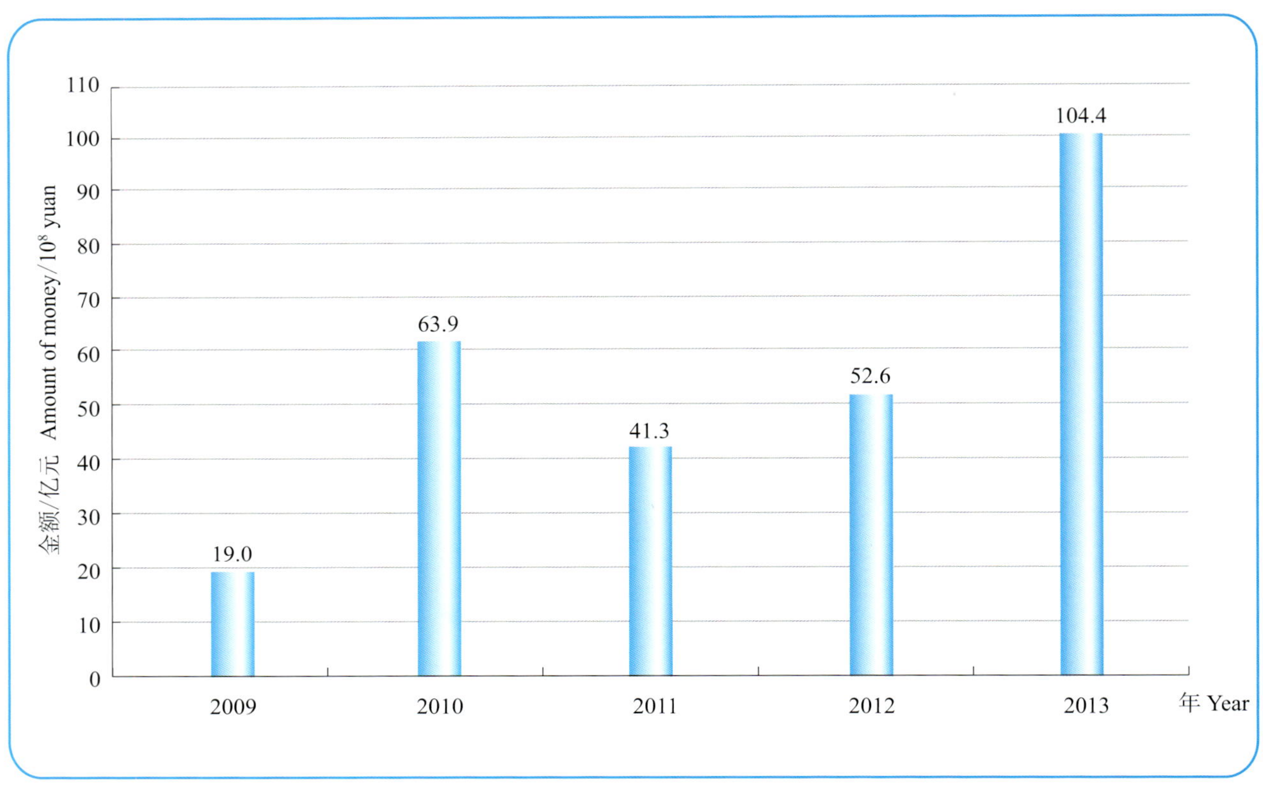

图 16　2009—2013 年地质灾害造成直接经济损失情况
Fig.16　Direct economic loss caused by geohazards in 2009—2013

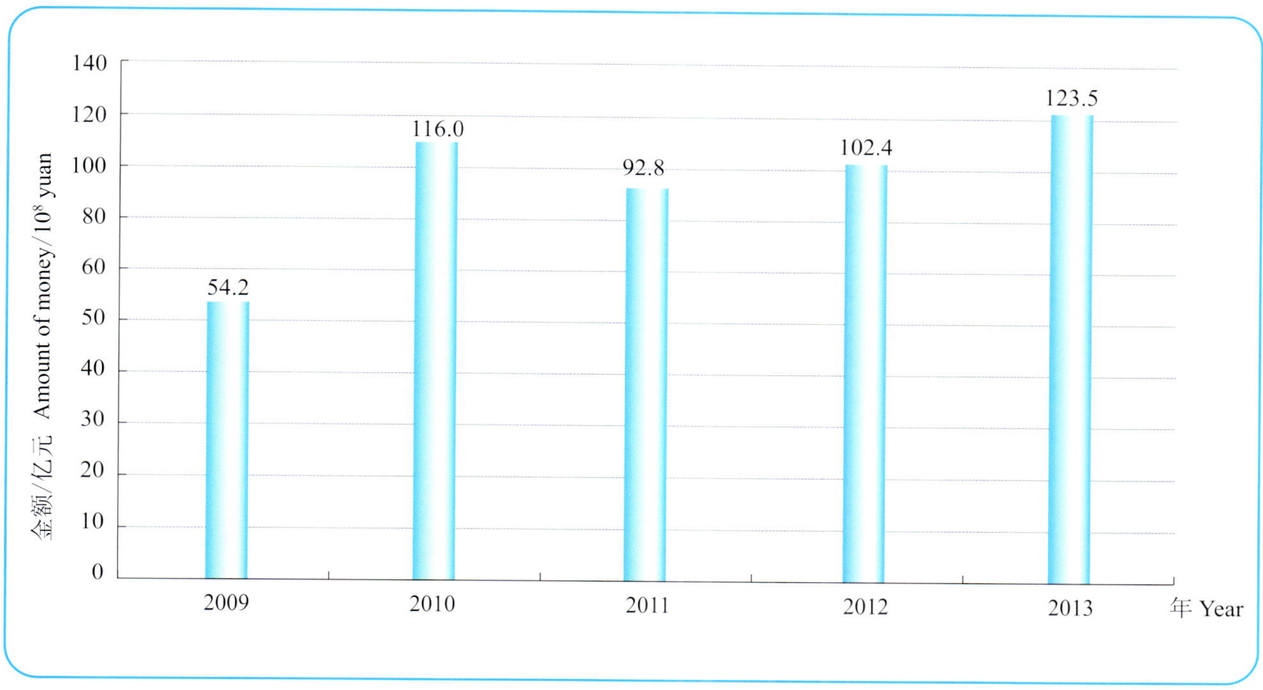

图 17　2009—2013 年地质灾害防治投入资金情况

Fig.17　Funds invested in the prevention and control of geohazards in 2009—2013

矿产品进出口情况　Imports and Exports of Mineral Commodities

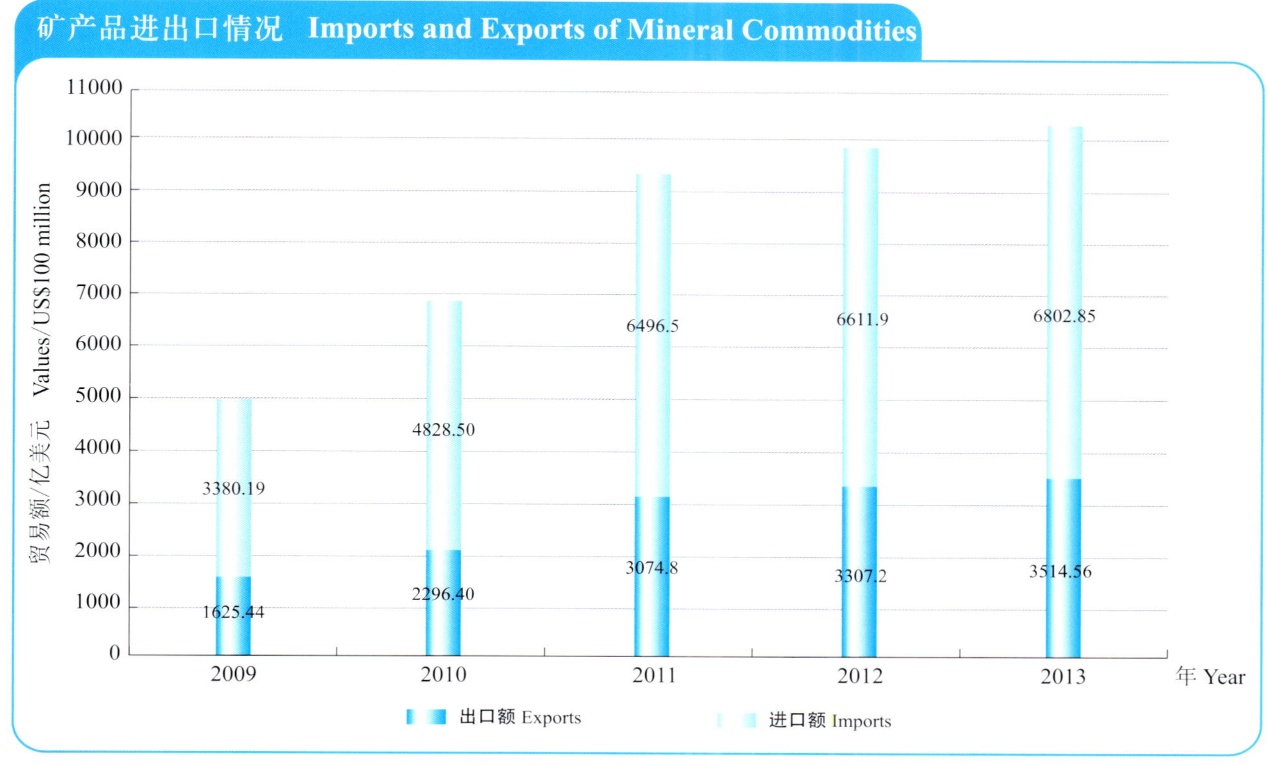

图 18　2009—2013 年我国矿产品及其相关产品的进出口贸易额变化趋势

Fig.18　Values of imports and exports of mineral commodities and related commodities of China in 2009—2013

目　录

CONTENTS

四、国土资源行政管理

Chapter 4　Land and Resources Administration

五、国土资源科学技术研究

Chapter 5 Scientific and Technological Research on Land and Resources

六、测绘

Chapter 6 Surveying and Mapping

一、概　　况

Chapter 1　General

土地资源状况
Land Resources Conditions

项　目	Item	2013 年面积（万公顷）Area in 2013 (10^4 hectare)
总面积	**Total Land Area**	
耕　地	Cultivated Land	13516.34
园　地	Garden Land	1445.46
林　地	Forest Land	25325.39
牧草地	Pasture Land	21951.39
其他农用地	Other Agricultural Land	2378.26
居民点及独立工矿用地	Land for Residential, Industrial/Mining Sites	3060.73
交通运输用地	Land for Transport	334.49
水利设施用地	Land for Water Conservancy Facilities	350.42
未利用地	Unused Land	

注：2013 年土地变更调查的统一时点为 12 月 31 日。

Notes: The statistical time of the Land-use Alteration Survey in 2013 is Dec. 31st.

二、国土资源调查、勘查

Chapter 2 Land and Resources Survey and Mineral Resources Exploration

土地资源

Land Resources

耕 地 增 减
Changes in

单位：亩[①]

年份/地区	Year/Region	年内增加耕地面积 Increase of Cultivated Land Area during the Year			年内 Decrease of
		小计 Subtotal	补充耕地 Supplementary Cultivated Land	农业结构调整 Agricultural Restructuring	小计 Subtotal
	2010	4723927.05	3916370.70	807556.35	6437815.65
	2011	5659840.05	4736817.45	923022.60	6102015.75
	2012	4827610.50	4359939.30	467671.20	6029921.85
	2013	5394121.20	5064727.80	329393.40	5321106.75
北京	Beijing	26645.40	26645.40		22128.60
天津	Tianjin	44885.55	44885.55		59400.00
河北	Hebei	195444.60	185630.70	9813.90	302512.50
山西	Shanxi	126976.35	118881.90	8094.45	160061.70
内蒙古	Inner Mongolia	367724.55	301489.35	66235.20	186930.15
辽宁	Liaoning	36666.75	36577.80	88.95	174534.45
吉林	Jilin	38248.50	37918.80	329.70	146728.80
黑龙江	Heilongjiang	401227.05	386039.25	15187.80	127993.20
上海	Shanghai	23803.80	23803.80		26392.80
江苏	Jiangsu	288065.40	283939.50	4125.90	335055.45
浙江	Zhejiang	210825.00	210825.00		224059.50
安徽	Anhui	236794.05	234627.30	2166.75	209640.75
福建	Fujian	131065.65	130459.50	606.15	125924.25
江西	Jiangxi	191821.05	191821.05		134727.60
山东	Shandong	388973.55	352215.75	36757.80	421059.75
河南	Henan	277956.00	264215.55	13740.45	518829.30
湖北	Hubei	154747.20	154059.75	687.45	277112.10
湖南	Hunan	198257.10	198255.30	1.80	149235.45
广东	Guangdong	210114.15	209936.40	177.75	99253.05
广西	Guangxi	211145.40	211141.50	3.90	133019.40
海南	Hainan	22487.55	22487.55		21958.35
重庆	Chongqing	180626.25	180615.45	10.80	112499.85
四川	Sichuan	274485.45	251141.10	23344.35	233773.80
贵州	Guizhou	177393.45	172659.00	4734.45	238127.10
云南	Yunnan	92784.30	92428.80	355.50	169363.20
西藏	Tibet	8.55	8.55		6860.25
陕西	Shaanxi	297922.35	162161.70	135760.65	200136.75
甘肃	Gansu	88819.65	87496.80	1322.85	158450.85
青海	Qinghai	44472.15	44472.15		49208.55
宁夏	Ningxia	57520.95	57215.40	305.55	81850.05
新疆	Xinjiang	396213.45	390672.15	5541.30	214279.20

① 1 亩=0.067 公顷。
① 1 mu=0.067 hectare。

变 动 情 况

Cultivated Land

Unit: mu[①]

减少耕地面积 Cultivated Land Area during the Year				年末耕地面积 Cultivated Land Area at Year End
建设占用 Land for Construction Use	灾害损毁 Destroyed by Natural Hazards	生态退耕 Turned to Ecological Uses	农业结构调整 Agricultural Restructuring	
4936212.75	688943.85	130846.35	681812.70	2029023973.50
4802710.80	335267.40	141501.00	822536.55	2028578488.05
4853471.40	238981.95	161440.50	776028.00	2027376566.10
4389726.15	99741.30	115935.75	715703.55	2027450581.35
19658.55	19.50	14.85	2435.70	3317359.20
51476.10		0.15	7923.75	6574647.30
186696.30	1039.50	9425.85	105350.85	98267877.15
140125.80	84.90	181.20	19669.80	60929879.10
104216.10	474.15	45015.90	37224.00	137984694.45
145191.30	6503.85	195.60	22643.70	74844924.45
119478.60	10462.80	449.70	16337.70	105097008.45
100389.15	4572.45	4196.25	18835.35	237961582.50
24527.25	593.70	212.25	1059.60	2820191.40
250016.40	1689.75	863.85	82485.45	68723712.15
210836.40	703.20	204.00	12315.90	29677591.80
183217.95	3368.85	5202.75	17851.20	88246529.10
117991.50	39.45	90.00	7803.30	20081155.50
121129.65	5149.95	2722.65	5725.35	46309653.30
313367.85	3353.25	4844.10	99494.55	114502946.55
464237.10	346.80	1613.40	52632.00	122110522.65
255214.20	261.45	796.65	20839.80	79227194.55
144436.80	96.00	787.35	3915.30	62242715.40
90759.00		259.20	8234.85	39327445.20
126347.70	8.10	7.95	6655.65	66291716.70
19268.40			2689.95	10900742.40
108460.65	102.60	88.80	3847.80	36837352.35
214257.90	8404.65		11111.25	101021637.15
166674.45	5208.00	1525.65	64719.00	68222109.15
153833.10	7540.95	7.50	7981.65	93297192.15
6371.70	8.70		479.85	6626585.10
147037.35	21264.15	436.50	31398.75	59880132.45
119758.05	16513.65	12.15	22167.00	80682383.55
47034.30			2174.25	8823178.65
50941.35		24005.40	6903.30	19216869.60
186775.20	1930.95	12776.10	12796.95	77403051.90

土地登记发证与
Land Registration and License

单位：宗

地区	Region	土地 Land License					
		国有土地使用权 State-owned Land-use Right		集体土地使用权 Collective-owned Land-use Right		集体建设用地使用权 Right to the Use of Construction Land for Collectives	
		应发证宗数 Number of Land Plots Whose Registration should be Completed	已发证宗数 Number of Land Plots Whose Registration has been Completed	应发证宗数 Number of Land Plots Whose Registration should be Completed	已发证宗数 Number of Land Plots Whose Registration has been Completed	应发证宗数 Number of Land Plots Whose Registration should be Completed	已发证宗数 Number of Land Plots Whose Registration has been Completed
总计		**118062744**	**109915627**	**8094577**	**7834153**	**12886048**	**9253803**
北京	Beijing	260240	125115	24850	23439	40942	6516
天津	Tianjin	1587222	1558567	22526	22025	48860	13212
河北	Hebei	2807805	2528953	158897	153336	546482	268307
山西	Shanxi	815951	676561	115041	110993	170228	88526
内蒙古	Inner Mongolia	2071033	1823864	139867	131036	42469	24789
辽宁	Liaoning	3358682	2582344	161590	158297	212293	125213
吉林	Jilin	3377455	3139264	247845	244678	259540	201679
黑龙江	Heilongjiang	4672466	3993949	59399	56767	35330	24000
上海	Shanghai	9863391	9849424	13801	13628	38134	33677
江苏	Jiangsu	11734278	11450321	1036120	1035075	1179187	1119654
浙江	Zhejiang	11292569	11086084	451910	430188	318446	304318
安徽	Anhui	3608400	3007777	26605	17111	75014	64488
福建	Fujian	5375968	5076389	93361	90914	504127	446547
江西	Jiangxi	2614135	2264654	945222	922978	574956	56349
山东	Shandong	5275456	5113130	327743	325164	428785	400600
河南	Henan	4419496	3718521	1265520	1169820	5417951	4417965
湖北	Hubei	5693377	5105981	73960	73468	483087	207481
湖南	Hunan	5506005	5150086	54904	50689	418747	142832
广东	Guangdong	8270487	7587126	1497844	1453486	768977	745082
广西	Guangxi	2758315	2601894	46389	46389	33180	19795
海南	Hainan	366966	366966	198969	196055	14770	14005
重庆	Chongqing	5199898	5108518	81304	80444	43863	40676
四川	Sichuan	8715380	8446520	395411	392705	158897	149572
贵州	Guizhou	1523820	1333630	24262	24254	43842	37205
云南	Yunnan	2626754	2475418	441604	425969	263661	101707
西藏	Tibet	97461	73306	1859	89	57237	6471
陕西	Shaanxi	649721	492108	104969	103490	139566	120613
甘肃	Gansu	652786	618599	21460	21221	78366	52546
青海	Qinghai	578482	500004	9181	8969	13434	6288
宁夏	Ningxia	631520	603103	6072	6056	13468	5010
新疆	Xinjiang	1657225	1457451	46092	45420	462209	8680

权属争议情况（2013 年）

Issued and Ownership Dispute (2013)

Unit: plot

发证 Issued		土地权属争议 Land Ownership Dispute				
宅基地使用权 Right to the Use of Original House Sites		现有争议数 Number of Ownership Dispute Cases Available		已处理争议数 Number of Ownership Dispute Cases Handled		
应发证宗数 Number of Land Plots Whose Registration should be Completed	已发证宗数 Number of Land Plots Whose Registration has been Completed		当年受理现有争议数 Number of Ownership Dispute Cases Available Accepted in the Current Year		当年已处理争议数 Number of Ownership Dispute Cases Handled in the Current Year	当年受理当年处理争议数 Number of Ownership Dispute Cases Accepted and Handled in the Current Year
244223057	**191620612**	**118351**	**44271**	**239740**	**55265**	**48257**
874138	498904	490	110	2506	211	92
1344388	362974	630	232	6188	46	25
19283299	12614959	5411	2082	12724	4473	3618
6223477	3707517	3585	665	5820	1487	1083
3833781	2329041	9455	1186	8527	829	389
6679771	3852561	2135	575	2513	278	230
4000494	3231442	20052	10294	8078	647	425
4622478	3472428	3566	606	7622	662	471
92238	90203	6	5	160	15	15
14336055	13301911	873	547	4880	1392	1193
11221146	10541812	215	69	2330	206	162
12457757	11603827	600	126	4381	488	405
6227334	5296707	6810	992	4614	522	280
9660090	5214489	6248	1982	4425	1893	1639
22009963	20690822	18075	9176	33189	26359	25910
19228610	14607941	7378	5588	5801	1968	1608
11172354	6052704	1195	440	3947	593	481
9441547	5531019	4183	1091	11892	1629	1288
13252418	12598059	9231	2043	9353	3914	3313
8709318	7809929	3197	367	4778	840	484
2567684	2511601	107	59	7788	51	33
6777661	6604951	604	243	7530	331	265
17949652	17416369	1164	427	23298	1715	1511
6001501	5225150	863	386	14965	585	245
11200933	6282835	9502	3967	21183	1943	1585
241832	18756	60	23	113	27	14
6104182	4812192	1171	345	5129	425	234
4804528	3404116	888	364	10172	913	765
731717	588621	151	26	992	408	102
870564	831529	185	30	214	29	23
2302147	515243	321	225	4628	386	369

主要统计指标解释

年末耕地面积 是指年末统计区域内实有的全部耕地面积。

年内增加耕地面积 是指本年度因土地整理、复垦、开发、农业结构调整而增加的耕地面积。

农业结构调整 是指由于经济发展和保护生态环境需要，在报告期对原有种植业、林业、牧业、水产养殖业、副业等所占土地在农业生产中所占比例进行调整。

农业结构调整（增加耕地） 是指由于农业结构调整，将原其他农业用途的土地改为耕地的面积。

年内减少耕地面积 是指本年度因建设占用、灾害损毁、生态退耕和农业结构调整而减少的耕地面积。

建设占用 是指因各类建设占用而减少的耕地面积。

灾害损毁 是指因水冲、沙压、山崩、泥石流、沟蚀、地震等自然灾害破坏而减少的耕地面积。

生态退耕 是指因生态环境建设需要，实际耕地退耕还林、还牧、还湖的面积。

农业结构调整（减少耕地） 是指由于农业结构调整，将原耕地改为其他农业用途土地的面积。

Explanatory Notes on Main Statistical Indicators

Cultivated land area at the year end — refers to the area of all the cultivated land available within a geographic region of statistical surveys at the end of the year.

Increase cultivated land area during the year — refers to the area of cultivated land increased during the year as a result of land consolidation, reclamation, new development, and agricultural restructuring.

Agricultural restructuring — refers to the adjustment of the percentages of the lands originally used by crop growing, forestry, livestock farming, aquatic products farming, and side-line occupation in agricultural production during the reporting period in order to meet the requirements for economic development and eco-environmental protection.

Agricultural restructuring (increase of cultivated land) — refers to the area of cultivated land to which the land for other agricultural uses is converted as a result of agricultural restructuring.

Cultivated land area reduce during the year — refers to the area of cultivated land decreased during the year as a result of use for construction, damage by natural hazards, transfer of productive cultivated land to ecological preservation uses, and agricultural restructuring.

Land for construction use — refers to the area of cultivated land decreased due to various construction uses.

Destcoyed by natural hazards — refers to the area of cultivated land decreased due to damage by natural hazards such as water erosion, sand coverage, landslides, mudflows, rill erosion, and earthquakes.

Turned to ecological uses — refers to the area of actual cultivated land converted for forestry, pasture, and lakes in order to meet the requirements for eco-environmental construction.

Agricultural restructuring (decrease of cultivated land) — refers to the area of land for other agricultural uses to which original cultivated land is converted as a result of agricultural restructuring.

矿产资源勘查

Mineral Resources Exploration

地质勘查投入和新发现矿产
Input in Geological Exploration and Newly

年份/地区	Year/Region	地质勘查 Expenditures for Geological			企事业 Funds from Enterprises	
		合计 Total	中央财政拨款 Central Special Budgetary Allocations	地方财政拨款 Local Special Budgetary Allocations	小计 Subtotal	国内企事业 Funds from Domestic Enterprises and Institutions
2011		11181853.67	756149.43	1037516.46	9388187.78	
2012		12967540.64	884198.86	1283563.65	10799778.13	10516960.04
2013		12109591.02	1042800.58	1239283.01	9827507.43	9334793.88
北　京	Beijing	97330.87	6760.00	20764.52	69806.35	69164.35
天　津	Tianjin	79546.50	2760.00	4148.00	72638.50	70693.50
河　北	Hebei	455572.42	13805.00	82717.80	359049.62	354950.32
山　西	Shanxi	221418.68	7506.00	62045.96	151866.72	134223.03
内蒙古	Inner Mongolia	707645.30	98641.00	132995.00	476009.30	457521.30
辽　宁	Liaoning	238165.29	10882.00	15211.15	212072.14	211735.64
吉　林	Jilin	269343.97	9370.00	9781.10	250192.87	234717.81
黑龙江	Heilongjiang	330108.18	24990.00	69909.23	235208.95	233477.66
上　海	Shanghai	106089.26	1500.00	1671.26	102918.00	102918.00
江　苏	Jiangsu	205701.18	19191.00	9086.95	177423.23	174594.64
浙　江	Zhejiang	48520.95	8043.00	11487.20	28990.75	28657.75
安　徽	Anhui	161967.60	8800.00	42998.72	110168.88	104564.82
福　建	Fujian	51617.99	16194.00	9878.96	25545.03	24421.73
江　西	Jiangxi	107403.77	22343.00	13917.33	71143.44	70985.24
山　东	Shandong	624695.98	9319.00	60008.89	555368.09	551184.97
河　南	Henan	522453.49	10150.00	52631.97	459671.52	456452.95
湖　北	Hubei	211743.58	16455.00	11594.60	183693.98	182009.79
湖　南	Hunan	151784.59	23158.00	72903.17	55723.42	50905.81
广　东	Guangdong	72293.88	18209.83	4243.53	49840.52	44310.60
广　西	Guangxi	94156.10	14106.00	28199.25	51850.85	41303.86
海　南	Hainan	60616.29	3850.00	3945.12	52821.17	46819.14
重　庆	Chongqing	101446.53	7755.00	41314.29	52377.24	52377.24
四　川	Sichuan	927289.64	34212.00	52698.14	840379.50	837556.43
贵　州	Guizhou	203902.87	16337.00	73800.75	113765.12	105823.49
云　南	Yunnan	246602.44	27290.00	22776.62	196535.82	147124.03
西　藏	Tibet	108056.39	60284.54	10103.51	37668.34	35215.10
陕　西	Shaanxi	878943.46	24335.00	18958.62	835649.84	813309.33
甘　肃	Gansu	538093.14	20045.00	60894.52	457153.62	452340.40
青　海	Qinghai	415126.55	111513.51	66585.95	237027.09	224948.48
宁　夏	Ningxia	91565.60	5711.21	16123.74	69730.65	69730.65
新　疆	Xinjiang	2043787.15	83391.89	154421.35	1805973.91	1794164.85
其　他	The Others	186268.38	182442.60	1465.81	2359.97	2359.97
海　域	Ocean	1550333.00	123450.00		1426883.00	1154231.00

地情况——按地区分列

Discovered Mineral Prospects by Region

经费（万元） Exploration (10^4 yuan)			机械岩心钻探工作量（米） Footage of Core Drilling (meter)	坑探工作量（米） Footage of Pitting (meter)	新发现矿产地 Newly Discovered Mineral Prospects
资金 and Institutions					
港澳台商 Investment from Hong Kong, Macau and Taiwan	外商 Foreign Investment	其他投入 Other Investments			
			30085346	873128	290
10479.91	11577.69	260760.49	34191939	869934	251
1694.44	295089.38	195929.73	28980156	821223	247
		642.00	75960		
		1945.00	106483		5
	1300.00	2799.30	991155	7304	6
	13572.71	4070.98	1049491	3306	6
		18488.00	2995203	35644	1
		336.50	648674	3618	8
	1034.26	14440.80	704505	22212	2
	532.41	1198.88	703986	80	4
			137		
		2828.59	162818	683	
		333.00	165102	8796	3
	1390.86	4213.20	1471404	26904	8
		1123.30	355785	14426	2
130.20		28.00	7[illegible]5200	76271	19
		4183.12	1424601	9442	12
		3218.57	656542	22917	3
		1684.19	280471	5569	7
	320.21	4497.40	885011	31077	21
1015.92	775.43	3738.57	286542	14262	17
	94.34	10452.65	487400	35685	9
		6002.03	197943	10764	10
			200628	782	4
95.22	15.77	2712.08	800911	102473	8
		7941.63	1519387	7480	11
	400.00	49011.79	1369630	141195	14
		2453.24	228035	4713	1
		22340.51	3683189	102499	8
	2595.16	2218.06	1754149	59323	10
		12078.61	763832	13026	18
			417143		
453.10	406.23	10949.73	3609781	60772	28
	272652.00		269059		2

地质勘查投入和新发现矿产地

Input in Geological Exploration and Newly

矿种	Mineral	地质勘查 Expenditures for Geological				
		合计 Total	中央财政拨款 Central Special Budgetary Allocations	地方财政拨款 Local Special Budgetary Allocations	企事业 Funds from Enterprises	
					小计 Subtotal	国内企事业 Funds from Domestic Enterprises and Institutions
总 计	**Total**	**12109591.02**	**1042800.58**	**1239283.01**	**9827507.43**	**9334793.88**
煤炭	Coal	854819.33	25411.00	388978.20	440430.13	387393.65
石油天然气	Oil & natural gas	7142910.30	43780.00		7099130.30	6826479.30
煤层气	Coal-bed methane	123528.50	3146.00		120382.50	105112.12
页岩气	Shale gas	143713.00	2840.00		140873.00	140873.00
天然沥青	Native bitumen	2348.83			2348.83	2348.83
油页岩	Oil shale	8129.36	325.00	3404.37	4399.99	4399.99
石煤	Stone coal	16381.24		7835.61	8545.63	8385.88
地热	Geothermal	49249.02		10356.80	38892.22	32799.40
铁矿	Iron	352275.78	21348.00	113005.77	217922.01	207319.88
锰矿	Manganese	41263.57	2842.00	10384.83	28036.74	23046.72
铬矿	Chromite	7580.66	1381.54	9.83	6189.29	6189.29
钛矿	Titanium	9990.39	3597.00	869.96	5523.43	4992.96
钒矿	Vanadium	9742.61		1073.94	8668.67	7902.15
铜矿	Copper	545534.98	35713.21	75966.28	433855.49	415576.01
铝土矿	Bauxite	54692.59	2050.00	22083.13	30559.46	28714.78
镁矿	Magnesium	554.24		395.24	159.00	159.00
镍矿	Nickel	26845.85	2715.00	3676.03	20454.82	20081.24
钴矿	Cobalt	2035.57		1170.80	864.77	864.77
钨矿	Tungsten	45698.26	4565.00	8712.44	32420.82	26578.47
锡矿	Tin	18582.68	3044.00	3982.33	11556.35	11204.34
铋矿	Bismuth	488.63		482.00	6.63	6.63
钼矿	Molybdenum	60119.92	4010.00	14149.82	41960.10	36659.36
锑矿	Antimony	20465.40	2149.00	5973.35	12343.05	12243.05
汞矿	Mercury	975.45	300.00	410.00	265.45	265.45
铅锌矿	Lead-zinc	336019.68	19807.83	57957.76	258254.09	237082.30
铂族金属	Platinum-group metals	1164.27		4.20	1160.07	1160.07
金矿	Gold	645611.47	37331.40	103223.09	505056.98	441778.56
银矿	Silver	74913.43	2471.00	19037.24	53405.19	50635.52

情况——按矿种分列（2013 年）

Discovered Mineral Prospects by Mineral (2013)

经 费（万元） Exploration (10^4 yuan)			机械岩心钻探工作量（米） Footage of Core Drilling (meter)	坑探工作量（米） Footage of Pitting (meter)	新发现矿产地 Newly Discovered Mineral Prospects
资 金 and Institutions					
港澳台商 Investment from Hong Kong, Macau and Taiwan	外商 Foreign Investment	其他投入 Other Investments			
1694.44	**295089.38**	**195929.73**	**28980156**	**821223**	**247**
	776.23	52260.25	6439175	28093	35
	272651.00		7580890		19
	15270.38				
			36756		
				8027	
			47179		3
		159.75	146753		
		6092.82	592841		4
		10602.13	2252457	50531	27
	45.00	4945.02	262193	13358	7
			40575	300	
		530.47	53142	1938	1
		766.52	65441	4550	4
		18279.48	2257253	118729	8
		1844.68	565637	2605	7
			2897		
		373.58	112969	1433	1
			5858		1
		5842.35	330057	26601	7
		352.01	81768	6274	1
			1074		
		5300.74	352941	23557	4
		100.00	96985	13941	2
			1819	243	
	1511.37	19660.42	1758044	195776	12
			3909		
453.10	4420.57	58404.75	3810175	245081	28
	399.06	2370.61	450620	33387	1

地质勘查投入和新发现矿产地

Input in Geological Exploration and Newly

矿种	Mineral	地质勘查 Expenditures for Geological				
		合计 Total	中央财政拨款 Central Special Budgetary Allocations	地方财政拨款 Local Special Budgetary Allocations	企事业 Funds from Enterprises	
					小计 Subtotal	国内企事业 Funds from Domestic Enterprises and Institutions
铌矿	Niobium	12202.80	326.00	4219.21	7657.59	7498.98
钽矿	Tantalum	738.06	326.00		412.06	412.06
铍矿	Beryllium	3701.25		1316.00	2385.25	2165.34
锂矿	Lithium	5118.67	20.00	3051.07	2047.60	2047.60
锆矿	Zirconium	328.00		328.00		
锶矿	Strontium	1946.46		975.32	971.14	971.14
铷矿	Rubidium	2127.26	44.00	1720.00	363.26	363.26
铯矿	Cesium	174.15			174.15	174.15
稀土矿	Rare earth	15960.66	6407.00	5663.00	3890.66	3890.66
锗矿	Germanium	683.59		550.00	133.59	133.59
铼矿	Rhenium	51.90			51.90	51.90
蓝晶石	Kyanite	460.64			460.64	460.64
红柱石	Andalusite	835.84			835.84	835.84
菱镁矿	Magnesite	349.00		52.00	297.00	297.00
普通萤石	Common fluorite	15076.83	826.00	2194.01	12056.82	11682.21
熔剂用灰岩	Limestone for flux	1389.45		299.72	1089.73	918.73
冶金用白云岩	Metallurgical dolomite	1047.39		257.77	789.62	647.62
冶金用石英岩	Metallurgical quartzite	1194.90		258.19	936.71	936.71
冶金用脉石英	Metallurgical vein quartz	402.81			402.81	402.81
耐火粘土	Fireclay	6.65			6.65	6.65
硫矿	Native sulfur	5135.31		404.62	4730.69	3970.59
钠硝石	Natratine	2008.00		413.00	1595.00	1595.00
明矾石	Alunite	110.20		24.00	86.20	86.20
芒硝	Mirabilite	850.00		217.00	633.00	633.00
重晶石	Barite	2481.26		935.03	1546.23	1546.23
毒重石	Witherite	490.00		490.00		
天然碱	Trona	2272.50		1296.50	976.00	
灰岩	Limestone	21826.20		6599.83	15226.37	14213.75
化工用白云岩	Dolostone for chemical industry	966.56		669.00	297.56	297.56
含钾岩石	K-bearing rock	290.00		53.00	237.00	237.00
泥炭	Peat	620.00			620.00	574.00
盐矿(包括地下卤水)	Salt (include natural brine)	15655.79	55.00	9742.15	5858.64	5858.64
钾盐	Potash	12454.25	8858.00	2273.26	1322.99	1322.99
砷矿	Arsenic	28.50			28.50	28.50
磷矿	Phosphate rock	74924.89	60.00	11977.21	62887.68	62440.68
硼矿	Boron	483.70			483.70	483.70

情况——按矿种分列（2013 年） 续表 1

Discovered Mineral Prospects by Mineral (2013) Continued 1

经 费（万元） Exploration (10^4 yuan)			机械岩心钻探工作量（米） Footage of Core Drilling (meter)	坑探工作量（米） Footage of Pitting (meter)	新发现矿产地 Newly Discovered Mineral Prospects
资 金 and Institutions					
港澳台商 Investment from Hong Kong, Macau and Taiwan	外商 Foreign Investment	其他投入 Other Investments			
		158.61	55303	660	
			1277		
		219.91	19192		1
			28098	1058	1
			280		
			11441		
			23037		1
			1125		
			56569	1700	
			3669		
			1490		
			5215		
			9742		
		374.61	115303	18236	3
		171.00	10334		
		142.00	1880		3
			4340		
			7150		
		760.10	34831	2208	
			2311	1330	
			827		
			3396		
			19379	4561	2
		976.00	2509		
830.62		182.00			
			7157		
			608		
		46.00	2392		
			39419		2
			22296	265	
			129		
		447.00	498785	11161	4
			9536		

地质勘查投入和新发现矿产地
Input in Geological Exploration and Newly

矿种	Mineral	地质勘查 Expenditures for Geological			企事业 Funds from Enterprises	
		合计 Total	中央财政拨款 Central Special Budgetary Allocations	地方财政拨款 Local Special Budgetary Allocations	小计 Subtotal	国内企事业 Funds from Domestic Enterprises and Institutions
金刚石	Diamond	3403.86	1355.00	1944.99	103.87	103.87
水晶	Quartzite	4332.07		1699.63	2632.44	2534.44
云母	Mica	94.00			94.00	72.00
电气石	Tourmaline	86.80			86.80	86.80
光学萤石	Optical fluorite	100.00			100.00	
石墨	Graphite	11062.93	570.00	4419.39	6073.54	5310.54
刚玉	Corundum	36.81			36.81	36.81
硅灰石	Wollastonite	630.62		19.00	611.62	611.62
滑石	Talc	942.35		336.51	605.84	605.84
长石	Feldspar	2540.95		492.36	2048.59	1951.30
石榴子石	Garnet	412.92		218.90	194.02	194.02
叶蜡石	Pyrophyllite	1058.35	68.00	581.00	409.35	98.00
沸石	Zeolite	58.00			58.00	58.00
石膏	Gypsum	5959.18		1839.95	4119.23	3959.72
方解石	Calcite	959.80		90.00	869.80	869.80
宝石	Gem	70.13		63.00	7.13	4.13
玉石	Jade	1177.25		518.74	658.51	658.51
玛瑙	Agate	206.42		157.42	49.00	49.00
玻璃用灰岩	Limestone for glass	0.50		0.50		
建筑用灰岩	Limestone for building	629.27		213.50	415.77	237.27
饰面用灰岩	Facing limestone	222.00		30.00	192.00	160.00
玻璃用白云岩	Dolostone for glass					
建筑用白云岩	Dolostone for building	137.50		0.50	137.00	137.00
水泥砂	Sandstone for cement	500.52		10.00	490.52	206.75
砖瓦用页岩	Shale for bricks and tiles	109.09		4.00	105.09	71.30
砖瓦用砂岩	Sandstone for bricks and tiles					
陶瓷用砂岩	Sandstone for ceramics	60.00		60.00		
建筑用砂岩	Sandstone for building	426.27		173.68	252.59	49.09
建筑用砂	Sand for building	62.00		33.00	29.00	29.00

情况——按矿种分列（2013 年） 续表 2

Discovered Mineral Prospects by Mineral (2013) Continued 2

经 费（万元） Exploration (10^4 yuan)			机械岩心钻探工作量（米） Footage of Core Drilling (meter)	坑探工作量（米） Footage of Pitting (meter)	新发现矿产地 Newly Discovered Mineral Prospects
资 金 and Institutions					
港澳台商 Investment from Hong Kong, Macau and Taiwan	外商 Foreign Investment	其他投入 Other Investments			
			8889	85	
		98.00			
		22.00	203	150	
			575		
		100.00	2108		
		763.00	72169	300	3
			2514		
			6462		
			3331	500	1
		97.29	18672	727	2
			379		1
		311.35	3016	735	
			876	87	
		159.51	55735	821	2
			5816	59	
		3.00	151		
			3747	287	
			2263		
		178.50			
		32.00	1246		
			926		
268.00	15.77		3331		
		33.79	772		2
			68		
		203.50	2023		1
			325		

地质勘查投入和新发现矿产地

Input in Geological Exploration and Newly

矿种	Mineral	地质勘查 Expenditures for Geological				
		合计 Total	中央财政拨款 Central Special Budgetary Allocations	地方财政拨款 Local Special Budgetary Allocations	企事业 Funds from Enterprises	
					小计 Subtotal	国内企事业 Funds from Domestic Enterprises and Institutions
硅藻土	Diatomaceous earth	178.00			178.00	178.00
水泥配料用页岩	Shale for cement	214.69		27.63	187.06	187.06
建筑用页岩	Shale for building	65.04		0.50	64.54	64.54
高岭土	Kaolin	2249.59		789.40	1460.19	1437.72
陶瓷土	Ceramic clay	1025.46		410.42	615.04	495.63
膨润土	Bentonite	1147.77		651.29	496.48	496.48
砖瓦用粘土	Clay for bricks and tiles	2250.50		2246.50	4.00	4.00
饰面用蛇纹岩	Facing serpentinite	217.12			217.12	217.12
铸石用玄武岩	Basalt for casting	38.17		7.17	31.00	
建筑用玄武岩	Basalt for building	27.30			27.30	27.30
饰面用辉长岩	Facing gabbro	49.00			49.00	49.00
建筑用花岗岩	Granite for building	633.62		328.07	305.55	284.55
饰面用花岗岩	Facing granite	5806.47		1973.98	3832.49	3832.49
珍珠岩	Perlite	53.07		53.07		
玻璃用凝灰岩	Tuff for glass	104.25		104.25		
水泥用凝灰岩	Tuff for cement	242.90			242.90	242.90
建筑用凝灰岩	Tuff for building	20.00			20.00	
饰面用大理岩	Facing marble	4583.44		2813.28	1770.16	1770.16
建筑用大理岩	Marble for building	1095.87		608.63	487.24	487.24
水泥用大理岩	Marble for cement	339.66		230.00	109.66	109.66
饰面用板岩	Facing slate	1441.27	650.00	791.27		
建筑用辉绿岩	Diabase for buiding	16.00			16.00	16.00
饰面用辉绿岩	Facing diabase	135.00			135.00	135.00
粘土	Clay	132.70		82.00	50.70	50.70
水泥土	Cemented soil	174.62		111.12	63.50	16.00
化肥用蛇纹岩	Serpentinite for chemical fertilizer	396.00			396.00	396.00
矿泉水	Mineral water	2966.26		899.68	2066.58	2040.95
地下水	Groundwater	7921.53	200.00	651.81	7069.72	4649.03
二氧化碳气	Carbon dioxide gas	1190.00			1190.00	1190.00
水工环科技及其他	Hydrology, engineering, environment, science and others	1239567.65	804208.60	304474.96	130884.09	130884.09

情况——按矿种分列（2013 年） 续表 3
Discovered Mineral Prospects by Mineral (2013) Continued 3

经费（万元）Exploration (10^4 yuan) 资金 and Institutions 港澳台商 Investment from Hong Kong, Macau and Taiwan	外商 Foreign Investment	其他投入 Other Investments	机械岩心钻探工作量（米）Footage of Core Drilling (meter)	坑探工作量（米）Footage of Pitting (meter)	新发现矿产地 Newly Discovered Mineral Prospects
			685		
			2796		
			197		
		22.47	21458		3
		119.41	8963		6
			10300		2
			3004		8
			1150		
		31.00			
			61		
			110		
		21.00	1959	320	
			24253		7
			993		
			18		
			3154		
		20.00			
			31394		3
			598		
					1
			1311	1269	2
			140		
			1689		
47.50					
		25.63	8730		
95.22		2325.47	108613		
			194555	280	13

地质勘查单位人员

Employees and Assets of

单位：人，万元

年份/地区	Year/Region	年末在职职工 On-the-job Employees at the Year End							
			地质勘查人员 Geological Exploration Personnel				工程勘察与施工人员 Personnel Engaging in Engineering Surveys and Operations	矿产开发人员 Personnel Engaging in Mineral Resource Development	其他人员 Other Personnel
				技术人员 Technical Personnel					
					高级 Senior	中级 Intermediate			
	2011	629061	248443	164769	44127	68053	78985	65592	236041
	2012	597923	248147	166941	48434	74322	87199	35781	226796
	2013	541794	253438	173430	51992	81142	89562	34270	164524
北　京	Beijing	31280	11143	8814	3558	4335	4841	2565	12731
天　津	Tianjin	2838	1639	1408	520	765	436	71	692
河　北	Hebei	39579	20106	12615	3680	5496	5892	563	13018
山　西	Shanxi	20722	8928	6819	1997	3603	4458	585	6751
内蒙古	Inner Mongolia	14608	8329	4674	1567	2284	1294	372	4613
辽　宁	Liaoning	17896	9739	7161	2412	3613	3027	800	4330
吉　林	Jilin	22038	8528	4859	1999	2135	2671	897	9942
黑龙江	Heilongjiang	20132	12124	6642	2127	3165	2587	412	5009
上　海	Shanghai	3789	2127	1059	280	594	754	12	896
江　苏	Jiangsu	9187	5588	4031	1190	1730	1546	185	1868
浙　江	Zhejiang	11297	3503	2429	872	1003	3316	584	3894
安　徽	Anhui	20115	11196	6263	1682	2629	3387	185	5347
福　建	Fujian	12786	5536	4226	1282	2015	1246	646	5358
江　西	Jiangxi	26356	12334	7847	1856	3015	4703	1780	7539
山　东	Shandong	37629	13662	8723	2580	3857	5391	7217	11359
河　南	Henan	39967	16465	11167	2696	4788	10131	988	12383
湖　北	Hubei	16456	7995	5980	1825	2680	3455	318	4688
湖　南	Hunan	31249	10722	7744	2231	3800	6431	5907	8189
广　东	Guangdong	12550	7398	6010	1942	3023	2137	920	2095
广　西	Guangxi	14453	7339	5025	1421	2259	1504	1335	4275
海　南	Hainan	2146	1464	1311	437	732	191	46	445
重　庆	Chongqing	6416	3815	2741	744	1177	1309	297	995
四　川	Sichuan	31429	17484	11839	2816	6062	4249	1147	8549
贵　州	Guizhou	11511	5484	4413	1229	2414	2016	544	3467
云　南	Yunnan	19501	7474	5484	1889	2832	3107	2911	6009
西　藏	Tibet	3764	834	647	248	326	392	350	2188
陕　西	Shaanxi	25533	12210	9055	2785	4557	4160	1212	7951
甘　肃	Gansu	13367	7325	4709	1200	1732	2306	960	2776
青　海	Qinghai	6869	4051	3304	1020	1686	615	209	1994
宁　夏	Ningxia	4104	1812	1300	434	556	810	75	1407
新　疆	Xinjiang	12227	7084	5131	1473	2279	1200	177	3766

及资产情况

Geological Exploration Units

Unit: Person，10^4 yuan

平均从业人员 Average Employees	劳动者报酬 Remuneration Payment of Employees	离退休人员 Retirees		总资产 Total Assets			总负债 Total Debts	净资产 Net Assets
		年末人数 Number of Retirees at the Year End	总费用 Total Expenditure		地勘专用仪器设备原值 Original Value of Special Instruments and Equipment			
						地勘专用仪器设备净值 Net Value of Special Instruments and Equipment		
642828	3354389.39	464186	1473747.29	57949843.18	2853552.03	1793351.53	33629535.78	24320307.40
615273	3557860.00	429640	1544042.40	57620877.50	3081862.40	1887680.30	34312408.50	23308469.00
551114	3266431.50	412749	1663392.80	53199560.50	2976138 30	1754490.50	30368239.60	22831320.90
36624	295894.99	7647	34647.30	7655402.20	289736.40	215602.60	4174311.30	3481090.90
2832	21096.62	1552	6253.10	270656.10	24144.70	15230.30	121174.30	149481.80
39994	192146.28	26423	84799.50	1574547.20	193549.30	112496.60	897346.90	677200.30
20977	107096.38	12450	44294.60	1342559.50	102994.40	53692.70	939721.20	402838.40
14775	93581.92	14939	62950.60	1239418.90	78718.30	42622.10	585446.90	653971.90
18123	90819.27	15211	56401.00	955579.00	84849.90	47003.60	470825.80	484753.20
21608	90452.08	13944	40914.20	6181605.10	61647.30	30724.20	4643832.40	1537772.70
20006	77635.18	12017	43823.80	1133108.20	97510.70	53519.60	518609.30	614498.90
3780	31510.79	1000	1282.90	371108.80	105550.50	56118.10	166398.80	204710.00
9555	72530.78	9382	49068.60	415476.50	56405.00	30275.70	201667.30	213809.30
11085	80277.55	10105	51477.60	1015666.10	28936.20	18480.80	546662.40	469003.70
21051	146517.88	17400	78459.40	2029734.90	91164.60	47220.50	1454404.80	575330.20
14110	102593.01	10781	22827.50	8238673.60	34844.30	17615.50	3880388.40	4358285.20
26046	121306.02	20684	74990.00	1228065.00	78121.60	44483.50	854604.40	373460.50
36812	251270.22	16433	76059.70	2187445.60	184789.80	112725.40	1481461.30	705984.30
36861	280678.38	24148	76909.10	2010230.00	450180.60	265073.70	1234167.80	776062.10
15906	86797.66	16793	109265.40	1011102.10	78466.00	45934.70	638795.70	372306.40
32957	150894.67	23985	87983.80	1525645.20	87468.10	52139.00	736396.80	789248.50
12959	102515.68	15929	114625.70	849224.30	118639.00	87299.30	401747.80	447476.50
14705	73934.86	13622	71896.30	774883.00	43729.90	28473.40	359099.70	415783.30
2101	11774.12	643	1908.00	95798.30	11653.60	6420.00	48137.20	47661.10
6464	42911.90	4123	15356.80	468081.80	29811.10	20354.60	185913.70	282168.10
28727	149862.77	20396	77469.40	1377230.40	134507.30	69499.00	831441.70	545788.70
14780	59637.24	13531	51542.20	822726.90	49830.50	31224.40	474465.90	348261.00
19108	119999.06	13728	55146.40	2354961.20	70124.20	37636.40	1481572.20	873389.10
3666	25314.89	2011	14862.60	678554.00	10582.20	7430.30	249958.30	428595.60
27136	155017.31	20001	80091.90	1874890.00	173440.80	102214.50	1229240.10	645649.80
13128	82929.00	27502	58451.80	1249219.50	57188.10	25292.50	506165.00	743054.60
7747	42191.74	9467	43062.10	751315.90	50256.40	28278.40	398310.80	353005.10
4158	26940.89	3732	16147.80	204029.10	22284.30	8659.50	85874.90	118154.20
13333	80302.36	13170	60423.70	1312622.10	75013.20	40749.60	570096.50	742525.50

地质勘查单位

Revenue and Expenditure of

单位：万元

年份/地区 Year/Region	总收 General								
	合计 Total	地质勘查业 Revenue from Geological							
			地质勘探费 Funds of Geological Exploration			地质专项拨款 Special Budgetary Allocations for Geological Projects			地质勘查 Revenue of of Mineral
				中央 Central	地方 Local		中央 Central	地方 Local	
2011	30527098	8136026	2384277	757643	1626634	1802296	837322	964974	3949454
2012	21848907	7818761	2358066	608460	1749606	1716873	852203	864670	3743822
2013	19634314	7619441	2480540	574667	1905873	1963149	955857	1007292	3175752
北 京 Beijing	1525194	589682	63696	45355	18341	303121	289541	13579	222866
天 津 Tianjin	80349	53184	14325	6458	7867	30391	27643	2747	8469
河 北 Hebei	971954	583772	160578	76485	84093	150322	77104	73218	272872
山 西 Shanxi	519747	258208	65023	17129	47894	70320	3443	66877	122865
内蒙古 Inner Mongolia	418753	308948	88668	30755	57913	39223	8784	30440	181057
辽 宁 Liaoning	332358	206432	87461	4579	82882	57850	34492	23358	61121
吉 林 Jilin	336806	181609	85599	9561	76038	39308	12717	26591	56702
黑龙江 Heilongjiang	397708	267341	76423	2541	73881	79991	18737	61253	110928
上 海 Shanghai	175196	31308	2114	986	1129	1559	1300	259	27636
江 苏 Jiangsu	366579	190176	65948	28022	37927	26436	18441	7995	97792
浙 江 Zhejiang	800412	158420	74052	22627	51426	15569	1559	14010	68798
安 徽 Anhui	935853	346943	151309	351	150959	41631	9994	31636	154003
福 建 Fujian	316324	85825	33070	14044	19026	11476	6672	4803	41279
江 西 Jiangxi	967892	289678	158283	5724	152559	34935	15055	19880	96460
山 东 Shandong	1347882	464626	84063	26718	57345	77945	19412	58533	302618
河 南 Henan	984010	250976	113124	4489	108635	52269	15978	36291	85582
湖 北 Hubei	556542	236021	92557	35696	56861	61448	42234	19214	82016
湖 南 Hunan	835055	307383	151328	24382	126946	50717	7462	43256	105337
广 东 Guangdong	885208	269138	131631	15869	115762	70718	50209	20509	66790
广 西 Guangxi	428836	191785	105426	42892	62533	29932	5534	24398	56428
海 南 Hainan	43017	14752	2840	733	2107	3859	3859		8052
重 庆 Chongqing	293444	85540	40788	9505	31283	36189	1857	34332	8563
四 川 Sichuan	942473	463706	143730	10116	133614	160080	98978	61102	159896
贵 州 Guizhou	334770	216414	55924	2866	53057	63759	11311	52449	96730
云 南 Yunnan	1616530	214665	44275	14308	29967	34753	8865	25888	135636
西 藏 Tibet	99889	25809	10621	1929	8691	10395	4160	6235	4793
陕 西 Shaanxi	1666922	338017	78637	55495	23142	109076	99903	9173	150304
甘 肃 Gansu	463695	298387	85360	29703	55657	71501	13208	58294	141526
青 海 Qinghai	310256	211448	90130	19959	70171	52163	17029	35134	69156
宁 夏 Ningxia	169675	86610	27584	579	27005	31622	7042	24581	27404
新 疆 Xinjiang	510985	392638	95973	14811	81162	144591	23334	121257	152073

收支情况
Geological Exploration Units

Unit: 10^4 yuan

入 Revenue					总支出 General Expenditures			
收入 Exploration / 劳务收入 Labor Services Exploration / 涉外 Foreign-related	矿业权转让收入 Revenue from Transfer of Mining Rights	工程勘察施工收入 Revenue from Engineering Surveys and Operations	矿产开发收入 Revenue from Mineral Resource Development	其他收入 Other Revenues		地质勘查（项目）支出 Expenditures of Mineral Exploration (Projects)	自有资金 Self-owned Funds	矿产开发支出 Expenditures of Mineral Resource Exploitation
117478	218052	5319304	11167284	5686432	28462957	6852509	2090819	11022966
139540	210064	5485222	2761206	5573654	18083808	8281926	3673303	1344426
81910	227234	5602690	2246827	3938122	15959787	7289348	1926846	2141660
23926	2615	323081	248283	361533	1285067	651628	205401	215005
1065		11253	9779	6133	71557	43672	11689	10267
12583	6648	266037	17621	97876	874984	488033	130206	12136
9115	14554	75080	2167	169738	364271	245236	98848	2121
	500	69931	4976	34399	361318	239236	45013	8103
369	2238	88658	9065	25965	222376	136137	33291	10158
1600	16178	9674	117483	11862	270127	124543	17858	100428
	2300	95561	1017	31490	377239	214714	51780	12647
		113731		30156	172691	72361	14508	
4629		128323	2993	45087	274660	132462	23305	1037
1630	3281	516903	18085	103724	502245	98603	15066	7757
	3955	437481	215	147259	879737	204747	52187	319
100	678	110069	64981	54772	279538	126364	67243	47501
1358	1762	588245	23043	65163	874441	129715	11042	18361
3585	27510	240961	27786	587000	1249191	493512	229153	41723
7167	2670	589320	287	140757	806033	653444	81478	2836
1753	10762	207075	783	101901	376422	193593	17829	3348
2642	89	271368	145424	110791	604003	219960	50265	75864
	1957	293761	260505	59845	677187	172068	27427	143498
1350	4280	145560	14476	72734	247541	155912	42123	13664
285		13404		14861	44214	33385	13724	201
		36870	3871	167162	187272	147141	110397	6628
5545	26180	314324	29150	109113	740278	441000	92165	35572
215	32225	45991	18054	22087	284595	162967	40912	18260
811	2868	158686	1073253	167058	1334618	224454	44012	1032077
216	11200	18018	41695	3166	92870	32225	16461	44456
50	22830	210881	56197	1038998	1411250	714892	261571	199833
438	3831	101118	32085	28274	260329	153706	35489	45735
1478	9825	36891	14169	37922	303157	214738	33308	15000
	800	49797	8781	23688	139723	83133	11466	14673
	15498	34638	603	67608	390853	285767	41629	2452

主要统计指标解释

新发现矿产地 是指报告期内通过各类地质调查工作，或者根据群众报矿、群众采矿线索新发现的，并经过矿产调查工作证实为有进一步工作意义或具有工业价值，具有一定规模，作出初步评价的矿区。

新查明资源量 在本书中的查明资源量主要是推断的内蕴经济资源量（333）以上的资源量。

坑探工作量 是指用凿岩机械或人工开凿的各种坑道工程，以“米”计量，取整数。

机械岩心钻探工作量 是指用动力机械带动，回转或冲击回转钻进，并以取出岩心了解和研究地下地质情况为目的的钻探工作。如手轮给进钻机、油压钻机、石油钻机、海洋石油钻机、水文水井钻机和汽车钻机等。以“米”计量，取整数。

地质勘查经费 是指报告期完成的来自各方面的地质勘查资金。包括完成的中央财政、地方财政地质勘查拨款，企事业单位、港澳台商、外商投入的地质勘查工作的资金及其他资金。

中央财政拨款 是指报告期实际完成的，由国家预算收支科目安排的直接用于地质勘查的经费。

地方财政拨款 是指报告期实际完成的地方财政拨付的地质勘查经费。

企事业资金 是指报告期完成的各类企事业单位投入的地质勘查工作的资金。包括国内企事业资金、港澳台商投资和外商投资。

国内企事业资金 是指报告期完成的国有、集体企事业单位和私营企业投入地质勘查工作的资金。

港澳台商投资 是指港澳台企业和经济组织或个人按我国有关政策、法规，用现汇、实物（折资）和技术等投入地质勘查工作的资金。

外商投资 是指报告期内完成境外投入地质勘查工作的资金，包括外商直接投资、对外借贷（外国政府贷款、国际金融组织贷款、出口信贷、外国银行商业贷款、对外发行债券和股票）及外商其他投资（包括补偿贸易和加工装配由外商提供的设备价款、国际租赁）。不包括我国自有外汇资金（包括国家外汇、地方外汇、流程外汇、调剂外汇和中国银行自有资金发行的外汇贷款等）。

年末地质勘查人员 是指年末在职职工中，直接从事地质勘查工作的人员。

技术人员 是指在国土资源调查项目中从事工作并取得劳动报酬的，具有初级及初级以上地质勘查或土地勘测技术职称的专业技术人员。包括地质技术人员、工程技术人员、物化探技术人员、土地勘测、测绘、岩矿鉴定、化验等技术人员。

平均从业人员 是指报告期内在填报单位从事一定社会劳动并取得劳动报酬或经营收入的各类人员。平均从业人数=（年初人数+年末人数）/2 或平均从业人数=年度各月平均人数之和/12。

总资产 是指填报单位年末拥有或控制的全部资产总额，包括流动资产、长期投资、固定资产、无形及递延资产、其他长期资产、递延税项等，为本单位资产负债表的资产总计项。

总负债 是指填报单位年末所承担的能以货币计量，将以资产或劳务偿付的债务。

总收入 是指报告期内地质勘查资质单位从事地质勘查等经济活动所取得的各种收入，包括地勘业收入、矿业权转让收入、矿产开发收入、工程勘察施工收入和其他收入。

地质勘查业收入 是指报告期内从事地质勘查经济活动所取得的各种收入。包括地质勘探费、地质专项拨款、矿产勘查劳务收入等。其中，矿产勘查劳务收入中包括在本地区注册登记或本系统直属的具有地质勘查资质的单位在本省及省外、境外从事地质勘查工作所获得的收入，以及以合作、入股等方式获得的地质勘查收入。涉外是指地勘单位在从事的地勘项目中由境外投资所带来的收入。

地质勘探费 是指报告期内国家（中央和地方）预算用于本单位地质勘探工作的费用，包括地质勘查管理机构及其事业单位经费、地质勘探经费等，按中央财政和地方财政投入分别统计。

中央财政专项拨款 是指在报告期内地勘单位取得的中央财政专项拨款费用。

地方财政专项拨款 是指在报告期内地勘单位取得的地方财政专项拨款费用。

地质勘查劳务收入 是指报告期内填报单位在本省及省外、境外从事地质勘查工作取得的收入及以合作、入股等方式取得的地质勘查收入。

涉外 是指报告期内填报单位在从事的地勘项目中由境外投资所带来的收入。

矿业权转让收入 是指地勘单位通过矿业权转让取得的收入。

矿产开发收入 是指地勘单位从事矿产开发经营活动取得的收入。

工程勘察施工收入 是指地勘单位从事工程勘察施工经营活动取得的各项收入。

其他收入 是指报告期内地勘单位从事除地质勘查、矿业权转让、矿产开发、工程勘察施工等以外的经济活动所取得的其他收入。

矿产开发支出 是指报告期内填报单位因矿产开发经营活动而发生的各项费用支出总额。

总支出 是指地勘单位在报告期内发生的各种经济支出。

Explanatory Notes on Main Statistical Indicators

Newly discovered mineral prospects — refers to a mineral occurrence that is newly found through all kinds of geological survey or on the basis of the ore information and clues reported by the broad masses of people, demonstrated through mineral surveys to be of value for further work or of industrial value and have a certain size, and evaluated preliminarily during the reporting period.

Identified resources — mainly refer to resources above inferred potentially economic resources (333).

Footage of pitting — refers to the advances of various underground workings excavated by rock drills or manual operations. It is calculated by "meters" and rounded off.

Footage of core drilling — refers to the penetration of rotary or percussive drilling driven by power machinery that recovers the core in order to study the underground geology. The drills include hand-lever feed drills, hydraulic feed drills, oil drills, marine oil drills, hydrological water well drills, and truck-mounted drills. It is calculated in "meters" and rounded off.

Expenditures for geological exploration — refer to the funds for geological exploration from various sides completed during the reporting period. They include funds allocated from the Central and local financial budgets for geological exploration, funds invested by enterprises and institutions, Hong Kong, Macao and Taiwan businessmen, and foreign businessmen for geological exploration, and other funds.

Central special budgetary allocations — refer to expenditures directly used for geological exploration and arranged by the state budgeted revenue and expenditure account, which are actually completed during the reporting period.

Local special budgetary allocations — refer to expenditures for geological exploration and allocated by local finance, which are actually completed during the reporting period.

Funds from enterprises and institutions — refer to the funds invested by various enterprises and institutions for geological exploration, which are completed during the reporting period. They include funds invested by domestic enterprises and institutions, Hong Kong, Macao and Taiwan businessmen, and foreign businessmen.

Funds from domestic enterprises and institutions — refer to the funds invested by state- and collective-owned enterprises and institutions and private enterprises for geological exploration, which are completed during the reporting period.

Investments from Hong Kong, Macao and Taiwan — refer to the funds invested by Hong Kong, Macao, and Taiwan enterprises or economic establishments or individuals in cash, kind (converted into money according to the price indices), and technologies for geological exploration according to relevant policies, laws and regulations of China.

Foreign investment — refers to the funds invested from abroad for geological exploration, which are completed during the reporting period. They include foreign direct investments, foreign loans (loans from foreign governments, loans from international financial organizations, export credit loan, commercial loans from foreign banks, and bonds and stocks issued abroad) and other investments of foreigners (including compensation trade, processing and assembling for which the equipment and funds are provided by foreign businessmen, and international leasing) but China's free exchange funds (including national exchanges, local exchanges, floating exchanges, accommodation exchanges, and foreign exchanges loans issued using the equity capital of the Bank of China) are excluded.

Geological exploration personnel at the year end — refer to the personnel who directly engage in geological exploration among employees on the job at the year end.

Technical personnel — refer to professional technical personnel who work in geological exploration units and receive payments and have technical titles of geological survey or mineral exploration at and above the junior titles. They include geological technical personnel, engineering technical personnel, geophysical and geochemical technical personnel, surveying and mapping personnel, and technical personnel for identification and chemical analysis of rocks and minerals.

Average employees — refer to the average daily number of employees of geological exploration units during the reporting period. The average number of employees=(number of employees at year beginning + number of employees at year end)/2 or the sum of the average monthly numbers during the current year/12.

Total assets — refers to the total amount of all the assets owned or controlled by the reporting units at the year end, including current assets, long-term investment, fixed assets, immaterial assets, and deferred taxes.

Total debts — refer to the debts assumed by the filling units at the year end, which can be measured as currency and repaid by assets or labor services.

General revenue — refers to all kinds of revenue obtained in economic activities such as geological exploration carried out by qualified geological exploration units during the reporting period, including revenues from geological exploration, transfer of mining rights, mineral resources development, and engineering surveys and operations, and other revenues.

Revenue from geological exploration — refers to all kinds of revenue obtained in economic activities of geological exploration, including fees of geological exploration, special allocations for geology, and revenue of labor services of mineral exploration. Of these, the revenue of labor services of mineral exploration includes the revenue of geological exploration carried out by qualified geological exploration units registered in the area or affiliated to the system inside and outside the province and abroad and the revenue of geological exploration obtained through cooperation and investment as share-holders. Foreign-related refers to the revenue brought by Chinese investment abroad by geological exploration units in their geological exploration projects.

Funds of geological exploration — refer to the fees used for geological exploration of a unit from the State (Central and local) budgets during the reporting period, including funds of administration departments in charge of geological exploration and their institutions and funds of geological exploration, which are calculated separately according to the Central and local financial inputs.

Central special budgetary allocations — refer to the funds obtained by geological exploration units from the Central special budgetary allocations during the reporting period.

Local special budgetary allocations — refer to the funds obtained by geological exploration units from the local special budgetary allocations during the reporting period.

Revenue of labor services of geological exploration — refers to the revenue of geological exploration carried out by the reporting units during the reporting period inside and outside the province and abroad and the revenue of geological exploration obtained through cooperation and investment as share-holders.

Foreign-related — refers to the revenue brought by Chinese investment abroad of the reporting units in their geological exploration projects during the reporting period.

Revenue from transfer of mining rights — refers to the revenue obtained by geological exploration units through transfer of mining rights.

Revenue from mineral resource development — refers to the revenue obtained by geological exploration units through carrying out mineral resource developments and operations.

Revenue from engineering surveys and operations — refers to all items of revenues obtained by geological exploration units through carrying out engineering surveys and operations.

Other revenues — refer to other revenues obtained by geological exploration units during the reporting period through economic activities except geological exploration, transfer of mining rights, mineral resource development, and engineering surveys and operations.

Expenditures of mineral resource exploitation — refer to the total amount of all items of expenditures incurred due to mineral resource developments and operations of reporting units during the reporting period.

General expenditures — refer to all kinds of expenditures of geological exploration units incurred during the reporting period.

三、国土资源开发利用

Chapter 3 Land and Resources Development and Utilization

土地资源

Land Resources

土地整治项目竣工情况
Results of Completion of the Land Consolidation and Improvement Projects

年份/地区	Year/Region	土地整治项目个数（个）Number of Projects of Land Consolidation and Improvement (number)	项目规模（公顷）Project Scale (hectare)				新增农用地面积（公顷）Increase of Agricultural Land (hectare)	
			合计 Total	整理 Land Consolidation	复垦 Land Reclamation	开发 Land Development		新增耕地面积 Increase of Cultivated Land
2011		16757	1276130.42	966693.45	40916.34	268520.63	397582.20	349818.79
2012		21803	2245804.71	1893058.26	50895.71	301850.73	427360.26	418614.73
2013		20460	2400983.26	2115125.57	46915.49	238942.20	388431.87	346335.47
北　京	Beijing	18	4210.14	4138.17		71.97	270.25	270.25
天　津	Tianjin	44	38414.00	38414.00			2018.38	2018.38
河　北	Hebei	401	30244.81	18223.93	24.45	11996.43	9426.65	9215.17
山　西	Shanxi	398	10124.00	2300.36	22.07	7801.57	6454.20	6406.48
内蒙古	Inner Mongolia	211	141163.19	132031.10	1311.08	7821.01	17279.46	16973.71
辽　宁	Liaoning	326	216356.55	215189.43	173.27	993.85	2985.28	2795.83
吉　林	Jilin	4	4225.48	1555.97		2669.51	2949.97	2949.97
黑龙江	Heilongjiang	170	485020.35	473007.89	12012.46		38335.62	35854.55
上　海	Shanghai	306	9791.25	7956.11	1748.37	86.77	1768.41	1764.33
江　苏	Jiangsu	2878	53207.79	35317.83	14301.27	3588.69	45485.92	13312.07
浙　江	Zhejiang	1747	21656.58	7178.06	174.06	14304.46	12630.19	12620.78
安　徽	Anhui	2205	166731.25	156090.20	7315.34	3325.71	14185.06	13774.05
福　建	Fujian	1573	28298.50	22301.49	1328.71	4668.30	7753.75	7669.64
江　西	Jiangxi	456	168565.05	158466.66	721.45	9376.94	14014.41	13450.15
山　东	Shandong	274	35369.48	29864.85	1053.40	4451.23	8792.34	8151.98
河　南	Henan	193	244684.89	227112.40	1124.65	16447.84	21551.93	20895.64
湖　北	Hubei	1592	27856.20	11326.00	927.48	15602.72	18492.63	17864.12
湖　南	Hunan	1076	161247.05	144735.16	694.58	15817.31	14930.88	14676.99
广　东	Guangdong	640	25113.35	9793.57		15319.78	14796.73	14591.03
广　西	Guangxi	3033	45560.43	4592.90		40967.53	35619.08	35483.92
海　南	Hainan	27	8145.49	7285.69		859.80	934.64	903.66
重　庆	Chongqing	256	63149.83	60095.37	67.50	2986.96	9850.27	9823.69
四　川	Sichuan	372	201386.43	194377.55	8.64	7000.24	21641.28	21023.81
贵　州	Guizhou	758	25407.23	10622.19	432.38	14352.66	13024.75	12581.85
云　南	Yunnan	92	25103.80	16781.50		8322.30	13144.31	13055.38
西　藏	Tibet	15	497.08	25.71		471.37	496.54	470.83
陕　西	Shaanxi	1050	28137.54	10706.62	2321.93	15108.99	14838.71	14564.28
甘　肃	Gansu	293	76492.48	72468.56	988.09	3035.83	8101.60	7867.77
青　海	Qinghai	8	8146.52	4967.19	150.19	3029.14	3201.41	3201.41
宁　夏	Ningxia	21	25567.41	19781.78		5785.63	10189.82	8846.86
新　疆	Xinjiang	23	21109.11	18417.33	14.12	2677.66	3267.40	3256.89

主要统计指标解释

土地整治 即土地整理、复垦、开发。

土地整理 是指在一定区域内，按照土地利用规划，对田、水、路、林、村综合整治，提高耕地质量，增加有效耕地面积，改善农业生产条件和生态环境。其内容主要包括调整用地结构，平整土地，道路、渠道等的综合治理，村庄及乡村企业用地的集中、搬迁和内部改造。

土地复垦 是指对生产建设过程中，因挖损、塌陷、压占、污染等造成破坏的土地，以及洪灾、滑坡、崩塌、泥石流、风沙等自然灾害损害的土地，采取生物和工程技术手段，使其恢复到可利用状态的活动。

土地开发 是指按照土地利用总体规划，在保护和改善生态环境、防治水土流失和土地荒漠的前提下，对滩涂、盐碱地、黄草地、裸土地等未利用地的宜农土地进行整治。

项目规模 是指完成土地整治项目即土地整理复垦开发项目所包括的面积，按实际验收数统计。

新增农用地、耕地 指经过土地整治即土地整理、复垦、开发分别增加的农用地、耕地面积，按实际验收数统计。

Explanatory Notes on Main Statistical Indicators

Land consolidation and improvement — refers to land consolidation, reclamation, and development.

Land consolidation — refers to the process of comprehensive renovation of farmland, water, roads, forests, and villages in a particular region according to land-use planning in order to raise the cultivated land quality, increase the effective cultivated land area and improve the conditions of agricultural production and ecological environment. The content mainly includes land-use structure readjustment, consolidation of scattered parcels of land, land leveling, road and canal improvements, and concentration, relocation, and internal modification of land used for villages and village-and-town enterprises.

Land reclamation — refers to the process of restoring to the usable state the land damaged by excavation, collapse, surface land occupation, and pollution during the production and by natural disasters such as floods, landslides, rock falls, mud-flows, and wind-blown sand disasters by taking biotechnical and engineering technological means.

Land development — refers to the process of improving unused land suited to agricultural purposes such as shoals, saline-alkali land, land overgrown with weeds, and nuked land according to land-use planning in order to protect and improve the ecological environment, prevent and control soil erosion, and land desertification.

Project scale — refers to the area included in the land renovation project completed, i.e. the project of land consolidation, reclamation, and development. It is calculated according to the number of hectares checked and accepted actually.

Areas of newly added land for agricultural uses and cultivat land — refer to the areas of farmland, cultivated land added separately through land renovation, i.e. land consolidation, reclamation, and development. They are calculated according to the number of hectares checked and accepted actually.

矿产资源
Mineral Resources

全国石油天然气开发利用
Oil and Gas Development

年份/地区	Year/Region	油气田总数（个）Number of Oil & Gas Fields (number)				从业人数（人）Employees (person)	油产量（万吨）Oil Production (10^4 tons)
			大型 Large	中型 Medium	小型 Small		
	2011	900	101	229	570	604348	20287.26
	2012	920	104	224	592	665989	20683.76
	2013	934	107	220	607	714548	20901.69
天　津	Tianjin	23	3	7	13	29323	470.37
河　北	Hebei	62	1	17	44	50396	591.01
辽　宁	Liaoning	40	4	8	28	44082	1001.01
吉　林	Jilin	44	4	13	27	27541	620.30
黑龙江	Heilongjiang	53	9	11	33	92127	4001.04
江　苏	Jiangsu	57		4	53	9209	201.46
山　东	Shandong	73	12	39	22	80301	2776.24
河　南	Henan	52	3	12	37	52957	538.51
湖　北	Hubei	30	1	2	27	14588	98.18
浙 江	zhejiang	3			3	283	5.06
广　西	Guangxi	1			1	88	2.20
广　东	guangdong	4		1	3	150	26.53
四　川	Sichuan	147	9	14	124	37656	22.36
陕　西	Shaanxi	62	13	19	30	187863	3701.61
甘　肃	Gansu	7	0	2	5	10538	51.26
青　海	Qinghai	26	4	5	17	21755	214.50
新　疆	Xinjiang	90	19	23	48	47202	2658.47
渤　海	Bohai Sea	60	13	18	29	4693	2574.16
南　海	South China Sea	86	11	24	51	2545	1332.54
东　海	East China Sea	14	1	1	12	1251	14.88

注：1．中国石油长庆、华北、大港和西南经济数据未按省分列，本汇总表将中国石油长庆全部计入陕西，中国石油华北全部计入河北，中国石

2．本表不包括煤层气。

Notes: 1. The data of the Changqing, North China, Dagang and Southwest oil fields of China National Petroleum Corporation (CNPC) are not listed Southwest China is included in Sichuan.

2. The data of coal-bed methane are not included in the table.

情况——按地区分列
and Utilization by Region

气产量（亿立方米）Gas Production (10^8 m^3)	工业总产值（万元）Gross Industrial Output Value (10^4 yuan)	销售收入（万元）Sales Revenue (10^4 yuan)	年利税总额（万元）Total Amount of Annual Profits and Taxes (10^4 yuan)	实缴补偿费（万元）Compensation Fee Paid (10^4 yuan)
1012.79	108487463.00	103603119.00	68022811.00	944295.00
1070.84	108107590.38	105383886.58	64865656.69	744356.14
1166.21	110313969.15	119182802.70	61936626.54	864701.03
4.06	1993191.00	1999511.00	996852.00	15491.00
9.31	2864473.00	3099757.32	997111.13	29361.00
7.21	3691932.00	3501178.00	1077652.00	31370.00
24.34	2340931.00	2340199.00	1063505.00	19798.00
34.77	18827886.00	18939002.00	14264389.00	132342.00
0.51	937925.00	1068738.46	147796.00	7496.13
5.00	12032498.00	12464930.02	6754416.00	113494.16
39.37	5039472.00	5165141.54	1472863.56	24650.29
3.14	760078.00	763144.00	307966.00	5612.13
0.00	22803.26	22803.26	-30726.90	224.57
0.00	207924.00	408598.63	6569.17	76.95
1.69	146089.00	145507.00	58920.00	1356.00
243.43	2325840.00	3458659.00	55617.71	21454.00
346.81	23295102.00	32207834.40	11994647.50	164595.04
0.17	1212640.00	481720.00	201865.00	2466.00
68.10	2560790.91	2008936.00	1263707.75	5623.95
280.12	13396728.97	13868135.65	8486156.25	122012.81
23.39	10997932.00	10718913.00	8655251.00	167277.00
66.45	7484136.50	6353217.92	4240933.75	
8.34	175596.51	166876.50	-78865.37	

油大港全部计入天津，中国石油西南全部计入四川。

by province. In this table, CNPC Changqing is included in Shaanxi, CNPC North China is included in Hebei, CNPC Dagang is included in Tianjin and CNPC

全国石油天然气开发利用
Oil and Gas Development and

年份/地区	Year/Region	油气田总数（个） Number of Oil & Gas Fields (number)	大型 Large	中型 Medium	小型 Small	从业人数（人） Employees (person)
总 计	**Total**	**934**	**107**	**220**	**607**	**714548**
国有企业	State-owned Enterprises	23		10	13	117015
国有联营企业	Joint State-owned Enterprises	1			1	88
股份有限公司	Share Holding Company Limited	910	107	210	593	597445

① 经济类型为公司在工商管理机关登记注册类型。

① The economic type refers to the type registered by a company at agencies or industrial and commercial administration.

情况——按经济类型分列[1]（2013年）

Utilization by Economic Type (2013)

油产量（万吨）Oil Production (10^4 tons)	气产量（亿立方米）Gas Production (10^8 m^3)	工业总产值（万元）Gross Industrial Output Value (10^4 yuan)	销售收入（万元）Sales Revenue (10^4 yuan)	年利税总额（万元）Total Amount of Annual Profits and Taxes (10^4 yuan)	实缴补偿费（万元）Compensation Fee Paid (10^4 yuan)
20901.69	**1166.21**	**110313969.15**	**119182802.70**	**61936626.54**	**864701.03**
1263.71		8936308.00	18652200.00	5262200.00	5974.12
2.20		207924.00	408598.63	6569.17	76.95
19635.78	1166.21	101169737.15	100122004.07	56667857.37	858649.96

全国非油气矿产资源开发利用

Non-Petroleum Mineral Resources Development

年份/地区	Year/Region	矿山企业数（个） Number of Mine Enterprises (number)				
			大型 Large	中型 Medium	小型 Small	小矿 Small-scale Mine
	2011	107730	3723	5341	53430	45236
	2012	103795	3913	5563	52543	41776
	2013	99536	3908	5860	52719	37049
北　京	Beijing	214	22	54	128	10
天　津	Tianjin	414	116	112	98	88
河　北	Hebei	4290	118	207	2406	1559
山　西	Shanxi	4608	301	634	2397	1276
内蒙古	Inner Mongolia	4870	171	342	2358	1999
辽　宁	Liaoning	3627	94	132	2226	1175
吉　林	Jilin	1791	177	270	1008	336
黑龙江	Heilongjiang	3294	183	239	2041	831
上　海	Shanghai	78	2	1	75	
江　苏	Jiangsu	1304	166	225	913	
浙　江	Zhejiang	1427	768	161	453	45
安　徽	Anhui	2767	164	142	915	1546
福　建	Fujian	1982	280	228	1177	297
江　西	Jiangxi	6058	41	156	3365	2496
山　东	Shandong	3388	272	525	2512	79
河　南	Henan	2952	140	305	1443	1064
湖　北	Hubei	3641	41	122	1587	1891
湖　南	Hunan	7308	54	127	2452	4675
广　东	Guangdong	1786	81	169	1388	148
广　西	Guangxi	3689	42	73	1819	1755
海　南	Hainan	267	81	18	158	10
重　庆	Chongqing	2792	77	168	2153	394
四　川	Sichuan	7266	94	319	4232	2621
贵　州	Guizhou	7106	76	242	4362	2426
云　南	Yunnan	8084	50	173	4785	3076
西　藏	Tibet	99	7	15	56	21
陕　西	Shaanxi	5100	135	249	2127	2589
甘　肃	Gansu	3476	55	76	1298	2047
青　海	Qinghai	978	35	50	390	503
宁　夏	Ningxia	524	19	18	195	292
新　疆	Xinjiang	4356	46	308	2202	1800

情况——按地区分列
and Utilization by Region

从业人数（人）Employees (person)	年产矿量（原矿）Annual Production (Crude Ore)	工业总产值（万元）Gross Industrial Output Value (10^4 yuan)	综合利用产值（万元）Output Value of Comprehensive Use (10^4 yuan)	矿产品销售收入（万元）Sales Revenue of Mineral Commodities (10^4 yuan)	利润总额（万元）Total Profits (10^4 yuan)
6920018	906835.20	193798455.64	15250219.91	167217927.34	37311564.69
6711085	872344.25	193873090.06	12151041.32	160927621.27	30838149.37
6344625	867935.52	172445934.79	12486974.34	144884029.44	20534242.15
33441	2027.65	662537.21	60290.16	621885.07	85949.88
6504	4400.40	64314.42	2335.00	47608.64	2767.71
297980	45150.67	8134646.31	971389.94	6634291.78	1013737.80
896705	87730.20	38022490.56	1853307.39	29013492.71	2866138.72
289229	104075.87	19104016.71	1612688.96	18064773.05	2486023.61
253499	34621.00	5832770.26	236936.49	4974185.07	630356.98
120556	12116.57	2013789.85	96595 41	1552603.81	1282.01
283437	15036.49	3162031.33	78427.48	3019866.68	145264.90
3641	202.03	131093.65	1701.69	107792.73	11085.73
127354	22938.60	2499251.79	171522.88	1993517.03	176783.92
41777	53834.42	1366432.05	48113.32	1085944.89	98596.78
324285	50832.05	10666104.21	927099.37	9739073.51	649171.94
70922	16062.57	1665847.15	157454.94	1619823.15	337944.22
233605	28464.19	3382963.74	288834.03	2797591.09	243781.83
521989	47394.78	12896029.72	1031509.02	11270940.49	1583591.85
471154	31283.00	9144428.65	653232.92	7253939.13	992708.36
128498	17792.18	2676767.93	103199.35	1780332.39	274682.56
270377	27968.66	3560438.15	100800.53	2756084.41	311201.27
50367	23436.42	1678731.21	74322.86	1170856.82	219437.84
101428	26268.15	1745455.82	153199.55	1276097.31	208058.17
11168	5212.96	430649.34	36770.13	376838.09	112523.21
167967	16514.71	2224390.79	172589.28	1845178.36	35820.33
340232	26386.93	3481846.14	776515.22	2883754.97	306528.31
240323	32762.24	7322376.04	1418557.83	6881397.77	1528500.25
345751	27035.72	6033116.46	747760.78	4786581.36	494809.76
5806	413.93	245996.77	1465.00	174715.66	43867.25
282305	42750.55	11590027.18	61639.46	10477134.02	3794057.04
166451	12453.17	3095913.62	110135.97	2917084.79	279212.06
45937	9988.96	2342878.55	137230.18	1761842.78	455776.10
50865	8129.12	2555701.54	1798.95	1469128.14	394257.24
161072	34651.33	4712897.64	399549.75	4529673.74	750324.52

全国非油气矿产资源开发利用

Non-Petroleum Mineral Resources Development

矿种	Mineral	矿山企业数（个） Number of Mine Enterprises (number)				
			大 型 Large	中 型 Medium	小 型 Small	小 矿 Small-scale Mine
总 计	**Total**	**99536**	**3908**	**5860**	**52719**	**37049**
煤炭	Coal	12488	730	1370	7369	3019
油页岩	Oil shale	23	2	7	9	5
油砂	Oil sand	4			3	1
石煤	Stone coal	223		2	48	173
天然沥青	Natural asphalt	6			1	5
地热	Geotherm	1037	255	225	484	73
铁矿	Iron	4169	138	312	2501	1218
锰矿	Manganese	495	15	39	304	137
铬矿	Chromite	30		1	16	13
钛矿	Titanium	105	5	3	68	29
钒矿	Vanadium	116	9	22	61	24
铜矿	Copper	900	30	67	508	295
铅矿	Lead	926	8	39	529	350
锌矿	Zinc	706	10	50	411	235
铝土矿	Bauxite	275	10	27	187	51
镁矿	Magnesium	10	1		3	6
镍矿	Nickel	67	3	14	35	15
钴矿	Cobalt	4	1		3	
钨矿	Tungsten	155	3	27	102	23
锡矿	Tin	119	3	12	68	36
铋矿	Bismuth	4			3	1
钼矿	Molybdenum	209	22	31	102	54
汞矿	Mercury	37			16	21
锑矿	Antimony	87	2	2	46	37
铂矿	Platinum	6	2	1	3	
金矿	Gold	1633	60	140	937	496
银矿	Silver	113	9	9	67	28
铌钽矿	Columbotantalite	14		2	5	7
钽矿	Tantalum	5			5	
铍矿	Beryllium	2			1	1
锂矿	Lithium	18	3	2	6	7
锆矿	Zirconium	27	22	4	1	
锶矿	Strontium	17	1	1	5	10
重稀土矿	Heavy rare earths	22	1	1	19	1
轻稀土矿	Light rare earths	89	1	6	41	41
锗矿	Germanium	3		1	1	1
碲矿	Tellurium	3			1	2
蓝晶石	Kyanite	7		1	6	
矽线石	Sillimanite	5	1		2	2
红柱石	Andalusite	12	5	3	3	1
菱镁矿	Magnesite	123	7	12	80	24
普通萤石	Common fluorite	1255	11	34	688	522

情况——按矿种分列（2013年）

and Utilization by Mineral (2013)

从业人数（人）Employees (person)	年产矿量（原矿，万吨）Annual Production (Crude Ore, 10^4 tons)	工业总产值（万元）Gross Industrial Output Value (10^4 yuan)	综合利用产值（万元）Output Value of Comprehensive Use (10^4 yuan)	矿产品销售收入（万元）Sales Revenue of Mineral Commodities (10^4 yuan)	利润总额（万元）Total Profits (10^4 yuan)
6344625	**867935.52**	**172445934.79**	**12486974.34**	**144884029.44**	**20534242.15**
3695213	306004.47	111672268.31	6409669.05	96287176.12	13096778.15
5102	284.70	41247.64	38.00	22277.57	521.00
4					
2144	163.64	6894.00	51.00	6394.69	698.30
50		130.00			
46994	9970.35	328957.05		238048.36	-2167.00
383855	72571.95	16418551.65	1741015.62	14248814.73	2072251.54
24862	692.35	528459.78	29093.32	348430.08	-4288.54
645	10.51	15925.20		11941.47	2654.89
2726	104.07	20553.62	802.80	13565.72	1684.29
4713	76.86	58944.00	2000.00	6370.62	342.00
137489	14931.13	3490739.84	422727.75	3089875.48	477949.79
53934	1547.91	1230916.40	137652.46	952286.36	119463.05
51115	2329.06	1459892.98	165799.30	1196471.08	310241.23
17174	2344.04	374809.68	23338.51	338588.20	26810.84
179	114.04	21119.00	5630.00	6399.00	20.00
12892	1275.38	1015441.27	25008.73	855360.25	25649.79
45					
35488	1545.65	1020343.89	65071.20	681888.37	173128.84
26990	809.60	730580.97	99673.87	507876.92	88134.47
113	2.90	1056.00	0.90	156.00	-1.74
32429	5904.38	1396994.74	173388.47	846812.96	182366.20
1136	32.03	28511.74	3393.36	25002.45	8979.60
11423	103.21	279877.51	2349.00	124354.07	70.59
230	0.55	155.00		155.00	-242.00
176135	12085.34	5321783.39	852693.12	4471292.27	1097645.23
13424	636.41	427942.74	179846.59	381855.92	97524.45
1131	137.45	26991.98	87.20	22813.28	5554.21
562	15.03	5316.00	3396.00	896.46	-136.50
110	0.03	1100.00	380.00	1100.00	
2217	591.20	130742.85	300.00	63135.33	-14390.13
1175	1610.34	15803.68	5800.65	14802.07	-1613.71
701	13.89	5104.33	874.00	4659.47	1287.46
327	177.44	53016.60		52399.84	370.21
1591	732	104747	2855	58268	8854
609	389.29	46422.70		46422.70	1443.09
7					
152	1.89	1126.00	95.00	1116.50	101.50
363	0.50	50.00		50.00	1.00
489	50.14	7963.36	1200.00	7963.36	6.00
6806	1058.80	174432.42	7892.47	76173.52	6314.51
23490	435.91	213012.56	6460.31	181078.41	17764.40

全国非油气矿产资源开发利用
Non-Petroleum Mineral Resources Development

矿种	Mineral	矿山企业数（个） Number of Mine Enterprises (number)				
			大 型 Large	中 型 Medium	小 型 Small	小 矿 Small-scale Mine
熔剂用灰岩	Limestone for flux	351	23	22	164	142
冶金用白云岩	Metallurgical, dolomite	315	9	16	191	99
冶金用石英岩	Metallurgical, quartzite	618	5	9	362	242
冶金用砂岩	Sandstone for metallurgy	34		3	26	5
铸型用砂岩	Sandstone for casting	22			13	9
铸型用砂	Sand for casting	65	1	6	40	18
冶金用脉石英	Metallurgical, vein quartz	294	1	1	193	99
耐火粘土	Fireclay	244	1	2	139	102
铁矾土	Ferruginous bauxite	13			10	3
铸型用粘土	Clay for casting	1			1	
耐火用橄榄岩	refractory peridotite	5			2	3
熔剂用蛇纹岩	Serpentinite for flux	8	2	3	3	
自然硫	Native sulfur	1				1
硫铁矿	Greigite	267	9	4	163	91
钠硝石	Nitratite	3			1	2
明矾石	Alunite	3	2		1	
芒硝	Mirabilite	82	22	19	35	6
重晶石	Barite	486	10	12	280	184
毒重石	Witherite	34		2	25	7
天然碱	Trona	12	1	2	6	3
电石用灰岩	Tourmaline limestone	81	4	2	46	29
制碱用灰岩	Limestone for soda ash	41	2	2	27	10
化肥用灰岩	Limestone for fertilizer	11			8	3
化工用白云岩	Dolostone for chemical industry	25			19	6
化肥用石英岩	Quartzite for fertilizer	14		3	9	2
化肥用砂岩	Sandstone for fertilizer	11			8	3
含钾砂页岩	Potassium bearing sandshale	3			2	1
含钾岩石	Potassium bearing rock	25	2	2	15	6
化肥用橄榄岩	Peridotite for fertilizer	1			1	
化肥用蛇纹岩	Serpentinite for fertilizer	21	1	3	11	6
泥炭	Peat	55	1	1	17	36
盐矿	Salt	205	92	38	65	10
镁盐	Magnesium	6	1	3	2	
钾盐	Potash	19	5	8	5	1
溴矿	Bromine	50			50	
砷矿	Arsenic	6			4	2
硼矿	Boron	68	3	5	57	3

情况——按矿种分列（2013年） 续表1
and Utilization by Mineral (2013) Continued 1

从业人数（人）Employees (person)	年产矿量（原矿，万吨）Annual Production (Crude Ore, 10^4 tons)	工业总产值（万元）Gross Industrial Output Value (10^4 yuan)	综合利用产值（万元）Output Value of Comprehensive Use (10^4 yuan)	矿产品销售收入（万元）Sales Revenue of Mineral Commodities (10^4 yuan)	利润总额（万元）Total Profits (10^4 yuan)
17558	5659.56	232084.84	44225.40	178580.94	4281.66
7875	2342.61	108760.95	9773.74	96350.04	5923.17
6569	529.43	48794.04	5100.10	43936.51	2272.69
353	35.16	1486.34	97.10	1177.51	255.72
330	127.61	1535.58		1535.58	330.13
1491	155.23	11712.45	385.00	11654.65	799.51
2205	45.42	4190.76	177.60	2600.08	251.84
5223	183.98	34323.07	360.00	21525.32	1009.88
99	3.25	828.00		417.30	40.00
5	1.10	58.00		52.50	5.00
201	13.25	1852.00	80.00	1797.50	-173.55
586	61.88	858.50	15.00	858.50	49.28
5					
18329	785.88	302393.92	58771.55	230125.07	21522.42
65	0.02	1255.12		1255.12	
1204	12.39	6094.80	124.50	6038.53	22.00
10959	1858.15	246557.47	19753.12	226833.62	9680.07
6076	275.85	63144.69	14098.12	49743.67	11094.53
676	14.11	9635.25	3740.00	3242.25	-565.60
3122	251.21	208885.00	31193.50	195414.00	31078.20
1451	880.48	17764.82	551.39	17081.58	2352.09
679	370.02	25661.00	18126.34	6295.12	1390.42
89	16.00	198.00		160.00	-82.50
288	57.67	1791.10	8.10	1677.60	280.80
444	19.94	1768.54	5.00	1708.38	82.29
116	4.87	206.99		206.25	29.00
32	0.71	118.50		118.50	10.70
299	11.21	1008.00	26.00	940.76	91.14
10	2.97	100.00		100.00	8.91
209	38.85	164.61	10.00	164.61	13.35
710	24.70	2124.02	312.60	2093.97	354.66
53416	7128.33	1714724.08	181775.94	1061095.45	71964.56
155	52.45	7834.60	1600.00	4587.31	1651.60
10053	6957.31	1304719.03	22541.31	1135971.66	424159.53
2529	7.92	63092.82	14668.57	51142.00	5185.99
76					-101.97
1677	66.25	11812.88	1152.00	11895.71	1298.45

全国非油气矿产资源开发利用
Non-Petroleum Mineral Resources Development

矿种	Mineral	矿山企业数（个） Number of Mine Enterprises (number)				
			大型 Large	中型 Medium	小型 Small	小矿 Small-scale Mine
磷矿	Phosphate rock	368	33	89	214	32
金刚石	Diamond	6	2	2	2	
石墨	Graphite	175	34	33	66	42
压电水晶	Piezoquartz	1			1	
熔炼水晶	Smelting quartz	4			2	2
工艺水晶	Crystal for artware	4			2	2
硅灰石	Wollastonite	230	2	2	114	112
滑石	Talc	145	6	9	74	56
石棉	Asbestos	37	9	4	22	2
云母	Mica	31			21	10
长石	Feldspar	395	2	10	225	158
电气石	Tourmaline	4			2	2
石榴子石	Garnet	23	2		12	9
叶蜡石	Pyrophyllite	79	5	20	36	18
透辉石	Diopside	39		3	26	10
蛭石	Vermiculite	21			18	3
沸石	Zeolite	64		2	32	30
透闪石	Tremolite	11	1		4	6
石膏	Gypsum	610	31	76	369	134
方解石	Calcite	746	8	32	327	379
光学萤石	Optic fluorite	4			3	1
宝石	Gem	9		2	1	6
玉石	Jade	139			55	84
玛瑙	Agate	4				4
玻璃用灰岩	Limestone for glass	5			2	3
水泥用灰岩	Limestone for cement	3188	369	329	1678	812
建筑石料用灰岩	Limestone for building stone	15178	147	349	7555	7127
饰面用灰岩	Facing limestone	169	1	5	88	75
制灰用石灰岩	Limestone for mortar	1057	12	25	630	390
泥灰岩	Marlstone	31			15	16
白垩	Chalk	2			1	1
玻璃用白云岩	Dolostone for glass	59	1		36	22
建筑用白云岩	Dolostone for building	1244	17	31	752	444
玻璃用石英岩	Quartzite for glass	514	20	19	326	149
玻璃用砂岩	Sandstone for glass	119	5	30	60	24
水泥配料用砂岩	Sandstone for cement	305	11	44	168	82
砖瓦用砂岩	Sandstone for bricks and tiles	280		10	154	116
陶瓷用砂岩	Sandstone for ceramics	83		7	58	18
建筑用砂岩	Sandstone for building	1911	59	89	992	771
玻璃用砂	Sand for glass	64	11	11	24	18
建筑用砂	Sand for building	4728	36	252	1943	2497
水泥配料用砂	Sand for cement	30	2	2	17	9

情况——按矿种分列（2013年） 续表2

and Utilization by Mineral (2013) Continued 2

从业人数（人）Employees (person)	年产矿量（原矿，万吨）Annual Production (Crude Ore, 10^4 tons)	工业总产值（万元）Gross Industrial Output Value (10^4 yuan)	综合利用产值（万元）Output Value of Comprehensive Use (10^4 yuan)	矿产品销售收入（万元）Sales Revenue of Mineral Commodities (10^4 yuan)	利润总额（万元）Total Profits (10^4 yuan)
45793	6679.01	1607453.93	281808.05	1394693.07	223332.22
711					-474.00
6734	509.10	49736.28	2600.00	45535.18	1084.50
5					
14					
34	0.03	64.00		64.00	-13.00
2657	104.42	20213.80	2117.00	15440.92	1203.90
5539	182.86	34518.30	611.68	30125.36	2195.87
3717	641.50	29562.43	1167.27	21467.40	1100.00
325	7	1456		1420	18
3665	308.76	32558.13	651.00	20849.32	2478.76
27					
286	38.55	569.32	54.00	327.04	61.50
1380	96.18	25161.58	956.64	22238.59	1012.04
589	56.43	5001.40	699.30	4452.08	778.62
299	9.55	2538.40	30.00	2141.40	273.50
747	45.54	2192.44	140.00	2100.94	199.63
125	0.25	7.50		7.50	3.00
22748	2092.75	128117.63	3895.89	116300.93	7186.00
6450	873.10	54269.69	4260.26	46996.65	4375.84
59	4.08	486.10		486.10	33.70
87	0.83	187.12		100.30	1.31
2237	24.03	54907.86	30240.21	24810.95	2411.34
133	0.01	800.00		454.00	610.00
15	7.20	150.00		144.00	7.50
101774	115787.13	10078661.55	755690.80	6864531.94	966780.92
188618	83895.37	1656500.44	146590.50	1477816.18	215291.95
2775	264.87	17095.46	2776.00	15542.70	3481.04
14319	5553.14	135665.07	8313.73	124914.83	9741.07
399	36.60	1148.50	18.00	982.18	118.69
10					
886	161.53	4764.01	162.58	2690.24	365.10
18980	11308.98	140311.20	25055.79	123952.76	18797.71
5843	1099.70	51660.69	10789.65	40489.74	3705.28
1993	430.45	76003.02	417.00	26928.77	3909.72
6026	1619.38	108135.51	1074.70	64750.11	11492.12
4583	518.55	33705.68	2482.80	30680.98	4112.19
760	91.49	2871.84	640.00	2818.13	554.67
18601	7557.19	176427.16	12495.37	165951.17	23130.51
2394	520.11	33018.37	3005.00	30296.66	315.47
44904	18396.01	388871.58	34125.38	356294.76	61022.49
707	458.66	19184.72	1018.80	16705.33	515.57

全国非油气矿产资源开发利用
Non-Petroleum Mineral Resources Development

矿种	Mineral	矿山企业数（个）Number of Mine Enterprises (number)				
			大型 Large	中型 Medium	小型 Small	小矿 Small-scale Mine
水泥标准砂	Cement standard sand	5			3	2
砖瓦用砂	Sand for bricks and tiles	128		1	23	104
玻璃用脉石英	Vein quartz for glass	220	4	1	116	99
水泥配料用脉石英	Vein quartz for cement	18			9	9
粉石英	Powdery quartz	51		2	31	18
天然油石	Natural whetstone	1				1
硅藻土	Diatomite	38		10	25	3
陶粒页岩	Shale for ceramsite	29	4	3	20	2
砖瓦用页岩	Shale for bricks and tiles	7445	8	456	4608	2373
水泥配料用页岩	Shale for cement	186	7	19	84	76
建筑用页岩	Shale for building	640	1	28	369	242
高岭土	Kaolin	520	18	30	311	161
陶瓷土	Ceramic clay	593	9	38	433	113
凹凸棒石粘土	Attapulgite clay	36	2	5	23	6
海泡石粘土	Sepiolite clay	6			4	2
伊利石粘土	Illite clay	41	2	3	31	5
累托石粘土	Rectorite clay	4			1	3
膨润土	Bentonite	255	7	12	179	57
砖瓦用粘土	Clay for bricks and tiles	15436	2	418	6445	8571
陶粒用粘土	Earthenware clay	202	3	4	122	73
水泥配料用粘土	Clay for cement	142	5	5	75	57
水泥配料用红土	Laterite for cement	18			8	10
水泥配料用黄土	Loess for cement	10	1	2	6	1
水泥配料用泥岩	Mudstone for cement	30	1	2	12	15
保温材料用粘土	Clay for thermal insulating material	9			3	6
白云母粘土矿	Muscovite clay mine	1			1	
建筑用橄榄岩	Peridotite for building	8	1	1	4	2
饰面用蛇纹岩	Facing serpentinite	57			46	11
饰面用辉石岩	Facing pyroxenite	3	1		2	
建筑用辉石岩	Pyroxenite for building	6			3	3
铸石用玄武岩	Basalt for casting	18			15	3
岩棉用玄武岩	Basalt for wool rock	1				1
饰面用玄武岩	Facing basalt	71	1	2	44	24
水泥混合材玄武岩	Basalt for addition of cement	8	1		3	4
建筑用玄武岩	Basalt for building	660	58	54	346	202
饰面用角闪岩	Facing amphibolite	4			2	2
建筑用角闪岩	Amphibolite for building	28		1	14	13
水泥用辉绿岩	Diabase for cement	2			2	

情况——按矿种分列（2013年） 续表3
and Utilization by Mineral (2013) Continued 3

从业人数（人）Employees (person)	年产矿量（原矿，万吨）Annual Production (Crude Ore, 10^4 tons)	工业总产值（万元）Gross Industrial Output Value (10^4 yuan)	综合利用产值（万元）Output Value of Comprehensive Use (10^4 yuan)	矿产品销售收入（万元）Sales Revenue of Mineral Commodities (10^4 yuan)	利润总额（万元）Total Profits (10^4 yuan)
120	8.43	1232.02	227.00	1202.02	264.97
1213	60.02	12443.31	634.50	10591.31	1033.08
1611	71.83	15472.37	430.26	5323.36	549.20
185	18.20	551.00	5.00	551.00	14.50
531	32.52	1482.80	49.00	1316.55	253.16
20					
938	18.23	25962.43	50.00	11438.31	-974.18
679	39.65	4208.91	27.80	1971.76	194.07
158734	13710.47	1082671.44	102798.92	973732.79	104084.71
1898	976.72	17691.96	791.00	16972.79	2481.48
10559	1362.47	74296.46	10946.04	60527.10	12816.69
9679	796.49	363580.60	5508.72	92305.20	3717.54
5706	741.71	44578.29	3254.84	39782.37	4866.61
373	28.19	9190.45	13.20	8443.02	797.80
40					
900	7.10	347.41	15.50	256.80	39.83
115	0.48	55.50		55.50	3.13
4890	205.89	97022.21	3900.83	72062.78	10542.28
498450	26180.13	1705360.20	105907.52	1534570.81	172898.78
4414	199.55	13683.97	750.00	11187.67	1943.76
2763	783.00	20106.31	40.00	17852.20	2078.65
144	18.60	479.00	280.00	479.00	43.70
177	66.80	505.54	50.50	505.54	52.00
472	320.65	55489.10	161.86	55489.10	8386.17
105	0.03	10.00		10.00	2.00
15					
208	10.62	574.35		564.35	28.50
432	5.81	1484.80	40.00	1138.60	204.60
165	14.60	391.10		391.10	3.70
56	23.90	705.00		635.00	51.00
222	30.15	654.05	6.00	615.85	53.54
1					
1025	29.92	2689.52	40.00	2686.52	316.37
32	1.93	43.59		43.59	2.00
8907	4830.86	99298.67	8698.39	91854.64	8551.81
30	11.15	385.00		354.50	20.00
448	144.29	3228.19	129.60	2693.17	-99.71
4					

全国非油气矿产资源开发利用
Non-Petroleum Mineral Resources Development

矿种	Mineral	矿山企业数（个）Number of Mine Enterprises (number)				
			大 型 Large	中 型 Medium	小 型 Small	小 矿 Small-scale Mine
铸石用辉绿岩	Diabase for casting	5			2	3
饰面用辉绿岩	Facing diabase	211	2	5	128	76
建筑用辉绿岩	Diabase for building	240	7	9	139	85
饰面用辉长岩	Facing gabbro	2			2	
建筑用辉长岩	Gabbro for building	10		1	6	3
饰面用安山岩	Facing andesite	5			3	2
建筑用安山岩	Andesite for building	579	123	20	319	117
水泥混合材用安山玢岩	Andesitic porphyry for addition of cement	1			1	
建筑用闪长岩	Diorite for building	311	23	26	150	112
饰面用闪长岩	Facing diorite	39		4	24	11
建筑用二长岩	Monzonite for building	2	1			1
饰面用正长岩	Facing syenite	2			2	
建筑用正长岩	Syenite for building	6	1		5	
建筑用花岗岩	Granite for building	3731	412	326	2181	812
饰面用花岗岩	Facing granite	1569	69	55	1003	442
麦饭石	Medical stone	9			5	4
珍珠岩	Perlite	68	2	4	39	23
建筑用流纹岩	Rhyolite for building	2			2	
黑曜岩	Obsidian	2			1	1
浮石	Float-stone	21		1	13	7
水泥用粗面岩	Trachyte for cement	3			2	1
铸石用粗面岩	Trachyte for casting	13			9	4
霞石正长岩	Nepheline syenite	12	1	2	6	3
玻璃用凝灰岩	Tuff for glass	3		1	2	
水泥用凝灰岩	Tuff for cement	32	2	2	13	15
建筑用凝灰岩	Tuff for building	1588	622	29	554	383
火山灰	Pozzuolana	9		1	7	1
火山渣	Volcanic cinder	12			10	2
饰面用大理岩	Facing marble	542	20	20	224	278
建筑用大理岩	Marble for building	518	19	15	360	124
水泥用大理岩	Marble for cement	186	13	10	131	32
玻璃用大理岩	Marble for glass	35	1	1	29	4
饰面用板岩	Facing slate	224	8	13	127	76
水泥配料用板岩	Slate for cement	29			16	13
片石	Schist	103		1	43	59
片麻岩	Gneiss	376	8	29	221	118
千枚岩	Phyllite	6			5	1
砚石	Inkstone	4			3	1
矿泉水	Mineral water	836	43	66	581	146
地下水	Groundwater	6			4	2
其他矿产	Other minerals	89	2		48	39

情况——按矿种分列（2013年） 续表4
and Utilization by Mineral (2013) Continued 4

从业人数（人）Employees (person)	年产矿量（原矿，万吨）Annual Production (Crude Ore, 10^4 tons)	工业总产值（万元）Gross Industrial Output Value (10^4 yuan)	综合利用产值（万元）Output Value of Comprehensive Use (10^4 yuan)	矿产品销售收入（万元）Sales Revenue of Mineral Commodities (10^4 yuan)	利润总额（万元）Total Profits (10^4 yuan)
29					
1878	160.23	9056.18	716.00	8598.18	1709.28
2212	466.05	13865.79	482 00	12351.22	704.06
5					
129	38.56	399.51		391.31	36.50
144	1.16	415.00	8.00	404.00	111.00
7973	4549.00	90184.37	9943.72	85530.58	13873.42
8					
4518	1430.74	27536.02	515.80	24835.51	1760.98
438	23.32	3316.73	270.70	2869.83	538.33
31	2.00	30.00		30.00	5.00
9	0.12	6.64	6.64	6.64	4.00
62	13.21	253.70	2.00	253.70	13.00
49664	28084.02	560255.29	38491.62	486158.12	54026.95
26661	4517.27	305781.02	12824.90	260202.11	36555.81
118	4.81	249.90		239.90	79.50
1424	102.09	22505.84	11411.00	15976.84	7122.46
15	2.90	60.00		60.00	8.00
13					
225	6.66	373.49	30.00	356.85	-21.24
30	13.94	127.54		52.04	44.50
146	6.92	240.20	5.50	153.12	11.00
226	16.72	768.00	76.40	768.00	67.00
7	0.14	2.80		2.80	0.30
322	93.14	4545.50	242.00	4545.50	1662.10
27970	38304.91	790458.79	20264.21	573453.87	61621.61
107	47.95	1160.60		1159.60	106.85
148	3.89	100.20		83.21	42.23
6963	577.65	77992.52	5196.55	67303.25	13414.99
4884	1870.14	31072.45	2169.94	27183.16	3002.70
4356	2075.93	106698.62	243.00	76941.96	14781.43
174	40.76	4395.00	4160.00	4395.00	847.50
2187	213.72	9650.41	124.00	8354.01	1082.35
285	77.37	1859.15	17.40	1825.15	245.80
842	206.94	4782.10	629.00	4453.24	709.70
4196	1916.53	33656.07	3094.17	30101.14	4900.46
75	12.98	625.00		541.10	72.50
51		50.00		50.00	8.00
28915	5445.97	587617.82	10.00	500393.80	11534.56
415	59.13	553.00		474.50	82.20
1163	668	9972	140	9774	−1297

全国非油气矿产资源开发利用
Non-Petroleum Mineral Resources Development

经济类型 Economic Type		矿山企业数（个） Number of Mine Enterprises (number)				
			大型 Large	中型 Medium	小型 Small	小矿 Small-scale Mine
总计	**Total**	**99536**	**3908**	**5860**	**52719**	**37049**
一、内资企业	**Ⅰ. Domestic Funded Enterprises**	**98972**	**3750**	**5752**	**52469**	**37001**
国有企业	State-owned Enterprises	3325	620	593	1656	456
集体企业	Collective-owned Enterprises	7294	74	254	3693	3273
股份合作企业	Cooperative Stock Enterprises	1229	57	89	651	432
联营企业	Joint Ownership Enterprises	388	9	28	200	151
有限责任公司	Limited Liability Corporations	16243	1299	1833	9103	4008
股份有限公司	Share Holding Company Limited	4115	403	517	2234	961
私营企业	Private Enterprises	62535	1193	2265	33317	25760
其他企业	Other Enterprises	3843	95	173	1615	1960
二、港澳台商投资企业	**Ⅱ. Enterprises with Funds from Hong Kong, Macao and Taiwan**	**225**	**60**	**36**	**114**	**15**
三、外商投资企业	**Ⅲ. Foreign Funded Enterprises**	**339**	**98**	**72**	**136**	**33**

情况——按经济类型分列（2013年）

and Utilization by Economic Type (2013)

从业人数（人）Employees (person)	年产矿量（原矿，万吨）Annual Production (Crude Ore, 10^4 tons)	工业总产值（万元）Gross Industrial Output Value (10^4 yuan)	综合利用产值（万元）Output Value of Comprehensive Use (10^4 yuan)	矿产品销售收入（万元）Sales Revenue of Mineral Commodities (10^4 yuan)	利润总额（万元）Total Profits (10^4 yuan)
6344625	**867935.52**	**172445934.79**	**12486974.34**	**144884029.44**	**20534242.15**
6272058	**839825.94**	**167002728.27**	**12357557.27**	**140505867.64**	**19721143.02**
1579737	177224.89	52069117.97	3172780.30	45663058.55	5528129.84
303936	22188.36	2348000.02	176917.63	2096791.08	301614.89
89469	11778.89	2529799.17	53365.97	2300178.20	292478.92
22661	2394.13	521269.31	11533.20	444377.05	72981.30
1597878	237362.33	48804390.96	3241018.12	38383306.53	4301055.22
985327	131180.73	37198070.31	3446661.22	31451777.23	6408094.40
1629744	243779.36	22796203.74	2235824.02	19729285.68	2783685.09
63306	13917.27	735876.81	19456.80	437093.31	33103.36
20568	**11147.57**	**1547059.26**	**39759.78**	**1387060.22**	**225635.75**
51999	**16962.01**	**3896147.25**	**89657.29**	**2991101.58**	**587463.38**

主要统计指标解释

矿种 是指矿山企业开采的矿产名称。

矿山规模 指依据国土资源部矿山生产规模划分标准确定的大型、中型、小型、小矿。

小矿 指矿山生产规模为小型规模上限 1/10 以下的矿山。

企业登记注册类型 是指工商行政管理部门对企业登记注册的类型。

矿山企业数 是指各类矿山企业的数量，以“个”计量。

从业人数 是指报告期的矿山企业中从事矿业生产劳动，并取得劳动报酬或经营收入的就业年平均人数。当年在矿山企业中从事采矿活动的临时工、轮换工，应加入此项统计。非独立法人矿山企业只填报本矿山的平均就业人数。

年产矿量 是指矿山企业当年采矿作业实际生产的符合产品质量要求的各类矿产的实物数量。应严格按各对应矿产的计量单位，分固、液、气三种状态分别合计填报。

工业总产值 是指以货币表现的矿山企业报告期生产的最终工业产品总价值量。

综合利用产值 是指在总产值中，由于对共生、伴生矿及“三废”综合利用的最终工业产品的价值量总和。

利润总额 企业当年实现的利润总量。反映企业最终的财务成果。

矿产品销售收入 指矿山企业当年度销售该矿产品（包括产成品、半成品及废品）所取得的收入。以销售实现为原则进行填报。

Explanatory Notes on Main Statistical Indicators

Name of mineral — refers to the name of the mineral mined by a mining enterprise.

Size of mine — refers to large, medium and small sizes as well as small mines defined according to the production scale standards of mines set by the Ministry of Land and Resources.

Small-scale mine — refers to a mine whose production scale is small below 1/10 of the upper limit of a small-sized mine.

Type of registration of an enterprise — refers to the type of registration of an enterprise stipulated by administrative agencies for industry and commerce.

Number of mine enterprises — refers to the number of various kinds of mining enterprises.

Employees — refers to the annual average number of all the persons who are engaged in mining labor and get remuneration payment or earn income in mining enterprises during the report period. Temporary laborers and rotated laborers who are engaged in mining operations in mining enterprises during the current year should be included in this statistics. Mining enterprises that are nonindependent legal persons are demanded to report the average number of employees in their own mines only.

Annual production — refers to the quantity of various mineral materials that are actually produced by a mining enterprise in mining operations during the current year and meet the requirements of the product quality. The ore outputs should be reported according to the related measuring units of the minerals and separately according to the solid, liquid and gas states.

Gross industrial output value — refers to the gross value of the final industrial products produced by mining enterprises during the report period, which is expressed in currency.

Output value of comprehensive use — refers to the total sum of the values of final industrial products in the gross value of mining output due to the comprehensive use of co-products, by-products and “three wastes” (waste slag, waste gas, waste liquid).

Total profits — refers to the total amount of profits achieved by an enterprise during the current year, which reflects the final financial outcomes of an enterprise. Loss is expressed by “–” before the figure.

Sales revenue of mineral — refers to the revenue earned by selling mineral commodities (including finished commodities, half-finished commodities and wastes) by a mining enterprises during the current year, which is demanded to be reported in light of the principle of achieving sales.

海洋资源

Marine Resources

海洋资源利用情况
Uses of Marine Resources

年份/地区 Year/Region		海洋石油（万吨）Marine Oil (10^4 tons)	海洋天然气（亿立方米）Marine Natural Gas (10^8 m^3)	海滨砂矿（万吨）Beach Placers (10^4 tons)	海洋渔业（万吨）Marine Aquatic Products (10^4 tons)		海洋盐业（万吨）Marine Salt Industry (10^4 tons)
					捕捞产量 Marine Fishing Production	养殖产量 Mariculture Production	
2006		3239.91	74.86	10355.22	1442.04	1445.64	3100.89
2007		3178.37	82.35	2958.16	1243.55	1307.34	3176.90
2008		3421.13	85.78	4808.57	1340.86	1443.61	3127.15
2009		3698.19	85.92	5590.66	1344.08	1536.46	3500.45
2010		4709.98	110.89	3422.54	1203.59	1482.30	3286.63
2011		4451.97	121.45	4231.04	1356.72	1551.33	3322.42
2012		4444.79	122.82	4351.29	1389.53①	1643.81	2986.42
天　津	Tianjin	2680.34	24.67		2.73	1.43	169.95
河　北	Hebei	237.77	5.56		25.26	38.21	334.69
辽　宁	Liaoning	14.25	0.16		125.77	263.56	117.39
上　海	Shanghai	14.68	8.8		13.06		
江　苏	Jiangsu				57.99	90.50	78.10
浙　江	Zhejiang			2726.98	345.11	86.14	10.88
福　建	Fujian			264.57	213.95	332.66	27.04
山　东	Shandong	275	1.25	1018.4	249.83	436.24	2219.10
广　东	Guangdong	1222.75	82.38		156.61	275.74	8.62
广　西	Guangxi			35.66	67.06	97.73	16.43
海　南	Hainan			305.68	110.93	21.61	4.22

① 其他捕捞量未计入总数。

① Catches by other ways are not included in total.

主要统计指标解释

海洋捕捞产量 是指国内海域捕捞产量，不包括远洋渔业产量。

海水养殖产量 是指从人工投放苗种或天然纳苗并进行人工饲养管理的海水养殖水域中捕捞的水产品产量。

海洋盐业 指利用海水生产以氯化钠为主要成分的盐产品的活动，包括采盐和盐加工，不包括盐化工，盐化工列入海洋化工业。

Explanatory Notes on Main Statistical Indicators

Marine fishing production — refers to the fishing production in China seas, excluding overseas fisheries production.

Mariculture production — refers to the output of aquatic products managed with artificial breeding in sea water.

Marine salt industry — refers to those activities that using sea water to pruduce salt products with sodium salts as main components, including salt mining and salt processing, not including salt chemical industry which is included in marine chemical industry.

四、国土资源行政管理

Chapter 4 Land and Resources Administration

国土资源管理机构

Land and Resources Administrative Agencies

全国省、市、县级国土资源管理机构数

Number of Land and Resources Administrative Agencies of the Provincial, Municipal and County Level

单位：个 Unit: number

年份/地区	Year/Region	合计 Total	省级 Provincial Level	市（地）级 Municipal (Prefecture) Level	县（区）级 County (District) Level
	2011	3304	32	449	2823
	2012	3293	32	442	2819
	2013	3139	32	440	2667
北　京	Beijing	17	1	16	
天　津	Tianjin	12	1	11	
河　北	Hebei	177	1	11	165
山　西	Shanxi	144	1	11	132
内蒙古	Inner Mongolia	129	1	14	114
辽　宁	Liaoning	78	1	14	63
吉　林	Jilin	54	1	10	43
黑龙江	Heilongjiang	120	1	16	103
上　海	Shanghai	18	1	17	
江　苏	Jiangsu	110	1	13	96
浙　江	Zhejiang	106	1	11	94
安　徽	Anhui	118	1	16	101
福　建	Fujian	82	1	9	72
江　西	Jiangxi	111	1	11	99
山　东	Shandong	175	1	17	157
河　南	Henan	157	1	18	138
湖　北	Hubei	113	1	17	95
湖　南	Hunan	131	1	14	116
广　东	Guangdong	152	1	21	130
广　西	Guangxi	90	1	14	75
海　南	Hainan	19	1	2	16
重　庆	Chongqing	39	1	38	
四　川	Sichuan	206	1	21	184
贵　州	Guizhou	111	1	9	101
云　南	Yunnan	156	1	16	139
西　藏	Tibet	77	1	5	71
陕　西	Shaanxi	123	1	11	111
甘　肃	Gansu	99	1	15	83
青　海	Qinghai	51	1	8	42
宁　夏	Ningxia	23	1	5	17
新　疆	Xinjiang	141	2	29	110

注：不包含部机关及直属事业单位。

Note：The date of MLR and its units affiliated are not included.

土地资源管理

Land Resources Administration

审批建设用地情况

Examination and Approval of Land for Construction Use

单位：公顷 Unit: hectare

年份/地区 Year/Region	合计 Total	农用地转用 Agriculture Land Transform to Constrction Use Land	耕地 Cultivated Land	国务院批准建设用地 Land for Construction Approved by the State Council	农用地转用 Agriculture Land Transform to Constrction Use Land	耕地 Cultivated Land	省级政府批准建设用地 Land for Construction Approved by Provincial Governments	农用地转用 Agriculture Land Transform to Constrction Use Land	耕地 Cultivated Land
2011	611657.13	410538.55	253021.01	275597.61	197512.64	117125.19	336059.52	213025.91	135895.82
2012	615216.40	429083.24	259351.55	242114.45	185478.73	106142.91	373101.95	243604.51	153208.64
2013	534335.97	372392.16	219620.36	213329.11	160705.15	86858.53	321006.86	211687.02	132761.84
北　京 Beijing	3030.13	1616.79	603.88	1028.12	622.06	167.07	2002.02	994.72	436.81
天　津 Tianjin	5380.54	3589.32	2118.90	1821.58	1357.48	816.54	3558.96	2231.84	1302.36
河　北 Hebei	19048.99	13670.31	9870.67	7632.91	6602.84	4805.44	11416.08	7067.48	5065.23
山　西 Shanxi	19568.08	12501.68	8862.50	9003.92	6243.52	4256.76	10564.16	6258.16	4605.74
内蒙古 Inner Mongolia	33523.40	20098.19	6413.91	18242.03	14305.93	3917.89	15281.37	5792.26	2496.01
辽　宁 Liaoning	17327.70	12939.54	8796.64	9436.23	7076.25	4634.35	7891.47	5863.29	4162.28
吉　林 Jilin	10949.62	8592.19	6732.16	6571.33	5090.40	3797.08	4378.29	3501.79	2935.09
黑龙江 Heilongjiang	7986.75	6815.92	5286.62	5425.51	4634.44	3588.96	2561.23	2181.49	1697.66
上　海 Shanghai	2683.50	1533.59	1158.15	706.71	469.55	387.62	1976.80	1064.04	770.53
江　苏 Jiangsu	30242.13	15699.70	11187.50	10260.09	5718.15	4057.97	19982.05	9981.55	7129.53
浙　江 Zhejiang	17595.96	13146.90	9598.83	5240.30	4023.36	3163.87	12355.66	9123.55	6434.96
安　徽 Anhui	15828.37	10626.56	7979.83	5486.72	4784.62	3601.79	10341.65	5841.94	4378.04
福　建 Fujian	20776.54	16956.04	7461.45	3833.15	3193.98	1260.86	16943.39	13762.06	6200.60
江　西 Jiangxi	20256.75	14531.40	5923.77	5957.95	5482.85	1696.34	14298.80	9048.55	4227.43
山　东 Shandong	32068.08	22907.59	16977.71	12334.49	11100.43	8214.38	19733.59	11807.16	8763.34
河　南 Henan	28259.57	19964.06	16848.40	4855.19	3876.81	3404.50	23404.37	16087.26	13443.90
湖　北 Hubei	33973.65	27084.93	14931.39	13832.32	10676.40	5688.08	20141.34	16408.53	9243.30
湖　南 Hunan	26039.42	18763.78	10070.58	6899.76	3482.06	1559.44	19139.66	15281.72	8511.14
广　东 Guangdong	26358.81	20115.06	5915.09	14116.88	11315.02	3003.38	12241.92	8800.04	2911.72
广　西 Guangxi	20834.63	17088.09	9505.47	10607.12	8739.03	4749.03	10227.51	8349.06	4756.43
海　南 Hainan	3821.99	3315.47	1452.12	1797.50	1566.48	886.53	2024.49	1748.99	565.59
重　庆 Chongqing	10768.89	9068.78	5859.43	3800.05	3120.70	1969.78	6968.84	5948.07	3889.65
四　川 Sichuan	37378.97	23059.90	10617.98	22272.19	12923.78	3874.09	15106.78	10136.12	6743.89
贵　州 Guizhou	18868.89	13739.80	8690.52	10017.24	7570.32	4668.12	8851.65	6169.48	4022.40
云　南 Yunnan	13230.30	10598.22	5790.60	5870.47	4402.49	1939.56	7359.83	6195.73	3851.04
西　藏 Tibet	452.88	372.31	108.05	452.88	372.31	108.05			
陕　西 Shaanxi	7836.64	5560.03	3969.15	3565.63	3102.23	2042.30	4271.01	2457.80	1926.85
甘　肃 Gansu	6495.85	4337.09	3278.22	2425.38	1494.72	982.49	4070.46	2842.37	2295.72
青　海 Qinghai	5868.07	4414.99	2076.41	3280.09	2325.99	949.42	2587.98	2089.00	1126.99
宁　夏 Ningxia	5917.47	3468.67	2081.40	1914.64	1446.07	947.32	4002.83	2022.60	1134.08
新　疆 Xinjiang	31963.40	16215.27	9453.03	4640.74	3584.91	1719.49	27322.66	12630.35	7733.54

审批建设用地情况 续表

Examination and Approval of Land for Construction Use Continued

单位：公顷 Unit: hectare

年份/地区 Year/Region	城镇村建设用地 Land for Construction in City, Town and Village						单独选址建设用地 Land for Construction at Separated Selected Sites			
		商服用地 Land for Commercial and Service Uses	工矿仓储用地 Land for Industry, Mining and Warehousing	住宅用地 Land for Residential Uses	公共管理与公共服务用地 Land for Public Management and Public Services	交通运输用地 Land for Transport		交通运输用地 Land for Transport	水利设施用地 Land for Water Conservancy Facilities	能源用地 Land for Energy Projects
2011	371240.82	45061.04	151955.97	92993.19	47587.00	25426.22	240416.31	141409.19	53026.49	27517.98
2012	379231.41	47732.11	155221.72	94020.80	46190.77	25923.92	235985.00	130453.19	17621.00	67346.09
2013	346826.06	50564.97	137006.94	87221.23	40808.37	23358.23	187509.91	114274.45	22958.34	39715.92
北 京 Beijing	2925.78	312.33	112.76	921.99	946.44	611.95	104.35			
天 津 Tianjin	4125.41	322.46	1519.07	1069.37	909.82	300.42	1255.12	1020.84	75.24	80.50
河 北 Hebei	13788.86	2027.63	6355.57	3710.33	1413.10	188.01	5260.14	4658.06		591.15
山 西 Shanxi	11641.98	1530.62	3975.00	2930.60	2286.05	765.55	7926.10	7192.59	17.50	716.01
内蒙古 Inner Mongolia	15453.86	3116.62	7955.71	1744.00	1862.74	568.48	18069.54	14399.37	18.21	3319.84
辽 宁 Liaoning	11758.32	1646.29	4439.55	3705.60	1141.34	701.98	5569.38	1190.88	3739.11	239.93
吉 林 Jilin	6143.94	719.82	2527.33	1746.70	605.25	451.59	4805.67	2109.14	2103.79	375.59
黑龙江 Heilongjiang	4937.59	769.98	2195.42	946.72	598.94	374.68	3049.16	573.04	1769.37	416.56
上 海 Shanghai	2440.93	271.22	571.92	324.83	406.77	412.95	242.57	210.86		8.13
江 苏 Jiangsu	21228.91	2896.93	10513.19	5213.66	2190.27	361.21	9013.23	3953.40	3924.24	167.95
浙 江 Zhejiang	13691.11	2256.39	4743.93	3265.01	1721.08	1216.72	3904.85	2936.32	627.18	300.39
安 徽 Anhui	10053.44	1810.70	3570.54	3252.20	777.71	554.20	5774.93	4811.95	178.36	380.88
福 建 Fujian	16648.97	1826.64	6777.49	3618.24	2261.95	1831.64	4127.57	3631.17	154.20	54.47
江 西 Jiangxi	14108.55	2329.20	5519.40	3086.88	2077.48	996.83	6148.20	5902.58		112.44
山 东 Shandong	24146.64	2363.18	11506.59	6997.80	2298.87	728.23	7921.44	2581.03	4820.78	186.67
河 南 Henan	26452.70	3895.13	10502.97	8473.96	2271.21	1165.00	1806.87	991.77	341.57	358.66
湖 北 Hubei	21161.98	2730.84	9706.54	5765.10	1255.22	1336.49	12811.68	6389.87	0.78	6357.78
湖 南 Hunan	19880.24	3093.61	7013.14	4207.01	2838.95	2495.16	6159.19	5687.48	88.03	146.56
广 东 Guangdong	14035.82	2342.27	5987.95	2717.14	1307.90	925.68	12322.99	11135.38	0.19	114.34
广 西 Guangxi	12130.42	2159.91	4197.48	2553.35	1943.92	1159.14	8704.20	7196.30	952.77	68.99
海 南 Hainan	2551.91	973.05	229.91	749.44	255.50	265.31	1270.07	1270.07		
重 庆 Chongqing	7748.55	238.14	3793.77	1365.19	1200.21	1118.33	3020.33	2718.22	73.62	85.63
四 川 Sichuan	15620.92	2247.34	5547.34	4618.72	1815.68	1217.79	21758.05	2270.92	977.77	18339.81
贵 州 Guizhou	11057.46	2126.66	2814.31	3456.36	1656.57	964.82	7811.42	6025.79	204.60	1575.45
云 南 Yunnan	6452.62	2240.32	1357.47	1613.59	970.94	193.12	6777.68	4005.47	1288.53	314.83
西 藏 Tibet	360.00	16.20	24.08	24.12	165.60	96.81	92.88	92.88		
陕 西 Shaanxi	5056.22	826.24	1417.39	1521.00	779.17	428.25	2780.42	2629.26		88.28
甘 肃 Gansu	3992.64	890.74	872.28	1139.53	836.06	241.62	2503.21	2080.27		325.01
青 海 Qinghai	2429.26	335.77	1573.70	238.68	189.99	80.92	3438.81	2974.24	29.98	386.96
宁 夏 Ningxia	3564.73	94.00	191.00	130.00	78.00	117.00	2352.75	1786.58		474.63
新 疆 Xinjiang	21236.27	2154.74	9494.15	6114.11	1745.64	1488.36	10727.12	1848.71	1572.53	4128.48

土地征收情况
Land Requisition

单位：公顷 Unit: hectare

年份/地区 Year/Region	土地征收面积 Requisitioned Land Area	农用地 Agricultural Land	耕地 Cultivated Land	国务院批准 Requisition Land Area Approved by the State Council	农用地 Agricultural Land	耕地 Cultivated Land	省级政府批准 Requisition Land Area Approved by Provincial Governments	农用地 Agricultural Land	耕地 Cultivated Land
2011	568740.50	395843.62	261756.50	215553.15	161242.35	102287.99	353187.35	234601.27	159468.51
2012	517764.28	388474.08	246282.95	199453.29	167659.28	99480.83	318310.99	220814.80	146802.12
2013	453070.75	337575.45	206905.94	152235.30	127018.51	69589.73	300835.46	210556.94	137316.21
北京 Beijing	2083.84	1014.90	449.95	371.04	108.74	36.02	1712.80	906.16	413.93
天津 Tianjin	6191.51	4915.04	2978.18	966.15	714.68	399.36	5225.36	4200.36	2578.82
河北 Hebei	18560.49	13429.02	9649.42	6041.72	5339.29	3790.02	12518.76	8089.73	5859.40
山西 Shanxi	17933.68	11724.92	8452.90	7733.89	5704.59	3953.77	10199.79	6020.33	4499.12
内蒙古 Inner Mongolia	28344.99	16173.74	5376.09	15433.89	11958.27	3093.35	12911.10	4215.47	2282.73
辽宁 Liaoning	15176.69	12071.59	8457.07	7121.22	6076.34	4114.45	8055.47	5995.25	4342.62
吉林 Jilin	8377.17	7119.79	5638.80	4232.13	3807.36	2675.92	4145.03	3312.43	2962.88
黑龙江 Heilongjiang	3483.61	3008.77	2774.79	1822.50	1571.29	1443.65	1661.11	1437.48	1331.14
上海 Shanghai	2148.96	1618.14	1249.86	201.67	180.49	138.61	1947.29	1437.64	1111.26
江苏 Jiangsu	24833.00	14134.46	10006.85	6112.30	4356.27	2969.26	18720.70	9778.20	7037.58
浙江 Zhejiang	16230.35	12462.12	9062.19	4672.05	3823.55	2899.09	11558.29	8638.57	6163.09
安徽 Anhui	16020.12	10829.99	8158.71	4621.48	4134.07	3091.39	11398.64	6695.91	5067.32
福建 Fujian	18981.49	15795.11	7044.49	2655.43	2361.49	803.42	16326.06	13433.63	6241.07
江西 Jiangxi	21867.06	16008.26	6847.72	5961.73	5497.59	1718.43	15905.34	10510.67	5129.29
山东 Shandong	33094.73	22979.64	17086.70	8869.20	8069.96	5970.84	24225.53	14909.68	11115.86
河南 Henan	27839.89	19863.37	16636.32	4167.36	3472.18	2824.66	23672.53	16391.19	13811.66
湖北 Hubei	32220.39	27289.96	14965.77	11587.05	10365.46	5328.00	20633.34	16924.51	9637.77
湖南 Hunan	22477.43	19324.69	10558.09	4053.95	3397.30	1747.78	18423.48	15927.39	8810.32
广东 Guangdong	21194.69	17181.28	5043.44	10859.14	9642.28	2421.70	10335.55	7539.00	2621.73
广西 Guangxi	18226.25	15948.44	9006.36	8904.93	7755.23	4182.78	9321.32	8193.22	4823.58
海南 Hainan	2768.39	2408.84	1247.85	1372.22	1255.44	760.54	1396.17	1153.40	487.31
重庆 Chongqing	10444.83	9008.64	5796.24	2924.36	2610.86	1636.16	7520.47	6397.78	4160.08
四川 Sichuan	27062.08	18539.45	10585.78	11251.51	7971.40	3567.45	15810.57	10568.05	7018.33
贵州 Guizhou	16419.19	12085.50	7376.02	7655.29	6080.08	3508.35	8763.90	6005.42	3867.67
云南 Yunnan	15935.30	13603.86	7967.24	4694.49	3958.53	1771.26	11240.81	9645.34	6195.98
西藏 Tibet	5.69	5.69	3.05	5.69	5.69	3.05			
陕西 Shaanxi	7571.41	5228.97	3713.32	2783.08	2546.72	1626.88	4788.33	2682.25	2086.43
甘肃 Gansu	5782.35	4312.99	3388.70	1680.74	1254.18	868.88	4101.61	3058.81	2519.82
青海 Qinghai	3004.55	2362.79	1994.14	1358.64	1086.38	869.11	1645.91	1276.41	1125.03
宁夏 Ningxia	3929.92	2909.20	2041.47	1007.28	902.65	570.18	2922.64	2006.55	1471.29
新疆 Xinjiang	4860.70	4216.28	3348.47	1113.16	1010.16	805.38	3747.54	3206.13	2543.09

国有建设用地供应情况
State-owned Land for Construction Use

年份/地区 Year/Region	建设用地供应总量 Total Amount of Construction Use Land Supplied			划拨 Allocation			出让 Granting		
	宗数（宗） Number of Plots	土地面积（公顷） Land Area (hectare)	新增 Newly Increased Area	宗数（宗） Number of Plots	土地面积（公顷） Land Area (hectare)	新增 Newly Increased Area	宗数（宗） Number of Plots	土地面积（公顷） Land Area (hectare)	新增 Newly Increased Area
2011	193609	593284.57	265670.14	41866	257208.58	42247.66	151249	335085.17	222838.62
2012	192039	711281.31	292591.16	53106	377133.53	65794.02	138588	332432.34	226287.60
2013	227109	750835.48	309617.91	57704	373275.34	63445.35	168844	374804.03	245326.56
北　京 Beijing	700	2287.49	1543.35	150	361.07	1.83	550	1926.42	1541.52
天　津 Tianjin	1590	6165.25	3935.81	419	1777.53	567.82	1171	4387.72	3367.98
河　北 Hebei	9607	40739.37	14902.57	1633	20884.06	2771.36	7971	19852.92	12131.21
山　西 Shanxi	4239	17410.39	7184.98	1026	10081.84	1564.43	3213	7328.55	5620.55
内蒙古 Inner Mongolia	6205	32077.94	8921.99	1846	18107.27	79.83	4357	13964.54	8842.16
辽　宁 Liaoning	7754	35568.90	9678.55	2430	17177.79	860.98	5138	16899.92	8711.71
吉　林 Jilin	4749	9258.48	5396.25	1312	2364.88	45.48	3431	6890.14	5350.76
黑龙江 Heilongjiang	5464	20366.64	5207.64	2075	12024.08	103.23	3337	8177.50	5104.41
上　海 Shanghai	874	2265.59	512.92	484	928.10		390	1337.49	512.92
江　苏 Jiangsu	16026	52483.37	29882.90	2888	16310.54	13075.50	13128	36171.21	16805.95
浙　江 Zhejiang	13570	29643.76	19752.14	5064	13467.66	10596.09	8302	15493.39	8513.96
安　徽 Anhui	10648	38031.50	9955.86	3646	18881.15	447.37	7002	19150.35	9508.49
福　建 Fujian	4742	21020.87	18429.47	1462	10311.18	9890.78	3268	10623.98	8452.98
江　西 Jiangxi	8313	33819.74	13608.19	3306	18180.02	1921.72	5006	15635.71	11686.47
山　东 Shandong	19947	62059.01	29290.76	5219	19667.02	746.59	14725	42390.70	28544.17
河　南 Henan	9782	41893.68	13822.20	3464	22273.68	802.58	6313	19544.38	13019.62
湖　北 Hubei	13659	33849.44	13902.77	2838	15434.27	790.76	10787	18411.65	13112.00
湖　南 Hunan	14549	23824.37	9576.72	1911	13222.97	1690.44	12638	10601.40	7886.28
广　东 Guangdong	12676	25315.17	16917.36	1325	10891.03	9356.31	11351	14424.14	7561.04
广　西 Guangxi	8993	23364.64	5646.93	1783	14705.42	421.95	7209	8657.12	5224.97
海　南 Hainan	747	2536.24	1293.04	201	618.03	8.98	546	1918.21	1284.06
重　庆 Chongqing	4272	14515.06	4744.62	1043	6237.88	134.56	3229	8277.18	4610.06
四　川 Sichuan	12649	31279.69	13040.54	2051	15799.08	1257.07	10598	15480.61	11783.48
贵　州 Guizhou	6005	29481.11	8972.94	2102	20148.41	2337.09	3894	9259.23	6635.86
云　南 Yunnan	11915	16575.17	7091.58	1838	8556.62	587.31	10077	8018.56	6504.27
西　藏 Tibet	484	1085.13	636.92	255	687.14	519.60	220	377.43	117.32
陕　西 Shaanxi	3884	25182.66	7731.19	1169	16682.62	543.39	2715	8500.04	7187.80
甘　肃 Gansu	3940	20951.39	7937.89	1414	12240.26	538.28	2526	8711.13	7399.61
青　海 Qinghai	1001	9398.56	1834.42	257	7868.34	698.54	743	1529.86	1135.52
宁　夏 Ningxia	1878	9734.03	4840.82	674	4255.01		1204	5479.02	4840.82
新　疆 Xinjiang	6247	38650.82	13424.60	2419	23130.39	1085.48	3805	15383.50	12328.60

——按供地方式和地区分列

Supplied by Land Supply Way and by Region

成交价款（万元）Transaction Price Value (10^4 yuan)	租赁 Lease				其他供地方式 Other Land Supply Ways			
	宗数（宗）Number of Plots	土地面积（公顷）Land Area (hectare)	新增 Newly Increased Area	租金（万元）Rent (10^4 yuan)	宗数（宗）Number of Plots	土地面积（公顷）Land Area (hectare)	新增 Newly Increased Area	收入（万元）Income (10^4 yuan)
321260823.12	479	842.49	584.18	9787.81	15	148.33		495505.78
280422827.78	330	1700.12	509.54	83378.06	15	15.31		
437452967.12	543	2728.75	844.90	995055.74	18	27.36	1.10	1257.13
17820964.21								
8196643.29								
16821876.04	2	2.03		71.61	1	0.36		14.97
6356818.74								
5422222.57	2	6.12		43.85				
19710442.30	186	1491.18	105.87	84495.82				
4860579.41	6	3.46		35.09				
4728818.01	48	162.82		3438.44	4	2.24		
10905194.56								
61149559.70	10	1.61	1.45	39.22				
41251381.82	204	682.70	642.10	5238.78				
22652940.02								
15796084.53	10	84.61	84.61	2868.72	2	1.10	1.10	19.41
13384514.67	1	4.01		42.70				
34901802.07	2	0.30		252.99	1	0.99		119.10
15033726.22	5	75.62		2277.53				
16193107.60	34	3.52		1185.21				
11907774.96								
32545048.17								
6342838.25					1	2.10		1103.66
2458598.91								
17227485.17								
19953178.58								
7667053.72	9	73.48		894918.50				
8990941.47								
79517.02					9	20.57		
7017752.05								
2377714.36								
698984.17	1	0.36	0.36	3.22				
1752615.35								
3246789.20	23	136.93	10.51	144.06				

国有建设用地供应情况——
State-owned Land for Construction Use Supplied by Land Supply

地区	Region	建设用地供应总量 Total Amount of Construction Use Land Supplied			划拨 Allocation			出让 Granting	
		宗数（宗）Number of Plots	土地面积（公顷）Land Area (hectare)	新增 Newly Increased Area	宗数（宗）Number of Plots	土地面积（公顷）Land Area (hectare)	新增 Newly Increased Area	宗数（宗）Number of Plots	土地面积 Land Area
总计	**Total**	**227109**	**750835.48**	**309617.91**	**57704**	**373275.34**	**63445.35**	**168844**	**374804.03**
北京	**Beijing**	**700**	**2287.49**	**1543.35**	**150**	**361.07**	**1.83**	**550**	**1926.42**
天津	**Tianjin**	**1590**	**6165.25**	**3935.81**	**419**	**1777.53**	**567.82**	**1171**	**4387.72**
河北	**Hebei**	**9607**	**40739.37**	**14902.57**	**1633**	**20884.06**	**2771.36**	**7971**	**19852.92**
石家庄市	Shijiazhuang City	697	1894.91	1163.18	102	483.59	4.22	595	1411.32
唐山市	Tangshan City	1635	8904.11	1511.69	250	3885.89	45.13	1385	5018.22
秦皇岛市	Qinhuangdao City	606	3626.52	1101.33	277	2844.93	502.74	329	781.59
邯郸市	Handan City	745	1914.20	1179.57	94	333.94	22.68	651	1580.26
邢台市	Xingtai City	721	3901.90	1144.79	121	2377.58	2.32	600	1524.31
保定市	Baoding City	888	3176.64	1186.75	115	1481.86	14.83	773	1694.78
张家口市	Zhangjiakou City	707	3820.29	788.51	153	2612.81	2.29	554	1207.48
承德市	Chengde City	791	5826.43	2859.27	205	4569.26	1741.21	585	1257.01
沧州市	Cangzhou City	987	2541.52	1192.40	119	813.87	139.15	866	1725.43
廊坊市	Langfang City	1102	3879.33	2155.57	173	1439.44	296.78	929	2439.88
衡水市	Hengshui City	728	1253.52	619.50	24	40.90		704	1212.62
山西	**Shanxi**	**4239**	**17410.39**	**7184.98**	**1026**	**10081.84**	**1564.43**	**3213**	**7328.55**
太原市	Taiyuan City	343	1458.09	539.72	99	703.08	2.56	244	755.01
大同市	Datong City	323	1896.59	924.34	94	1092.71	267.22	229	803.88
阳泉市	Yangquan City	145	558.87	123.99	47	428.30	1.23	98	130.57
长治市	Changzhi City	372	895.94	405.60	88	417.83	10.56	284	478.10
晋城市	Jincheng City	269	743.22	394.22	92	332.60	8.98	177	410.62
朔州市	Shuozhou City	280	1404.67	930.23	48	609.92	397.19	232	794.75
晋中市	Jinzhong City	573	3303.35	651.04	138	2450.03		435	853.32
运城市	Yuncheng City	521	1108.68	704.73	88	279.93	69.96	433	828.75
忻州市	Xinzhou City	434	2129.96	448.97	128	1582.18	117.44	306	547.78
临汾市	Linfen City	629	2343.34	879.46	142	1356.96	115.95	487	986.38
吕梁市	Lüliang City	350	1567.69	1182.68	62	828.29	573.34	288	739.39
内蒙古	**Inner Mongolia**	**6205**	**32077.94**	**8921.99**	**1846**	**18107.27**	**79.83**	**4357**	**13964.54**
呼和浩特市	Hohhot City	427	1570.36	787.46	218	579.02	2.80	209	991.34
包头市	Baotou City	389	1749.96	818.37	139	498.89	23.59	250	1251.07
乌海市	Wuhai City	82	336.27	201.52	22	35.03		60	301.24
赤峰市	Chifeng City	673	2928.77	1333.15	134	1256.12		539	1672.65

按供地方式和省市分列（2013年）

Way and by Province, Autonomous Region and Municipality (2013)

		租赁 Lease				其他供地方式 Other Land Supply Ways			
（公顷）(hectare) 新增 Newly Increased Area	成交价款（万元）Transaction Price Value (10^4 yuan)	宗数（宗）Number of Plots	土地面积（公顷）Land Area（hectare）	新增 Newly Increased Area	成交价款（万元）Transaction Price Value (10^4 yuan)	宗数（宗）Number of Plots	土地面积（公顷）Land Area (hectare)	新增 Newly Increased Area	成交价款（万元）Transaction Price Value (10^4 yuan)
245326.56	**437452967.12**	**543**	**2728.75**	**844.90**	**995055.74**	**18**	**27.36**	**1.10**	**1257.13**
1541.52	**17820964.21**								
3367.98	**8196643.29**								
12131.21	**16821876.04**	**2**	**2.03**		**71.61**	**1**	**0.36**		**14.97**
1158.96	2626514.03								
1466.57	3307638.06								
598.59	759992.12								
1156.89	1439653.07								
1142.47	712711.86								
1171.92	1179316.18								
786.21	954822.68								
1118.06	821674.28	1	0.17		24.15				
1053.26	998450.49	1	1.86		47.46	1	0.36		14.97
1858.79	3351206.74								
619.50	669896.53								
5620.55	**6356818.74**								
537.16	1835227.29								
657.12	1048541.81								
122.77	68730.54								
395.04	293313.80								
385.24	260453.15								
533.04	731315.30								
651.04	455010.14								
634.77	386602.02								
331.53	438085.07								
763.50	593339.15								
609.34	246200.47								
8842.16	**5422222.57**	**2**	**6.12**		**43.85**				
784.66	1454752.64								
794.79	713785.39								
201.52	130796.92								
1333.15	714337.93								

国有建设用地供应情况——
State-owned Land for Construction Use Supplied by Land Supply Way and

地 区	Region	建设用地供应总量 Total Amount of Construction Use Land Supplied			划拨 Allocation			出让 Granting	
		宗数（宗） Number of Plots	土地面积（公顷） Land Area (hectare)	新增 Newly Increased Area	宗数（宗） Number of Plots	土地面积（公顷） Land Area (hectare)	新增 Newly Increased Area	宗数（宗） Number of Plots	土地面积 Land Area
通辽市	Tongliao City	558	3144.44	518.45	162	1722.25	1.14	396	1422.19
鄂尔多斯市	Erdos City	639	6186.37	676.79	264	5043.08	0.49	375	1143.29
呼伦贝尔市	Hulunbuir City	925	3261.61	939.58	312	1527.31	43.53	613	1734.30
巴彦淖尔市	Bayannur City	362	2405.05	993.66	103	1228.93	3.11	259	1176.11
乌兰察布市	Ulanqab City	594	2695.95	1315.53	128	1222.61	3.10	466	1473.34
兴安盟	Xing'an League	557	826.53	300.27	139	402.27	2.07	416	418.14
锡林郭勒盟	Xilingol League	687	4184.15	566.48	120	2516.40		567	1667.75
阿拉善盟	Alxa League	312	2788.48	470.73	105	2075.36		207	713.11
辽宁	**Liaoning**	**7754**	**35568.90**	**9678.55**	**2430**	**17177.79**	**860.98**	**5138**	**16899.92**
沈阳市	Shenyang City	868	7186.48	1928.57	275	4704.05	64.42	593	2482.43
大连市	Dalian City	1023	6311.69	1234.45	409	3208.01	165.95	519	2118.63
鞍山市	Anshan City	763	2364.32	1314.23	137	738.04	7.22	626	1626.28
抚顺市	Fushun City	506	1477.88	471.88	200	593.77	25.30	306	884.11
本溪市	Benxi City	391	1344.71	339.24	172	700.46	21.56	219	644.24
丹东市	Dandong City	507	1467.74	361.09	143	497.49	42.36	364	970.25
锦州市	Jinzhou City	464	2484.49	426.91	85	784.44		302	1301.90
营口市	Yingkou City	534	1741.17	477.73	86	422.27		448	1318.90
阜新市	Fuxin City	420	924.50	399.87	97	262.55		323	661.94
辽阳市	Liaoyang City	304	1166.04	332.80	111	621.82	48.47	192	524.20
盘锦市	Panjin City	334	2154.39	438.05	56	672.93	10.18	265	1393.50
铁岭市	Tieling City	516	2245.71	1028.14	113	1119.43	410.14	403	1126.28
朝阳市	Chaoyang City	624	2382.68	483.36	304	1417.06	23.40	320	965.62
葫芦岛市	Huludao City	500	2317.11	442.24	242	1435.47	41.99	258	881.63
吉林	**Jilin**	**4749**	**9258.48**	**5396.25**	**1312**	**2364.88**	**45.48**	**3431**	**6890.14**
长春市	Changchun City	975	3450.41	2286.04	290	806.33	0.50	685	2644.07
吉林市	Jilin City	554	1416.35	1029.33	167	128.59		387	1287.76
四平市	Siping City	583	771.58	398.22	38	166.00		545	605.58
辽源市	Liaoyuan City	174	255.52	184.29	25	27.11		149	228.41
通化市	Tonghua City	327	680.78	355.97	77	215.48		244	461.83
白山市	Baishan City	696	590.60	229.90	141	214.34		555	376.26

按供地方式和省市分列（2013年） 续表1
by Province, Autonomous Region and Municipality (2013) Continued 1

(公顷) (hectare)		租赁 Lease				其他供地方式 Other Land Supply Ways			
新增 Newly Increased Area	成交价款（万元） Transaction Price Value (10^4 yuan)	宗数（宗） Number of Plots	土地面积（公顷） Land Area (hectare)	新增 Newly Increased Area	成交价款（万元） Transaction Price Value (10^4 yuan)	宗数（宗） Number of Plots	土地面积（公顷） Land Area (hectare)	新增 Newly Increased Area	成交价款（万元） Transaction Price Value (10^4 yuan)
517.31	348507.92								
676.30	413962.48								
896.05	482548.71								
990.54	294883.30								
1312.43	552944.46								
298.21	89848.00	2	6.12		43.85				
566.48	160147.92								
470.73	65706.91								
8711.71	**19710442.30**	**186**	**1491.18**	**105.87**	**84495.82**				
1864.15	4853033.14								
983.51	4857405.42	95	985.06	84.99	63571.70				
1307.02	1664611.17								
446.58	914406.54								
317.68	395447.54								
318.73	484462.37								
406.03	1299815.88	77	398.15	20.88	17102.02				
477.73	1483650.22								
399.87	393115.61								
284.33	562685.06	1	20.02		2202.07				
427.87	785991.06	13	87.96		1620.03				
618.00	769692.73								
459.96	618714.36								
400.24	627411.19								
5350.76	**4860579.41**	**6**	**3.46**		**35.09**				
2285.54	2881402.76								
1029.33	811249.20								
398.22	254966.07								
184.29	62215.59								
355.97	287086.94	6	3.46		35.09				
229.90	118046.42								

国有建设用地供应情况——
State-owned Land for Construction Use Supplied by Land Supply Way and

地 区	Region	建设用地供应总量 Total Amount of Construction Use Land Supplied			划拨 Allocation			出让 Granting	
		宗数（宗） Number of Plots	土地面积（公顷） Land Area (hectare)	新增 Newly Increased Area	宗数（宗） Number of Plots	土地面积（公顷） Land Area (hectare)	新增 Newly Increased Area	宗数（宗） Number of Plots	土地面积 Land Area
松原市	Songyuan City	244	742.09	316.38	50	415.10	39.67	194	326.98
白城市	Baicheng City	629	489.94	228.55	374	155.83	5.31	255	334.11
延边朝鲜族自治州	Yanbian Korean A.P.	567	861.21	367.56	150	236.09		417	625.12
黑龙江	**Heilongjiang**	**5464**	**20366.64**	**5207.64**	**2075**	**12024.08**	**103.23**	**3337**	**8177.50**
哈尔滨市	Harbin City	1028	4162.60	1643.17	410	2006.90	56.64	613	2153.50
齐齐哈尔市	Qiqihar City	422	1030.59	355.74	157	248.81	6.05	264	781.76
鸡西市	Jixi City	343	1749.41	262.34	190	1379.92		153	369.49
鹤岗市	Hegang City	83	367.70	14.40	50	170.81	5.07	29	124.71
双鸭山市	Shuangyashan City	170	440.08	178.38	60	164.82	8.02	106	274.71
大庆市	Daqing City	483	2302.65	448.08	141	1534.28		342	768.38
伊春市	Yichun City	274	2533.55	133.49	148	2293.59		119	234.35
佳木斯市	Jiamusi City	229	1243.61	299.77	68	759.71	3.24	148	475.45
七台河市	Qitaihe City	44	254.09	48.67	17	141.69		24	105.18
牡丹江市	Mudanjiang City	362	2931.17	394.25	110	2230.88		237	631.47
黑河市	Heihe City	252	321.21	102.24	109	117.65		143	203.56
绥化市	Suihua City	628	1843.21	1011.62	191	506.72	16.21	437	1336.49
大兴安岭地区	Da Hinggan Ling Prefecture	134	211.39	65.26	35	106.56		99	104.84
农垦总局	General Bureau of Agriculture	702	790.20	232.96	257	243.37	8.01	445	546.83
森工总局	General Bureau of Forest Industry	281	139.43	0.54	116	90.77		165	48.66
友谊国土资源局	Youyi Land and Resources Bureau	22	34.29	8.34	14	24.54		8	9.75
五大连池风景名胜区	Wudalianchi	7	11.46	8.38	2	3.08		5	8.38
上海	**Shanghai**	**874**	**2265.59**	**512.92**	**484**	**928.10**		**390**	**1337.49**
江苏	**Jiangsu**	**16026**	**52483.37**	**29882.90**	**2888**	**16310.54**	**13075.50**	**13128**	**36171.21**
南京市	Nanjing City	777	4324.54	2999.89	304	2528.70	1823.85	473	1795.85
无锡市	Wuxi City	1149	5208.29	3838.58	476	3076.72	2551.89	663	2129.95
徐州市	Xuzhou City	932	3187.12	1596.18	152	551.61	300.71	780	2635.51
常州市	Changzhou City	1151	3290.68	2138.57	236	1086.95	925.94	915	2203.72
苏州市	Suzhou City	1771	6376.54	3437.17	436	2061.89	1658.14	1335	4314.65
南通市	Nantong City	1994	5417.73	2761.40	297	1128.03	823.13	1697	4289.70

按供地方式和省市分列（2013年） 续表 2

by Province, Autonomous Region and Municipality (2013) Continued 2

		租赁 Lease				其他供地方式 Other Land Supply Ways			
（公顷）(hectare) 新增 Newly Increased Area	成交价款（万元）Transaction Price Value (10^4 yuan)	宗数（宗）Number of Plots	土地面积（公顷）Land Area (hectare)	新增 Newly Increased Area	成交价款（万元）Transaction Price Value (10^4 yuan)	宗数（宗）Number of Plots	土地面积（公顷）Land Area (hectare)	新增 Newly Increased Area	成交价款（万元）Transaction Price Value (10^4 yuan)
276.71	110392.96								
223.24	129908.11								
367.56	205311.36								
5104.41	**4728818.01**	**48**	**162.82**		**3438.44**	**4**	**2.24**		
1586.54	2785194.26	5	2.19		0.43				
349.69	261014.46	1	0.02		0.23				
262.34	92622.38								
9.33	62484.41	4	72.18		426.91				
170.37	76553.40	4	0.56		10.47				
448.08	478932.36								
133.49	46916.63	4	4.64		35.90	3	0.97		
296.53	136873.98	13	8.45		15.65				
48.67	22200.59	3	7.22		72.23				
394.25	282110.99	14	67.56		2876.63	1	1.27		
102.24	37503.12								
995.42	301937.28								
65.26	10446.50								
224.96	125988.66								
0.54	5361.01								
8.34	1697.10								
8.38	980.89								
512.92	**10905194.56**								
16805.95	**61149559.70**	**10**	**1.61**	**1.45**	**39.22**				
1176.04	9430931.20								
1285.24	3914674.88	10	1.61	1.45	39.22				
1295.47	4215053.04								
1212.63	4992645.27								
1779.03	11354482.05								
1938.27	8068998.77								

国有建设用地供应情况——
State-owned Land for Construction Use Supplied by Land Supply Way and

地 区	Region	建设用地供应总量 Total Amount of Construction Use Land Supplied			划拨 Allocation			出让 Granting	
		宗数（宗） Number of Plots	土地面积（公顷） Land Area (hectare)	新增 Newly Increased Area	宗数（宗） Number of Plots	土地面积（公顷） Land Area (hectare)	新增 Newly Increased Area	宗数（宗） Number of Plots	土地面积 Land Area
连云港市	Lianyungang City	1348	5200.29	1021.28	46	507.30	358.27	1302	4692.99
淮安市	Huai'an City	1218	3036.76	2083.47	75	1305.81	1252.25	1143	1730.95
盐城市	Yancheng City	1480	6061.99	4118.95	211	1691.92	1613.88	1269	4370.07
扬州市	Yangzhou City	1134	2340.67	1221.52	147	332.69	265.86	987	2007.98
镇江市	Zhenjiang City	856	2700.69	1481.97	207	1016.13	632.02	649	1684.56
泰州市	Taizhou City	1068	2478.39	1653.21	188	490.74	407.07	880	1987.65
宿迁市	Suqian City	1148	2859.68	1530.71	113	532.05	462.49	1035	2327.63
浙江	**Zhejiang**	**13570**	**29643.76**	**19752.14**	**5064**	**13467.66**	**10596.09**	**8302**	**15493.39**
杭州市	Hangzhou City	2064	5761.38	4906.94	872	2928.65	2617.24	990	2152.45
宁波市	Ningbo City	1765	4941.54	2828.38	631	2319.56	1585.25	1134	2621.98
温州市	Wenzhou City	1689	3000.88	2211.84	839	1705.92	1399.25	850	1294.96
嘉兴市	Jiaxing City	1306	2200.88	1372.32	345	716.17	580.94	959	1482.29
湖州市	Huzhou City	821	1723.38	874.97	122	211.29	139.56	699	1512.09
绍兴市	Shaoxing City	1112	2563.95	1532.47	373	864.73	678.99	739	1699.22
金华市	Jinhua City	1614	2475.10	1482.07	534	1056.43	737.51	1080	1418.67
衢州市	Quzhou City	538	1070.64	690.70	181	454.28	320.38	357	616.36
舟山市	Zhoushan City	324	991.79	595.25	155	475.19	326.83	169	516.60
台州市	Taizhou City	1285	2948.07	2146.98	600	1585.57	1413.48	685	1362.50
丽水市	Lishui City	1052	1966.14	1110.22	412	1149.88	796.64	640	816.26
安徽	**Anhui**	**10648**	**38031.50**	**9955.86**	**3646**	**18881.15**	**447.37**	**7002**	**19150.35**
合肥市	Hefei City	722	3816.93	771.19	313	2062.64	111.07	409	1754.28
芜湖市	Wuhu City	859	4801.60	931.51	267	2708.19		592	2093.41
蚌埠市	Bengbu City	402	1504.20	680.30	74	356.22	11.69	328	1147.98
淮南市	Huainan City	218	1581.01	233.56	123	1192.11		95	388.90
马鞍山市	Ma'anshan City	555	1229.55	545.94	158	378.24		397	851.31
淮北市	Huaibei City	209	804.26	164.75	108	557.64	55.01	101	246.62
铜陵市	Tongling City	139	1009.24	238.45	11	455.85		128	553.40
安庆市	Anqing City	1015	1913.15	490.79	433	1138.13	0.18	582	775.02
黄山市	Huangshan City	477	1766.83	346.91	235	1268.41		242	498.42

按供地方式和省市分列（2013年） 续表3
by Province, Autonomous Region and Municipality (2013) Continued 3

（公顷）(hectare)		租赁 Lease				其他供地方式 Other Land Supply Ways			
新增 Newly Increased Area	成交价款（万元）Transaction Price Value (10^4 yuan)	宗数（宗）Number of Plots	土地面积（公顷）Land Area (hectare)	新增 Newly Increased Area	成交价款（万元）Transaction Price Value (10^4 yuan)	宗数（宗）Number of Plots	土地面积（公顷）Land Area (hectare)	新增 Newly Increased Area	成交价款（万元）Transaction Price Value (10^4 yuan)
663.02	2684981.38								
831.22	1936810.03								
2505.07	4227154.05								
955.65	3255055.80								
849.95	1799835.95								
1246.14	2462966.97								
1068.22	2805970.32								
8513.96	**41251381.82**	**204**	**682.70**	**642.10**	**5238.78**				
1650.02	14313683.48	202	680.28	639.68	4845.60				
1243.13	7311145.67								
812.59	5130214.14								
788.97	2487602.23	2	2.42	2.42	393.18				
735.40	1440794.59								
853.47	3232326.13								
744.56	2306355.79								
370.32	574550.70								
268.42	609259.80								
733.50	3035169.79								
313.59	810279.50								
9508.49	**22652940.02**								
660.13	4836300.75								
931.51	1945514.81								
668.61	1162732.84								
233.56	437693.37								
545.94	1020570.64								
109.74	205141.06								
238.45	814606.00								
490.61	524687.09								
346.91	294919.12								

国有建设用地供应情况——
State-owned Land for Construction Use Supplied by Land Supply Way and

地 区	Region	建设用地供应总量 Total Amount of Construction Use Land Supplied			划拨 Allocation			出让 Granting	
		宗数（宗） Number of Plots	土地面积（公顷） Land Area (hectare)		宗数（宗） Number of Plots	土地面积（公顷） Land Area (hectare)		宗数（宗） Number of Plots	土地面积 Land Area
				新增 Newly Increased Area			新增 Newly Increased Area		
滁州市	Chuzhou City	1123	4284.42	726.85	281	1681.12	7.28	842	2603.31
阜阳市	Fuyang City	440	2562.30	849.30	144	1366.16	112.76	296	1196.13
宿州市	Suzhou City	420	1494.98	492.40	42	547.36		378	947.61
巢湖市	Chaohu City	885	2515.19	572.26	352	1693.05	23.67	533	822.14
六安市	Lu'an City	1038	2521.62	594.27	434	1173.78	29.56	604	1347.84
亳州市	Bozhou City	540	1904.78	533.21	106	518.07		434	1386.71
池州市	Chizhou City	567	1523.65	845.58	270	541.38	93.45	297	982.27
宣城市	Xuancheng City	1039	2797.79	938.60	295	1242.80	2.70	744	1554.99
福建	**Fujian**	**4742**	**21020.87**	**18429.47**	**1462**	**10311.18**	**9890.78**	**3268**	**10623.98**
福州市	Fuzhou City	698	3691.56	3008.08	203	1205.23	1146.38	495	2486.33
厦门市	Xiamen City	263	1077.21	682.34	166	685.84	503.44	96	390.45
莆田市	Putian City	186	743.15	601.73	57	200.83	196.14	126	515.42
三明市	Sanming City	546	1671.30	1395.11	181	686.29	647.85	364	984.83
泉州市	Quanzhou City	819	4228.65	4043.39	245	2659.32	2647.75	571	1519.36
漳州市	Zhangzhou City	773	3564.44	3343.16	186	1687.90	1648.50	587	1876.54
南平市	Nanping City	428	1608.16	1491.46	112	763.33	739.90	316	844.83
龙岩市	Longyan City	474	2723.54	2407.59	148	1659.99	1611.32	326	1063.55
宁德市	Ningde City	555	1712.86	1456.60	164	762.45	749.50	387	942.66
江西	**Jiangxi**	**8313**	**33819.74**	**13608.19**	**3306**	**18180.02**	**1921.72**	**5006**	**15635.71**
南昌市	Nanchang City	823	5128.17	2087.14	256	2667.01	126.99	567	2461.16
景德镇市	Jingdezhen City	212	726.24	355.77	87	286.55	9.51	125	439.70
萍乡市	Pingxiang City	335	1193.34	593.25	108	548.90	21.99	227	644.44
九江市	Jiujiang City	1143	4421.98	1956.61	365	1773.51	120.64	778	2648.47
新余市	Xinyu City	252	1201.10	601.15	56	438.54	40.55	196	762.56
鹰潭市	Yingtan City	357	1261.51	567.16	174	627.04		182	630.46
赣州市	Ganzhou City	1471	7263.76	2047.99	863	5451.58	740.79	608	1812.18
吉安市	Ji'an City	907	2975.00	1187.33	307	1830.91	397.14	600	1144.09
宜春市	Yichun City	901	3626.96	1389.67	308	1748.79	223.80	593	1878.18
抚州市	Fuzhou City	798	2773.28	1446.01	347	1140.72	85.03	451	1632.57
上饶市	Shangrao City	1114	3248.40	1376.12	435	1666.49	155.28	679	1581.92

按供地方式和省市分列（2013年） 续表4

by Province, Autonomous Region and Municipality (2013) Continued 4

		租赁 Lease				其他供地方式 Other Land Supply Ways			
（公顷）(hectare)			土地面积（公顷）Land Area（hectare）				土地面积（公顷）Land Area (hectare)		
新增 Newly Increased Area	成交价款（万元）Transaction Price Value (10^4 yuan)	宗数（宗）Number of Plots		新增 Newly Increased Area	成交价款（万元）Transaction Price Value (10^4 yuan)	宗数（宗）Number of Plots		新增 Newly Increased Area	成交价款（万元）Transaction Price Value (10^4 yuan)
719.56	1741748.03								
736.55	1972822.75								
492.40	990380.77								
548.60	681944.08								
564.71	1073205.98								
533.21	2249799.82								
752.13	1457946.90								
935.89	1242926.01								
8452.98	**15796084.53**	**10**	**84.61**	**84.61**	**2868.72**	**2**	**1.10**	**1.10**	**19.41**
1861.70	4955525.16								
177.97	2304746.72	1	0.92	0.92					
378.68	1010691.61	3	26.90	26.90	1790.14				
747.09	975919.25					1	0.17	0.17	19.41
1345.68	1959697.60	3	49.96	49.96	870.52				
1694.66	1543577.08								
751.57	561672.69								
796.27	1477551.50								
699.36	1006702.93	3	6.82	6.82	208.06	1	0.93	0.93	
11686.47	**13384514.67**	**1**	**4.01**		**42.70**				
1960.15	3504488.11								
346.26	391603.09								
571.26	696878.58								
1835.97	2211223.58								
560.59	357872.36								
567.16	377239.96	1	4.01		42.70				
1307.20	1849749.97								
790.19	1001460.16								
1165.87	1248001.73								
1360.97	798299.63								
1220.84	947697.49								

国有建设用地供应情况——

State-owned Land for Construction Use Supplied by Land Supply Way and

地 区	Region	建设用地供应总量 Total Amount of Construction Use Land Supplied			划拨 Allocation			出让 Granting	
		宗数（宗） Number of Plots	土地面积（公顷） Land Area (hectare)		宗数（宗） Number of Plots	土地面积（公顷） Land Area (hectare)		宗数（宗） Number of Plots	土地面积 Land Area
				新增 Newly Increased Area			新增 Newly Increased Area		
山东	**Shandong**	**19947**	**62059.01**	**29290.76**	**5219**	**19667.02**	**746.59**	**14725**	**42390.70**
济南市	Jinan City	1153	3748.20	1383.36	592	1869.22		561	1878.98
青岛市	Qingdao City	2325	7473.02	2937.52	800	2813.29	0.46	1525	4659.73
淄博市	Zibo City	989	3164.70	1517.41	283	1055.01	51.16	706	2109.69
枣庄市	Zaozhuang City	655	1636.84	1026.58	220	329.42	0.65	435	1307.42
东营市	Dongying City	1072	4039.83	1905.53	530	1805.27	88.80	542	2234.56
烟台市	Yantai City	1388	5030.04	2459.51	301	1617.44	30.76	1084	3411.31
潍坊市	Weifang City	2606	9166.20	3807.39	560	1992.46	169.09	2046	7173.74
济宁市	Jining City	967	2788.62	1670.32	118	408.22	24.44	849	2380.39
泰安市	Tai'an City	659	2189.94	940.88	249	908.15		410	1281.79
威海市	Weihai City	1251	3558.98	993.61	269	624.95	75.81	982	2934.03
日照市	Rizhao City	627	1348.82	706.99	62	251.15	38.49	565	1097.67
莱芜市	Laiwu City	646	1288.47	751.97	46	369.04	21.80	600	919.44
临沂市	Linyi City	2773	5709.88	3314.93	714	1650.53	75.57	2059	4059.35
德州市	Dezhou City	691	3349.19	1632.06	168	1290.61	87.15	523	2058.58
聊城市	Liaocheng City	854	3287.33	1607.42	108	1506.55	78.01	746	1780.78
滨州市	Binzhou City	574	2037.73	1058.95	96	770.03		478	1267.69
菏泽市	Heze City	717	2241.24	1576.33	103	405.67	4.42	614	1835.56
河南	**Henan**	**9782**	**41893.68**	**13822.20**	**3464**	**22273.68**	**802.58**	**6313**	**19544.38**
郑州市	Zhengzhou City	1570	4784.34	2632.45	617	1645.84	72.83	953	3138.50
开封市	Kaifeng City	477	1632.12	928.65	125	544.33	67.20	352	1087.79
洛阳市	Luoyang City	654	2316.71	966.81	161	913.01	30.57	493	1403.70
平顶山市	Pingdingshan City	449	1303.78	694.74	86	305.27	55.90	363	998.50
安阳市	Anyang City	487	2256.08	718.48	82	819.90	0.46	405	1436.18
鹤壁市	Hebi City	224	947.36	506.10	53	174.02		171	773.35
新乡市	Xinxiang City	674	3529.47	944.06	235	1979.33	79.97	439	1550.13
焦作市	Jiaozuo City	693	9576.05	698.39	309	8171.01	2.67	384	1405.04
濮阳市	Puyang City	804	2753.21	503.01	624	2124.76	3.79	180	628.45

按供地方式和省市分列（2013年） 续表5
by Province, Autonomous Region and Municipality (2013) Continued 5

		租赁 Lease				其他供地方式 Other Land Supply Ways			
(公顷) (hectare)	成交价款（万元） Transaction Price Value (10^4 yuan)	宗数（宗） Number of Plots	土地面积（公顷） Land Area (hectare)		成交价款（万元） Transaction Price Value (10^4 yuan)	宗数（宗） Number of Plots	土地面积（公顷） Land Area (hectare)		成交价款（万元） Transaction Price Value (10^4 yuan)
新增 Newly Increased Area				新增 Newly Increased Area				新增 Newly Increased Area	
28544.17	**34901802.07**	**2**	**0.30**		**252.99**	**1**	**0.99**		**119.10**
1383.36	4602922.74								
2937.06	4588382.66								
1466.25	1820520.89								
1025.93	1795329.69								
1816.73	1179296.59								
2428.75	2725806.23	2	0.30		252.99	1	0.99		119.10
3638.31	3778934.28								
1645.88	2494707.10								
940.88	956661.51								
917.81	2602392.21								
668.50	1224352.89								
730.18	261278.90								
3239.35	2775369.15								
1544.91	1524989.70								
1529.41	914630.86								
1058.95	583335.80								
1571.90	1072890.87								
13019.62	**15033726.22**	**5**	**75.62**		**2277.53**				
2559.62	4945119.57								
861.45	802374.06								
936.24	1119922.60								
638.85	963766.10								
718.02	663830.32								
506.10	323072.59								
864.09	592380.89								
695.72	611749.91								
499.22	440090.19								

国有建设用地供应情况——
State-owned Land for Construction Use Supplied by Land Supply Way and

地 区	Region	建设用地供应总量 Total Amount of Construction Use Land Supplied			划拨 Allocation			出让 Granting	
		宗数（宗） Number of Plots	土地面积（公顷） Land Area (hectare)	新增 Newly Increased Area	宗数（宗） Number of Plots	土地面积（公顷） Land Area (hectare)	新增 Newly Increased Area	宗数（宗） Number of Plots	土地面积 Land Area
许昌市	Xuchang City	354	1477.07	773.33	95	541.54		259	935.53
漯河市	Luohe City	389	759.06	350.64	95	214.58	0.36	294	544.47
三门峡市	Sanmenxia City	307	1842.61	352.48	128	1208.64		175	626.59
南阳市	Nanyang City	483	1398.84	746.25	124	359.46	54.88	359	1039.38
商丘市	Shangqiu City	686	2754.72	1065.08	288	1522.79	382.23	398	1231.93
信阳市	Xinyang City	374	1308.32	371.72	131	715.45		243	592.86
周口市	Zhoukou City	311	1187.02	638.60	66	282.73	8.58	245	904.29
驻马店市	Zhumadian City	846	2066.94	931.39	245	751.03	43.13	600	1247.68
湖北	**Hubei**	**13659**	**33849.44**	**13902.77**	**2838**	**15434.27**	**790.76**	**10787**	**18411.65**
武汉市	Wuhan City	1468	9453.20	2253.78	876	6782.60	29.39	561	2667.10
黄石市	Huangshi City	643	2052.69	1383.74	141	286.96	12.66	502	1765.73
十堰市	Shiyan City	359	2200.69	1073.13	64	1155.96	108.76	295	1044.73
宜昌市	Yichang City	858	3037.73	1673.06	165	827.80	139.67	693	2209.92
襄阳市	Xiangyang City	1697	3043.50	1835.69	244	1116.68	427.36	1450	1926.80
鄂州市	Ezhou City	169	832.64	614.43	23	181.35		146	651.30
荆门市	Jingmen City	655	1307.40	425.21	237	428.80		418	878.60
孝感市	Xiaogan City	920	1189.10	557.47	38	182.00	6.03	882	1007.11
荆州市	Jingzhou City	2306	1760.96	796.41	346	354.54	13.52	1960	1406.42
黄冈市	Huanggang City	826	3008.11	712.08	270	1716.69		556	1291.42
咸宁市	Xianning City	1332	1621.33	1032.97	74	156.78		1258	1464.54
随州市	Suizhou City	375	1220.08	545.57	134	592.96	10.63	241	627.12
恩施土家族苗族自治州	Enshi Tujia & Miao A.P.	1482	1778.82	347.58	89	1313.28	0.65	1393	465.54
省直辖县级行政区划	County-level Administrative Units Directly under the Provincial Government	569	1343.21	651.63	137	337.88	42.10	432	1005.33
湖南	**Hunan**	**14549**	**23824.37**	**9576.72**	**1911**	**13222.97**	**1690.44**	**12638**	**10601.40**
长沙市	Changsha City	1032	4992.80	2198.45	425	2945.89	760.33	607	2046.91
株洲市	Zhuzhou City	389	1720.63	724.81	102	996.72	33.77	287	723.92
湘潭市	Xiangtan City	500	1226.48	494.05	136	686.19		364	540.29
衡阳市	Hengyang City	760	1662.63	938.97	58	554.02		702	1108.61

按供地方式和省市分列（2013年） 续表6

by Province, Autonomous Region and Municipality (2013) Continued 6

（公顷）(hectare) 新增 Newly Increased Area	成交价款（万元）Transaction Price Value (10^4 yuan)	租赁 Lease 宗数（宗）Number of Plots	土地面积（公顷）Land Area（hectare）	新增 Newly Increased Area	成交价款（万元）Transaction Price Value (10^4 yuan)	其他供地方式 Other Land Supply Ways 宗数（宗）Number of Plots	土地面积（公顷）Land Area (hectare)	新增 Newly Increased Area	成交价款（万元）Transaction Price Value (10^4 yuan)
773.33	777482.78								
350.28	485743.95								
352.48	242736.98	4	7.38		231.53				
691.37	614545.33								
682.85	829449.28								
371.72	441156.01								
630.02	506413.78								
888.25	673891.87	1	68.23		2046.00				
13112.00	**16193107.60**	**34**	**3.52**		**1185.21**				
2224.40	6749099.30	31	3.50		1183.95				
1371.08	1278773.36								
964.37	475177.29								
1533.39	1542276.81								
1408.33	1317873.99	3	0.02		1.26				
614.43	313559.63								
425.21	395840.01								
551.44	749866.09								
782.89	887136.31								
712.08	698531.63								
1032.97	582649.00								
534.94	350825.55								
346.93	374860.92								
609.53	476637.70								
7886.28	**11907774.96**								
1438.12	4745502.11								
691.04	787737.20								
494.05	523742.58								
938.97	844817.72								

国有建设用地供应情况——

State-owned Land for Construction Use Supplied by Land Supply Way and

地区	Region	建设用地供应总量 Total Amount of Construction Use Land Supplied			划拨 Allocation			出让 Granting	
		宗数（宗） Number of Plots	土地面积（公顷） Land Area (hectare)	新增 Newly Increased Area	宗数（宗） Number of Plots	土地面积（公顷） Land Area (hectare)	新增 Newly Increased Area	宗数（宗） Number of Plots	土地面积 Land Area
邵阳市	Shaoyang City	1453	850.23	331.73	103	378.45		1350	471.79
岳阳市	Yueyang City	608	1498.08	859.64	107	790.94	363.78	501	707.14
常德市	Changde City	1150	1521.13	949.03	146	586.73	352.55	1004	934.40
张家界市	Zhangjiajie City	431	389.01	126.79	61	227.76	22.32	370	161.25
益阳市	Yiyang City	2388	1067.35	534.99	52	380.59		2336	686.76
郴州市	Chenzhou City	1242	1730.24	624.23	154	805.63	39.35	1088	924.61
永州市	Yongzhou City	1046	1386.78	615.95	86	623.96	88.99	960	762.82
怀化市	Huaihua City	1226	2318.32	593.64	159	1608.84	11.63	1067	709.48
娄底市	Loudi City	1650	1552.44	431.08	110	942.35	6.18	1540	610.10
湘西土家族苗族自治州	West Hunan Tujia & Miao A.P.	674	1908.22	153.36	212	1694.91	11.54	462	213.32
广东	**Guangdong**	**12676**	**25315.17**	**16917.36**	**1325**	**10891.03**	**9356.31**	**11351**	**14424.14**
广州市	Guangzhou City	497	2808.79	1989.45	195	1399.65	1209.42	302	1409.14
韶关市	Shaoguan City	695	1220.00	894.89	62	468.26	440.57	633	751.74
深圳市	Shenzhen City	230	667.38	167.98	26	130.17	24.97	204	537.21
珠海市	Zhuhai City	133	775.90	424.22	52	326.54	272.22	81	449.36
汕头市	Shantou City	78	269.58	152.74	18	105.93	78.16	60	163.65
佛山市	Foshan City	2243	2863.51	1499.12	130	1551.06	1293.30	2113	1312.44
江门市	Jiangmen City	431	1114.99	577.38	55	273.35	133.71	376	841.64
湛江市	Zhanjiang City	673	1912.25	1395.52	91	1119.63	1039.53	582	792.61
茂名市	Maoming City	395	721.56	379.87	31	142.69	128.16	364	578.88
肇庆市	Zhaoqing City	1010	1493.25	996.68	94	401.90	241.72	916	1091.35
惠州市	Huizhou City	1558	2118.13	1098.14	119	827.80	709.92	1439	1290.33
梅州市	Meizhou City	2566	2038.53	1564.85	47	1485.37	1287.93	2519	553.16
汕尾市	Shanwei City	39	225.38	109.55	19	40.93	36.78	20	184.45
河源市	Heyuan City	159	649.73	524.36	35	224.58	220.73	124	425.15
阳江市	Yangjiang City	172	475.54	376.38	29	50.19	39.38	143	425.35
清远市	Qingyuan City	833	2186.26	1826.27	178	1001.34	977.95	655	1184.93
东莞市	Dongguan City	261	1867.69	1639.97	64	953.69	916.15	197	914.01
中山市	Zhongshan City	123	416.11	245.87	4	5.45	1.00	119	410.66

按供地方式和省市分列（2013年） 续表7
by Province, Autonomous Region and Municipality (2013) Continued 7

（公顷）(hectare)		租赁 Lease				其他供地方式 Other Land Supply Ways			
新增 Newly Increased Area	成交价款（万元）Transaction Price Value (10^4 yuan)	宗数（宗）Number of Plots	土地面积（公顷）Land Area（hectare）	新增 Newly Increased Area	成交价款（万元）Transaction Price Value (10^4 yuan)	宗数（宗）Number of Plots	土地面积（公顷）Land Area (hectare)	新增 Newly Increased Area	成交价款（万元）Transaction Price Value (10^4 yuan)
331.73	420745.73								
495.86	636118.99								
596.48	847900.16								
104.47	195688.71								
534.99	433594.94								
584.88	720951.58								
526.96	387167.97								
582.01	738106.98								
424.90	450565.13								
141.83	175135.15								
7561.04	**32545048.17**								
780.03	7604046.28								
454.32	698490.36								
143.01	5484832.70								
152.01	3358564.77								
74.58	490091.25								
205.82	5509875.99								
443.67	735687.65								
356.00	1053005.53								
251.71	516981.91								
754.96	706273.41								
388.22	1025750.35								
276.92	416752.57								
72.77	88858.49								
303.62	357858.64								
337.00	217526.80								
848.32	703352.61								
723.83	2155592.00								
244.87	573681.90								

国有建设用地供应情况——
State-owned Land for Construction Use Supplied by Land Supply Way and

地 区	Region	建设用地供应总量 Total Amount of Construction Use Land Supplied			划拨 Allocation			出让 Granting	
		宗数（宗） Number of Plots	土地面积（公顷） Land Area (hectare)	新增 Newly Increased Area	宗数（宗） Number of Plots	土地面积（公顷） Land Area (hectare)	新增 Newly Increased Area	宗数（宗） Number of Plots	土地面积 Land Area
潮州市	Chaozhou City	177	320.80	241.08	23	88.20	84.91	154	232.60
揭阳市	Jieyang City	236	455.45	286.56	19	93.99	23.21	217	361.45
云浮市	Yunfu City	167	714.35	526.45	34	200.31	196.59	133	514.04
广西	**Guangxi**	**8993**	**23364.64**	**5646.93**	**1783**	**14705.42**	**421.95**	**7209**	**8657.12**
南宁市	Nanning City	1048	3014.50	646.09	186	2123.95	6.69	862	890.55
柳州市	Liuzhou City	1339	2932.29	670.75	242	2040.73	69.08	1097	891.56
桂林市	Guilin City	1568	3878.67	442.39	301	3174.44	52.30	1266	702.13
梧州市	Wuzhou City	400	831.90	440.84	67	306.96		333	524.94
北海市	Beihai City	653	612.70	277.35	23	208.01		630	404.69
防城港市	Fangchenggang City	255	1522.55	354.57	59	416.53	0.67	196	1106.02
钦州市	Qinzhou City	321	631.33	285.70	101	81.79		220	549.54
贵港市	Guigang City	178	1743.86	297.75	42	1240.42		136	503.44
玉林市	Yulin City	292	3052.59	661.75	53	2459.93	210.12	239	592.67
百色市	Baise City	1098	1560.20	547.56	231	937.35	46.55	867	622.85
贺州市	Hezhou City	412	829.93	209.45	97	510.97	9.61	315	318.97
河池市	Hechi City	533	1007.05	252.06	137	434.23	7.91	396	572.82
来宾市	Laibin City	421	1329.11	257.89	37	666.70		384	662.42
崇左市	Chongzuo City	475	417.95	302.77	207	103.43	19.02	268	314.52
海南	**Hainan**	**747**	**2536.24**	**1293.04**	**201**	**618.03**	**8.98**	**546**	**1918.21**
海口市	Haikou City	96	216.18	78.17	31	102.78		65	113.39
三亚市	Sanya City	69	440.21	152.04	43	277.33		26	162.89
省直辖县级行政区划	County-level Administrative Units Directly under the Provincial Government	582	1879.85	1062.84	127	237.92	8.98	455	1641.93
重庆	**Chongqing**	**4272**	**14515.06**	**4744.62**	**1043**	**6237.88**	**134.56**	**3229**	**8277.18**
四川	**Sichuan**	**12649**	**31279.69**	**13040.54**	**2051**	**15799.08**	**1257.07**	**10598**	**15480.61**
成都市	Chengdu City	1221	5179.85	2830.13	254	2004.89		967	3174.96
自贡市	Zigong City	173	1124.38	637.09	53	435.99		120	688.39
攀枝花市	Panzhihua City	262	449.59	170.07	24	151.28	24.23	238	298.31
泸州市	Luzhou City	490	897.70	630.45	85	196.63		405	701.07

按供地方式和省市分列（2013年） 续表 8
by Province, Autonomous Region and Municipality (2013) Continued 8

（公顷） (hectare)		租赁 Lease				其他供地方式 Other Land Supply Ways			
新增 Newly Increased Area	成交价款（万元） Transaction Price Value (10^4 yuan)	宗数（宗） Number of Plots	土地面积（公顷） Land Area（hectare）	新增 Newly Increased Area	成交价款（万元） Transaction Price Value (10^4 yuan)	宗数（宗） Number of Plots	土地面积（公顷） Land Area (hectare)	新增 Newly Increased Area	成交价款（万元） Transaction Price Value (10^4 yuan)
156.17	179196.28								
263.35	301984.73								
329.86	366643.94								
5224.97	**6342838.25**					**1**	**2.10**		**1103.66**
639.40	1013903.72								
601.67	1309521.55								
390.09	651859.87					1	2.10		1103.66
440.84	283417.79								
277.35	342472.18								
353.90	364722.61								
285.70	434064.85								
297.75	311504.10								
451.63	414136.41								
501.01	406487.16								
199.85	235945.36								
244.15	151071.03								
257.89	295426.08								
283.75	128305.54								
1284.06	**2458598.91**								
78.17	395161.22								
152.04	614906.87								
1053.86	1448530.81								
4610.06	**17227485.17**								
11783.48	**19953178.58**								
2830.13	7158553.77								
637.09	518740.75								
145.84	179792.26								
630.45	783374.89								

国有建设用地供应情况——
State-owned Land for Construction Use Supplied by Land Supply Way and

地 区	Region	建设用地供应总量 Total Amount of Construction Use Land Supplied			划拨 Allocation			出让 Granting	
		宗数（宗） Number of Plots	土地面积（公顷） Land Area (hectare)	新增 Newly Increased Area	宗数（宗） Number of Plots	土地面积（公顷） Land Area (hectare)	新增 Newly Increased Area	宗数（宗） Number of Plots	土地面积 Land Area
德阳市	Deyang City	1010	1980.07	592.55	246	1003.28		764	976.78
绵阳市	Mianyang City	2268	1729.68	840.41	146	657.28		2122	1072.40
广元市	Guangyuan City	1919	1030.94	592.28	161	304.87	14.42	1758	726.07
遂宁市	Suining City	465	1778.84	449.29	61	678.29	1.09	404	1100.55
内江市	Neijiang City	189	712.35	379.03	58	236.08	33.79	131	476.27
乐山市	Leshan City	355	2942.49	504.30	81	2348.43	7.87	274	594.07
南充市	Nanchong City	416	1581.00	534.89	56	540.89		360	1040.11
眉山市	Meishan City	383	1948.23	810.17	77	904.13		306	1044.10
宜宾市	Yibin City	477	1168.87	720.52	119	391.47	12.85	358	777.40
广安市	Guang'an City	287	1661.44	591.17	90	901.26	4.19	197	760.19
达州市	Dazhou City	363	2074.16	349.74	74	1623.26		289	450.90
雅安市	Ya'an City	101	390.67	199.70	29	141.79		72	248.88
巴中市	Bazhong City	1340	633.58	255.93	87	245.20	0.26	1253	388.38
资阳市	Ziyang City	305	1562.54	557.66	125	895.50	3.84	180	667.04
阿坝藏族羌族自治州	Aba Tibetan & Qiang A.P.	138	1094.78	460.40	70	1008.88	395.35	68	85.90
甘孜藏族自治州	Ganzi Tibetan A.P.	123	799.08	724.39	10	773.98	718.12	113	25.10
凉山彝族自治州	Liangshan Yi A.P.	364	539.45	210.39	145	355.68	41.06	219	183.76
贵州	**Guizhou**	**6005**	**29481.11**	**8972.94**	**2102**	**20148.41**	**2337.09**	**3894**	**9259.23**
贵阳市	Guiyang City	614	3619.77	1324.47	269	1971.84	0.26	345	1647.94
六盘水市	Liupanshui City	255	913.90	569.17	50	466.92	286.09	205	446.98
遵义市	Zunyi City	1252	4144.14	1293.27	499	2500.95	0.58	753	1643.19
安顺市	Anshun City	454	4187.23	1179.23	114	3427.97	820.87	340	759.26
铜仁地区	Tongren Prefecture	587	5506.64	861.70	276	4434.80	80.08	311	1071.84
黔西南布依族苗族自治州	Southwest Guizhou Buyei & Miao A.P.	425	2320.97	561.88	139	1677.33	296.12	286	643.64
毕节地区	Bijie Prefecture	677	4311.15	1526.52	232	3268.16	722.92	445	1043.00
黔东南苗族侗族自治州	Southeast Guizhou Miao & Dong A.P.	678	2013.11	495.43	252	1294.40	123.13	417	645.23
黔南布依族苗族自治州	South Guizhou Buyei & Miao A.P.	1063	2464.20	1161.27	271	1106.06	7.03	792	1358.14

按供地方式和省市分列（2013年） 续表9
by Province, Autonomous Region and Municipality (2013) Continued 9

		租赁 Lease				其他供地方式 Other Land Supply Ways			
（公顷）(hectare) 新增 Newly Increased Area	成交价款（万元）Transaction Price Value (10^4 yuan)	宗数（宗）Number of Plots	土地面积（公顷）Land Area（hectare）	新增 Newly Increased Area	成交价款（万元）Transaction Price Value (10^4 yuan)	宗数（宗）Number of Plots	土地面积（公顷）Land Area (hectare)	新增 Newly Increased Area	成交价款（万元）Transaction Price Value (10^4 yuan)
592.55	571653.32								
840.41	906441.36								
577.86	349962.48								
448.20	1019529.54								
345.24	919265.73								
496.43	554636.90								
534.89	1682711.20								
810.17	1030752.67								
707.67	758855.27								
586.98	734464.60								
349.74	707679.90								
199.70	110506.52								
255.67	643916.33								
553.82	1113927.34								
65.05	21159.43								
6.27	13634.58								
169.33	173619.74								
6635.86	**7667053.72**	**9**	**73.48**		**894918.50**				
1324.22	1998838.98								
283.08	328878.38								
1292.68	1283982.34								
358.36	834741.03								
781.61	710285.95								
265.76	309475.66								
803.60	1014245.28								
372.30	367197.20	9	73.48		894918.50				
1154.24	819408.91								

国有建设用地供应情况——
State-owned Land for Construction Use Supplied by Land Supply Way and

地区	Region	建设用地供应总量 Total Amount of Construction Use Land Supplied			划拨 Allocation			出让 Granting	
		宗数（宗）Number of Plots	土地面积（公顷）Land Area (hectare)	新增 Newly Increased Area	宗数（宗）Number of Plots	土地面积（公顷）Land Area (hectare)	新增 Newly Increased Area	宗数（宗）Number of Plots	土地面积 Land Area
云南	**Yunnan**	**11915**	**16575.17**	**7091.58**	**1838**	**8556.62**	**587.31**	**10077**	**8018.56**
昆明市	Kunming City	3923	2729.44	1874.11	133	476.06	1.31	3790	2253.38
曲靖市	Qujing City	495	816.37	411.96	85	331.02		410	485.35
玉溪市	Yuxi City	204	717.97	227.09	54	327.69	0.32	150	390.29
保山市	Baoshan City	567	782.10	540.29	55	186.67	24.82	512	595.43
昭通市	Zhaotong City	949	252.30	103.12	59	116.13	14.66	890	136.17
丽江市	Lijiang City	172	2708.21	673.38	90	2443.98	428.69	82	264.24
普洱市	Pu'er City	583	906.78	211.13	142	558.77		441	348.01
临沧市	Lincang City	301	617.68	323.48	106	305.32	27.99	195	312.36
楚雄彝族自治州	Chuxiong Yi A.P.	483	789.63	393.64	99	273.41	5.10	384	516.21
红河哈尼族彝族自治州	Honghe Hani & Yi A.P.	1579	1363.59	494.66	478	698.95	0.31	1101	664.64
文山壮族苗族自治州	Wenshan Zhuang & Miao A.P.	231	939.91	359.85	89	572.93		142	366.97
西双版纳傣族自治州	Xishuangbanna Dai A.P.	618	659.93	490.51	71	136.58		547	523.35
大理白族自治州	Dali Bai A.P.	874	1266.72	564.51	247	498.51	15.75	627	768.21
德宏傣族景颇族自治州	Dehong Dai &Jingpo A.P.	345	1098.71	230.67	80	845.67		265	253.04
怒江傈僳族自治州	Nujiang Lisu A.P.	526	84.61	13.11	27	61.68		499	22.94
迪庆藏族自治州	Diqing Tibetan A.P.	65	841.22	180.07	23	723.24	68.36	42	117.98
西藏	**Tibet**	**484**	**1085.13**	**636.92**	**255**	**687.14**	**519.60**	**220**	**377.43**
拉萨市	Lhasa City	126	351.02	303.57	60	218.26	216.63	66	132.76
昌都地区	Qamdo Prefecture	51	4.69		50	4.50		1	0.19
山南地区	Lhokha Prefecture	30	147.45	146.75	27	146.55	146.55	3	0.90
日喀则地区	Xigaze Prefecture	28	12.32	9.50	25	11.95	9.43	3	0.37
那曲地区	Nagqu Prefecture								
阿里地区	Ngari Prefecture	52	23.17	23.17	47	21.24	21.24	5	1.93
林芝地区	Nyingchi Prefecture	197	546.48	153.93	46	284.63	125.75	142	241.28
陕西	**Shaanxi**	**3884**	**25182.66**	**7731.19**	**1169**	**16682.62**	**543.39**	**2715**	**8500.04**
西安市	Xi'an City	716	4174.03	1629.45	301	2271.14		415	1902.89

按供地方式和省市分列（2013年） 续表10
by Province, Autonomous Region and Municipality (2013) Continued 10

（公顷）(hectare)		租赁 Lease				其他供地方式 Other Land Supply Ways			
新增 Newly Increased Area	成交价款（万元）Transaction Price Value (10^4 yuan)	宗数（宗）Number of Plots	土地面积（公顷）Land Area（hectare）	新增 Newly Increased Area	成交价款（万元）Transaction Price Value (10^4 yuan)	宗数（宗）Number of Plots	土地面积（公顷）Land Area (hectare)	新增 Newly Increased Area	成交价款（万元）Transaction Price Value (10^4 yuan)
6504.27	**8990941.47**								
1872.80	5492600.75								
411.96	385591.32								
226.77	221784.63								
515.47	273139.50								
88.46	112849.32								
244.69	140090.72								
211.13	217083.32								
295.49	142409.80								
388.54	287702.00								
494.35	559644.30								
359.85	241084.50								
490.51	271281.43								
548.76	425077.62								
230.67	141733.02								
13.11	10146.34								
111.70	68722.89								
117.32	**79517.02**					**9**	**20.57**		
86.94	43455.79								
	1850.00								
0.20	195.39								
0.07	31.01								
1.93	97.91								
28.18	33886.92					9	20.57		
7187.80	**7017752.05**								
1629.45	2535253.27								

国有建设用地供应情况——

State-owned Land for Construction Use Supplied by Land Supply Way and

地 区	Region	建设用地供应总量 Total Amount of Construction Use Land Supplied			划拨 Allocation			出让 Granting	
		宗数（宗） Number of Plots	土地面积（公顷） Land Area (hectare)	新增 Newly Increased Area	宗数（宗） Number of Plots	土地面积（公顷） Land Area (hectare)	新增 Newly Increased Area	宗数（宗） Number of Plots	土地面积 Land Area
铜川市	Tongchuan City	58	292.73	125.18	20	157.12	11.88	38	135.60
宝鸡市	Baoji City	332	1206.26	953.23	41	136.52	14.11	291	1069.74
咸阳市	Xianyang City	418	2615.83	1164.75	93	1343.18	0.67	325	1272.65
渭南市	Weinan City	368	2174.12	886.71	129	1562.64	386.25	239	611.48
延安市	Yan'an City	227	3787.72	244.20	95	3491.22	2.54	132	296.50
汉中市	Hanzhong City	429	1128.84	505.45	151	567.46	31.06	278	561.38
榆林市	Yulin City	468	7099.48	1448.05	106	5252.34	17.66	362	1847.14
安康市	Ankang City	546	1757.81	432.51	134	1303.94	53.90	412	453.87
商洛市	Shangluo City	322	945.84	341.65	99	597.06	25.34	223	348.79
甘肃	**Gansu**	**3940**	**20951.39**	**7937.89**	**1414**	**12240.26**	**538.28**	**2526**	**8711.13**
兰州市	Lanzhou City	322	1477.34	994.75	67	246.79	6.38	255	1230.55
嘉峪关市	Jiayuguan City	176	1779.21	976.43	49	791.70		127	987.50
金昌市	Jinchang City	122	1288.41	287.33	46	999.54	38.28	76	288.87
白银市	Baiyin City	362	1960.99	371.24	99	1200.99	67.20	263	760.00
天水市	Tianshui City	149	390.00	189.71	45	176.59	8.33	104	213.42
武威市	Wuwei City	420	2741.39	1027.29	205	1624.96	1.45	215	1116.43
张掖市	Zhangye City	582	2186.67	1226.58	121	883.89	32.36	461	1302.78
平凉市	Pingliang City	165	639.16	282.13	89	364.19	64.78	76	274.98
酒泉市	Jiuquan City	405	4080.18	1034.66	158	2986.95	32.52	247	1093.23
庆阳市	Qingyang City	425	1827.70	340.22	296	1482.76	27.90	129	344.94
定西市	Dingxi City	253	1079.10	493.48	90	524.74	1.57	163	554.36
陇南市	Longnan City	217	437.50	113.43	35	294.43		182	143.07
临夏回族自治州	Linxia Hui A.P.	234	697.87	336.67	94	325.13	12.59	140	372.75
甘南藏族自治州	Gannan Tibetan A.P.	108	365.86	263.98	20	337.61	244.93	88	28.25
青海	**Qinghai**	**1001**	**9398.56**	**1834.42**	**257**	**7868.34**	**698.54**	**743**	**1529.86**
西宁市	Xining City	293	1033.39	568.54	79	404.40	123.47	214	628.99
海东地区	Haidong Prefecture	121	530.69	316.97	29	120.87	4.30	92	409.82
海北藏族自治州	Haibei Tibetan A.P.	95	3573.59	32.43	36	3530.16	2.75	59	43.42
黄南藏族自治州	Huangnan Tibetan A.P.	14	32.47	4.42	5	23.70		9	8.76
海南藏族自治州	Hainan Tibetan A.P.	229	1400.29	43.58	29	1315.22		200	85.07
果洛藏族自治州	Golog Tibetan A.P.	40	538.58	522.65	7	532.08	522.65	33	6.49

按供地方式和省市分列（2013年） 续表 11

by Province, Autonomous Region and Municipality (2013) Continued 11

		租赁 Lease				其他供地方式 Other Land Supply Ways			
（公顷） (hectare)	成交价款（万元） Transaction Price Value (10^4 yuan)	宗数（宗） Number of Plots	土地面积（公顷） Land Area（hectare）		成交价款（万元） Transaction Price Value (10^4 yuan)	宗数（宗） Number of Plots	土地面积（公顷） Land Area (hectare)		成交价款（万元） Transaction Price Value (10^4 yuan)
新增 Newly Increased Area				新增 Newly Increased Area				新增 Newly Increased Area	
113.31	60043.90								
939.13	599475.76								
1164.08	889135.46								
500.46	313234.55								
241.66	232419.24								
474.39	408091.69								
1430.39	1321549.33								
378.61	485060.67								
316.31	173488.18								
7399.61	**2377714.36**								
988.37	724177.78								
976.43	20115.21								
249.05	70203.22								
304.04	169936.72								
181.39	196119.80								
1025.83	154084.08								
1194.22	170890.93								
217.35	117292.54								
1002.13	158211.67								
312.32	221819.51								
491.91	177149.96								
113.43	46254.70								
324.08	144726.72								
19.04	6731.53								
1135.52	**698984.17**	**1**	**0.36**	**0.36**	**3.22**				
445.07	558130.99								
312.67	96357.90								
29.68	5585.19								
4.42	1744.13								
43.58	18768.59								
	336.08								

国有建设用地供应情况——
State-owned Land for Construction Use Supplied by Land Supply Way and

地 区	Region	建设用地供应总量 Total Amount of Construction Use Land Supplied			划拨 Allocation			出让 Granting	
		宗数（宗） Number of Plots	土地面积（公顷） Land Area (hectare)	新增 Newly Increased Area	宗数（宗） Number of Plots	土地面积（公顷） Land Area (hectare)	新增 Newly Increased Area	宗数（宗） Number of Plots	土地面积 Land Area
玉树藏族自治州	Yushu Tibetan A.P.								
海西蒙古族藏族自治州	Haixi Mongol & Tibetan A.P.	209	2289.57	345.83	72	1941.91	45.37	136	347.30
宁夏	**Ningxia**	**1878**	**9734.03**	**4840.82**	**674**	**4255.01**		**1204**	**5479.02**
银川市	Yinchuan City	644	4074.88	2014.52	150	1747.26		494	2327.62
石嘴山市	Shizuishan City	179	1077.46	589.58	69	335.40		110	742.07
吴忠市	Wuzhong City	519	2052.77	1084.88	243	902.49		276	1150.28
固原市	Guyuan City	232	1068.40	419.78	128	634.02		104	434.37
中卫市	Zhongwei City	304	1460.51	732.07	84	635.84		220	824.67
新疆	**Xinjiang**	**6247**	**38650.82**	**13424.60**	**2419**	**23130.39**	**1085.48**	**3805**	**15383.50**
乌鲁木齐市	Urumqi City	446	1584.23	679.03	128	93.55		318	1490.68
克拉玛依市	Karamay City	308	1140.69	390.32	142	733.15	137.45	166	407.54
吐鲁番地区	Turpan Prefeture	125	1030.58	405.76	29	597.10		96	433.48
哈密地区	Hami Prefeture	387	5776.79	466.22	103	5180.22		284	596.57
昌吉回族自治州	Changji Hui A.P.	874	6874.03	3693.01	287	2922.01	0.41	586	3949.79
博尔塔拉蒙古自治州	Bortala Mongol A.P.	244	747.55	303.72	79	325.65		165	421.90
巴音郭楞蒙古自治州	Bayingolin Mongol A.P.	571	2327.40	1090.40	219	1250.58	208.02	352	1076.82
阿克苏地区	Akesu Prefeture	613	3561.93	1005.82	276	2443.34	170.05	316	985.01
克孜勒苏柯尔克孜自治州	Kizilsu Kirgiz A.P.	231	908.29	286.78	153	583.04		78	325.25
喀什地区	Kashi Prefeture	782	5875.72	1504.32	298	4217.98	99.09	484	1657.74
和田地区	Hotan Prefeture	114	678.30	355.28	27	335.38	19.50	87	342.91
伊犁哈萨克自治州	Ili Kazak A.P.	694	4481.47	1687.51	217	2226.40	28.42	477	2255.06
塔城地区	Tacheng Prefeture	244	963.03	307.35	80	473.72		163	488.19
阿勒泰地区	Altay Prefeture	526	2231.54	1227.62	338	1389.55	422.54	188	841.99
石河子市	Shihezi City	88	469.26	21.46	43	358.71		45	110.55
阿拉尔市	Aral City								
图木舒克市	Tumxuk City								
五家渠市	Wujiaqu City								

按供地方式和省市分列（2013年） 续表 12

by Province, Autonomous Region and Municipality (2013) Continued 12

		租赁 Lease				其他供地方式 Other Land Supply Ways			
（公顷）(hectare)	成交价款（万元）Transaction Price Value (10^4 yuan)	宗数（宗）Number of Plots	土地面积（公顷）Land Area (hectare)		成交价款（万元）Transaction Price Value (10^4 yuan)	宗数（宗）Number of Plots	土地面积（公顷）Land Area (hectare)		成交价款（万元）Transaction Price Value (10^4 yuan)
新增 Newly Increased Area				新增 Newly Increased Area				新增 Newly Increased Area	
300.10	18061.30	1	0.36	0.36	3.22				
4840.82	**1752615.35**								
2014.52	1147061.01								
589.58	115706.66								
1084.88	272987.29								
419.78	73181.95								
732.07	143678.44								
12328.60	**3246789.20**	**23**	**136.93**	**10.51**	**144.06**				
679.03	862602.33								
252.88	135159.94								
405.76	64824.01								
466.22	53538.14								
3692.61	552893.69	1	2.23		11.16				
303.72	88179.95								
882.38	187731.00								
825.25	196950.42	21	133.59	10.51	120.23				
286.78	38222.87								
1405.23	263751.67								
335.78	43688.53								
1659.08	574227.58								
307.35	93420.19	1	1.11		12.67				
805.07	32206.85								
21.46	59392.04								

国有建设用地供应情况
State-owned Land for Construction Use

单位：公顷

年份/地区 Year/Region	供地总量 Total Amount of Land Supplied	工矿仓储用地 Land for Industry,Mining and Warehousing	商服用地 Land for Commercial and Service Uses	住宅用地		
					普通商品住房 Ordinary Commercial House	
						中低价位、中小套型 Medium- and Low-price, Medium- and Small-sized Ordinary Commercial Houses
2011	593284.57	191314.46	42629.68	126452.89	103696.32	32348.92
2012	711281.31	207194.53	50939.34	114664.56	84647.33	30488.05
2013	750835.48	213520.95	67042.26	141966.60	112913.41	39590.89
北　京 Beijing	2287.49	502.86	353.59	961.00	779.14	257.72
天　津 Tianjin	6165.25	2788.08	491.59	1331.72	1054.71	22.91
河　北 Hebei	40739.37	10803.90	2920.31	7396.54	6472.40	1419.09
山　西 Shanxi	17410.39	3503.69	1489.27	2770.95	2222.24	536.21
内蒙古 Inner Mongolia	32077.94	10149.85	2247.01	3004.93	2585.42	1357.35
辽　宁 Liaoning	35568.90	9237.05	3139.28	7370.63	6482.87	2325.08
吉　林 Jilin	9258.48	4311.06	885.61	2305.64	2001.50	490.63
黑龙江 Heilongjiang	20366.64	5237.43	1686.48	2907.34	2175.42	575.12
上　海 Shanghai	2265.59	523.35	249.12	525.58	511.61	255.01
江　苏 Jiangsu	52483.37	16675.06	8262.43	13288.16	11328.14	4806.67
浙　江 Zhejiang	29643.76	8259.41	2671.21	7773.34	4196.54	4196.54
安　徽 Anhui	38031.50	9616.82	3936.83	9197.73	6222.17	1530.36
福　建 Fujian	21020.87	6303.31	1532.30	2851.70	2772.35	1066.36
江　西 Jiangxi	33819.74	9875.09	2488.78	5652.91	3553.99	603.43
山　东 Shandong	62059.01	24098.13	6667.53	14406.96	12702.53	6748.46
河　南 Henan	41893.68	10420.74	2885.16	7691.31	6574.23	1803.31
湖　北 Hubei	33849.44	11725.90	2458.72	6691.46	5238.02	1383.46
湖　南 Hunan	23824.37	4526.33	1865.04	4824.13	3806.63	388.23
广　东 Guangdong	25315.17	7338.01	2061.12	5277.28	5096.95	1190.08
广　西 Guangxi	23364.64	4191.58	1694.55	2640.73	2329.67	860.70
海　南 Hainan	2536.24	376.84	515.49	933.25	811.82	434.17
重　庆 Chongqing	14515.06	2844.53	1089.36	4836.59	4211.63	1137.92
四　川 Sichuan	31279.69	7628.55	3047.00	5773.93	4727.81	1121.73
贵　州 Guizhou	29481.11	4462.55	2161.10	4640.37	3838.31	2822.99
云　南 Yunnan	16575.17	2890.36	2146.74	3634.79	3222.31	324.66
西　藏 Tibet	1085.13	186.16	230.45	137.98	128.99	
陕　西 Shaanxi	25182.66	11088.24	1341.89	3541.32	2630.32	749.68
甘　肃 Gansu	20951.39	4731.14	2446.69	2304.50	1720.28	299.49
青　海 Qinghai	9398.56	2572.25	398.67	446.82	293.18	45.64
宁　夏 Ningxia	9734.03	3402.84	1027.30	1553.04	1034.03	70.76
新　疆 Xinjiang	38650.82	13249.82	2651.60	5293.99	2188.20	767.12

——按用地类型和地区分列
Supplied by Land Use Type and by Region

Unit: hectare

Land for Residential Uses				其他用地 Land for Other Types					
经济适用住房 Economically Affordable House	廉租住房 Cheap Rent House	公共租赁住房 Public Rental Housing	高档住宅 High-grade Residence		公共管理与公共服务用地 Land for Public Management and Public Services	特殊用地 Land for Special Uses	交通运输用地 Land for Transport	水域及水利设施用地 Land for Water Conservancy Facilities	其他土地 Land for Other Uses
16238.19	6121.69		396.69	232887.54	79274.16	2746.86	110887.88	39026.22	952.42
20245.62	9545.24		226.36	338482.89	100396.99	2817.40	173662.64	56514.24	5091.63
22072.37	3731.38	3124.77	124.67	328305.67	95745.09	3292.68	187944.28	36548.66	4774.96
106.60	2.32	62.99	9.94	470.04	401.58	0.48	67.99		
273.85		3.16		1553.87	968.51	17.77	565.91	1.67	
659.81	92.93	169.58	1.82	19618.62	3645.91	118.29	15719.69	40.59	94.15
334.04	155.84	58.83		9646.48	1311.47	136.87	8089.94	20.07	88.13
289.52	95.53	34.47		16676.15	3614.71	132.72	12878.73	6.37	43.62
786.09	67.82	33.87		15821.94	5679.17	153.45	9370.56	172.12	446.64
229.94	61.29	12.90		1756.17	818.99	69.64	832.81	6.18	28.55
609.66	96.48	25.79		10535.37	2871.15	93.83	4624.57	2776.91	168.91
6.64		7.33		967.54	500.65	23.52	437.67	5.70	
1558.89	303.12	84.51	13.49	14257.72	4796.43	121.99	7445.98	1593.51	299.81
3497.65	19.15	52.99	7.01	10939.79	6023.89	46.69	4442.93	423.01	3.27
2517.64	148.15	309.76		15280.13	4819.53	139.44	8903.11	1091.09	326.97
26.09	18.93	29.47	4.87	10333.56	2277.72	150.45	7432.08	473.31	
1461.77	275.32	358.53	3.29	15802.96	5454.80	120.35	10047.43	48.53	131.84
1554.92	62.20	85.83	1.49	16886.39	5687.41	258.38	9537.85	1398.77	3.98
715.58	168.86	232.64		20896.46	5701.26	189.99	6345.49	7181.02	1478.70
1048.39	121.80	271.80	11.44	12973.36	4386.01	108.98	8373.34	105.03	
715.55	109.45	192.51		12608.86	4070.04	142.07	7144.77	1251.89	0.10
139.13	11.12	24.66	5.42	10638.76	2789.03	93.12	7611.21	42.23	103.18
239.89	32.42	38.75		14837.78	2350.98	137.30	10943.55	1400.05	5.90
63.44	2.28	5.71	50.00	710.66	370.12	19.42	321.11		
418.02	122.78	74.78	9.38	5744.58	1748.86	48.17	2767.63	1179.93	
887.83	132.87	25.42		14830.21	3891.72	111.54	8388.57	2411.24	27.15
419.83	221.93	160.29		18217.10	3796.21	120.27	6906.94	6303.01	1090.67
178.84	71.40	161.46	0.77	7903.29	1639.84	93.83	3411.50	2758.11	
0.13	8.86			530.54	216.57	75.18	238.78		
608.88	173.45	128.65	0.01	9211.21	2733.46	52.25	6325.14	100.10	0.26
279.35	106.32	198.55		11469.05	6472.76	160.97	4411.74	219.43	204.16
28.97	84.86	39.55	0.25	5980.83	379.06	8.70	1993.34	3599.73	0.00
361.14	102.96	54.91		3750.84	1071.80	117.30	2541.11	20.63	
2054.29	860.93	185.08	5.50	17455.41	5255.46	229.75	9822.80	1918.44	228.96

国有建设用地供应情况——

State-owned Land for Construction Use Supplied by Land Use Type

单位：公顷

地 区	Region	供地总量 Total Amount of Land Supplied	工矿仓储用地 Land for Industry, Mining and Warehousing	商服用地 Land for Commercial and Service Uses	住宅用地		
						普通商品住房 Ordinary Commercial House	
							中低价位、中小套型 Medium- and Low-price, Medium- and Small-sized Ordinary Commercial Houses
总 计	**Total**	**750835.48**	**213520.95**	**67042.26**	**141966.60**	**112913.41**	**39590.89**
北京	**Beijing**	**2287.49**	**502.86**	**353.59**	**961.00**	**779.14**	**257.72**
天津	**Tianjin**	**6165.25**	**2788.08**	**491.59**	**1331.72**	**1054.71**	**22.91**
河北	**Hebei**	**40739.37**	**10803.90**	**2920.31**	**7396.54**	**6472.40**	**1419.09**
石家庄市	Shijiazhuang City	1894.91	624.89	205.22	642.42	554.18	138.89
唐山市	Tangshan City	8904.11	3590.50	807.97	1149.02	1128.13	129.59
秦皇岛市	Qinhuangdao City	3626.52	293.26	154.79	720.32	325.71	11.29
邯郸市	Handan City	1914.20	893.83	189.28	638.91	488.49	48.57
邢台市	Xingtai City	3901.90	1046.97	101.98	460.78	363.16	36.26
保定市	Baoding City	3176.64	571.03	321.20	764.47	745.40	60.56
张家口市	Zhangjiakou City	3820.29	469.00	270.76	540.84	471.46	217.07
承德市	Chengde City	5826.43	622.26	247.48	392.73	373.85	49.38
沧州市	Cangzhou City	2541.52	1188.34	158.26	462.60	424.32	42.65
廊坊市	Langfang City	3879.33	786.39	325.54	1255.87	1244.31	462.99
衡水市	Hengshui City	1253.52	717.42	137.83	368.58	353.38	221.85
山西	**Shanxi**	**17410.39**	**3503.69**	**1489.27**	**2770.95**	**2222.24**	**536.21**
太原市	Taiyuan City	1458.09	315.57	167.83	277.82	243.56	91.03
大同市	Datong City	1896.59	172.01	244.59	495.93	382.85	12.22
阳泉市	Yangquan City	558.87	60.76	25.97	72.67	42.97	40.61
长治市	Changzhi City	895.94	214.41	89.29	231.00	175.61	22.18
晋城市	Jincheng City	743.22	228.39	61.75	169.28	116.95	39.02
朔州市	Shuozhou City	1404.67	298.66	205.97	315.76	268.20	67.79
晋中市	Jinzhong City	3303.35	502.93	133.51	252.76	194.77	50.58
运城市	Yuncheng City	1108.68	405.52	175.81	246.98	231.26	14.69
忻州市	Xinzhou City	2129.96	279.41	132.47	208.59	130.17	43.14
临汾市	Linfen City	2343.34	516.45	156.26	319.03	308.61	126.28
吕梁市	Lüliang City	1567.69	509.56	95.82	181.13	127.29	28.66
内蒙古	**Inner Mongolia**	**32077.94**	**10149.85**	**2247.01**	**3004.93**	**2585.42**	**1357.35**
呼和浩特市	Hohhot City	1570.36	364.91	259.36	393.20	352.91	127.48
包头市	Baotou City	1749.96	842.08	167.61	312.45	236.05	211.11

按用地类型和省市分列（2013 年）

and by Province, Autonomous Region and Municipality (2013)

Unit: hectare

Land for Residential Uses					其他用地 Land for Other Types				
经济适用住房 Economically Affordable House	廉租住房 Cheap Rent House	公共廉租住房 Public Rental Housing	高档住宅 High-grade Residence		公共管理与公共服务用地 Land for Public Management and Public Services	特殊用地 Land for Special Uses	交通运输用地 Land for Transport	水域及水利设施用地 Land for Water Conservancy Facilities	其他土地 Land for Other Uses
22072.37	**3731.38**	**3124.77**	**124.67**	**328305.67**	**95745.09**	**3292.68**	**187944.28**	**36548.66**	**4774.96**
106.60	**2.32**	**62.99**	**9.94**	**470.04**	**401.58**	**0.48**	**67.99**		
273.85		**3.16**		**1553.87**	**968.51**	**17.77**	**565.91**	**1.67**	
659.81	**92.93**	**169.58**	**1.82**	**19618.62**	**3645.91**	**118.29**	**15719.69**	**40.59**	**94.15**
55.14	26.12	6.98		422.38	128.69	2.52	291.17		
20.89				3356.62	231.41	23.49	3100.46	1.27	
383.15		11.46		2458.15	598.44	11.61	1840.81	7.29	
4.63	37.99	107.80		192.18	131.71	15.64	44.84		
94.19	0.93	2.50		2292.17	133.04	36.14	2122.99		
13.03	2.97	3.07		1519.94	182.21	4.90	1320.51	12.32	
46.88	9.19	13.31		2539.69	145.73	8.55	2373.65	11.75	
9.30	5.11	4.47		4563.97	1507.54	0.61	3054.02	1.80	
23.41	4.71	8.34	1.80	732.32	263.49	1.39	461.27	6.16	
3.94	1.56	6.04	0.02	1511.53	311.76	5.33	1100.30		94.15
5.25	4.35	5.60		29.68	11.90	8.11	9.67		
334.04	**155.84**	**58.83**		**9646.48**	**1311.47**	**136.87**	**8089.94**	**20.07**	**88.13**
27.20	7.06			696.87	221.29	2.44	473.14		
17.62	95.46			984.06	116.34	5.26	862.46		
27.80	1.90			399.47	30.84	65.77	302.86		
38.87	4.40	12.12		361.24	56.28	6.22	298.74		
22.05	0.57	29.71		283.80	76.16	5.84	201.64	0.15	
39.45	4.60	3.50		584.28	74.86	2.51	506.91		
47.48	2.35	8.16		2414.14	241.65	4.67	2063.76	15.93	88.13
11.38	3.31	1.03		280.37	125.03	35.91	119.44		
59.41	18.41	0.60		1509.48	133.02	2.75	1373.71		
5.89	4.53			1351.60	127.64	5.51	1214.46	4.00	
36.88	13.25	3.71		781.17	108.35		672.83		
289.52	**95.53**	**34.47**		**16676.15**	**3614.71**	**132.72**	**12878.73**	**6.37**	**43.62**
34.99	5.30			552.89	286.49	7.37	253.55	5.47	
69.59	6.34	0.47		427.83	300.12	56.85	70.86		

国有建设用地供应情况——
State-owned Land for Construction Use Supplied by Land Use Type

单位：公顷

地 区	Region	供地总量 Total Amount of Land Supplied	工矿仓储用地 Land for Industry, Mining and Warehousing	商服用地 Land for Commercial and Service Uses	住宅用地		
						普通商品住房 Ordinary Commercial House	
							中低价位、中小套型 Medium- and Low-price, Medium- and Small-sized Ordinary Commercial Houses
乌海市	Wuhai City	336.27	235.95	27.52	43.86	32.93	18.92
赤峰市	Chifeng City	2928.77	1146.14	198.41	310.77	303.67	125.94
通辽市	Tongliao City	3144.44	1063.21	158.84	184.52	180.93	75.67
鄂尔多斯市	Erdos City	6186.37	1569.78	162.59	227.40	202.41	172.61
呼伦贝尔市	Hulunbuir City	3261.61	1015.30	323.01	452.07	351.15	185.58
巴彦淖尔市	Bayannur City	2405.05	774.45	216.86	217.19	181.13	104.99
乌兰察布市	Ulanqab City	2695.95	654.30	385.04	447.34	409.10	133.85
兴安盟	Xing'an League	826.53	245.44	75.54	140.40	99.94	36.12
锡林郭勒盟	Xilingol League	4184.15	1675.65	179.30	197.53	178.38	137.77
阿拉善盟	Alxa League	2788.48	562.65	92.93	78.20	56.83	27.31
辽宁	**Liaoning**	**35568.90**	**9237.05**	**3139.28**	**7370.63**	**6482.87**	**2325.08**
沈阳市	Shenyang City	7186.48	1280.72	354.94	1103.20	1065.77	100.76
大连市	Dalian City	6311.69	2121.50	302.98	1002.36	898.43	324.99
鞍山市	Anshan City	2364.32	639.53	155.87	783.25	782.09	467.39
抚顺市	Fushun City	1477.88	510.24	143.29	253.63	234.20	166.92
本溪市	Benxi City	1344.71	324.49	111.87	269.13	204.31	0.80
丹东市	Dandong City	1467.74	368.33	84.83	207.59	182.76	
锦州市	Jinzhou City	2484.49	811.99	626.16	295.05	254.43	119.58
营口市	Yingkou City	1741.17	487.26	267.06	560.18	550.59	198.40
阜新市	Fuxin City	924.50	341.91	105.35	275.37	213.35	66.50
辽阳市	Liaoyang City	1166.04	258.52	143.80	236.40	208.16	71.42
盘锦市	Panjin City	2154.39	574.76	381.66	571.35	569.33	186.48
铁岭市	Tieling City	2245.71	498.55	156.31	453.11	453.11	412.78
朝阳市	Chaoyang City	2382.68	594.44	128.40	598.28	593.32	
葫芦岛市	Huludao City	2317.11	424.82	176.77	761.73	273.01	209.07
吉林	**Jilin**	**9258.48**	**4311.06**	**885.61**	**2305.64**	**2001.50**	**490.63**
长春市	Changchun City	3450.41	1536.01	326.77	851.23	807.68	74.80
吉林市	Jilin City	1416.35	790.58	190.93	333.41	300.16	26.79
四平市	Siping City	771.58	334.25	74.50	194.83	188.46	72.43
辽源市	Liaoyuan City	255.52	174.31	27.80	32.47	25.18	
通化市	Tonghua City	680.78	251.74	71.18	160.26	133.51	69.10

按用地类型和省市分列（2013 年） 续表 1

and by Province, Autonomous Region and Municipality (2013) Continued 1

Unit: hectare

Land for Residential Uses				其他用地 Land for Other Types					
经济适用住房 Economically Affordable House	廉租住房 Cheap Rent House	公共廉租住房 Public Rental Housing	高档住宅 High-grade Residence		公共管理与公共服务用地 Land for Public Management and Public Services	特殊用地 Land for Special Uses	交通运输用地 Land for Transport	水域及水利设施用地 Land for Water Conservancy Facilities	其他土地 Land for Other Uses
8.40	1.01	1.53		28.94	27.68	1.26			
1.45	4.96	0.70		1273.45	255.27	3.39	1008.93		5.86
	3.35	0.23		1737.87	757.67	29.08	935.80		15.32
19.54	3.01	2.44		4226.61	748.32	0.56	3476.82	0.90	
83.12	14.41	3.39		1471.23	263.44	14.49	1193.30		
6.27	13.60	16.19		1196.54	245.93	11.09	939.52		
15.70	17.95	4.59		1209.27	293.75	0.61	892.48		22.44
17.97	22.19	0.30		365.16	102.55	2.65	259.96		
17.62	0.78	0.75		2131.67	126.00	5.35	2000.33		
14.87	2.63	3.87		2054.69	207.48	0.03	1847.18		
786.09	**67.82**	**33.87**		**15821.94**	**5679.17**	**153.45**	**9370.56**	**172.12**	**446.64**
16.05		21.38		4447.62	1274.43	7.27	3165.89	0.03	
98.40		5.53		2884.86	1635.66	16.91	1232.28		
	1.16			785.67	283.32	3.62	498.65	0.07	
19.19	0.24			570.71	313.45	37.43	100.24	119.60	
64.82				639.21	362.74	36.04	212.73	27.70	
24.57	0.15	0.10		806.99	131.89	6.96	659.33	8.81	
40.62				751.29	278.00		467.57	5.72	
9.59				426.67	168.04	9.16	245.36	4.10	
62.02				201.88	119.79	0.42	81.20	0.47	
21.57		6.67		527.32	260.86	13.66	113.34	0.92	138.55
2.02				626.62	176.41	0.74	310.91		138.56
				1137.75	133.48		876.89		127.38
3.98	0.80	0.19		1061.56	329.73	17.13	688.86	4.07	21.76
423.25	65.47			953.78	211.36	4.11	717.29	0.62	20.39
229.94	**61.29**	**12.90**		**1756.17**	**818.99**	**69.64**	**832.81**	**6.18**	**28.55**
26.57	10.88	6.10		736.39	292.89	23.04	420.46		
19.55	12.71	0.99		101.43	73.27	0.81	27.17	0.17	
6.00	0.37			168.00	92.33		47.13		28.55
5.76	1.54			20.94	17.34	0.28	3.32		
22.67	4.07			197.60	125.47	1.29	70.84		

国有建设用地供应情况——
State-owned Land for Construction Use Supplied by Land Use Type

单位：公顷

地 区	Region	供地总量 Total Amount of Land Supplied	工矿仓储用地 Land for Industry, Mining and Warehousing	商服用地 Land for Commercial and Service Uses	住宅用地		
						普通商品住房 Ordinary Commercial House	
							中低价位、中小套型 Medium- and Low-price, Medium- and Small-sized Ordinary Commercial Houses
白山市	Baishan City	590.60	174.04	63.33	238.48	157.31	3.14
松原市	Songyuan City	742.09	455.44	22.36	142.00	99.75	40.04
白城市	Baicheng City	489.94	259.19	46.55	113.17	89.80	61.24
延边朝鲜族自治州	Yanbian Korean A.P.	861.21	335.50	62.19	239.79	199.65	143.09
黑龙江	**Heilongjiang**	**20366.64**	**5237.43**	**1686.48**	**2907.34**	**2175.42**	**575.12**
哈尔滨市	Harbin City	4162.60	897.65	523.42	723.46	688.18	49.68
齐齐哈尔市	Qiqihar City	1030.59	522.72	117.28	220.59	160.87	0.54
鸡西市	Jixi City	1749.41	159.89	54.22	198.61	148.60	52.06
鹤岗市	Hegang City	367.70	162.05	12.54	87.08	22.30	
双鸭山市	Shuangyashan City	440.08	96.57	81.65	139.90	98.99	46.03
大庆市	Daqing City	2302.65	956.25	167.02	194.49	194.20	13.14
伊春市	Yichun City	2533.55	109.67	124.38	195.78	10.07	4.67
佳木斯市	Jiamusi City	1243.61	317.64	97.05	98.83	88.45	60.02
七台河市	Qitaihe City	254.09	79.24	9.87	121.80	100.22	100.22
牡丹江市	Mudanjiang City	2931.17	347.58	132.69	254.96	218.73	22.30
黑河市	Heihe City	321.21	102.36	63.99	40.61	33.27	13.04
绥化市	Suihua City	1843.21	1064.25	143.58	273.76	248.24	95.63
大兴安岭地区	Da Hinggan Ling Prefecture	211.39	75.76	17.48	51.65	2.26	
农垦总局	General Bureau of Agriculture	790.20	313.62	111.18	215.40	115.88	76.04
森工总局	General Bureau of Forest Industry	139.43	16.48	28.79	89.35	44.09	41.16
友谊国土资源局	Youyi Land and Resources Bureau	34.29	7.72	0.96	1.08	1.08	0.58
五大连池风景名胜区	Wudalianchi	11.46	8.00	0.38			
上海	**Shanghai**	**2265.59**	**523.35**	**249.12**	**525.58**	**511.61**	**255.01**
江苏	**Jiangsu**	**52483.37**	**16675.06**	**8262.43**	**13288.16**	**11328.14**	**4806.67**
南京市	Nanjing City	4324.54	657.20	285.60	900.02	486.87	81.38
无锡市	Wuxi City	5208.29	1242.60	469.37	841.11	579.25	127.94
徐州市	Xuzhou City	3187.12	942.20	631.99	1156.25	1029.35	659.83
常州市	Changzhou City	3290.68	1040.91	486.99	961.47	664.70	225.22
苏州市	Suzhou City	6376.54	2113.07	907.33	1834.60	1683.19	943.53
南通市	Nantong City	5417.73	1306.16	1219.87	1885.62	1651.15	319.85

按用地类型和省市分列（2013年） 续表2
and by Province, Autonomous Region and Municipality (2013) Continued 2

Unit: hectare

Land for Residential Uses				其他用地 Land for Other Types					
经济适用住房 Economically Affordable House	廉租住房 Cheap Rent House	公共廉租住房 Public Rental Housing	高档住宅 High-grade Residence		公共管理与公共服务用地 Land for Public Management and Public Services	特殊用地 Land for Special Uses	交通运输用地 Land for Transport	水域及水利设施用地 Land for Water Conservancy Facilities	其他土地 Land for Other Uses
73.25	7.92			114.75	61.97	2.58	44.18	6.01	
30.13	12.12			122.29	46.84	9.70	65.75		
15.80	7.57			71.04	25.77	2.96	42.31		
30.21	4.11	5.82		223.73	83.11	28.97	111.65		
609.66	**96.48**	**25.79**		**10535.37**	**2871.15**	**93.83**	**4624.57**	**2776.91**	**168.91**
17.23	8.35	9.70		2018.07	856.83	13.42	916.54	231.27	
53.60	5.43	0.69		170.01	116.06	12.91	25.44	0.58	15.02
45.14	0.15	4.73		1336.69	208.90	4.62	1119.14	2.66	1.37
24.88	39.91			106.02	22.51	4.80	78.26	0.45	
40.91				121.96	54.06	14.46	53.44		
0.06	0.09	0.14		984.90	296.29		688.61		
185.71				2103.71	38.04	3.62	519.90	1542.15	
	10.37			730.09	170.05	7.41	400.11		152.53
0.25	16.44	4.90		43.18	8.76		34.42		
33.74		2.50		2195.95	638.78	4.80	567.57	984.80	
3.87	3.48			114.24	87.81	0.79	25.08	0.55	
14.90	7.91	2.71		361.63	242.13	7.67	97.38	14.44	
49.39				66.49	12.56	14.56	39.37		
94.74	4.36	0.42		150.00	91.73	4.76	53.51		
45.26				4.81	4.13		0.68		
				24.54	19.42		5.11		
				3.08	3.08				
6.64		**7.33**		**967.54**	**500.65**	**23.52**	**437.67**	**5.70**	
1558.89	**303.12**	**84.51**	**13.49**	**14257.72**	**4796.43**	**121.99**	**7445.98**	**1593.51**	**299.81**
399.49	4.69	4.30	4.65	2481.73	959.76	23.57	1481.69	16.71	
174.52	84.80	2.53		2655.21	871.54	3.55	1032.26	669.58	78.28
120.53	3.49	2.88		456.69	359.94	1.20	95.54		
141.13	140.01	15.63		801.31	325.92		474.70	0.69	
124.83	7.90	18.69		1521.54	645.18	13.61	597.97	264.79	
199.62	27.24	7.61		1006.09	189.90	7.99	578.67	8.00	221.52

国有建设用地供应情况——
State-owned Land for Construction Use Supplied by Land Use Type

单位：公顷

地　区	Region	供地总量 Total Amount of Land Supplied	工矿仓储用地 Land for Industry, Mining and Warehousing	商服用地 Land for Commercial and Service Uses	住宅用地		
						普通商品住房 Ordinary Commercial House	
							中低价位、中小套型 Medium- and Low-price, Medium- and Small-sized Ordinary Commercial Houses
连云港市	Lianyungang City	5200.29	2516.96	1739.78	443.57	423.54	9.82
淮安市	Huai'an City	3036.76	711.66	525.01	472.80	459.59	381.77
盐城市	Yancheng City	6061.99	2032.56	904.43	1577.15	1505.73	1228.44
扬州市	Yangzhou City	2340.67	1172.26	343.62	607.53	530.77	232.64
镇江市	Zhenjiang City	2700.69	883.62	158.10	711.78	593.66	302.96
泰州市	Taizhou City	2478.39	1188.55	124.60	826.55	756.33	283.14
宿迁市	Suqian City	2859.68	867.32	465.75	1069.72	964.00	10.17
浙江	**Zhejiang**	**29643.76**	**8259.41**	**2671.21**	**7773.34**	**4196.54**	**4196.54**
杭州市	Hangzhou City	5761.38	929.96	469.21	1285.29	726.07	726.07
宁波市	Ningbo City	4941.54	1264.02	559.63	1457.81	702.40	702.40
温州市	Wenzhou City	3000.88	460.23	269.82	1031.16	475.18	475.18
嘉兴市	Jiaxing City	2200.88	719.79	291.14	634.63	379.45	379.45
湖州市	Huzhou City	1723.38	923.42	186.87	409.40	335.70	335.70
绍兴市	Shaoxing City	2563.95	812.30	241.24	839.37	620.55	620.55
金华市	Jinhua City	2475.10	846.27	195.64	622.17	321.35	321.35
衢州市	Quzhou City	1070.64	408.77	117.78	153.85	70.89	70.89
舟山市	Zhoushan City	991.79	389.41	39.90	89.80	70.41	70.41
台州市	Taizhou City	2948.07	938.14	154.81	780.10	340.68	340.68
丽水市	Lishui City	1966.14	567.10	145.17	469.76	153.86	153.86
安徽	**Anhui**	**38031.50**	**9616.82**	**3936.83**	**9197.73**	**6222.17**	**1530.36**
合肥市	Hefei City	3816.93	792.85	539.50	711.89	385.91	1.79
芜湖市	Wuhu City	4801.60	1081.71	542.74	880.27	319.51	143.86
蚌埠市	Bengbu City	1504.20	504.59	202.10	485.33	432.34	153.61
淮南市	Huainan City	1581.01	399.41	26.40	647.62	205.02	
马鞍山市	Ma'anshan City	1229.55	360.15	184.65	416.89	315.23	149.72
淮北市	Huaibei City	804.26	164.07	107.34	388.39	284.05	27.62
铜陵市	Tongling City	1009.24	188.45	119.67	254.47	228.73	167.13
安庆市	Anqing City	1913.15	586.15	100.10	353.40	212.31	19.48
黄山市	Huangshan City	1766.83	166.22	180.66	141.45	76.06	37.97

按用地类型和省市分列（2013年） 续表3

and by Province, Autonomous Region and Municipality (2013) Continued 3

Unit: hectare

Land for Residential Uses					其他用地 Land for Other Types				
经济适用住房 Economically Affordable House	廉租住房 Cheap Rent House	公共廉租住房 Public Rental Housing	高档住宅 High-grade Residence		公共管理与公共服务用地 Land for Public Management and Public Services	特殊用地 Land for Special Uses	交通运输用地 Land for Transport	水域及水利设施用地 Land for Water Conservancy Facilities	其他土地 Land for Other Uses
11.51		8.52		499.97	80.92	6.66	340.41	71.98	
13.20	0.00			1327.29	206.47	8.34	763.52	348.95	
39.55	26.89	4.97		1547.86	229.78	25.46	1189.60	103.02	
52.67	7.44	7.82	8.84	217.26	159.71		57.55		
106.43	0.66	11.03		947.19	529.45	3.73	412.45	1.56	
69.69		0.52		338.69	141.75	15.11	153.40	28.44	
105.72				456.89	96.12	12.76	268.21	79.79	
3497.65	**19.15**	**52.99**	**7.01**	**10939.79**	**6023.89**	**46.69**	**4442.93**	**423.01**	**3.27**
557.08		2.14		3076.93	1608.36	11.65	1439.93	16.98	
739.09	7.58	8.74		1660.08	888.41	8.35	420.66	342.66	
545.32	8.02	2.64		1239.67	730.99	7.49	483.56	17.62	
251.87	0.37	2.93		555.32	200.31	1.78	352.65	0.57	
70.72	0.35	2.64		203.69	147.17		56.52		
211.19		7.64		671.04	417.63	1.00	221.83	30.58	
299.54	0.85	0.42		811.03	425.94	0.85	384.22	0.02	
73.25	1.22	1.73	6.76	390.23	301.36	1.22	85.82	1.84	
9.79		9.61		472.68	267.86	1.17	200.37		3.27
427.85		11.33	0.25	1075.01	610.66	5.76	457.08	1.50	
311.97	0.74	3.18		784.11	425.20	7.41	340.28	11.23	
2517.64	**148.15**	**309.76**		**15280.13**	**4819.53**	**139.44**	**8903.11**	**1091.09**	**326.97**
297.71	3.50	24.77		1772.69	461.17	33.84	1000.37	43.78	233.53
492.81	6.79	61.15		2296.89	815.77	6.34	634.73	840.06	
4.41	23.04	25.54		312.18	80.82	18.24	210.81	2.31	
431.93	6.03	4.64		507.59	152.20		293.14	62.25	
94.88	1.10	5.68		267.86	109.11	0.19	158.57		
92.50		11.85		144.46	91.77		52.69		
25.74				446.66	3.51	16.46	426.70		
87.58	1.16	52.34		873.50	472.06	13.49	360.42	27.53	
63.76		1.64		1278.49	207.55	6.97	1063.12	0.85	

国有建设用地供应情况——
State-owned Land for Construction Use Supplied by Land Use Type

单位：公顷

地 区	Region	供地总量 Total Amount of Land Supplied	工矿仓储用地 Land for Industry, Mining and Warehousing	商服用地 Land for Commercial and Service Uses	住宅用地		
						普通商品住房 Ordinary Commercial House	
							中低价位、中小套型 Medium- and Low-price, Medium- and Small-sized Ordinary Commercial Houses
滁州市	Chuzhou City	4284.42	1056.15	367.35	1450.89	1143.26	105.88
阜阳市	Fuyang City	2562.30	614.55	101.73	602.77	456.64	38.20
宿州市	Suzhou City	1494.98	370.72	212.61	387.53	354.94	145.44
巢湖市	Chaohu City	2515.19	612.22	81.75	559.21	381.26	129.49
六安市	Lu'an City	2521.62	793.33	201.15	527.40	359.56	170.80
亳州市	Bozhou City	1904.78	620.21	237.82	685.55	561.75	
池州市	Chizhou City	1523.65	404.16	351.10	305.22	214.81	107.45
宣城市	Xuancheng City	2797.79	901.88	380.15	399.45	290.80	131.92
福建	**Fujian**	**21020.87**	**6303.31**	**1532.30**	**2851.70**	**2772.35**	**1066.36**
福州市	Fuzhou City	3691.56	1171.31	480.03	638.71	633.27	257.76
厦门市	Xiamen City	1077.21	219.55	82.79	93.70	86.95	17.49
莆田市	Putian City	743.15	324.19	80.33	203.60	200.91	55.59
三明市	Sanming City	1671.30	591.18	168.49	303.08	286.04	188.62
泉州市	Quanzhou City	4228.65	973.75	183.18	474.79	473.99	190.84
漳州市	Zhangzhou City	3564.44	1217.92	169.40	492.51	489.55	105.83
南平市	Nanping City	1608.16	538.24	126.46	180.56	169.94	33.60
龙岩市	Longyan City	2723.54	696.92	138.64	257.77	231.46	135.58
宁德市	Ningde City	1712.86	570.24	102.98	206.98	200.23	81.05
江西	**Jiangxi**	**33819.74**	**9875.09**	**2488.78**	**5652.91**	**3553.99**	**603.43**
南昌市	Nanchang City	5128.17	1498.46	403.82	1055.92	536.61	75.14
景德镇市	Jingdezhen City	726.24	206.23	148.63	116.14	79.67	5.96
萍乡市	Pingxiang City	1193.34	339.97	88.53	254.54	219.34	
九江市	Jiujiang City	4421.98	1429.85	465.31	996.60	757.39	112.70
新余市	Xinyu City	1201.10	542.20	96.39	121.57	113.25	90.83
鹰潭市	Yingtan City	1261.51	413.09	91.68	204.91	157.98	
赣州市	Ganzhou City	7263.76	1157.76	361.09	1234.75	462.62	127.81
吉安市	Ji'an City	2975.00	719.29	141.34	371.77	282.47	32.65
宜春市	Yichun City	3626.96	1280.04	273.15	475.64	395.34	83.54
抚州市	Fuzhou City	2773.28	1310.02	128.42	347.55	197.34	9.59
上饶市	Shangrao City	3248.40	978.17	290.43	473.53	352.00	65.23

按用地类型和省市分列（2013年） 续表4
and by Province, Autonomous Region and Municipality (2013) Continued 4

Unit: hectare

Land for Residential Uses				其他用地 Land for Other Types					
经济适用住房 Economically Affordable House	廉租住房 Cheap Rent House	公共廉租住房 Public Rental Housing	高档住宅 High-grade Residence		公共管理与公共服务用地 Land for Public Management and Public Services	特殊用地 Land for Special Uses	交通运输用地 Land for Transport	水域及水利设施用地 Land for Water Conservancy Facilities	其他土地 Land for Other Uses
270.84	6.74	30.05		1410.02	280.56	2.58	1125.23	1.66	
121.13	18.41	6.59		1243.24	348.71	1.03	785.38	38.63	69.50
5.98	9.17	17.44		524.12	72.66		451.46		
158.96		19.00		1262.01	323.48	11.00	895.39	8.20	23.95
120.89	42.07	4.88		999.74	757.28	16.30	222.38	3.77	
93.84	7.59	22.37		361.20	240.14	1.67	119.40		
70.01	1.83	18.57		463.17	167.16	2.68	231.28	62.05	
84.67	20.72	3.26		1116.30	235.60	8.65	872.05		
26.09	**18.93**	**29.47**	**4.87**	**10333.56**	**2277.72**	**150.45**	**7432.08**	**473.31**	
0.42		0.15	4.87	1401.52	594.58	38.49	702.21	66.24	
		6.75		681.16	100.16	14.10	562.85	4.05	
1.06		1.64		135.02	45.01	2.48	87.53		
3.54	8.02	5.47		608.55	213.47	3.62	288.12	103.34	
	0.80			2596.93	570.49	20.49	2001.96	3.99	
1.02		1.94		1684.60	193.24	14.44	1454.91	22.01	
7.92	1.51	1.19		762.90	151.84	11.23	407.68	192.15	
5.39	8.60	12.32		1630.21	223.69	10.89	1314.10	81.53	
6.75				832.66	185.23	34.71	612.73		
1461.77	**275.32**	**358.53**	**3.29**	**15802.96**	**5454.80**	**120.35**	**10047.43**	**48.53**	**131.84**
458.62	50.72	9.30	0.67	2169.97	701.14	46.63	1410.00	12.20	
31.40	4.17	0.90		255.24	123.16	11.66	49.80		70.62
22.23	12.97			510.30	155.48	2.00	352.82		
37.44	38.01	163.75		1530.22	523.06	10.03	997.13		
1.71	6.61			440.94	122.39	9.56	308.99		
30.76	9.26	6.90		551.84	383.56	6.36	161.72	0.20	
617.98	82.61	71.54		4510.15	1271.65	9.05	3197.35	32.10	
25.20	42.53	21.58		1742.60	594.02	8.73	1123.25	3.40	13.20
27.97	7.29	42.42	2.62	1598.13	344.74	8.91	1243.84	0.64	
131.58	1.60	17.04		987.30	682.73	0.33	304.24		
76.88	19.55	25.10		1506.28	552.86	7.10	898.29		48.02

国有建设用地供应情况——

State-owned Land for Construction Use Supplied by Land Use Type

单位：公顷

地　区	Region	供地总量 Total Amount of Land Supplied	工矿仓储用地 Land for Industry, Mining and Warehousing	商服用地 Land for Commercial and Service Uses	住宅用地		
						普通商品住房 Ordinary Commercial House	
							中低价位、中小套型 Medium- and Low-price, Medium- and Small-sized Ordinary Commercial Houses
山东	**Shandong**	**62059.01**	**24098.13**	**6667.53**	**14406.96**	**12702.53**	**6748.46**
济南市	Jinan City	3748.20	829.19	273.13	780.20	676.12	29.97
青岛市	Qingdao City	7473.02	2439.27	523.56	1664.64	1366.09	1003.05
淄博市	Zibo City	3164.70	1271.14	263.50	611.21	559.37	59.38
枣庄市	Zaozhuang City	1636.84	491.22	337.42	438.71	410.44	91.10
东营市	Dongying City	4039.83	2187.11	211.39	558.29	540.09	152.93
烟台市	Yantai City	5030.04	1249.99	398.26	2110.75	2074.25	1145.27
潍坊市	Weifang City	9166.20	4993.77	1086.44	1631.70	1616.87	615.50
济宁市	Jining City	2788.62	986.67	608.02	739.58	712.15	241.59
泰安市	Tai'an City	2189.94	635.38	263.20	738.57	388.27	60.12
威海市	Weihai City	3558.98	1025.05	413.67	1480.53	1448.92	1177.84
日照市	Rizhao City	1348.82	559.77	146.54	388.15	307.47	49.21
莱芜市	Laiwu City	1288.47	745.67	75.23	121.69	102.45	
临沂市	Linyi City	5709.88	2088.29	965.13	1276.69	872.76	837.10
德州市	Dezhou City	3349.19	1220.61	443.03	589.39	424.81	319.82
聊城市	Liaocheng City	3287.33	1224.81	231.35	458.31	446.95	410.34
滨州市	Binzhou City	2037.73	1095.90	111.78	286.02	234.29	138.38
菏泽市	Heze City	2241.24	1054.32	315.89	532.54	521.22	416.86
河南	**Henan**	**41893.68**	**10420.74**	**2885.16**	**7691.31**	**6574.23**	**1803.31**
郑州市	Zhengzhou City	4784.34	1074.33	407.21	1625.67	1442.68	20.97
开封市	Kaifeng City	1632.12	515.74	181.71	636.19	373.26	155.23
洛阳市	Luoyang City	2316.71	705.14	178.39	776.57	717.97	371.10
平顶山市	Pingdingshan City	1303.78	466.47	145.37	402.31	358.71	58.83
安阳市	Anyang City	2256.08	826.59	230.66	360.46	336.89	52.14
鹤壁市	Hebi City	947.36	523.05	77.66	198.35	166.14	19.28
新乡市	Xinxiang City	3529.47	900.48	149.22	529.97	497.04	230.71
焦作市	Jiaozuo City	9576.05	928.68	181.66	360.98	269.14	190.08
濮阳市	Puyang City	2753.21	490.53	123.84	396.23	320.61	22.09

按用地类型和省市分列（2013年） 续表 5

and by Province, Autonomous Region and Municipality (2013) Continued 5

Unit: hectare

Land for Residential Uses				其他用地 Land for Other Types					
经济适用住房 Economically Affordable House	廉租住房 Cheap Rent House	公共廉租住房 Public Rental Housing	高档住宅 High-grade Residence		公共管理与公共服务用地 Land for Public Management and Public Services	特殊用地 Land for Special Uses	交通运输用地 Land for Transport	水域及水利设施用地 Land for Water Conservancy Facilities	其他土地 Land for Other Uses
1554.92	**62.20**	**85.83**	**1.49**	**16886.39**	**5687.41**	**258.38**	**9537.85**	**1398.77**	**3.98**
101.48		2.60		1865.68	267.75	35.56	1442.52	119.86	
286.63	0.12	11.80		2845.56	1088.94	7.44	1749.18		
38.55		13.29		1018.86	510.35	12.97	170.09	325.45	
23.20		5.07		369.50	139.89		229.60		
14.94		3.26		1083.04	216.34	24.94	841.76		
34.38	0.29	0.46	1.39	1271.04	592.14	0.69	677.44		0.77
4.95		9.88		1454.29	592.28	42.33	819.67		
21.75	1.27	4.41		454.35	193.05	30.84	213.99	13.36	3.11
345.17		5.12		552.79	176.95	0.81	296.72	78.31	
29.49		2.01	0.10	639.74	534.64	7.02	98.09		
29.47	51.21			254.36	59.68	0.72	150.17	43.69	0.10
19.24				345.89	326.89		19.00		
396.66		7.27		1379.77	451.05	15.16	913.31	0.25	
151.83	8.86	3.89		1096.15	210.29	67.63	818.23		
7.74		3.62		1372.86	135.15	0.19	760.76	476.75	
38.87	0.46	12.41		544.03	68.90	4.62	314.71	155.80	
10.58		0.74		338.49	123.12	7.45	22.62	185.30	
715.58	**168.86**	**232.64**		**20896.46**	**5701.26**	**189.99**	**6345.49**	**7181.02**	**1478.70**
123.98		59.02		1677.13	872.43	18.74	769.05	16.91	
248.48	6.95	7.50		298.48	179.91	0.26	118.32		
36.27	11.71	10.62		656.60	505.05	8.16	117.95		25.44
30.19		13.41		289.63	144.98	2.00	142.65		
14.88		8.69		838.37	165.89	3.74	668.74		
12.61	19.60			148.30	63.71		36.46		48.14
3.60	26.93	2.39		1949.80	549.89	1.29	794.77		603.84
57.72	1.65	32.47		8104.73	1215.38	71.41	387.97	6429.96	
50.24		25.38		1742.62	220.88		483.84	508.37	529.52

国有建设用地供应情况——
State-owned Land for Construction Use Supplied by Land Use Type

单位：公顷

地 区	Region	供地总量 Total Amount of Land Supplied	工矿仓储用地 Land for Industry, Mining and Warehousing	商服用地 Land for Commercial and Service Uses	住宅用地		
						普通商品住房 Ordinary Commercial House	
							中低价位、中小套型 Medium- and Low-price, Medium- and Small-sized Ordinary Commercial Houses
许昌市	Xuchang City	1477.07	358.58	236.31	344.89	330.36	110.65
漯河市	Luohe City	759.06	268.17	77.76	222.01	195.43	
三门峡市	Sanmenxia City	1842.61	477.41	77.70	129.52	72.73	59.17
南阳市	Nanyang City	1398.84	693.42	117.43	306.55	262.05	34.83
商丘市	Shangqiu City	2754.72	682.25	197.03	542.42	474.26	250.52
信阳市	Xinyang City	1308.32	277.12	90.20	241.35	219.82	58.54
周口市	Zhoukou City	1187.02	466.43	192.67	234.20	201.23	132.77
驻马店市	Zhumadian City	2066.94	766.32	220.35	383.65	335.92	36.39
湖北	**Hubei**	**33849.44**	**11725.90**	**2458.72**	**6691.46**	**5238.02**	**1383.46**
武汉市	Wuhan City	9453.20	1685.53	435.36	1834.70	1139.42	34.66
黄石市	Huangshi City	2052.69	1331.07	104.97	283.16	274.56	98.89
十堰市	Shiyan City	2200.69	621.87	215.51	198.02	183.03	96.24
宜昌市	Yichang City	3037.73	1609.31	256.00	471.10	319.78	87.78
襄阳市	Xiangyang City	3043.50	1193.62	264.07	631.94	533.61	143.56
鄂州市	Ezhou City	832.64	358.84	63.01	165.68	165.68	
荆门市	Jingmen City	1307.40	499.56	215.29	226.58	201.26	75.42
孝感市	Xiaogan City	1189.10	495.23	64.63	395.52	378.21	73.51
荆州市	Jingzhou City	1760.96	986.04	133.26	411.64	378.29	195.44
黄冈市	Huanggang City	3008.11	977.82	208.32	874.08	601.10	115.05
咸宁市	Xianning City	1621.33	778.17	204.23	484.20	464.28	399.36
随州市	Suizhou City	1220.08	405.47	29.71	239.98	211.95	
恩施土家族苗族自治州	Enshi Tujia & Miao A.P.	1778.82	172.82	85.09	223.65	190.78	18.80
省直辖县级行政区划	County-level Administrative Units Directly under the Provincial Government	1343.21	610.53	179.28	251.21	196.05	44.74
湖南	**Hunan**	**23824.37**	**4526.33**	**1865.04**	**4824.13**	**3806.63**	**388.23**
长沙市	Changsha City	4992.80	692.37	381.52	1183.49	913.52	245.98
株洲市	Zhuzhou City	1720.63	275.29	111.16	295.64	260.97	
湘潭市	Xiangtan City	1226.48	299.89	98.73	262.72	134.62	26.80
衡阳市	Hengyang City	1662.63	545.16	167.96	433.70	367.91	7.37

按用地类型和省市分列（2013 年） 续表 6

and by Province, Autonomous Region and Municipality (2013) Continued 6

Unit: hectare

Land for Residential Uses				其他用地 Land for Other Types					
经济适用住房 Economically Affordable House	廉租住房 Cheap Rent House	公共廉租住房 Public Rental Housing	高档住宅 High-grade Residence		公共管理与公共服务用地 Land for Public Management and Public Services	特殊用地 Land for Special Uses	交通运输用地 Land for Transport	水域及水利设施用地 Land for Water Conservancy Facilities	其他土地 Land for Other Uses
4.46	3.06	7.01		537.29	62.76	45.78	262.82	165.92	
17.46	5.10	4.02		191.12	89.65		101.47		
54.20		2.59		1157.98	57.52	29.50	1012.34	58.62	
18.30	17.02	9.18		281.44	181.75		99.69		
18.37	39.14	10.65		1333.01	471.45	0.89	606.29		254.38
7.04	2.31	12.18		699.64	391.19	6.20	284.88		17.38
17.77	7.37	7.83		293.72	182.20	0.84	110.68		
	28.02	19.71		696.61	346.61	1.18	347.58	1.24	
1048.39	**121.80**	**271.80**	**11.44**	**12973.36**	**4386.01**	**108.98**	**8373.34**	**105.03**	
687.77		7.50		5497.61	2238.22	37.57	3221.17	0.64	
6.68	0.83	1.09		333.48	191.15		142.34		
11.77	0.65	2.57		1165.29	439.57	6.66	647.27	71.79	
110.15	30.91	10.26		701.31	236.22	0.74	463.45	0.91	
27.46	11.81	59.07		953.87	187.89	4.85	760.71	0.42	
				245.12	84.90	7.30	152.92		
4.69	4.35	16.29		365.97	113.62	2.00	250.35		
0.67	5.97		10.66	233.72	169.55		64.17		
4.45	5.51	23.39		230.02	155.32	25.95	48.76		
100.85	41.01	131.12		947.88	148.50	6.72	792.16	0.51	
	5.46	13.69	0.78	154.73	70.52	0.59	83.63		
23.98		4.05		544.92	31.22		513.69		
20.46	11.87	0.54		1297.26	108.85	15.13	1160.95	12.33	
49.47	3.45	2.24		302.19	210.50	1.46	71.78	18.44	
715.55	**109.45**	**192.51**		**12608.86**	**4070.04**	**142.07**	**7144.77**	**1251.89**	**0.10**
195.13	3.82	71.03		2735.43	1853.74		833.40	48.28	
1.99	3.33	29.35		1038.54	336.76	15.68	663.03	23.08	
124.64	3.47			565.14	176.54	9.25	379.35		
43.18	2.09	20.52		515.80	73.04	2.00	440.76		

国有建设用地供应情况——

State-owned Land for Construction Use Supplied by Land Use Type

单位：公顷

地 区	Region	供地总量 Total Amount of Land Supplied	工矿仓储用地 Land for Industry, Mining and Warehousing	商服用地 Land for Commercial and Service Uses	住宅用地		
						普通商品住房 Ordinary Commercial House	
							中低价位、中小套型 Medium- and Low-price, Medium- and Small-sized Ordinary Commercial Houses
邵阳市	Shaoyang City	850.23	185.19	69.21	230.53	192.68	14.49
岳阳市	Yueyang City	1498.08	365.53	102.68	291.99	233.08	25.03
常德市	Changde City	1521.13	394.90	155.67	384.94	312.59	1.17
张家界市	Zhangjiajie City	389.01	29.61	56.29	93.86	67.43	
益阳市	Yiyang City	1067.35	379.75	111.07	201.92	175.39	21.60
郴州市	Chenzhou City	1730.24	418.47	187.79	344.52	286.85	0.36
永州市	Yongzhou City	1386.78	507.62	70.11	191.26	176.47	6.88
怀化市	Huaihua City	2318.32	174.78	150.15	398.56	357.64	26.26
娄底市	Loudi City	1552.44	213.26	140.05	395.50	254.07	12.30
湘西土家族苗族自治州	West Hunan Tujia & Miao A.P.	1908.22	44.52	62.64	115.49	73.41	
广东	**Guangdong**	**25315.17**	**7338.01**	**2061.12**	**5277.28**	**5096.95**	**1190.08**
广州市	Guangzhou City	2808.79	688.54	283.12	622.63	500.80	217.67
韶关市	Shaoguan City	1220.00	357.21	104.27	299.40	297.42	30.24
深圳市	Shenzhen City	667.38	108.51	99.52	179.15	176.80	86.98
珠海市	Zhuhai City	775.90	178.28	101.14	148.54	144.10	105.83
汕头市	Shantou City	269.58	128.65	14.98	40.19	39.79	12.71
佛山市	Foshan City	2863.51	1008.82	305.22	556.51	554.62	103.10
江门市	Jiangmen City	1114.99	503.42	73.28	216.52	212.80	138.93
湛江市	Zhanjiang City	1912.25	405.64	89.72	257.50	255.41	14.44
茂名市	Maoming City	721.56	221.83	132.11	231.66	231.66	6.70
肇庆市	Zhaoqing City	1493.25	599.37	220.41	178.52	173.53	75.31
惠州市	Huizhou City	2118.13	770.30	89.91	400.32	397.14	22.40
梅州市	Meizhou City	2038.53	159.32	115.87	282.37	281.69	58.90
汕尾市	Shanwei City	225.38	153.52	13.45	32.84	30.82	5.85
河源市	Heyuan City	649.73	205.38	48.37	183.79	172.25	3.45
阳江市	Yangjiang City	475.54	232.84	34.81	144.23	142.39	33.99
清远市	Qingyuan City	2186.26	465.73	76.38	585.59	585.11	179.65
东莞市	Dongguan City	1867.69	402.64	63.59	339.28	331.65	46.42
中山市	Zhongshan City	416.11	211.74	56.85	99.02	99.02	

按用地类型和省市分列（2013年） 续表 7

and by Province, Autonomous Region and Municipality (2013) Continued 7

Unit: hectare

Land for Residential Uses				其他用地 Land for Other Types					
经济适用住房 Economically Affordable House	廉租住房 Cheap Rent House	公共廉租住房 Public Rental Housing	高档住宅 High-grade Residence		公共管理与公共服务用地 Land for Public Management and Public Services	特殊用地 Land for Special Uses	交通运输用地 Land for Transport	水域及水利设施用地 Land for Water Conservancy Facilities	其他土地 Land for Other Uses
23.74	6.39	7.72		365.30	157.12	0.95	203.79	3.33	0.10
45.13	8.66	5.12		737.88	175.19	10.21	500.43	52.05	
32.88	32.58	6.89		585.61	304.59	22.10	258.92		
24.32	0.82	1.30		209.26	151.82	2.62	42.81	12.01	
0.74	0.78	25.00		374.61	63.70		309.13	1.79	
41.17	11.43	5.07		779.45	113.83	11.32	639.16	15.15	
7.14	7.65			617.79	216.41	12.77	388.35	0.25	
38.81	0.26	1.85		1594.82	224.15	40.52	280.25	1049.90	
114.80	18.44	8.19		803.63	124.58	1.79	676.77	0.50	
21.88	9.72	10.49		1685.58	98.55	12.86	1528.61	45.55	
139.13	**11.12**	**24.66**	**5.42**	**10638.76**	**2789.03**	**93.12**	**7611.21**	**42.23**	**103.18**
117.10		4.73		1214.50	338.13	34.97	841.40		
1.80	0.18			459.12	19.86	9.55	422.71	7.00	
		2.35		280.20	116.21		138.32	25.67	
		4.44		347.95	120.05	0.74	225.67	1.49	
0.40				85.77	38.16	13.00	34.61		
		1.88		992.96	177.60	0.98	813.38	0.99	
0.00		3.72		321.77	127.95	6.53	187.29		
	1.32	0.77		1159.39	261.24	0.78	897.36		
				135.96	59.54	5.89	70.53		
3.36	1.30	0.33		494.96	162.22	6.86	303.02		22.86
2.75		0.43		857.60	246.32	2.02	609.26		
0.60		0.08		1480.97	133.94	0.47	1346.56		
		2.02		25.57	17.69		7.88		
5.85		0.27	5.42	212.19	177.07		35.12		
	0.50	1.35		63.66	62.24	1.23		0.19	
	0.20	0.28		1058.56	170.39	2.19	881.40	4.57	
	7.63			1062.19	437.28		624.91		
				48.50	29.50	0.27	16.81	1.93	

国有建设用地供应情况——
State-owned Land for Construction Use Supplied by Land Use Type

单位：公顷

地　区	Region	供地总量 Total Amount of Land Supplied	工矿仓储用地 Land for Industry, Mining and Warehousing	商服用地 Land for Commercial and Service Uses	住宅用地		
						普通商品住房 Ordinary Commercial House	
							中低价位、中小套型 Medium- and Low-price, Medium- and Small-sized Ordinary Commercial Houses
潮州市	Chaozhou City	320.80	211.15	4.00	68.31	68.31	17.59
揭阳市	Jieyang City	455.45	103.89	57.05	192.00	184.73	23.82
云浮市	Yunfu City	714.35	221.26	77.08	218.92	216.92	6.11
广西	**Guangxi**	**23364.64**	**4191.58**	**1694.55**	**2640.73**	**2329.67**	**860.70**
南宁市	Nanning City	3014.50	584.55	67.39	208.28	198.39	21.46
柳州市	Liuzhou City	2932.29	563.46	51.29	313.30	278.68	202.20
桂林市	Guilin City	3878.67	272.35	139.44	446.42	343.38	29.62
梧州市	Wuzhou City	831.90	341.54	58.38	172.55	122.73	5.58
北海市	Beihai City	612.70	257.89	37.48	106.70	95.90	29.72
防城港市	Fangchenggang City	1522.55	307.70	620.65	83.11	68.82	3.18
钦州市	Qinzhou City	631.33	227.34	98.68	195.12	189.80	142.93
贵港市	Guigang City	1743.86	300.63	41.86	214.45	211.16	70.58
玉林市	Yulin City	3052.59	191.47	171.40	238.10	228.79	128.39
百色市	Baise City	1560.20	286.77	116.95	184.71	173.71	43.16
贺州市	Hezhou City	829.93	108.43	107.95	106.76	98.68	86.08
河池市	Hechi City	1007.05	158.87	33.15	119.72	92.57	4.24
来宾市	Laibin City	1329.11	433.94	90.71	150.50	140.68	84.64
崇左市	Chongzuo City	417.95	156.64	59.22	101.00	86.37	8.90
海南	**Hainan**	**2536.24**	**376.84**	**515.49**	**933.25**	**811.82**	**434.17**
海口市	Haikou City	216.18	6.55	48.96	54.33	52.63	
三亚市	Sanya City	440.21	32.12	80.51	56.60	18.68	
省直辖县级行政区划	County-level Administrative Units Directly under the Provincial Government	1879.85	338.18	386.02	822.32	740.51	434.17
重庆	**Chongqing**	**14515.06**	**2844.53**	**1089.36**	**4836.59**	**4211.63**	**1137.92**
四川	**Sichuan**	**31279.69**	**7628.55**	**3047.00**	**5773.93**	**4727.81**	**1121.73**
成都市	Chengdu City	5179.85	1906.61	526.62	1121.75	683.44	51.07
自贡市	Zigong City	1124.38	358.37	113.07	256.89	217.38	
攀枝花市	Panzhihua City	449.59	175.67	29.34	81.54	70.25	
泸州市	Luzhou City	897.70	331.26	91.81	307.63	204.55	57.90

按用地类型和省市分列（2013 年） 续表 8

and by Province, Autonomous Region and Municipality (2013) Continued 8

Unit: hectare

Land for Residential Uses				其他用地 Land for Other Types					
经济适用住房 Economically Affordable House	廉租住房 Cheap Rent House	公共廉租住房 Public Rental Housing	高档住宅 High-grade Residence		公共管理与公共服务用地 Land for Public Management and Public Services	特殊用地 Land for Special Uses	交通运输用地 Land for Transport	水域及水利设施用地 Land for Water Conservancy Facilities	其他土地 Land for Other Uses
				37.34	20.17	4.38	3.22		9.57
7.27				102.50	28.50	3.25			70.75
		2.00		197.09	44.95		151.77	0.37	
239.89	**32.42**	**38.75**		**14837.78**	**2350.98**	**137.30**	**10943.55**	**1400.05**	**5.90**
2.99	6.90			2154.29	621.84	23.49	1499.31	9.65	
23.02	1.25	10.34		2004.24	388.61	39.69	1561.95	8.09	5.90
97.33	5.50	0.21		3020.47	515.69	35.54	1958.79	510.45	
45.03	0.79	4.00		259.43	27.76		231.67		
		10.80		210.63	46.70		163.93		
12.20	2.09			511.10	68.26	2.70	440.14		
0.61	0.22	4.49		110.18	65.29		22.27	22.62	
0.55	1.72	1.02		1186.92	90.97	4.44	575.09	516.42	
6.65	2.42	0.23		2451.63	48.84	8.01	2394.78		
5.76	3.12	2.13		971.76	166.58	13.11	765.13	26.94	
6.94		1.14		506.80	19.52	0.35	486.93		
22.57	1.62	2.96		695.30	197.03	2.00	203.46	292.81	
3.56	6.27			653.96	46.23	1.88	601.47	4.38	
12.69	0.53	1.41		101.08	47.67	6.08	38.64	8.69	
63.44	**2.28**	**5.71**	**50.00**	**710.66**	**370.12**	**19.42**	**321.11**		
0.74		0.95		106.34	5.36		100.99		
36.10		1.83		270.98	111.25	4.64	155.09		
26.60	2.28	2.93	50.00	333.33	253.51	14.79	65.03		
418.02	**122.78**	**74.78**	**9.38**	**5744.58**	**1748.86**	**48.17**	**2767.63**	**1179.93**	
887.83	**132.87**	**25.42**		**14830.21**	**3891.72**	**111.54**	**8388.57**	**2411.24**	**27.15**
426.17	12.14			1624.87	712.54	24.29	888.04		
28.33	11.16	0.02		396.05	176.26		219.79		
9.71	1.57			163.04	36.24	13.34	27.61	85.85	
95.36	3.28	4.45		167.01	122.57	1.10	41.52	1.82	

国有建设用地供应情况——
State-owned Land for Construction Use Supplied by Land Use Type

单位：公顷

地 区	Region	供地总量 Total Amount of Land Supplied	工矿仓储用地 Land for Industry, Mining and Warehousing	商服用地 Land for Commercial and Service Uses	住宅用地		
						普通商品住房 Ordinary Commercial House	
							中低价位、中小套型 Medium- and Low-price, Medium- and Small-sized Ordinary Commercial Houses
德阳市	Deyang City	1980.07	557.22	126.78	384.99	275.21	117.02
绵阳市	Mianyang City	1729.68	469.89	256.72	306.23	289.57	13.98
广元市	Guangyuan City	1030.94	511.58	109.93	109.56	109.18	16.57
遂宁市	Suining City	1778.84	318.96	186.07	678.87	648.46	228.91
内江市	Neijiang City	712.35	187.11	70.52	256.66	240.82	2.27
乐山市	Leshan City	2942.49	242.43	165.42	180.43	165.57	126.88
南充市	Nanchong City	1581.00	320.52	291.38	431.19	418.15	37.84
眉山市	Meishan City	1948.23	640.38	132.16	285.12	261.53	13.90
宜宾市	Yibin City	1168.87	389.13	120.06	255.89	234.39	59.27
广安市	Guang'an City	1661.44	259.45	325.44	214.15	168.58	119.93
达州市	Dazhou City	2074.16	278.43	90.11	219.89	180.34	108.24
雅安市	Ya'an City	390.67	183.96	65.59	36.10	26.23	22.99
巴中市	Bazhong City	633.58	29.62	104.75	273.06	246.42	2.68
资阳市	Ziyang City	1562.54	199.92	176.85	307.01	271.76	135.04
阿坝藏族羌族自治州	Aba Tibetan & Qiang A.P.	1094.78	57.77	18.51	19.99	3.48	
甘孜藏族自治州	Ganzi Tibetan A.P.	799.08	2.91	13.29	3.57	3.57	3.03
凉山彝族自治州	Liangshan Yi A.P.	539.45	207.35	32.60	43.42	8.94	4.20
贵州	**Guizhou**	**29481.11**	**4462.55**	**2161.10**	**4640.37**	**3838.31**	**2822.99**
贵阳市	Guiyang City	3619.77	650.85	505.58	650.60	490.92	386.92
六盘水市	Liupanshui City	913.90	223.37	63.67	154.21	145.41	25.87
遵义市	Zunyi City	4144.14	691.72	117.20	1140.25	1013.88	973.90
安顺市	Anshun City	4187.23	341.31	233.89	232.32	201.91	109.59
铜仁地区	Tongren Prefecture	5506.64	389.82	255.23	558.60	376.21	297.53
黔西南布依族苗族自治州	Southwest Guizhou Buyei & Miao A.P.	2320.97	566.86	362.79	351.40	318.16	292.31
毕节地区	Bijie Prefecture	4311.15	488.07	192.72	715.41	612.45	470.03
黔东南苗族侗族自治州	Southeast Guizhou Miao & Dong A.P.	2013.11	379.67	143.47	274.24	237.64	171.54
黔南布依族苗族自治州	South Guizhou Buyei & Miao A.P.	2464.20	730.90	286.56	563.34	441.74	95.30

按用地类型和省市分列（2013年） 续表9

and by Province, Autonomous Region and Municipality (2013) Continued 9

Unit: hectare

Land for Residential Uses				其他用地 Land for Other Types					
经济适用住房 Economically Affordable House	廉租住房 Cheap Rent House	公共廉租住房 Public Rental Housing	高档住宅 High-grade Residence		公共管理与公共服务用地 Land for Public Management and Public Services	特殊用地 Land for Special Uses	交通运输用地 Land for Transport	水域及水利设施用地 Land for Water Conservancy Facilities	其他土地 Land for Other Uses
92.39	15.54	1.85		911.08	216.28	4.64	690.16		
7.81	8.63	0.22		696.85	231.50	5.09	139.22	320.87	0.16
	0.35	0.03		299.87	138.43	1.99	159.44		
18.36	10.67	1.38		594.95	206.39		388.56		
5.55	9.89	0.40		198.07	55.98	17.87	124.22		
13.53		1.33		2354.22	746.84	0.67	741.25	865.45	
7.71	3.38	1.96		537.90	54.72	20.26	462.93		
19.83	2.58	1.18		890.56	83.20		800.56		6.81
18.97	0.67	1.86		403.79	144.00	1.82	216.22	41.75	
42.33		3.24		862.39	330.78	0.05	531.56		
37.69	1.85			1485.73	76.66		1128.00	281.07	
8.27	1.52	0.08		105.02	7.56		97.47		
14.34	9.96	2.35		226.14	64.66		129.08	12.22	20.17
2.19	29.62	3.43		878.77	173.04	0.32	705.41		
15.22	0.24	1.05		998.51	97.57		889.47	11.47	
				779.32	7.87		0.90	770.55	
24.08	9.82	0.58		256.08	208.64	20.10	7.15	20.18	
419.83	**221.93**	**160.29**		**18217.10**	**3796.21**	**120.27**	**6906.94**	**6303.01**	**1090.67**
136.31	13.68	9.69		1812.75	562.53	18.48	1106.76	124.98	
3.68		5.12		472.66	55.25	1.56	343.34	72.50	
90.72	6.77	28.88		2194.98	635.17	29.00	867.85	467.99	194.96
21.22	9.19			3379.72	286.73	1.24	744.98	2326.59	20.18
19.03	123.26	40.10		4302.99	1062.72	22.56	384.11	2703.50	130.11
	23.57	9.67		1039.92	92.43	11.27	334.39	363.83	238.00
58.60	18.79	25.57		2914.95	500.09	23.16	1793.36	133.98	464.35
19.30	16.24	1.06		1215.73	369.34	9.43	787.38	6.53	43.06
70.97	10.44	40.20		883.40	231.96	3.57	544.77	103.10	

国有建设用地供应情况——
State-owned Land for Construction Use Supplied by Land Use Type

单位：公顷

地　区	Region	供地总量 Total Amount of Land Supplied	工矿仓储用地 Land for Industry, Mining and Warehousing	商服用地 Land for Commercial and Service Uses	住宅用地		
						普通商品住房 Ordinary Commercial House	
							中低价位、中小套型 Medium- and Low-price, Medium- and Small-sized Ordinary Commercial Houses
云南	**Yunnan**	**16575.17**	**2890.36**	**2146.74**	**3634.79**	**3222.31**	**324.66**
昆明市	Kunming City	2729.44	475.11	578.75	1090.76	1036.08	
曲靖市	Qujing City	816.37	185.48	81.18	249.42	233.39	46.59
玉溪市	Yuxi City	717.97	242.59	70.54	87.41	74.79	
保山市	Baoshan City	782.10	182.49	160.01	233.81	226.80	0.76
昭通市	Zhaotong City	252.30	37.69	46.10	57.67	46.79	0.22
丽江市	Lijiang City	2708.21	92.54	123.26	95.02	77.22	0.37
普洱市	Pu’er City	906.78	93.03	148.15	132.91	91.02	7.16
临沧市	Lincang City	617.68	70.13	146.65	68.69	45.96	0.41
楚雄彝族自治州	Chuxiong Yi A.P.	789.63	252.50	33.65	381.40	228.49	132.74
红河哈尼族彝族自治州	Honghe Hani & Yi A.P.	1363.59	678.30	103.50	377.11	335.34	100.63
文山壮族苗族自治州	Wenshan Zhuang & Miao A.P.	939.91	117.67	83.74	162.57	157.13	
西双版纳傣族自治州	Xishuangbanna Dai A.P.	659.93	54.12	184.09	264.03	249.03	8.63
大理白族自治州	Dali Bai A.P.	1266.72	317.48	204.33	308.27	297.43	6.78
德宏傣族景颇族自治州	Dehong Dai &Jingpo A.P.	1098.71	66.03	106.61	87.45	86.23	17.99
怒江傈僳族自治州	Nujiang Lisu A.P.	84.61	10.65	2.89	9.39	9.39	2.38
迪庆藏族自治州	Diqing Tibetan A.P.	841.22	14.55	73.29	28.86	27.21	
西藏	**Tibet**	**1085.13**	**186.16**	**230.45**	**137.98**	**128.99**	
拉萨市	Lhasa City	351.02	37.08	52.81	62.92	62.92	
昌都地区	Qamdo Prefecture	4.69	0.02	0.19	0.35		
山南地区	Lhokha Prefecture	147.45	127.24	0.90	4.21		
日喀则地区	Xigaze Prefecture	12.32		0.31	1.39		
那曲地区	Nagqu Prefecture						
阿里地区	Ngari Prefecture	23.17	1.90	0.04	3.16	0.12	
林芝地区	Nyingchi Prefecture	546.48	19.92	176.20	65.95	65.95	
陕西	**Shaanxi**	**25182.66**	**11088.24**	**1341.89**	**3541.32**	**2630.32**	**749.68**
西安市	Xi’an City	4174.03	999.47	256.29	871.49	504.70	9.82

按用地类型和省市分列（2013年） 续表 10

and by Province, Autonomous Region and Municipality (2013) Continued 10

Unit: hectare

Land for Residential Uses					其他用地 Land for Other Types				
经济适用住房 Economically Affordable House	廉租住房 Cheap Rent House	公共廉租住房 Public Rental Housing	高档住宅 High-grade Residence		公共管理与公共服务用地 Land for Public Management and Public Services	特殊用地 Land for Special Uses	交通运输用地 Land for Transport	水域及水利设施用地 Land for Water Conservancy Facilities	其他土地 Land for Other Uses
178.84	**71.40**	**161.46**	**0.77**	**7903.29**	**1639.84**	**93.83**	**3411.50**	**2758.11**	
11.29	14.56	28.83		584.82	272.00	30.54	267.12	15.15	
4.05	2.94	9.04		300.30	159.59	5.51	123.22	11.98	
	4.67	7.95		317.44	26.60	0.80	289.24	0.81	
0.53	1.00	5.49		205.79	57.04	3.33	117.17	28.24	
3.35	7.07	0.46		110.85	83.48	4.35	0.67	22.35	
10.20	0.18	7.42		2397.38	45.64	1.45	51.88	2298.42	
10.40	2.23	29.26		532.69	135.85	4.04	164.01	228.79	
0.03	6.87	15.84		332.21	139.11	4.50	120.20	68.41	
126.84	7.99	18.08		122.07	91.36	1.92	11.72	17.08	
	14.91	26.86		204.69	103.01	3.46	60.70	37.51	
	4.25	1.19		575.92	216.21	1.11	346.28	12.31	
9.82	2.53	2.65		157.69	117.68	21.42	18.59		
1.48	2.20	7.16		436.63	88.42	3.25	344.41	0.55	
		1.23		838.61	7.57	7.93	807.89	15.22	
				61.68	22.89	0.21	38.57		
0.87			0.77	724.52	73.41		649.83	1.28	
0.13	**8.86**			**530.54**	**216.57**	**75.18**	**238.78**		
				198.20	141.98	48.50	7.72		
0.13	0.22			4.13	2.98	1.15			
	4.21			15.10	5.12		9.98		
	1.39			10.62	10.62				
	3.04			18.07	13.38	4.32	0.37		
				284.42	42.49	21.22	220.71		
608.88	**173.45**	**128.65**	**0.01**	**9211.21**	**2733.46**	**52.25**	**6325.14**	**100.10**	**0.26**
317.23	34.73	14.83		2046.78	879.25	4.65	1157.80	5.08	

国有建设用地供应情况——
State-owned Land for Construction Use Supplied by Land Use Type

单位：公顷

地 区	Region	供地总量 Total Amount of Land Supplied	工矿仓储用地 Land for Industry, Mining and Warehousing	商服用地 Land for Commercial and Service Uses	住宅用地	普通商品住房 Ordinary Commercial House	中低价位、中小套型 Medium- and Low-price, Medium- and Small-sized Ordinary Commercial Houses
铜川市	Tongchuan City	292.73	73.62	20.85	37.30	33.56	
宝鸡市	Baoji City	1206.26	355.51	266.09	469.42	407.84	44.18
咸阳市	Xianyang City	2615.83	692.48	168.86	440.95	390.01	302.12
渭南市	Weinan City	2174.12	280.39	91.16	356.49	243.90	103.62
延安市	Yan'an City	3787.72	2454.08	31.94	107.76	71.29	5.30
汉中市	Hanzhong City	1128.84	132.06	43.54	454.18	379.55	98.39
榆林市	Yulin City	7099.48	5774.81	295.66	461.03	343.55	146.87
安康市	Ankang City	1757.81	138.27	85.61	244.05	186.63	28.72
商洛市	Shangluo City	945.84	187.55	81.88	98.65	69.29	10.67
甘肃	**Gansu**	**20951.39**	**4731.14**	**2446.69**	**2304.50**	**1720.28**	**299.49**
兰州市	Lanzhou City	1477.34	689.21	115.03	489.29	420.94	10.73
嘉峪关市	Jiayuguan City	1779.21	157.02	908.72	4.71	3.31	
金昌市	Jinchang City	1288.41	116.84	115.46	81.47	56.56	19.90
白银市	Baiyin City	1960.99	579.04	99.90	132.93	81.06	42.23
天水市	Tianshui City	390.00	113.56	78.06	104.67	69.10	1.71
武威市	Wuwei City	2741.39	538.59	352.08	278.37	111.72	10.57
张掖市	Zhangye City	2186.67	742.13	175.65	462.66	413.70	9.43
平凉市	Pingliang City	639.16	180.17	48.08	96.30	46.43	28.05
酒泉市	Jiuquan City	4080.18	652.83	189.68	167.34	146.16	28.29
庆阳市	Qingyang City	1827.70	366.92	74.13	97.54	84.11	46.41
定西市	Dingxi City	1079.10	340.11	123.04	249.58	167.64	28.08
陇南市	Longnan City	437.50	111.64	11.96	17.09	16.56	2.35
临夏回族自治州	Linxia Hui A.P.	697.87	127.45	145.94	112.22	99.20	71.55
甘南藏族自治州	Gannan Tibetan A.P.	365.86	15.65	8.95	10.32	3.78	0.17
青海	**Qinghai**	**9398.56**	**2572.25**	**398.67**	**446.82**	**293.18**	**45.64**
西宁市	Xining City	1033.39	311.59	145.67	181.40	137.57	12.89
海东地区	Haidong Prefecture	530.69	182.25	146.10	109.76	105.15	27.74
海北藏族自治州	Haibei Tibetan A.P.	3573.59	8.05	10.98	10.04	8.20	4.92
黄南藏族自治州	Huangnan Tibetan A.P.	32.47	2.07	5.83	20.57	0.86	
海南藏族自治州	Hainan Tibetan A.P.	1400.29	31.05	21.95	43.10	30.10	
果洛藏族自治州	Golog Tibetan A.P.	538.58	4.95	0.87	5.52	0.34	

按用地类型和省市分列（2013年） 续表11

and by Province, Autonomous Region and Municipality (2013) Continued 11

Unit: hectare

Land for Residential Uses				其他用地 Land for Other Types					
经济适用住房 Economically Affordable House	廉租住房 Cheap Rent House	公共廉租住房 Public Rental Housing	高档住宅 High-grade Residence		公共管理与公共服务用地 Land for Public Management and Public Services	特殊用地 Land for Special Uses	交通运输用地 Land for Transport	水域及水利设施用地 Land for Water Conservancy Facilities	其他土地 Land for Other Uses
	1.15	2.59		160.97	29.35	32.91	98.70		
2.76	15.29	43.53		115.25	100.11	3.45	11.69		
31.41	1.69	17.84		1313.53	113.85	2.29	1192.49	4.65	0.26
80.57	30.74	1.28		1446.07	233.17		1212.90		
18.40	12.97	5.10		1193.94	956.07	0.35	229.58	7.94	
48.90	24.13	1.59		499.06	117.04	2.33	378.75	0.94	
57.72	24.47	35.29		567.97	38.45	3.53	456.14	69.86	
45.44	9.41	2.57		1289.88	138.94		1139.30	11.64	
6.44	18.88	4.03	0.01	577.76	127.23	2.74	447.78		
279.35	**106.32**	**198.55**		**11469.05**	**6472.76**	**160.97**	**4411.74**	**219.43**	**204.16**
63.26	3.18	1.90		183.81	145.40	18.88	19.53		
1.40				708.76	668.15		40.61		
5.00	1.75	18.16		974.64	959.64		15.00		
19.57	29.94	2.36		1149.12	637.65	43.28	467.54	0.65	
31.45	1.10	3.03		93.71	43.25	0.25	33.73		16.48
11.64	4.50	150.51		1572.35	1316.43	0.32	99.05	0.88	155.68
42.01	6.66	0.29		806.23	500.43	46.47	253.44	5.90	
43.99	0.95	4.94		314.61	245.67	0.93	68.01		
9.04	2.53	9.60		3070.33	1601.24	40.00	1296.23	103.84	29.02
6.17	7.26			1289.12	77.84		1190.92	17.38	2.97
45.80	28.38	7.76		366.37	48.93		288.43	29.01	
	0.53			296.82	54.22	2.43	214.63	25.54	
	13.02			312.27	164.63	3.80	108.07	35.77	
0.03	6.51			330.92	9.29	4.61	316.57	0.46	
28.97	**84.86**	**39.55**	**0.25**	**5980.83**	**379.06**	**8.70**	**1993.34**	**3599.73**	
10.78	0.59	32.47		394.73	125.09	7.06	192.84	69.73	
	0.81	3.80		92.58	52.24		38.11	2.23	
	1.80	0.04		3544.52	70.84		6.93	3466.75	
	19.71			4.00	4.00				
3.32	9.44		0.25	1304.19	41.54	0.32	1201.32	61.02	
5.18				527.23	3.25	1.32	522.65		

国有建设用地供应情况——
State-owned Land for Construction Use Supplied by Land Use Type

单位：公顷

地 区	Region	供地总量 Total Amount of Land Supplied	工矿仓储用地 Land for Industry, Mining and Warehousing	商服用地 Land for Commercial and Service Uses	住宅用地		
						普通商品住房 Ordinary Commercial House	
							中低价位、中小套型 Medium- and Low-price, Medium- and Small-sized Ordinary Commercial Houses
玉树藏族自治州	Yushu Tibetan A.P.						
海西蒙古族藏族自治州	Haixi Mongol & Tibetan A.P.	2289.57	2032.29	67.26	76.42	10.97	0.10
宁夏	**Ningxia**	**9734.03**	**3402.84**	**1027.30**	**1553.04**	**1034.03**	**70.76**
银川市	Yinchuan City	4074.88	1068.14	585.02	886.73	656.71	45.51
石嘴山市	Shizuishan City	1077.46	575.07	106.68	135.69	51.76	4.73
吴忠市	Wuzhong City	2052.77	775.90	180.72	246.76	193.97	14.13
固原市	Guyuan City	1068.40	263.75	87.63	173.55	89.23	6.38
中卫市	Zhongwei City	1460.51	719.98	67.26	110.32	42.36	
新疆	**Xinjiang**	**38650.82**	**13249.82**	**2651.60**	**5293.99**	**2188.20**	**767.12**
乌鲁木齐市	Urumqi City	1584.23	750.75	354.39	385.86	366.69	121.75
克拉玛依市	Karamay City	1140.69	472.63	128.75	193.98	152.93	39.03
吐鲁番地区	Turpan Prefeture	1030.58	364.79	118.12	18.33	17.76	11.81
哈密地区	Hami Prefeture	5776.79	527.78	96.90	360.42	45.45	
昌吉回族自治州	Changji Hui A.P.	6874.03	3514.49	585.58	428.32	366.63	175.82
博尔塔拉蒙古自治州	Bortala Mongol A.P.	747.55	269.52	73.05	159.55	79.33	46.56
巴音郭楞蒙古自治州	Bayingolin Mongol A.P.	2327.40	999.37	170.98	466.57	83.95	1.18
阿克苏地区	Akesu Prefeture	3561.93	1195.02	169.98	593.64	257.71	122.46
克孜勒苏柯尔克孜自治州	Kizilsu Kirgiz A.P.	908.29	231.12	60.50	317.99	30.43	9.36
喀什地区	Kashi Prefeture	5875.72	1460.89	260.84	492.49	224.87	119.33
和田地区	Hotan Prefeture	678.30	302.49	115.40	103.67	15.53	11.29
伊犁哈萨克自治州	Ili Kazak A.P.	4481.47	1989.89	323.06	788.01	399.53	77.81
塔城地区	Tacheng Prefeture	963.03	340.12	113.96	172.34	102.84	22.41
阿勒泰地区	Altay Prefeture	2231.54	799.01	25.80	766.66	24.19	8.33
石河子市	Shihezi City	469.26	31.95	54.28	46.15	20.38	
阿拉尔市	Aral City						
图木舒克市	Tumxuk City						
五家渠市	Wujiaqu City						

按用地类型和省市分列（2013年） 续表 12
and by Province, Autonomous Region and Municipality (2013) Continued 12

Unit: hectare

Land for Residential Uses				其他用地 Land for Other Types					
经济适用住房 Economically Affordable House	廉租住房 Cheap Rent House	公共廉租住房 Public Rental Housing	高档住宅 High-grade Residence		公共管理与公共服务用地 Land for Public Management and Public Services	特殊用地 Land for Special Uses	交通运输用地 Land for Transport	水域及水利设施用地 Land for Water Conservancy Facilities	其他土地 Land for Other Uses
9.69	52.51	3.25		113.59	82.10		31.49		
361.14	**102.96**	**54.91**		**3750.84**	**1071.80**	**117.30**	**2541.11**	**20.63**	
216.29	1.73	12.00		1534.99	329.98	55.63	1148.65	0.73	
49.15	34.45	0.34		260.02	110.64	19.68	117.38	12.32	
23.36	13.91	15.51		849.39	302.03	31.82	515.55		
72.33	6.22	5.76		543.47	213.65	6.21	323.62		
	46.65	21.30		562.96	115.50	3.97	435.91	7.58	
2054.29	**860.93**	**185.08**	**5.50**	**17455.41**	**5255.46**	**229.75**	**9822.80**	**1918.44**	**228.96**
13.67			5.50	93.23	72.91	4.21	3.12	12.99	
41.06				345.33	92.77	1.12	250.44	1.00	
	0.57			529.35	47.39	7.36	286.65	187.94	
276.75	37.99	0.24		4791.68	713.86	2.44	4009.29	50.91	15.18
30.72	25.90	5.07		2345.64	590.03	11.50	1536.37	207.74	
77.11	0.54	2.58		245.43	243.23	2.20			
308.07	70.69	3.85		690.49	431.57	1.35	64.10	193.46	
273.90	48.59	13.45		1603.29	816.62	25.79	583.48	177.40	
44.22	243.34			298.69	148.26	105.85	22.71	21.88	
35.26	198.96	33.39		3661.50	1076.95	36.61	2527.44	0.59	19.90
1.34	73.79	13.01		156.74	93.79	18.00		44.95	
201.41	80.02	107.05		1380.50	528.33	4.37	354.98	492.82	
55.79	10.27	3.44		336.61	86.95	0.10	85.76	150.80	13.00
681.54	60.18	0.76		640.07	304.60	3.91	5.00	326.55	
13.45	10.09	2.23		336.88	8.20	4.95	93.46	49.40	180.87

国有建设用地出让
State-owned Land for Construction

单位：公顷，万元

年份/地区 Year/Region	出让 Granting				协议 Granting through	
	宗数 Number of Land Plots	面积 Area	新增 Newly Increased	成交价款 Transaction Price Value	宗数 Number of Land Plots	面积 Area
2011	151249	335085.17	222838.62	321260823.12	59632	30116.83
2012	138588	332432.34	226287.60	280422827.78	46419	30802.81
2013	168844	374804.03	245326.56	437452967.12	57408	28619.41
北 京 Beijing	550	1926.42	1541.52	17820964.21	323	655.52
天 津 Tianjin	1171	4387.72	3367.98	8196643.29	373	117.25
河 北 Hebei	7971	19852.92	12131.21	16821876.04	1206	1807.48
山 西 Shanxi	3213	7328.55	5620.55	6356818.74	383	342.71
内蒙古 Inner Mongolia	4357	13964.54	8842.16	5422222.57	1112	2128.94
辽 宁 Liaoning	5138	16899.92	8711.71	19710442.30	886	1404.88
吉 林 Jilin	3431	6890.14	5350.76	4860579.41	1330	645.34
黑龙江 Heilongjiang	3337	8177.50	5104.41	4728818.01	807	1062.97
上 海 Shanghai	390	1337.49	512.92	10905194.56	42	102.51
江 苏 Jiangsu	13128	36171.21	16805.95	61149559.70	1902	519.02
浙 江 Zhejiang	8302	15493.39	8513.96	41251381.82	959	689.51
安 徽 Anhui	7002	19150.35	9508.49	22652940.02	832	970.28
福 建 Fujian	3268	10623.98	8452.98	15796084.53	270	763.51
江 西 Jiangxi	5006	15635.71	11686.47	13384514.67	247	289.18
山 东 Shandong	14725	42390.70	28544.17	34901802.07	2201	4560.33
河 南 Henan	6313	19544.38	13019.62	15033726.22	1283	1638.77
湖 北 Hubei	10787	18411.65	13112.00	16193107.60	5206	783.20
湖 南 Hunan	12638	10601.40	7886.28	11907774.96	8540	676.43
广 东 Guangdong	11351	14424.14	7561.04	32545048.17	8006	2082.72
广 西 Guangxi	7209	8657.12	5224.97	6342838.25	4665	1493.94
海 南 Hainan	546	1918.21	1284.06	2458598.91	97	126.71
重 庆 Chongqing	3229	8277.18	4610.06	17227485.17	1528	161.96
四 川 Sichuan	10598	15480.61	11783.48	19953178.58	6236	1205.06
贵 州 Guizhou	3894	9259.23	6635.86	7667053.72	708	289.54
云 南 Yunnan	10077	8018.56	6504.27	8990941.47	5740	667.32
西 藏 Tibet	220	377.43	117.32	79517.02	149	247.16
陕 西 Shaanxi	2715	8500.04	7187.80	7017752.05	552	575.39
甘 肃 Gansu	2526	8711.13	7399.61	2377714.36	694	1149.57
青 海 Qinghai	743	1529.86	1135.52	698984.17	384	483.94
宁 夏 Ningxia	1204	5479.02	4840.82	1752615.35	216	203.72
新 疆 Xinjiang	3805	15383.50	12328.60	3246789.20	531	774.56

情况——按地区分列
Use Granted by Region

Unit: hectare, 10^4 yuan

出让 Agreement		“招拍挂”出让 Granting through Bidding, Auction and Listing			
新增 Newly Increased	成交价款 Transaction Price Value	宗数 Number of Land Plots	面积 Area	新增 Newly Increased	成交价款 Transaction Price Value
11371.09	13078125.81	91617	304963.34	211467.53	308182697.31
13134.07	13888544.98	92169	301629.53	213019.54	266534282.80
9084.87	16357949.49	111436	346184.62	236241.69	421095017.62
490.52	891294.30	227	1270.91	1051.00	16929669.90
40.14	54713.88	798	4270.47	3327.84	8141929.41
476.31	744042.13	6765	18045.44	11654.90	16077833.91
115.85	344998.96	2830	6985.84	5504.70	6011819.77
813.24	228683.43	3245	11835.60	8028.92	5193539.14
316.97	323284.89	4252	15495.04	8394.74	19387157.40
258.50	121292.30	2101	6244.80	5092.26	4739287.11
434.68	226870.96	2530	7114.53	4669.74	4501947.06
68.64	182957.56	348	1234.98	444.28	10722237.00
98.67	211638.59	11226	35652.20	16707.28	60937921.11
411.63	829112.71	7343	14803.89	8102.32	40422269.11
58.70	1547657.79	6170	18180 07	9449.79	21105282.24
371.26	800345.25	2998	9860 47	8081.72	14995739.28
95.82	374153.14	4759	15346.53	11590.65	13010361.53
860.52	1872501.65	12524	37830.37	27683.64	33029300.41
665.07	957277.40	5030	17905.61	12354.55	14076448.82
397.72	564536.45	5581	17628.46	12714.28	15628571.14
113.87	384391.62	4098	9924.97	7772.41	11523383.34
428.08	3081260.20	3345	12341.42	7132.96	29463787.97
108.77	544092.64	2544	7163.19	5116.20	5798745.61
7.70	78411.05	449	1791.50	1276.36	2380187.86
65.94	114018.82	1701	8115.22	4544.12	17113466.34
490.08	566235.19	4362	14275.55	11293.40	19386943.39
130.68	155001.93	3186	8969.69	6505.17	7512051.79
133.06	369415.28	4337	7351.24	6371.21	8621526.19
49.89	17657.26	71	130.26	67.43	61859.76
265.39	304985.69	2163	7924.65	6922.40	6712766.36
841.57	158259.51	1832	7561.55	6558.05	2219454.85
293.49	82150.48	359	1045.93	842.03	616833.69
71.03	36752.76	988	5275.31	4769.80	1715862.59
111.09	189955.68	3274	14608.94	12217.52	3056833.53

国有建设用地出让情况
State-owned Land for Construction Use Granted

单位：公顷，万元

地区	Region	出让 Granting			
		宗数 Number of Land Plots	面积 Area	新增 Newly Increased	成交价款 Transaction Price Value
总计	**Total**	**168844**	**374804.03**	**245326.56**	**437452967.12**
北京	**Beijing**	**550**	**1926.42**	**1541.52**	**17820964.21**
天津	**Tianjin**	**1171**	**4387.72**	**3367.98**	**8196643.29**
河北	**Hebei**	**7971**	**19852.92**	**12131.21**	**16821876.04**
石家庄市	Shijiazhuang City	595	1411.32	1158.96	2626514.03
唐山市	Tangshan City	1385	5018.22	1466.57	3307638.06
秦皇岛市	Qinhuangdao City	329	781.59	598.59	759992.12
邯郸市	Handan City	651	1580.26	1156.89	1439653.07
邢台市	Xingtai City	600	1524.31	1142.47	712711.86
保定市	Baoding City	773	1694.78	1171.92	1179316.18
张家口市	Zhangjiakou City	554	1207.48	786.21	954822.68
承德市	Chengde City	585	1257.01	1118.06	821674.28
沧州市	Cangzhou City	866	1725.43	1053.26	998450.49
廊坊市	Langfang City	929	2439.88	1858.79	3351206.74
衡水市	Hengshui City	704	1212.62	619.50	669896.53
山西	**Shanxi**	**3213**	**7328.55**	**5620.55**	**6356818.74**
太原市	Taiyuan City	244	755.01	537.16	1835227.29
大同市	Datong City	229	803.88	657.12	1048541.81
阳泉市	Yangquan City	98	130.57	122.77	68730.54
长治市	Changzhi City	284	478.10	395.04	293313.80
晋城市	Jincheng City	177	410.62	385.24	260453.15
朔州市	Shuozhou City	232	794.75	533.04	731315.30
晋中市	Jinzhong City	435	853.32	651.04	455010.14
运城市	Yuncheng City	433	828.75	634.77	386602.02
忻州市	Xinzhou City	306	547.78	331.53	438085.07
临汾市	Linfen City	487	986.38	763.50	593339.15
吕梁市	Lüliang City	288	739.39	609.34	246200.47
内蒙古	**Inner Mongolia**	**4357**	**13964.54**	**8842.16**	**5422222.57**
呼和浩特市	Hohhot City	209	991.34	784.66	1454752.64
包头市	Baotou City	250	1251.07	794.79	713785.39
乌海市	Wuhai City	60	301.24	201.52	130796.92
赤峰市	Chifeng City	539	1672.65	1333.15	714337.93
通辽市	Tongliao City	396	1422.19	517.31	348507.92

——按省市分列（2013年）
by Province, Autonomous Region and Municipality (2013)

Unit: hectare, 10^4 yuan

协议出让 Granting through Agreement				“招拍挂”出让 Granting through Bidding, Auction and Listing			
宗数 Number of Land Plots	面积 Area	新增 Newly Increased	成交价款 Transaction Price Value	宗数 Number of Land Plots	面积 Area	新增 Newly Increased	成交价款 Transaction Price Value
57408	**28619.41**	**9084.87**	**16357949.49**	**111436**	**346184.62**	**236241.69**	**421095017.62**
323	**655.52**	**490.52**	**891294.30**	**227**	**1270.91**	**1051.00**	**16929669.90**
373	**117.25**	**40.14**	**54713.88**	**798**	**4270.47**	**3327.84**	**8141929.41**
1206	**1807.48**	**476.31**	**744042.13**	**6765**	**18045.44**	**11654.90**	**16077833.91**
30	22.74		30935.90	565	1388.59	1158.96	2595578.13
376	805.74	107.83	247998.14	1009	4212.48	1358.74	3059639.92
59	69.87	8.43	50020.78	270	711.72	590.16	709971.34
78	93.52	0.65	79585.99	573	1486.74	1156.24	1360067.08
29	34.67	12.93	11919.67	571	1489.64	1129.54	700792.20
100	200.07	43.80	46359.58	673	1494.71	1128.12	1132956.61
87	170.92	87.39	39278.45	467	1036.57	698.82	915544.24
106	161.14	131.70	82148.56	479	1095.87	986.36	739525.72
196	77.08	15.34	30658.62	670	1648.35	1037.92	967791.87
63	94.28	65.65	97644.05	866	2345.61	1793.13	3253562.69
82	77.45	2.60	27492.40	622	1135.17	616.90	642404.13
383	**342.71**	**115.85**	**344998.96**	**2830**	**6985.84**	**5504.70**	**6011819.77**
32	43.95		191725.52	212	711.06	537.16	1643501.77
26	19.85	7.85	32673.05	203	784.03	649.27	1015868.76
7	1.55		1423.48	91	129.01	122.77	67307.06
58	46.92		25916.24	226	431.18	395.04	267397.57
11	12.73	11.09	8679.35	166	397.89	374.15	251773.80
13	35.14	30.92	11782.50	219	759.62	502.12	719532.80
64	65.26	18.28	36256.13	371	788.06	632.76	418754.01
103	55.06	13.86	20963.59	330	773.69	620.90	365638.43
3	4.25	3.81	1461.51	303	543.53	327.72	436623.56
65	57.21	30.04	14075.39	422	929.17	733.47	579263.76
1	0.80		42.21	287	738.59	609.34	246158.26
1112	**2128.94**	**813.24**	**228683.43**	**3245**	**11835.60**	**8028.92**	**5193539.14**
25	62.02	6.09	7891.95	184	929.32	778.57	1446860.69
50	73.67		15987.06	200	1177.40	794.79	697798.33
13	5.96		2539.93	47	295.28	201.52	128256.99
118	154.24	62.14	38598.65	421	1518.41	1271.01	675739.28
103	82.83	16.36	16623.70	293	1339.36	500.95	331884.22

国有建设用地出让情况

State-owned Land for Construction Use Granted

单位：公顷，万元

地 区	Region	出让 Granting			
		宗数 Number of Land Plots	面积 Area	新增 Newly Increased	成交价款 Transaction Price Value
鄂尔多斯市	Erdos City	375	1143.29	676.30	413962.48
呼伦贝尔市	Hulunbuir City	613	1734.30	896.05	482548.71
巴彦淖尔市	Bayannur City	259	1176.11	990.54	294883.30
乌兰察布市	Ulanqab City	466	1473.34	1312.43	552944.46
兴安盟	Xing'an League	416	418.14	298.21	89848.00
锡林郭勒盟	Xilingol League	567	1667.75	566.48	160147.92
阿拉善盟	Alxa League	207	713.11	470.73	65706.91
辽宁	**Liaoning**	**5138**	**16899.92**	**8711.71**	**19710442.30**
沈阳市	Shenyang City	593	2482.43	1864.15	4853033.14
大连市	Dalian City	519	2118.63	983.51	4857405.42
鞍山市	Anshan City	626	1626.28	1307.02	1664611.17
抚顺市	Fushun City	306	884.11	446.58	914406.54
本溪市	Benxi City	219	644.24	317.68	395447.54
丹东市	Dandong City	364	970.25	318.73	484462.37
锦州市	Jinzhou City	302	1301.90	406.03	1299815.88
营口市	Yingkou City	448	1318.90	477.73	1483650.22
阜新市	Fuxin City	323	661.94	399.87	393115.61
辽阳市	Liaoyang City	192	524.20	284.33	562685.06
盘锦市	Panjin City	265	1393.50	427.87	785991.06
铁岭市	Tieling City	403	1126.28	618.00	769692.73
朝阳市	Chaoyang City	320	965.62	459.96	618714.36
葫芦岛市	Huludao City	258	881.63	400.24	627411.19
吉林	**Jilin**	**3431**	**6890.14**	**5350.76**	**4860579.41**
长春市	Changchun City	685	2644.07	2285.54	2881402.76
吉林市	Jilin City	387	1287.76	1029.33	811249.20
四平市	Siping City	545	605.58	398.22	254966.07
辽源市	Liaoyuan City	149	228.41	184.29	62215.59
通化市	Tonghua City	244	461.83	355.97	287086.94
白山市	Baishan City	555	376.26	229.90	118046.42
松原市	Songyuan City	194	326.98	276.71	110392.96
白城市	Baicheng City	255	334.11	223.24	129908.11
延边朝鲜族自治州	Yanbian Korean A.P.	417	625.12	367.56	205311.36

——按省市分列（2013年） 续表 1

by Province, Autonomous Region and Municipality (2013) Continued 1

Unit: hectare, 10^4 yuan

协议出让 Granting through Agreement				“招拍挂”出让 Granting through Bidding, Auction and Listing			
宗数 Number of Land Plots	面积 Area	新增 Newly Increased	成交价款 Transaction Price Value	宗数 Number of Land Plots	面积 Area	新增 Newly Increased	成交价款 Transaction Price Value
102	58.57	46.07	16835.71	273	1084.73	630.23	397126.76
137	459.10	334.35	48007.19	476	1275.20	561.70	434541.52
61	37.49	9.82	18196.80	198	1138.63	980.72	276686.50
17	148.38	140.60	9978.16	449	1324.96	1171.83	542966.30
188	54.59	22.40	8385.86	228	363.55	275.80	81462.14
259	979.45	171.82	43681.71	308	688.30	394.66	116466.22
39	12.65	3.59	1956.73	168	700.47	467.14	63750.19
886	**1404.88**	**316.97**	**323284.89**	**4252**	**15495.04**	**8394.74**	**19387157.40**
61	47.26	8.18	26935.36	532	2435.17	1855.97	4826097.78
119	202.38	142.70	91447.26	400	1916.24	840.81	4765958.16
119	40.65	9.96	14849.19	507	1585.63	1297.05	1649761.98
65	71.35	40.21	15598.27	241	812.76	406.38	898808.27
55	92.51	13.83	27382.74	164	551.73	303.85	368064.80
148	463.91	46.69	40445.11	216	506.34	272.05	444017.26
33	46.17	2.99	16835.97	269	1255.73	403.04	1282979.91
13	32.51	23.49	5979.93	435	1286.40	454.25	1477670.29
35	31.04	0.20	10751.81	288	630.91	399.67	382363.80
112	96.93	0.85	28905.83	80	427.27	283.48	533779.23
7	20.88	19.13	2650.18	258	1372.62	408.74	783340.88
44	52.12	1.87	7788.06	359	1074.16	616.13	761904.68
37	154.04	1.66	14900.08	283	811.57	458.30	603814.28
38	53.14	5.21	18815.10	220	828.50	395.03	608596.09
1330	**645.34**	**258.50**	**121292.30**	**2101**	**6244.80**	**5092.26**	**4739287.11**
202	153.98	52.57	40085.03	483	2490.09	2232.98	2841317.73
28	141.40	132.75	28329.19	359	1146.36	896.58	782920.01
293	77.21	4.56	10108.18	252	528.37	393.66	244857.89
35	21.15		2867.72	114	207.26	184.29	59347.87
48	62.89	29.70	16658.37	196	398.95	326.27	270428.57
374	43.84	2.21	4939.19	181	332.42	227.69	113107.24
42	15.34	4.69	3399.98	152	311.64	272.02	106992.98
119	42.56	32.03	5177.40	136	291.56	191.21	124730.72
189	86.98		9727.24	228	538.14	367.56	195584.11

国有建设用地出让情况

State-owned Land for Construction Use Granted

单位：公顷，万元

地 区	Region	出让 Granting			
		宗数 Number of Land Plots	面积 Area	新增 Newly Increased	成交价款 Transaction Price Value
黑龙江	**Heilongjiang**	**3337**	**8177.50**	**5104.41**	**4728818.01**
哈尔滨市	Harbin City	613	2153.50	1586.54	2785194.26
齐齐哈尔市	Qiqihar City	264	781.76	349.69	261014.46
鸡西市	Jixi City	153	369.49	262.34	92622.38
鹤岗市	Hegang City	29	124.71	9.33	62484.41
双鸭山市	Shuangyashan City	106	274.71	170.37	76553.40
大庆市	Daqing City	342	768.38	448.08	478932.36
伊春市	Yichun City	119	234.35	133.49	46916.63
佳木斯市	Jiamusi City	148	475.45	296.53	136873.98
七台河市	Qitaihe City	24	105.18	48.67	22200.59
牡丹江市	Mudanjiang City	237	631.47	394.25	282110.99
黑河市	Heihe City	143	203.56	102.24	37503.12
绥化市	Suihua City	437	1336.49	995.42	301937.28
大兴安岭地区	Da Hinggan Ling Prefecture	99	104.84	65.26	10446.50
农垦总局	General Bureau of Agriculture	445	546.83	224.96	125988.66
森工总局	General Bureau of Forest Industry	165	48.66	0.54	5361.01
友谊国土资源局	Youyi Land and Resources Bureau	8	9.75	8.34	1697.10
五大连池风景名胜区	Wudalianchi	5	8.38	8.38	980.89
上海	**Shanghai**	**390**	**1337.49**	**512.92**	**10905194.56**
江苏	**Jiangsu**	**13128**	**36171.21**	**16805.95**	**61149559.70**
南京市	Nanjing City	473	1795.85	1176.04	9430931.20
无锡市	Wuxi City	663	2129.95	1285.24	3914674.88
徐州市	Xuzhou City	780	2635.51	1295.47	4215053.04
常州市	Changzhou City	915	2203.72	1212.63	4992645.27
苏州市	Suzhou City	1335	4314.65	1779.03	11354482.05
南通市	Nantong City	1697	4289.70	1938.27	8068998.77
连云港市	Lianyungang City	1302	4692.99	663.02	2684981.38
淮安市	Huai'an City	1143	1730.95	831.22	1936810.03
盐城市	Yancheng City	1269	4370.07	2505.07	4227154.05
扬州市	Yangzhou City	987	2007.98	955.65	3255055.80
镇江市	Zhenjiang City	649	1684.56	849.95	1799835.95
泰州市	Taizhou City	880	1987.65	1246.14	2462966.97
宿迁市	Suqian City	1035	2327.63	1068.22	2805970.32

——按省市分列（2013年） 续表 2

by Province, Autonomous Region and Municipality (2013) Continued 2

Unit: hectare, 10^4 yuan

协议出让 Granting through Agreement				“招拍挂”出让 Granting through Bidding, Auction and Listing			
宗数 Number of Land Plots	面积 Area		成交价款 Transaction Price Value	宗数 Number of Land Plots	面积 Area		成交价款 Transaction Price Value
		新增 Newly Increased				新增 Newly Increased	
807	**1062.97**	**434.68**	**226870.96**	**2530**	**7114.53**	**4669.74**	**4501947.06**
104	229.49	111.70	80023.25	509	1924.01	1474.84	2705171.01
53	127.56	81.03	17861.66	211	654.20	268.66	243152.80
70	146.65	95.26	19695.33	83	222.84	167.09	72927.05
11	24.22	7.71	6341.14	18	100.48	1.61	56143.27
21	29.99		5542.98	85	244.72	170.37	71010.43
128	34.49	10.14	6422.71	214	733.89	437.93	472509.65
81	72.06	8.77	19407.10	38	162.28	124.71	27509.53
20	48.34	4.81	7960.63	128	427.12	291.72	128913.35
4	9.33	2.90	2161.45	20	95.86	45.78	20039.13
55	93.03	38.93	33874.21	182	538.44	355.31	248236.77
49	46.42	11.02	6935.52	94	157.14	91.22	30567.59
24	65.48	9.03	8728.92	413	1271.01	986.39	293208.36
21	60.58	44.04	3313.43	78	44.25	21.22	7133.07
92	44.53	1.34	4851.19	353	502.29	223.61	121137.47
73	22.80		2943.42	92	25.86	0.54	2417.59
				8	9.75	8.34	1697.10
1	8.00	8.00	808.00	4	0.38	0.38	172.89
42	**102.51**	**68.64**	**182957.56**	**348**	**1234.98**	**444.28**	**10722237.00**
1902	**519.02**	**98.67**	**211638.59**	**11226**	**35652.20**	**16707.28**	**60937921.11**
69	154.61	20.32	26289.26	404	1641.24	1155.72	9404641.94
52	70.72	25.45	89478.20	611	2059.24	1259.79	3825196.68
28	19.62		10077.97	752	2615.89	1295.47	4204975.07
60	42.98	18.85	11047.50	855	2160.75	1193.78	4981597.78
18	21.39	15.09	9528.73	1317	4293.26	1763.94	11344953.32
95	13.10	5.01	3116.93	1602	4276.60	1933.26	8065881.85
806	8.61		7716.73	496	4684.38	663.02	2677264.65
540	9.75	3.70	3604.48	603	1721.20	827.52	1933205.55
43	37.72	0.47	14478.13	1226	4332.35	2504.60	4212675.92
111	39.83	0.75	9294.91	876	1968.15	954.91	3245760.88
23	5.01	2.19	3146.16	626	1679.54	847.76	1796689.79
57	95.69	6.84	23859.61	823	1891.97	1239.30	2439107.36
				1035	2327.63	1068.22	2805970.32

国有建设用地出让情况

State-owned Land for Construction Use Granted

单位：公顷，万元

地 区	Region	出让 Granting			
		宗数 Number of Land Plots	面积 Area	新增 Newly Increased	成交价款 Transaction Price Value
浙江	**Zhejiang**	**8302**	**15493.39**	**8513.96**	**41251381.82**
杭州市	Hangzhou City	990	2152.45	1650.02	14313683.48
宁波市	Ningbo City	1134	2621.98	1243.13	7311145.67
温州市	Wenzhou City	850	1294.96	812.59	5130214.14
嘉兴市	Jiaxing City	959	1482.29	788.97	2487602.23
湖州市	Huzhou City	699	1512.09	735.40	1440794.59
绍兴市	Shaoxing City	739	1699.22	853.47	3232326.13
金华市	Jinhua City	1080	1418.67	744.56	2306355.79
衢州市	Quzhou City	357	616.36	370.32	574550.70
舟山市	Zhoushan City	169	516.60	268.42	609259.80
台州市	Taizhou City	685	1362.50	733.50	3035169.79
丽水市	Lishui City	640	816.26	313.59	810279.50
安徽	**Anhui**	**7002**	**19150.35**	**9508.49**	**22652940.02**
合肥市	Hefei City	409	1754.28	660.13	4836300.75
芜湖市	Wuhu City	592	2093.41	931.51	1945514.81
蚌埠市	Bengbu City	328	1147.98	668.61	1162732.84
淮南市	Huainan City	95	388.90	233.56	437693.37
马鞍山市	Ma'anshan City	397	851.31	545.94	1020570.64
淮北市	Huaibei City	101	246.62	109.74	205141.06
铜陵市	Tongling City	128	553.40	238.45	814606.00
安庆市	Anqing City	582	775.02	490.61	524687.09
黄山市	Huangshan City	242	498.42	346.91	294919.12
滁州市	Chuzhou City	842	2603.31	719.56	1741748.03
阜阳市	Fuyang City	296	1196.13	736.55	1972822.75
宿州市	Suzhou City	378	947.61	492.40	990380.77
巢湖市	Chaohu City	533	822.14	548.60	681944.08
六安市	Lu'an City	604	1347.84	564.71	1073205.98
亳州市	Bozhou City	434	1386.71	533.21	2249799.82
池州市	Chizhou City	297	982.27	752.13	1457946.90
宣城市	Xuancheng City	744	1554.99	935.89	1242926.01
福建	**Fujian**	**3268**	**10623.98**	**8452.98**	**15796084.53**
福州市	Fuzhou City	495	2486.33	1861.70	4955525.16

——按省市分列（2013年） 续表3
by Province, Autonomous Region and Municipality (2013) Continued 3

Unit: hectare, 10^4 yuan

协议出让 Granting through Agreement				"招拍挂"出让 Granting through Bidding, Auction and Listing			
宗数 Number of Land Plots	面积 Area	新增 Newly Increased	成交价款 Transaction Price Value	宗数 Number of Land Plots	面积 Area	新增 Newly Increased	成交价款 Transaction Price Value
959	**689.51**	**411.63**	**829112.71**	**7343**	**14803.89**	**8102.32**	**40422269.11**
39	69.58	62.05	51336.08	951	2082.87	1587.97	14262347.40
60	30.29	20.80	34100.93	1074	2591.69	1222.33	7277044.74
257	279.44	142.27	544575.52	593	1015.53	670.33	4585638.62
358	104.70	68.41	87560.17	601	1377.59	720.56	2400042.06
12	3.87	1.47	2382.69	687	1508.23	733.93	1438411.90
35	60.41	15.45	28982.62	704	1638.81	838.02	3203343.51
36	24.76	8.95	21010.15	1044	1393.91	735.61	2285345.64
2	1.93	1.93	567.00	355	614.42	368.39	573983.69
22	49.93	44.91	27911.13	147	466.67	223.51	581348.67
126	36.34	19.46	23795.07	559	1326.15	714.03	3011374.72
12	28.26	25.95	6891.34	628	788.01	287.64	803388.16
832	**970.28**	**58.70**	**1547657.79**	**6170**	**18180.07**	**9449.79**	**21105282.24**
39	15.61		145700.90	370	1738.67	660.13	4690599.85
172	560.66	1.59	877122.32	420	1532.75	929.91	1068392.49
42	91.99		64689.06	286	1055.98	668.61	1098043.78
7	49.87		8210.17	88	339.03	233.56	429483.20
6	8.33	3.69	12334.64	391	842.98	542.25	1008236.00
8	1.60	0.06	3511.47	93	245.02	109.68	201629.59
				128	553.40	238.45	814606.00
66	8.35	6.38	4527.85	516	766.66	484.23	520159.24
4	19.52	19.33	5750.09	238	478.90	327.58	289169.03
38	5.95	2.04	5986.66	804	2597.36	717.52	1735761.37
8	98.55	10.61	322290.07	288	1097.59	725.94	1650532.68
9	10.83	0.07	2807.60	369	936.78	492.34	987573.18
167	59.28	7.37	35023.94	366	762.86	541.22	646920.14
97	13.31	6.02	13236.82	507	1334.53	558.69	1059969.16
65	22.31	0.72	45781.92	369	1364.40	532.49	2204017.89
				297	982.27	752.13	1457946.90
104	4.10	0.83	684.25	640	1550.89	935.06	1242241.76
270	**763.51**	**371.26**	**800345.25**	**2998**	**9860.47**	**8081.72**	**14995739.28**
66	263.33	236.64	571894.63	429	2223.00	1625.06	4383630.53

国有建设用地出让情况
State-owned Land for Construction Use Granted

单位：公顷，万元

地区	Region	出让 Granting			
		宗数 Number of Land Plots	面积 Area	新增 Newly Increased	成交价款 Transaction Price Value
厦门市	Xiamen City	96	390.45	177.97	2304746.72
莆田市	Putian City	126	515.42	378.68	1010691.61
三明市	Sanming City	364	984.83	747.09	975919.25
泉州市	Quanzhou City	571	1519.36	1345.68	1959697.60
漳州市	Zhangzhou City	587	1876.54	1694.66	1543577.08
南平市	Nanping City	316	844.83	751.57	561672.69
龙岩市	Longyan City	326	1063.55	796.27	1477551.50
宁德市	Ningde City	387	942.66	699.36	1006702.93
江西	**Jiangxi**	**5006**	**15635.71**	**11686.47**	**13384514.67**
南昌市	Nanchang City	567	2461.16	1960.15	3504488.11
景德镇市	Jingdezhen City	125	439.70	346.26	391603.09
萍乡市	Pingxiang City	227	644.44	571.26	696878.58
九江市	Jiujiang City	778	2648.47	1835.97	2211223.58
新余市	Xinyu City	196	762.56	560.59	357872.36
鹰潭市	Yingtan City	182	630.46	567.16	377239.96
赣州市	Ganzhou City	608	1812.18	1307.20	1849749.97
吉安市	Ji'an City	600	1144.09	790.19	1001460.16
宜春市	Yichun City	593	1878.18	1165.87	1248001.73
抚州市	Fuzhou City	451	1632.57	1360.97	798299.63
上饶市	Shangrao City	679	1581.92	1220.84	947697.49
山东	**Shandong**	**14725**	**42390.70**	**28544.17**	**34901802.07**
济南市	Jinan City	561	1878.98	1383.36	4602922.74
青岛市	Qingdao City	1525	4659.73	2937.06	4588382.66
淄博市	Zibo City	706	2109.69	1466.25	1820520.89
枣庄市	Zaozhuang City	435	1307.42	1025.93	1795329.69
东营市	Dongying City	542	2234.56	1816.73	1179296.59
烟台市	Yantai City	1084	3411.31	2428.75	2725806.23
潍坊市	Weifang City	2046	7173.74	3638.31	3778934.28
济宁市	Jining City	849	2380.39	1645.88	2494707.10
泰安市	Tai'an City	410	1281.79	940.88	956661.51
威海市	Weihai City	982	2934.03	917.81	2602392.21

——按省市分列（2013年） 续表 4

by Province, Autonomous Region and Municipality (2013) Continued 4

Unit: hectare, 10^4 yuan

协议出让 Granting through Agreement				“招拍挂”出让 Granting through Bidding, Auction and Listing			
宗数 Number of Land Plots	面积 Area	新增 Newly Increased	成交价款 Transaction Price Value	宗数 Number of Land Plots	面积 Area	新增 Newly Increased	成交价款 Transaction Price Value
3	48.86	2.58	1537.11	93	341.59	175.39	2303209.61
15	35.87	32.72	41600.16	111	479.55	345.97	969091.45
35	26.24	14.84	10202.90	329	958.60	732.26	965716.35
54	68.11	40.61	28366.35	517	1451.25	1305.07	1931331.24
21	31.16	27.01	11089.40	566	1845.38	1667.65	1532487.68
6	8.34	8.34	2121.93	310	836.49	743.23	559550.76
33	100.62	3.06	86914.26	293	962.93	793.21	1390637.24
37	180.98	5.48	46618.52	350	761.68	693.88	960084.41
247	**289.18**	**95.82**	**374153.14**	**4759**	**15346.53**	**11590.65**	**13010361.53**
99	180.86	0.33	333206.78	468	2280.30	1959.82	3171281.34
3	0.66	0.26	182.26	122	439.04	346.01	391420.83
10	9.13	9.03	4461.40	217	635.31	562.23	692417.18
32	0.82	0.53	698.67	746	2647.65	1835.44	2210524.91
				196	762.56	560.59	357872.36
8	81.99	77.83	23144.10	174	548.47	489.33	354095.87
6	1.65		7989.08	602	1810.53	1307.20	1841760.90
72	11.22	5.25	2366.79	528	1132.87	784.94	999093.37
2	0.04		50.35	591	1878.14	1165.87	1247951.38
14	0.22		181.41	437	1632.34	1360.97	798118.21
1	2.58	2.58	1872.30	678	1579.33	1218.25	945825.19
2201	**4560.33**	**860.52**	**1872501.65**	**12524**	**37830.37**	**27683.64**	**33029300.41**
64	107.06	56.35	51959.13	497	1771.92	1327.01	4550963.61
149	706.25	78.63	269898.27	1376	3953.48	2858.44	4318484.39
184	478.59	133.20	389214.01	522	1631.10	1333.05	1431306.88
66	49.45	33.67	18790.32	369	1257.97	992.26	1776539.37
6	9.78		11695.59	536	2224.78	1816.73	1167601.00
188	254.51	124.34	106625.80	896	3156.80	2304.41	2619180.43
128	2005.58	20.45	465191.83	1918	5168.16	3617.86	3313742.45
124	211.65	125.95	206860.51	725	2168.74	1519.93	2287846.60
52	78.68	66.75	26552.64	358	1203.11	874.13	930108.87
53	57.53	8.58	30790.81	929	2876.50	909.23	2571601.41

国有建设用地出让情况
State-owned Land for Construction Use Granted

单位：公顷，万元

地　区	Region	出让 Granting			
		宗数 Number of Land Plots	面积 Area	新增 Newly Increased	成交价款 Transaction Price Value
日照市	Rizhao City	565	1097.67	668.50	1224352.89
莱芜市	Laiwu City	600	919.44	730.18	261278.90
临沂市	Linyi City	2059	4059.35	3239.35	2775369.15
德州市	Dezhou City	523	2058.58	1544.91	1524989.70
聊城市	Liaocheng City	746	1780.78	1529.41	914630.86
滨州市	Binzhou City	478	1267.69	1058.95	583335.80
菏泽市	Heze City	614	1835.56	1571.90	1072890.87
河南	**Henan**	**6313**	**19544.38**	**13019.62**	**15033726.22**
郑州市	Zhengzhou City	953	3138.50	2559.62	4945119.57
开封市	Kaifeng City	352	1087.79	861.45	802374.06
洛阳市	Luoyang City	493	1403.70	936.24	1119922.60
平顶山市	Pingdingshan City	363	998.50	638.85	963766.10
安阳市	Anyang City	405	1436.18	718.02	663830.32
鹤壁市	Hebi City	171	773.35	506.10	323072.59
新乡市	Xinxiang City	439	1550.13	864.09	592380.89
焦作市	Jiaozuo City	384	1405.04	695.72	611749.91
濮阳市	Puyang City	180	628.45	499.22	440090.19
许昌市	Xuchang City	259	935.53	773.33	777482.78
漯河市	Luohe City	294	544.47	350.28	485743.95
三门峡市	Sanmenxia City	175	626.59	352.48	242736.98
南阳市	Nanyang City	359	1039.38	691.37	614545.33
商丘市	Shangqiu City	398	1231.93	682.85	829449.28
信阳市	Xinyang City	243	592.86	371.72	441156.01
周口市	Zhoukou City	245	904.29	630.02	506413.78
驻马店市	Zhumadian City	600	1247.68	888.25	673891.87
湖北	**Hubei**	**10787**	**18411.65**	**13112.00**	**16193107.60**
武汉市	Wuhan City	561	2667.10	2224.40	6749099.30
黄石市	Huangshi City	502	1765.73	1371.08	1278773.36
十堰市	Shiyan City	295	1044.73	964.37	475177.29
宜昌市	Yichang City	693	2209.92	1533.39	1542276.81
襄阳市	Xiangyang City	1450	1926.80	1408.33	1317873.99

——按省市分列（2013年） 续表 5
by Province, Autonomous Region and Municipality (2013) Continued 5

Unit: hectare, 10^4 yuan

协议出让 Granting through Agreement				“招拍挂”出让 Granting through Bidding, Auction and Listing			
宗数 Number of Land Plots	面积 Area	新增 Newly Increased	成交价款 Transaction Price Value	宗数 Number of Land Plots	面积 Area	新增 Newly Increased	成交价款 Transaction Price Value
109	77.65	4.75	41142.23	456	1020.02	663.76	1183210.66
438	61.77	34.34	19155.17	162	857.66	695.84	242123.73
446	279.22	60.16	138585.79	1613	3780.13	3179.20	2636783.36
34	74.30	37.46	21028.54	489	1984.28	1507.45	1503961.17
31	21.93	16.82	6589.94	715	1758.85	1512.59	908040.92
14	1.79	1.73	3286.09	464	1265.90	1057.22	580049.71
115	84.60	57.37	65134.99	499	1750.97	1514.54	1007755.87
1283	**1638.77**	**665.07**	**957277.40**	**5030**	**17905.61**	**12354.55**	**14076448.82**
133	256.03	123.84	325128.87	820	2882.46	2435.78	4619990.70
10	3.46	0.65	711.46	342	1084.33	860.81	801662.60
88	124.04	30.47	93822.36	405	1279.66	905.77	1026100.24
152	137.49	44.86	99382.73	211	861.01	593.98	864383.36
46	47.50		19665.40	359	1388.68	718.02	644164.93
54	96.92	48.62	14707.59	117	676.43	457.49	308365.00
92	147.83	68.28	49531.26	347	1402.30	795.81	542849.63
92	149.00	33.82	83242.58	292	1256.03	661.91	528507.33
26	42.95	27.44	26798.96	154	585.50	471.78	413291.24
14	20.90	16.49	6004.15	245	914.63	756.83	771478.63
127	59.48	13.37	15008.84	167	485.00	336.91	470735.12
59	77.99	36.85	13729.03	116	548.60	315.62	229007.94
73	131.35	35.64	56916.14	286	908.02	655.73	557629.19
101	218.13	122.83	99011.54	297	1013.80	560.03	730437.73
27	48.12	10.30	15317.44	216	544.75	361.42	425838.57
8	14.96	11.47	3897.89	237	889.33	618.55	502515.88
181	62.61	40.14	34401.14	419	1185.07	848.11	639490.72
5206	**783.20**	**397.72**	**564536.45**	**5581**	**17628.46**	**12714.28**	**15628571.14**
40	145.36	91.53	236221.02	521	2521.74	2132.87	6512878.28
232	241.27	183.72	34280.20	270	1524.46	1187.36	1244493.17
15	18.49	15.09	8534.17	280	1026.23	949.28	466643.12
170	62.47	32.68	97709.62	523	2147.45	1500.71	1444567.19
681	43.50	4.43	46103.22	769	1883.30	1403.90	1271770.77

国有建设用地出让情况
State-owned Land for Construction Use Granted

单位：公顷，万元

地区	Region	出让 Granting			
		宗数 Number of Land Plots	面积 Area	新增 Newly Increased	成交价款 Transaction Price Value
鄂州市	Ezhou City	146	651.30	614.43	313559.63
荆门市	Jingmen City	418	878.60	425.21	395840.01
孝感市	Xiaogan City	882	1007.11	551.44	749866.09
荆州市	Jingzhou City	1960	1406.42	782.89	887136.31
黄冈市	Huanggang City	556	1291.42	712.08	698531.63
咸宁市	Xianning City	1258	1464.54	1032.97	582649.00
随州市	Suizhou City	241	627.12	534.94	350825.55
恩施土家族苗族自治州	Enshi Tujia & Miao A.P.	1393	465.54	346.93	374860.92
省直辖县级行政区划	County-level Administrative Units Directly under the Provincial Government	432	1005.33	609.53	476637.70
湖南	**Hunan**	**12638**	**10601.40**	**7886.28**	**11907774.96**
长沙市	Changsha City	607	2046.91	1438.12	4745502.11
株洲市	Zhuzhou City	287	723.92	691.04	787737.20
湘潭市	Xiangtan City	364	540.29	494.05	523742.58
衡阳市	Hengyang City	702	1108.61	938.97	844817.72
邵阳市	Shaoyang City	1350	471.79	331.73	420745.73
岳阳市	Yueyang City	501	707.14	495.86	636118.99
常德市	Changde City	1004	934.40	596.48	847900.16
张家界市	Zhangjiajie City	370	161.25	104.47	195688.71
益阳市	Yiyang City	2336	686.76	534.99	433594.94
郴州市	Chenzhou City	1088	924.61	584.88	720951.58
永州市	Yongzhou City	960	762.82	526.96	387167.97
怀化市	Huaihua City	1067	709.48	582.01	738106.98
娄底市	Loudi City	1540	610.10	424.90	450565.13
湘西土家族苗族自治州	West Hunan Tujia & Miao A.P.	462	213.32	141.83	175135.15
广东	**Guangdong**	**11351**	**14424.14**	**7561.04**	**32545048.17**
广州市	Guangzhou City	302	1409.14	780.03	7604046.28
韶关市	Shaoguan City	633	751.74	454.32	698490.36
深圳市	Shenzhen City	204	537.21	143.01	5484832.70
珠海市	Zhuhai City	81	449.36	152.01	3358564.77
汕头市	Shantou City	60	163.65	74.58	490091.25
佛山市	Foshan City	2113	1312.44	205.82	5509875.99

——按省市分列（2013年） 续表6

by Province, Autonomous Region and Municipality (2013) Continued 6

Unit: hectare, 10^4 yuan

协议出让 Granting through Agreement				"招拍挂"出让 Granting through Bidding, Auction and Listing			
宗数 Number of Land Plots	面积 Area	新增 Newly Increased	成交价款 Transaction Price Value	宗数 Number of Land Plots	面积 Area	新增 Newly Increased	成交价款 Transaction Price Value
1	1.37	1.37	531.83	145	649.92	613.06	313027.80
26	15.33	3.42	4237.02	392	863.28	421.79	391602.99
531	56.42	17.99	58972.76	351	950.69	533.45	690893.33
1469	51.58	17.24	32219.43	491	1354.83	765.66	854916.88
108	26.22	14.93	5127.24	448	1265.20	697.15	693404.39
818	66.14	7.79	21934.27	440	1398.40	1025.18	560714.73
7	2.24		2001.89	234	624.88	534.94	348823.66
1099	37.00	7.33	6949.65	294	428.54	339.61	367911.27
9	15.81	0.20	9714.15	423	989.52	609.34	466923.56
8540	**676.43**	**113.87**	**384391.62**	**4098**	**9924.97**	**7772.41**	**11523383.34**
130	196.28	7.62	175338.32	477	1850.63	1430.50	4570163.79
16	77.35	73.50	12042.57	271	646.57	617.53	775694.63
189	1.92	0.06	1073.21	175	538.37	493.99	522669.37
366	61.38	4.98	19136.93	336	1047.23	933.99	825680.79
1051	51.12	7.79	31741.43	299	420.66	323.94	389004.30
195	34.16	4.13	10513.84	306	672.99	491.73	625605.14
622	24.56	8.02	21251.54	382	909.84	588.46	826648.61
294	13.27	2.08	10392.63	76	147.98	102.38	185296.08
1867	20.52	0.05	4821.33	469	666.24	534.93	428773.60
697	96.93	0.96	31784.38	391	827.68	583.93	689167.21
708	25.87	0.36	10474.21	252	736.95	526.60	376693.76
804	30.85	1.07	12441.57	263	678.63	580.95	725665.40
1286	27.35	1.65	22727.71	254	582.75	423.25	427837.42
315	14.86	1.60	20651.93	147	198.46	140.23	154483.22
8006	**2082.72**	**428.08**	**3081260.20**	**3345**	**12341.42**	**7132.96**	**29463787.97**
81	247.63	6.16	396512.28	221	1161.50	773.87	7207534.00
399	50.30	0.82	31740.16	234	701.44	453.50	666750.20
157	375.24	71.59	1956276.66	47	161.97	71.42	3528556.03
				81	449.36	152.01	3358564.77
7	9.48	2.99	9547.26	53	154.17	71.59	480543.99
1780	169.57	0.01	147086.47	333	1142.87	205.81	5362789.53

国有建设用地出让情况
State-owned Land for Construction Use Granted

单位：公顷，万元

地 区	Region	出让 Granting			
		宗数 Number of Land Plots	面积 Area	新增 Newly Increased	成交价款 Transaction Price Value
江门市	Jiangmen City	376	841.64	443.67	735687.65
湛江市	Zhanjiang City	582	792.61	356.00	1053005.53
茂名市	Maoming City	364	578.88	251.71	516981.91
肇庆市	Zhaoqing City	916	1091.35	754.96	706273.41
惠州市	Huizhou City	1439	1290.33	388.22	1025750.35
梅州市	Meizhou City	2519	553.16	276.92	416752.57
汕尾市	Shanwei City	20	184.45	72.77	88858.49
河源市	Heyuan City	124	425.15	303.62	357858.64
阳江市	Yangjiang City	143	425.35	337.00	217526.80
清远市	Qingyuan City	655	1184.93	848.32	703352.61
东莞市	Dongguan City	197	914.01	723.83	2155592.00
中山市	Zhongshan City	119	410.66	244.87	573681.90
潮州市	Chaozhou City	154	232.60	156.17	179196.28
揭阳市	Jieyang City	217	361.45	263.35	301984.73
云浮市	Yunfu City	133	514.04	329.86	366643.94
广西	**Guangxi**	**7209**	**8657.12**	**5224.97**	**6342838.25**
南宁市	Nanning City	862	890.55	639.40	1013903.72
柳州市	Liuzhou City	1097	891.56	601.67	1309521.55
桂林市	Guilin City	1266	702.13	390.09	651859.87
梧州市	Wuzhou City	333	524.94	440.84	283417.79
北海市	Beihai City	630	404.69	277.35	342472.18
防城港市	Fangchenggang City	196	1106.02	353.90	364722.61
钦州市	Qinzhou City	220	549.54	285.70	434064.85
贵港市	Guigang City	136	503.44	297.75	311504.10
玉林市	Yulin City	239	592.67	451.63	414136.41
百色市	Baise City	867	622.85	501.01	406487.16
贺州市	Hezhou City	315	318.97	199.85	235945.36
河池市	Hechi City	396	572.82	244.15	151071.03
来宾市	Laibin City	384	662.42	257.89	295426.08
崇左市	Chongzuo City	268	314.52	283.75	128305.54

——按省市分列（2013年） 续表 7

by Province, Autonomous Region and Municipality (2013) Continued 7

Unit: hectare, 10^4 yuan

协议出让 Granting through Agreement				“招拍挂”出让 Granting through Bidding, Auction and Listing			
宗数 Number of Land Plots	面积 Area	新增 Newly Increased	成交价款 Transaction Price Value	宗数 Number of Land Plots	面积 Area	新增 Newly Increased	成交价款 Transaction Price Value
171	179.75	75.90	115149.12	205	661.89	367.78	620538.52
405	97.67	3.53	60725.35	177	694.94	352.46	992280.18
238	77.22		29337.09	126	501.66	251.71	487644.83
742	108.02	23.70	51979.87	174	983.32	731.26	654293.54
1083	76.79	1.69	79414.90	356	1213.54	386.53	946335.46
2384	83.03	15.25	27456.10	135	470.12	261.67	389296.47
3	129.55	22.39	26623.73	17	54.90	50.38	62234.75
4	14.04	2.30	2448.14	120	411.12	301.32	355410.50
21	68.33	19.56	14721.65	122	357.03	317.44	202805.14
266	128.35	10.21	23969.26	389	1056.57	838.11	679383.34
37	152.99	124.78	79857.00	160	761.02	599.04	2075735.00
26	52.09	36.17	8430.84	93	358.57	208.70	565251.06
118	32.75	0.26	10839.68	36	199.85	155.91	168356.60
71	28.76	10.30	8353.68	146	332.69	253.05	293631.05
13	1.17	0.47	790.94	120	512.87	329.39	365853.00
4665	**1493.94**	**108.77**	**544092.64**	**2544**	**7163.19**	**5116.20**	**5798745.61**
609	97.24	46.07	148924.02	253	793.31	593.34	864979.70
879	98.56		53110.32	218	793.01	601.67	1256411.22
871	108.12	3.87	48920.83	395	594.01	386.22	602939.05
204	38.66		14339.89	129	486.28	440.84	269077.90
546	91.13		23527.89	84	313.56	277.35	318944.29
79	615.72	15.53	149165.20	117	490.31	338.38	215557.41
85	41.09	29.92	29811.75	135	508.45	255.77	404253.10
16	7.74	0.41	5576.48	120	495.69	297.34	305927.63
76	38.83		20102.01	163	553.84	451.63	394034.40
437	10.92		6013.19	430	611.93	501.01	400473.98
217	9.43	3.15	9500.25	98	309.53	196.69	226445.11
279	295.88	5.44	21613.44	117	276.94	238.71	129457.59
216	29.45		11351.71	168	632.97	257.89	284074.37
151	11.16	4.38	2135.67	117	303.36	279.37	126169.87

国有建设用地出让情况
State-owned Land for Construction Use Granted

单位：公顷，万元

地区	Region	出让 Granting			
		宗数 Number of Land Plots	面积 Area	新增 Newly Increased	成交价款 Transaction Price Value
海南	**Hainan**	**546**	**1918.21**	**1284.06**	**2458598.91**
海口市	Haikou City	65	113.39	78.17	395161.22
三亚市	Sanya City	26	162.89	152.04	614906.87
省直辖县级行政区划	County-level Administrative Units Directly under the Provincial Government	455	1641.93	1053.86	1448530.81
重庆	**Chongqing**	**3229**	**8277.18**	**4610.06**	**17227485.17**
四川	**Sichuan**	**10598**	**15480.61**	**11783.48**	**19953178.58**
成都市	Chengdu City	967	3174.96	2830.13	7158553.77
自贡市	Zigong City	120	688.39	637.09	518740.75
攀枝花市	Panzhihua City	238	298.31	145.84	179792.26
泸州市	Luzhou City	405	701.07	630.45	783374.89
德阳市	Deyang City	764	976.78	592.55	571653.32
绵阳市	Mianyang City	2122	1072.40	840.41	906441.36
广元市	Guangyuan City	1758	726.07	577.86	349962.48
遂宁市	Suining City	404	1100.55	448.20	1019529.54
内江市	Neijiang City	131	476.27	345.24	919265.73
乐山市	Leshan City	274	594.07	496.43	554636.90
南充市	Nanchong City	360	1040.11	534.89	1682711.20
眉山市	Meishan City	306	1044.10	810.17	1030752.67
宜宾市	Yibin City	358	777.40	707.67	758855.27
广安市	Guang'an City	197	760.19	586.98	734464.60
达州市	Dazhou City	289	450.90	349.74	707679.90
雅安市	Ya'an City	72	248.88	199.70	110506.52
巴中市	Bazhong City	1253	388.38	255.67	643916.33
资阳市	Ziyang City	180	667.04	553.82	1113927.34
阿坝藏族羌族自治州	Aba Tibetan & Qiang A.P.	68	85.90	65.05	21159.43
甘孜藏族自治州	Ganzi Tibetan A.P.	113	25.10	6.27	13634.58
凉山彝族自治州	Liangshan Yi A.P.	219	183.76	169.33	173619.74
贵州	**Guizhou**	**3894**	**9259.23**	**6635.86**	**7667053.72**
贵阳市	Guiyang City	345	1647.94	1324.22	1998838.98
六盘水市	Liupanshui City	205	446.98	283.08	328878.38
遵义市	Zunyi City	753	1643.19	1292.68	1283982.34
安顺市	Anshun City	340	759.26	358.36	834741.03
铜仁地区	Tongren Prefecture	311	1071.84	781.61	710285.95
黔西南布依族苗族自治州	Southwest Guizhou Buyei & Miao A.P.	286	643.64	265.76	309475.66
毕节地区	Bijie Prefecture	445	1043.00	803.60	1014245.28
黔东南苗族侗族自治州	Southeast Guizhou Miao & Dong A.P.	417	645.23	372.30	367197.20
黔南布依族苗族自治州	South Guizhou Buyei & Miao A.P.	792	1358.14	1154.24	819408.91
云南	**Yunnan**	**10077**	**8018.56**	**6504.27**	**8990941.47**
昆明市	Kunming City	3790	2253.38	1872.80	5492600.75

——按省市分列（2013年） 续表 8

by Province, Autonomous Region and Municipality (2013) Continued 8

Unit: hectare, 10^4 yuan

协议出让 Granting through Agreement				"招拍挂"出让 Granting through Bidding, Auction and Listing			
宗数 Number of Land Plots	面积 Area	新增 Newly Increased	成交价款 Transaction Price Value	宗数 Number of Land Plots	面积 Area	新增 Newly Increased	成交价款 Transaction Price Value
97	**126.71**	**7.70**	**78411.05**	**449**	**1791.50**	**1276.36**	**2380187.86**
11	9.75		15728.68	54	103.64	78.17	379432.54
1	7.27		40329.78	25	155.62	152.04	574577.09
85	109.69	7.70	22352.59	370	1532.24	1046.16	1426178.22
1528	**161.96**	**65.94**	**114018.82**	**1701**	**8115.22**	**4544.12**	**17113466.34**
6236	**1205.06**	**490.08**	**566235.19**	**4362**	**14275.55**	**11293.40**	**19386943.39**
252	138.80	59.11	190133.04	715	3036.16	2771.02	6968420.73
				120	688.39	637.09	518740.75
150	35.91	8.95	14417.26	88	262.40	136.89	165375.00
157	33.22	12.85	6722.85	248	667.85	617.60	776652.04
361	110.93	42.77	58397.05	403	865.85	549.78	513256.28
1795	209.04	125.25	89419.73	327	863.36	715.16	817021.63
1546	101.45	18.67	31380.98	212	624.62	559.18	318581.50
96	235.55		8404.02	308	865.00	448.20	1011125.52
42	32.80	1.08	31602.19	89	443.47	344.16	887663.54
60	39.18	14.23	45915.85	214	554.89	482.21	508721.05
52	6.68	5.76	5428.44	308	1033.42	529.13	1677282.76
1	0.11		83.66	305	1043.98	810.17	1030669.01
100	11.00	9.69	2204.87	258	766.40	697.98	756650.40
14	28.40	22.51	21710.10	183	731.78	564.47	712754.50
152	44.11	26.26	21474.53	137	406.79	323.48	686205.37
1	54.40	54.40	5303.66	71	194.48	145.31	105202.86
1144	19.87	3.82	19730.21	109	368.51	251.84	624186.12
9	9.96	0.74	1929.28	171	657.08	553.08	1111998.07
51	52.79	50.78	6755.62	17	33.11	14.27	14403.82
93	5.94	2.45	1148.23	20	19.16	3.82	12486.35
160	34.91	30.76	4073.62	59	148.86	138.57	169546.11
708	**289.54**	**130.68**	**155001.93**	**3186**	**8969.69**	**6505.17**	**7512051.79**
51	143.82	21.07	109075.89	294	1504.12	1303.15	1889763.09
43	17.92	10.01	9060.28	162	429.06	273.08	319818.09
18	35.55	34.26	5253.52	735	1607.64	1258.42	1278728.82
91	12.73	0.41	6062.82	249	746.53	357.95	828678.21
1	2.17	2.17	256.00	310	1069.67	779.44	710029.95
29	29.30	28.10	15626.19	257	614.33	237.66	293849.46
93	16.61	13.20	2761.53	352	1026.39	790.40	1011483.75
153	7.02	0.46	3526.95	264	638.21	371.83	363670.25
229	24.41	21.00	3378.74	563	1333.73	1133.24	816030.17
5740	**667.32**	**133.06**	**369415.28**	**4337**	**7351.24**	**6371.21**	**8621526.19**
3168	187.17	55.10	242770.14	622	2066.20	1817.70	5249830.60

国有建设用地出让情况

State-owned Land for Construction Use Granted

单位：公顷，万元

地 区	Region	出让 Granting			
		宗数 Number of Land Plots	面积 Area	新增 Newly Increased	成交价款 Transaction Price Value
曲靖市	Qujing City	410	485.35	411.96	385591.32
玉溪市	Yuxi City	150	390.29	226.77	221784.63
保山市	Baoshan City	512	595.43	515.47	273139.50
昭通市	Zhaotong City	890	136.17	88.46	112849.32
丽江市	Lijiang City	82	264.24	244.69	140090.72
普洱市	Pu'er City	441	348.01	211.13	217083.32
临沧市	Lincang City	195	312.36	295.49	142409.80
楚雄彝族自治州	Chuxiong Yi A.P.	384	516.21	388.54	287702.00
红河哈尼族彝族自治州	Honghe Hani & Yi A.P.	1101	664.64	494.35	559644.30
文山壮族苗族自治州	Wenshan Zhuang & Miao A.P.	142	366.97	359.85	241084.50
西双版纳傣族自治州	Xishuangbanna Dai A.P.	547	523.35	490.51	271281.43
大理白族自治州	Dali Bai A.P.	627	768.21	548.76	425077.62
德宏傣族景颇族自治州	Dehong Dai & Jingpo A.P.	265	253.04	230.67	141733.02
怒江傈僳族自治州	Nujiang Lisu A.P.	499	22.94	13.11	10146.34
迪庆藏族自治州	Diqing Tibetan A.P.	42	117.98	111.70	68722.89
西藏	**Tibet**	**220**	**377.43**	**117.32**	**79517.02**
拉萨市	Lhasa City	66	132.76	86.94	43455.79
昌都地区	Qamdo Prefecture	1	0.19		1850.00
山南地区	Lhokha Prefecture	3	0.90	0.20	195.39
日喀则地区	Xigaze Prefecture	3	0.37	0.07	31.01
那曲地区	Nagqu Prefecture				
阿里地区	Ngari Prefecture	5	1.93	1.93	97.91
林芝地区	Nyingchi Prefecture	142	241.28	28.18	33886.92
陕西	**Shaanxi**	**2715**	**8500.04**	**7187.80**	**7017752.05**
西安市	Xi'an City	415	1902.89	1629.45	2535253.27
铜川市	Tongchuan City	38	135.60	113.31	60043.90
宝鸡市	Baoji City	291	1069.74	939.13	599475.76
咸阳市	Xianyang City	325	1272.65	1164.08	889135.46
渭南市	Weinan City	239	611.48	500.46	313234.55
延安市	Yan'an City	132	296.50	241.66	232419.24
汉中市	Hanzhong City	278	561.38	474.39	408091.69
榆林市	Yulin City	362	1847.14	1430.39	1321549.33
安康市	Ankang City	412	453.87	378.61	485060.67
商洛市	Shangluo City	223	348.79	316.31	173488.18
甘肃	**Gansu**	**2526**	**8711.13**	**7399.61**	**2377714.36**
兰州市	Lanzhou City	255	1230.55	988.37	724177.78
嘉峪关市	Jiayuguan City	127	987.50	976.43	20115.21
金昌市	Jinchang City	76	288.87	249.05	70203.22
白银市	Baiyin City	263	760.00	304.04	169936.72
天水市	Tianshui City	104	213.42	181.39	196119.80
武威市	Wuwei City	215	1116.43	1025.83	154084.08

——按省市分列（2013年） 续表9
by Province, Autonomous Region and Municipality (2013) Continued 9

Unit: hectare, 10^4 yuan

协议出让 Granting through Agreement				“招拍挂”出让 Granting through Bidding, Auction and Listing			
宗数 Number of Land Plots	面积 Area	新增 Newly Increased	成交价款 Transaction Price Value	宗数 Number of Land Plots	面积 Area	新增 Newly Increased	成交价款 Transaction Price Value
112	51.26	6.25	5950.59	298	434.09	405.71	379640.73
38	55.50	10.50	11164.54	112	334.78	216.27	210620.08
128	9.42	7.17	5766.85	384	586.01	508.30	267372.65
719	15.91	5.13	4099.55	171	120.27	83.33	108749.78
29	17.21		1346.36	53	247.03	244.69	138744.36
178	113.48	9.82	65372.75	263	234.53	201.30	151710.57
11	18.68	18.68	3579.17	184	293.68	276.81	138830.63
32	18.84	16.88	8179.05	352	497.37	371.66	279522.95
392	18.50	0.84	4813.95	709	646.14	493.51	554830.35
2	1.59	1.59	191.12	140	365.38	358.26	240893.38
36	6.89		1248.71	511	516.45	490.51	270032.72
342	145.48	0.26	12753.73	285	622.73	548.50	412323.89
98	2.94	0.31	1037.60	167	250.10	230.37	140695.42
453	3.76		970.65	46	19.18	13.11	9175.69
2	0.69	0.53	170.51	40	117.29	111.18	68552.39
149	**247.16**	**49.89**	**17657.26**	**71**	**130.26**	**67.43**	**61859.76**
48	88.63	43.33	14676.59	18	44.13	43.61	28779.20
				1	0.19		1850.00
2	0.70		159.39	1	0.20	0.20	36.00
3	0.37	0.07	31.01				
5	1.93	1.93	97.91				
91	155.53	4.56	2692.36	51	85.75	23.62	31194.56
552	**575.39**	**265.39**	**304985.69**	**2163**	**7924.65**	**6922.40**	**6712766.36**
45	156.86	72.11	83521.49	370	1746.03	1557.35	2451731.78
2	1.17		32.90	36	134.44	113.31	60011.00
9	32.68	5.82	17201.76	282	1037.06	933.31	582274.00
19	28.95	7.95	8532.69	306	1243.70	1156.13	880602.77
59	55.91	19.54	22286.25	180	555.57	480.92	290948.31
19	11.46		12866.77	113	285.05	241.66	219552.46
71	72.29	18.66	25574.49	207	489.09	455.74	382517.20
31	138.50	119.67	71488.12	331	1708.64	1310.72	1250061.21
271	70.13	20.19	60206.70	141	383.74	358.42	424853.97
26	7.46	1.46	3274.52	197	341.33	314.85	170213.66
694	**1149.57**	**841.57**	**158259.51**	**1832**	**7561.55**	**6558.05**	**2219454.85**
27	280.48	237.60	76178.45	228	950.07	750.77	647999.33
27	11.08	0.01	695.29	100	976.42	976.42	19419.92
26	28.23	8.66	4850.90	50	260.64	240.40	65352.32
91	120.25		18326.72	172	639.75	304.04	151610.00
14	4.46		5833.99	90	208.96	181.39	190285.81
80	281.98	255.59	14751.61	135	834.46	770.24	139332.46

国有建设用地出让情况
State-owned Land for Construction Use Granted

单位：公顷，万元

地 区	Region	出让 Granting			
		宗数 Number of Land Plots	面积 Area	新增 Newly Increased	成交价款 Transaction Price Value
张掖市	Zhangye City	461	1302.78	1194.22	170890.93
平凉市	Pingliang City	76	274.98	217.35	117292.54
酒泉市	Jiuquan City	247	1093.23	1002.13	158211.67
庆阳市	Qingyang City	129	344.94	312.32	221819.51
定西市	Dingxi City	163	554.36	491.91	177149.96
陇南市	Longnan City	182	143.07	113.43	46254.70
临夏回族自治州	Linxia Hui A.P.	140	372.75	324.08	144726.72
甘南藏族自治州	Gannan Tibetan A.P.	88	28.25	19.04	6731.53
青海	**Qinghai**	**743**	**1529.86**	**1135.52**	**698984.17**
西宁市	Xining City	214	628.99	445.07	558130.99
海东地区	Haidong Prefecture	92	409.82	312.67	96357.90
海北藏族自治州	Haibei Tibetan A.P.	59	43.42	29.68	5585.19
黄南藏族自治州	Huangnan Tibetan A.P.	9	8.76	4.42	1744.13
海南藏族自治州	Hainan Tibetan A.P.	200	85.07	43.58	18768.59
果洛藏族自治州	Golog Tibetan A.P.	33	6.49		336.08
玉树藏族自治州	Yushu Tibetan A.P.				
海西蒙古族藏族自治州	Haixi Mongol & Tibetan A.P.	136	347.30	300.10	18061.30
宁夏	**Ningxia**	**1204**	**5479.02**	**4840.82**	**1752615.35**
银川市	Yinchuan City	494	2327.62	2014.52	1147061.01
石嘴山市	Shizuishan City	110	742.07	589.58	115706.66
吴忠市	Wuzhong City	276	1150.28	1084.88	272987.29
固原市	Guyuan City	104	434.37	419.78	73181.95
中卫市	Zhongwei City	220	824.67	732.07	143678.44
新疆	**Xinjiang**	**3805**	**15383.50**	**12328.60**	**3246789.20**
乌鲁木齐市	Urumqi City	318	1490.68	679.03	862602.33
克拉玛依市	Karamay City	166	407.54	252.88	135159.94
吐鲁番地区	Turpan Prefeture	96	433.48	405.76	64824.01
哈密地区	Hami Prefeture	284	596.57	466.22	53538.14
昌吉回族自治州	Changji Hui A.P.	586	3949.79	3692.61	552893.69
博尔塔拉蒙古自治州	Bortala Mongol A.P.	165	421.90	303.72	88179.95
巴音郭楞蒙古自治州	Bayingolin Mongol A.P.	352	1076.82	882.38	187731.00
阿克苏地区	Akesu Prefeture	316	985.01	825.25	196950.42
克孜勒苏柯尔克孜自治州	Kizilsu Kirgiz A.P.	78	325.25	286.78	38222.87
喀什地区	Kashi Prefeture	484	1657.74	1405.23	263751.67
和田地区	Hotan Prefeture	87	342.91	335.78	43688.53
伊犁哈萨克自治州	Ili Kazak A.P.	477	2255.06	1659.08	574227.58
塔城地区	Tacheng Prefeture	163	488.19	307.35	93420.19
阿勒泰地区	Altay Prefeture	188	841.99	805.07	32206.85
石河子市	Shihezi City	45	110.55	21.46	59392.04
阿拉尔市	Aral City				
图木舒克市	Tumxuk City				
五家渠市	Wujiaqu City				

——按省市分列（2013年） 续表10

by Province, Autonomous Region and Municipality (2013) Continued 10

Unit: hectare, 10^4 yuan

协议出让 Granting through Agreement				"招拍挂"出让 Granting through Bidding, Auction and Listing			
宗数 Number of Land Plots	面积 Area	新增 Newly Increased	成交价款 Transaction Price Value	宗数 Number of Land Plots	面积 Area	新增 Newly Increased	成交价款 Transaction Price Value
170	67.38	2.01	15503.35	291	1235.40	1192.21	155387.57
19	9.18	8.67	1723.75	57	265.79	208.68	115568.80
19	273.69	272.95	9850.64	228	819.54	729.19	148361.03
6	49.66	49.35	7038.48	123	295.29	262.97	214781.03
3	3.97	2.10	935.54	160	550.39	489.81	176214.42
139	14.25	4.17	2191.96	43	128.83	109.26	44062.74
				140	372.75	324.08	144726.72
73	4.97	0.46	378.83	15	23.28	18.58	6352.70
384	**483.94**	**293.49**	**82150.48**	**359**	**1045.93**	**842.03**	**616833.69**
123	254.36	158.06	68272.60	91	374.63	287.02	489858.38
16	86.88	18.28	8448.00	76	322.94	294.38	87909.90
18	9.23	0.01	1047.04	41	34.19	29.66	4538.15
				9	8.76	4.42	1744.13
165	33.51	24.43	1692.15	35	51.56	19.16	17076.45
32	1.54		131.98	1	4.95		204.10
30	98.42	92.71	2558.72	106	248.88	207.40	15502.58
216	**203.72**	**71.03**	**36752.76**	**988**	**5275.31**	**4769.80**	**1715862.59**
54	168.19	59.48	28533.79	440	2159.43	1955.04	1118527.22
8	2.84		1196.09	102	739.23	589.58	114510.57
15	14.05	0.54	1033.33	261	1136.24	1084.34	271953.96
5	1.54	1.54	157.67	99	432.84	418.24	73024.28
134	17.11	9.48	5831.88	86	807.57	722.59	137846.56
531	**774.56**	**111.09**	**189955.68**	**3274**	**14608.94**	**12217.52**	**3056833.53**
123	72.20	21.72	54089.79	195	1418.48	657.31	808512.54
45	50.00	1.84	12430.97	121	357.55	251.04	122728.97
				96	433.48	405.76	64824.01
82	64.39		4243.33	202	532.18	466.22	49294.81
13	25.87	0.67	2531.93	573	3923.92	3691.94	550361.77
19	13.46	9.80	380.35	146	408.44	293.92	87799.60
14	24.65	1.67	1344.30	338	1052.17	880.71	186386.71
10	2.20	0.17	602.97	306	982.80	825.09	196347.45
4	17.60	3.35	226.78	74	307.65	283.43	37996.09
21	1.48		450.33	463	1656.27	1405.23	263301.34
				87	342.91	335.78	43688.53
104	403.73	71.88	89212.75	373	1851.33	1587.20	485014.82
75	64.44		8864.14	88	423.75	307.35	84556.05
				188	841.99	805.07	32206.85
21	34.55		15578.04	24	76.01	21.46	43814.00

国有建设用地出让情况——按用
State-owned Land for Construction Use

单位：公顷，万元

地区	Region	出让总量 Total Amount of Granting		工矿仓储用地 Land for Industry, Mining and Warehousing		商服用地 Land for Commercial and Service Uses		住宅 Land for			
								普通商品住房 Ordinary Commercial House			
										中低价位、中小套型 Medium- and Low-price, Medium- and Small-sized Ordinary Commercial Houses	
		出让面积 Area	成交价款 Transaction Price Value	出让面积 Area	成交价款 Transaction Price Value	出让面积 Area	成交价款 Transaction Price Value	出让面积 Area	成交价款 Transaction Price Value	出让面积 Area	成交价款 Transaction Price Value
全　国	**Total**	**374804.03**	**437452967.12**	**187385.11**	**40558823.74**	**65380.53**	**130152603.03**	**105183.68**	**255544715.05**	**36808.46**	**82788713.83**
北　京	Beijing	1926.42	17820964.21	502.86	360313.35	353.37	6501677.30	779.14	9285261.45	257.72	631528.59
天　津	Tianjin	4387.72	8196643.29	2788.08	976931.46	486.37	2647952.99	1054.71	4502596.31	22.91	112606.09
河　北	Hebei	19852.92	16821876.04	9907.75	2008234.44	2902.37	3654584.99	6315.56	10795242.67	1385.72	3000755.48
山　西	Shanxi	7328.55	6356818.74	3443.89	673405.62	1485.04	2245612.17	2181.79	3302522.57	508.96	743586.54
内蒙古	Inner Mongolia	13964.54	5422222.57	7725.30	769571.76	2203.08	1795704.60	2578.38	2684564.02	1353.10	1297727.35
辽　宁	Liaoning	16899.92	19710442.30	7310.89	1970012.13	3045.18	4895495.47	5875.65	12645943.98	2309.03	3926355.02
吉　林	Jilin	6890.14	4860579.41	3837.70	805180.32	867.08	1278009.08	1941.64	2697715.29	449.68	349370.50
黑龙江	Heilongjiang	8177.50	4728818.01	4278.13	737244.88	1678.82	1539777.89	2018.35	2354468.71	457.02	181487.73
上　海	Shanghai	1337.49	10905194.56	523.35	423289.03	249.12	5530989.74	511.61	4573949.17	255.01	809712.00
江　苏	Jiangsu	36171.21	61149559.70	16445.65	4121480.99	8202.56	19932297.19	10537.35	35634507.65	4098.42	9087594.98
浙　江	Zhejiang	15493.39	41251381.82	8078.49	3503078.68	2551.60	10588676.35	4176.48	26480089.32	4176.48	26480089.32
安　徽	Anhui	19150.35	22652940.02	9009.75	1594897.20	3849.93	7711513.98	5531.64	12595443.12	1400.03	2958855.08
福　建	Fujian	10623.98	15796084.53	6070.24	1263800.93	1484.80	4150572.20	2457.84	10192556.47	760.43	2814787.06
江　西	Jiangxi	15635.71	13384514.67	9666.52	1224684.12	2370.52	3933154.82	3303.79	7884933.18	542.79	1203102.41
山　东	Shandong	42390.70	34901802.07	21968.56	4976958.83	6633.50	10416209.16	10929.82	18569067.87	6169.13	8086808.93
河　南	Henan	19544.38	15033726.22	9865.57	1966995.97	2836.03	3543692.39	6101.65	9134820.64	1573.41	1927317.07
湖　北	Hubei	18411.65	16193107.60	11218.31	2325481.30	2313.79	4038494.37	4313.74	9508302.69	1306.77	2132442.16
湖　南	Hunan	10601.40	11907774.96	4514.04	1273744.47	1865.04	3524912.99	3806.54	6879263.77	388.23	805244.24
广　东	Guangdong	14424.14	32545048.17	6641.13	2902531.66	1878.18	11585633.37	4912.82	17305236.55	1147.94	3783803.66
广　西	Guangxi	8657.12	6342838.25	4123.94	816388.32	1661.58	1601932.55	2095.44	3719210.68	842.04	1707524.34
海　南	Hainan	1918.21	2458598.91	376.84	88436.84	507.07	915902.71	779.04	1103574.86	427.75	491251.81
重　庆	Chongqing	8277.18	17227485.17	2697.07	1043230.18	1087.86	2860742.92	4180.80	13147535.48	1137.45	2422440.98
四　川	Sichuan	15480.61	19953178.58	7415.58	1355137.55	3019.20	5055577.42	4501.69	13305043.30	1083.60	2738118.46
贵　州	Guizhou	9259.23	7667053.72	3550.31	577112.26	1875.53	2480251.62	3543.00	4444052.31	2587.43	3294595.82
云　南	Yunnan	8018.56	8990941.47	2440.01	624911.55	2061.41	2830062.33	3109.83	5148339.14	300.68	284617.16
西　藏	Tibet	377.43	79517.02	54.53	5907.66	210.86	52067.02	111.98	21537.99		
陕　西	Shaanxi	8500.04	7017752.05	4109.76	859460.67	1319.56	1816199.95	2552.68	4045058.68	733.89	869798.01
甘　肃	Gansu	8711.13	2377714.36	4282.14	359549.07	2331.24	780750.29	1616.56	1202212.64	286.81	181259.97
青　海	Qinghai	1529.86	698984.17	775.81	94723.63	389.67	312627.41	289.06	252551.64	42.90	13096.21
宁　夏	Ningxia	5479.02	1752615.35	3339.38	272271.75	1021.18	664695.17	1022.39	796208.07	69.89	39824.45
新　疆	Xinjiang	15383.50	3246789.20	10423.54	583857.13	2638.98	1266832.59	2052.69	1332904.83	733.23	413012.41

地类型和地区分列（2013 年）
Granted by Land-use Type and by Region（2013）

Unit: hectare, 10^4 yuan

用地 Residential Uses				其他用地 Land for Other Types							
公共租赁房 Public Rental House		高档住宅 High-grade Residence		公共管理与公共服务用地 Land for Public Management and Public Services		特殊用地 Land for Special Uses		交通运输用地 Land for Transport		水域及水利设施用地 Land for Water Conservancy Facilities	
出让面积 Area	成交价款 Transaction Price Value	出让面积 Area	成交价款 Transaction Price Value	出让面积 Area	成交价款 Transaction Price Value	出让面积 Area	成交价款 Transaction Price Value	出让面积 Area	成交价款 Transaction Price Value	出让面积 Area	成交价款 Transaction Price Value
526.73	**1346195.88**	**124.00**	**682933.12**	**8470.10**	**6508496.68**	**184.75**	**63578.60**	**3089.03**		**451.72**	**36735.54**
50.44	831984.75	9.94	482000.00	206.52	319126.59			24.16			
				53.33	66738.65			3.56		1.67	669.64
16.21	15301.16	1.82	3135.65	283.98	170392.57	7.42	1696.80	394.35		7.41	979.85
3.03	845.00			134.55	93881.94			15.50			
4.38	7561.90			150.13	58627.34	0.61	75.00	18.67			
0.10	116.50			254.54	148998.33	0.74	87.66	329.85		0.39	23.53
5.52	2063.24			97.35	45156.53			10.25			
5.54	351.50			56.10	59661.21	1.99	269.54	18.31			
				52.68	370901.95	0.53	1168.00	0.19			
37.46	50110.27	13.49	38141.30	482.89	960467.38	1.49	4172.29	268.03			
26.84	44305.54	7.01	24311.00	533.75	515786.76			112.10		0.22	59.42
63.97	76875.77			378.73	135347.93	2.65	794.49	70.41			
2.62	1281.76	4.87	14700.00	385.91	123757.18	9.85	4612.98	118.07		3.90	347.77
84.69	158142.00	2.62	17270.55	171.02	121485.77	4.00	1500.00	14.34		1.07	100.00
29.25	15610.84	1.49	1731.46	1109.83	594807.05	32.27	8759.20	922.49			
55.50	45224.62			545.25	295535.10	4.19	565.19	62.70			
8.19	7549.45	11.44	20304.89	355.74	249265.94	9.07	3699.18	153.00		0.91	57.33
6.58	3213.34			333.98	200127.43	25.60	7068.00	24.04		4.00	568.20
8.41	25501.60	5.42	2737.00	790.58	652487.62	24.73	13461.99	121.85		28.18	1912.70
2.90	2015.19			193.85	106407.59	31.62	6906.00	198.26		298.78	15178.13
2.00	1502.59	50.00	75755.00	192.69	267572.94			10.56			
		9.38	2145.00	100.74	72040.47	9.68	5513.66	34.38		22.59	5470.72
0.65	195.49			346.34	160502.22	3.27	512.00	71.28		13.86	1714.34
7.26	13347.81			173.03	107809.41	7.34	1344.20	18.57		0.50	82.77
82.83	29163.45	0.77	185.59	212.38	326569.89	0.21	249.60	20.76		56.28	7928.55
				0.06	4.35						
11.88	4241.50	0.01	2.15	257.27	177999.75			22.53		6.46	1114.62
3.66	985.36			382.23	23808.98			6.95		3.26	266.94
5.85	8470.05	0.25	20.32	49.79	23311.35			0.22		2.23	261.04
0.34	133.85			64.66	17431.89	7.49	1122.82	23.59			
0.63	101.34	5.50	493.20	120.18	42484.55			0.09			

国有建设用地出让情况——按

State-owned Land for Construction Use Granted by Land-use Type

单位：公顷，万元

地区	Region	出让总量 Total Amount of Granting 出让面积 Area	出让总量 成交价款 Transaction Price Value	工矿仓储用地 Land for Industry, Mining and Warehousing 出让面积 Area	工矿仓储用地 成交价款 Transaction Price Value	商服用地 Land for Commercial and Service Uses 出让面积 Area	商服用地 成交价款 Transaction Price Value	住宅 Land for 普通商品住房 Ordinary Commercial House 出让面积 Area	普通商品住房 成交价款 Transaction Price Value	中低价位、中小套型 Medium- and Low-price, Medium- and Small-sized Ordinary Commercial Houses 出让面积 Area	中低价位、中小套型 成交价款 Transaction Price Value
总　计	**Total**	**374804.03**	**437452967.12**	**187385.11**	**40558823.74**	**65380.53**	**130152603.03**	**105183.68**	**255544715.05**	**36808.46**	**82788713.83**
北京	**Beijing**	**1926.42**	**17820964.21**	**502.86**	**360313.35**	**353.37**	**6501677.30**	**779.14**	**9285261.45**	**257.72**	**631528.59**
天津	**Tianjin**	**4387.72**	**8196643.29**	**2788.08**	**976931.46**	**486.37**	**2647952.99**	**1054.71**	**4502596.31**	**22.91**	**112606.09**
河北	**Hebei**	**19852.92**	**16821876.04**	**9907.75**	**2008234.44**	**2902.37**	**3654584.99**	**6315.56**	**10795242.67**	**1385.72**	**3000755.48**
石家庄市	Shijiazhuang City	1411.32	2626514.03	624.89	189451.96	197.70	526901.22	549.64	1892142.36	138.89	837235.04
唐山市	Tangshan City	5018.22	3307638.06	2788.79	535750.67	807.97	875184.27	1038.17	1764392.71	120.64	99009.58
秦皇岛市	Qinhuangdao City	781.59	759992.12	292.48	79918.29	144.67	166046.37	323.71	503557.20	11.29	17153.73
邯郸市	Handan City	1580.26	1439653.07	890.77	158755.27	189.28	424808.83	453.78	785092.13	27.20	35905.51
邢台市	Xingtai City	1524.31	712711.86	1043.36	183437.35	101.98	106046.47	362.32	410780.96	35.46	55617.11
保定市	Baoding City	1694.78	1179316.18	571.03	127104.34	321.20	174912.52	745.40	852246.37	60.56	69838.27
张家口市	Zhangjiakou City	1207.48	954822.68	436.10	77222.84	270.76	260871.59	471.46	602987.95	217.07	372611.84
承德市	Chengde City	1257.01	821674.28	622.09	136057.85	247.17	252391.03	366.36	418562.21	47.12	50762.01
沧州市	Cangzhou City	1725.43	998450.49	1134.41	173653.99	158.26	162094.97	409.29	655985.02	42.65	62254.29
廊坊市	Langfang City	2439.88	3351206.74	786.39	218257.78	325.54	555616.71	1244.31	2523669.01	462.99	1113081.51
衡水市	Hengshui City	1212.62	669896.53	717.42	128624.11	137.83	149711.01	351.12	385826.75	221.85	287286.60
山西	**Shanxi**	**7328.55**	**6356818.74**	**3443.89**	**673405.62**	**1485.04**	**2245612.17**	**2181.79**	**3302522.57**	**508.96**	**743586.54**
太原市	Taiyuan City	755.01	1835227.29	315.57	107123.54	167.83	752939.46	243.56	914596.09	91.03	267680.68
大同市	Datong City	803.88	1048541.81	172.01	24954.67	244.59	380727.38	382.85	642194.77	12.22	8910.40
阳泉市	Yangquan City	130.57	68730.54	60.76	14820.76	25.97	14051.15	42.97	39708.58	40.61	36194.79
长治市	Changzhi City	478.10	293313.80	205.26	35985.74	89.29	73105.60	175.61	181855.33	22.18	26982.86
晋城市	Jincheng City	410.62	260453.15	228.39	53679.06	59.68	62137.64	104.06	136490.01	29.08	35732.43
朔州市	Shuozhou City	794.75	731315.30	298.09	47935.00	205.97	361514.10	267.83	303121.91	67.79	76285.10
晋中市	Jinzhong City	853.32	455010.14	458.25	94472.71	133.51	135863.12	194.77	211613.61	50.58	88424.08
运城市	Yuncheng City	828.75	386602.02	402.71	68375.93	173.65	110393.18	230.39	202635.92	13.82	6423.93
忻州市	Xinzhou City	547.78	438085.07	276.83	42135.26	132.47	144027.92	115.00	236322.17	32.31	13011.66
临汾市	Linfen City	986.38	593339.15	516.45	99530.65	156.26	148043.88	301.76	339783.45	124.96	164180.45
吕梁市	Lüliang City	739.39	246200.47	509.56	84392.31	95.82	62808.74	123.00	94200.72	24.37	19760.15
内蒙古	**Inner Mongolia**	**13964.54**	**5422222.57**	**7725.30**	**769571.76**	**2203.08**	**1795704.60**	**2578.38**	**2684564.02**	**1353.10**	**1297727.35**
呼和浩特市	Hohhot City	991.34	1454752.64	364.91	35933.13	259.36	568873.46	352.91	823652.90	127.48	185935.81
包头市	Baotou City	1251.07	713785.39	832.96	130306.35	167.61	240106.86	236.05	334894.54	211.11	327754.15
乌海市	Wuhai City	301.24	130796.92	235.95	18536.15	27.52	43033.08	32.93	64396.29	18.92	26830.28
赤峰市	Chifeng City	1672.65	714337.93	1139.87	103668.10	198.41	152309.17	298.78	438910.90	121.69	184496.06
通辽市	Tongliao City	1422.19	348507.92	1063.13	103911.07	158.84	104655.64	180.93	137445.67	75.67	30743.91

用地类型和省市分列（2013年）

and by Province，Autonomous Region and Municipality （2013）

Unit: hectare, 10^4 yuan

用地 Residential Uses				其他用地 Land for Other Types							
公共租赁房 Public Rental House		高档住宅 High-grade Residence		公共管理与公共服务用地 Land for Public Management and Public Services		特殊用地 Land for Special Uses		交通运输用地 Land for Transport		水域及水利设施用地 Land for Water Conservancy Facilities	
出让面积 Area	成交价款 Transaction Price Value	出让面积 Area	成交价款 Transaction Price Value	出让面积 Area	成交价款 Transaction Price Value	出让面积 Area	成交价款 Transaction Price Value	出让面积 Area	成交价款 Transaction Price Value	出让面积 Area	成交价款 Transaction Price Value
526.73	**1346195.88**	**124.00**	**682933.12**	**8470.10**	**6508496.68**	**184.75**	**63578.60**	**3089.03**		**451.72**	**36735.54**
50.44	**831984.75**	**9.94**	**482000.00**	**206.52**	**319126.59**			**24.16**			
				53.33	**66738.65**			**3.56**		**1.67**	**669.64**
16.21	**15301.16**	**1.82**	**3135.65**	**283.98**	**170392.57**	**7.42**	**1696.80**	**394.35**		**7.41**	**979.85**
2.00	750.00			24.89	10175.67	2.52	795.00	9.68			
				33.19	21547.91			350.10			
				7.50	4416.74	2.90	464.00	3.58		6.74	859.85
				22.26	40965.19			24.18			
0.37	813.66			15.92	10818.57						
2.12	1718.71			49.57	20675.99	2.00	437.80	0.15		0.67	120.00
2.68	2785.53			23.79	8168.98						
3.17	3423.15			15.26	7370.97						
		1.81	3117.65	15.00	2588.00			6.66			
2.57	3643.56	0.02	18.00	75.56	43153.07						
3.30	2166.56			1.05	511.47						
3.03	**845.00**			**134.55**	**93881.94**			**15.50**			
				20.57	39469.67			0.47			
				4.43	665.00						
				0.87	150.05						
				2.13	1140.78			0.21			
				13.62	6854.83			4.86			
				20.46	16297.86			1.26			
3.03	845.00			15.18	3448.12			6.27			
				17.89	3681.65			1.47			
				20.26	14988.88			0.64			
				10.11	4361.17						
				9.03	2823.93			0.32			
4.38	**7561.90**			**150.13**	**58627.34**	**0.61**	**75.00**	**18.67**			
				8.10	2092.50			6.07			
				14.46	8477.64						
1.53	3862.17										
				23.47	18590.75						
				3.96	1208.29						

国有建设用地出让情况——按

State-owned Land for Construction Use Granted by Land-use Type

单位：公顷，万元

地区	Region	出让总量 Total Amount of Granting		工矿仓储用地 Land for Industry, Mining and Warehousing		商服用地 Land for Commercial and Service Uses		住宅 Land for			
								普通商品住房 Ordinary Commercial House			
										中低价位、中小套型 Medium- and Low-price, Medium- and Small-sized Ordinary Commercial Houses	
		出让面积 Area	成交价款 Transaction Price Value	出让面积 Area	成交价款 Transaction Price Value	出让面积 Area	成交价款 Transaction Price Value	出让面积 Area	成交价款 Transaction Price Value	出让面积 Area	成交价款 Transaction Price Value
鄂尔多斯市	Erdos City	1143.29	413962.48	705.84	74628.38	162.59	149651.18	200.60	168904.71	172.61	143372.44
呼伦贝尔市	Hulunbuir City	1734.30	482548.71	623.55	80849.50	323.01	144365.78	351.15	216288.72	185.58	141740.50
巴彦淖尔市	Bayannur City	1176.11	294883.30	774.45	79063.15	179.42	81547.94	181.13	127955.28	104.99	112192.58
乌兰察布市	Ulanqab City	1473.34	552944.46	654.30	52406.99	384.69	214571.27	409.10	274972.34	133.85	81919.60
兴安盟	Xing'an League	418.14	89848.00	244.20	26567.94	69.41	25439.60	99.94	36224.96	36.12	16940.96
锡林郭勒盟	Xilingol League	1667.75	160147.92	528.77	34804.69	179.30	52492.89	178.04	43894.62	137.77	34940.25
阿拉善盟	Alxa League	713.11	65706.91	557.37	28896.30	92.93	18657.74	56.83	17023.10	27.31	10860.81
辽宁	**Liaoning**	**16899.92**	**19710442.30**	**7310.89**	**1970012.13**	**3045.18**	**4895495.47**	**5875.65**	**12645943.98**	**2309.03**	**3926355.02**
沈阳市	Shenyang City	2482.43	4853033.14	1034.86	374947.05	354.94	1241194.19	1065.77	3215641.66	100.76	108782.83
大连市	Dalian City	2118.63	4857405.42	1117.66	423313.23	285.18	838285.48	677.95	3571811.31	324.99	873707.43
鞍山市	Anshan City	1626.28	1664611.17	639.53	165450.71	155.87	159663.91	782.09	1306412.77	467.39	889009.65
抚顺市	Fushun City	884.11	914406.54	455.50	116823.53	143.29	285029.62	234.20	500811.12	166.92	391962.73
本溪市	Benxi City	644.24	395447.54	316.71	70378.03	111.87	115185.61	204.31	208010.50	0.80	7520.00
丹东市	Dandong City	970.25	484462.37	349.02	72216.67	84.83	126893.58	182.76	257902.37		
锦州市	Jinzhou City	1301.90	1299815.88	414.43	94687.96	624.09	667143.95	254.43	526385.41	119.58	300808.36
营口市	Yingkou City	1318.90	1483650.22	487.26	124285.42	267.06	426068.74	550.59	930420.11	198.40	440492.18
阜新市	Fuxin City	661.94	393115.61	341.63	79985.35	105.35	97415.03	210.10	213211.70	66.50	58452.91
辽阳市	Liaoyang City	524.20	562685.06	208.61	65121.37	132.69	202667.64	156.20	278963.52	61.54	78627.96
盘锦市	Panjin City	1393.50	785991.06	479.59	112966.15	321.63	201114.61	563.16	468495.59	180.30	81531.84
铁岭市	Tieling City	1126.28	769692.73	498.55	80348.03	156.31	200750.46	453.11	455221.73	412.78	419432.01
朝阳市	Chaoyang City	965.62	618714.36	542.72	94287.49	125.30	167492.55	267.98	349333.85		
葫芦岛市	Huludao City	881.63	627411.19	424.82	95201.14	176.77	166590.09	273.01	363322.35	209.07	276027.12
吉林	**Jilin**	**6890.14**	**4860579.41**	**3837.70**	**805180.32**	**867.08**	**1278009.08**	**1941.64**	**2697715.29**	**449.68**	**349370.50**
长春市	Changchun City	2644.07	2881402.76	1473.02	280888.41	308.24	752454.09	805.40	1817977.54	74.80	64286.04
吉林市	Jilin City	1287.76	811249.20	724.92	235943.41	190.93	275488.67	294.14	296032.70	20.77	8975.27
四平市	Siping City	605.58	254966.07	334.25	63188.20	74.50	44702.70	181.84	140528.96	67.23	71279.03
辽源市	Liaoyuan City	228.41	62215.59	174.31	29890.80	27.80	15742.20	25.18	16334.29		
通化市	Tonghua City	461.83	287086.94	222.69	69809.05	71.18	70676.57	132.42	137240.95	68.65	53193.73
白山市	Baishan City	376.26	118046.42	159.12	23150.43	63.33	28790.28	152.10	65944.44		
松原市	Songyuan City	326.98	110392.96	232.14	37865.66	22.36	13219.46	61.11	43651.08	13.90	10461.31
白城市	Baicheng City	334.11	129908.11	197.58	34997.63	46.55	29885.95	89.80	65002.37	61.24	50697.13
延边朝鲜族自治州	Yanbian Korean A.P.	625.12	205311.36	319.68	29446.73	62.19	47049.18	199.65	115002.96	143.09	90477.98

用地类型和省市分列（2013年） 续表 1

and by Province，Autonomous Region and Municipality （2013） Continued 1

Unit: hectare, 10^4 yuan

用地 Residential Uses				其他用地 Land for Other Types							
公共租赁房 Public Rental House		高档住宅 High-grade Residence		公共管理与公共服务用地 Land for Public Management and Public Services		特殊用地 Land for Special Uses		交通运输用地 Land for Transport		水域及水利设施用地 Land for Water Conservancy Facilities	
出让面积 Area	成交价款 Transaction Price Value	出让面积 Area	成交价款 Transaction Price Value	出让面积 Area	成交价款 Transaction Price Value	出让面积 Area	成交价款 Transaction Price Value	出让面积 Area	成交价款 Transaction Price Value	出让面积 Area	成交价款 Transaction Price Value
				34.05	10313.15						
2.85	3699.73			3.45	930.08						
				28.84	3270.15			12.28			
				20.16	10586.00	0.61	75.00				
				4.59	1615.50						
				3.06	413.50			0.33			
				5.98	1129.77						
0.10	**116.50**			**254.54**	**148998.33**	**0.74**	**87.66**	**329.85**		**0.39**	**23.53**
				26.87	21250.24						
				33.57	21341.18			4.27			
				48.80	33083.78						
				1.70	504.65						
				3.57	566.95						
0.10	116.50			19.38	6064.58			322.12			
				2.41	548.83			0.95			
				14.00	2875.95						
				4.20	2438.00					0.39	23.53
				26.70	15932.53						
				29.12	3414.71						
				15.82	32246.50			2.50			
				21.38	6432.81	0.74	87.66				
				7.03	2297.62						
5.52	**2063.24**			**97.35**	**45156.53**			**10.25**			
				53.29	28497.72			4.13			
				5.96	1055.51			6.12			
				13.08	5916.66						
				1.12	248.30						
				0.97	584.00						
				0.80	253.76						
				0.19	22.16						
5.52	2063.24			21.93	8578.43						

国有建设用地出让情况——按

State-owned Land for Construction Use Granted by Land-use Type

单位：公顷，万元

地区	Region	出让总量 Total Amount of Granting		工矿仓储用地 Land for Industry, Mining and Warehousing		商服用地 Land for Commercial and Service Uses		住宅 Land for			
								普通商品住房 Ordinary Commercial House			
										中低价位、中小套型 Medium- and Low-price, Medium- and Small-sized Ordinary Commercial Houses	
		出让面积 Area	成交价款 Transaction Price Value	出让面积 Area	成交价款 Transaction Price Value	出让面积 Area	成交价款 Transaction Price Value	出让面积 Area	成交价款 Transaction Price Value	出让面积 Area	成交价款 Transaction Price Value
黑龙江	**Heilongjiang**	**8177.50**	**4728818.01**	**4278.13**	**737244.88**	**1678.82**	**1539777.89**	**2018.35**	**2354468.71**	**457.02**	**181487.73**
哈尔滨市	Harbin City	2153.50	2785194.26	891.30	216434.59	521.66	907139.06	688.18	1603322.31	49.68	16198.55
齐齐哈尔市	Qiqihar City	781.76	261014.46	480.20	56591.82	117.28	79624.47	138.33	94231.99	0.54	623.69
鸡西市	Jixi City	369.49	92622.38	159.89	26385.93	52.03	25063.60	146.76	40240.06	52.06	6176.14
鹤岗市	Hegang City	124.71	62484.41	89.87	16294.74	12.54	8542.58	22.30	37647.09		
双鸭山市	Shuangyashan City	274.71	76553.40	94.23	12001.74	81.49	28432.75	98.99	36118.51	46.03	10470.75
大庆市	Daqing City	768.38	478932.36	411.24	55708.08	166.66	237623.20	190.23	185601.08	13.14	9410.75
伊春市	Yichun City	234.35	46916.63	102.14	13912.72	122.98	30814.71	8.67	2037.21	4.67	1078.35
佳木斯市	Jiamusi City	475.45	136873.98	285.93	50487.01	96.91	43618.46	88.45	42133.20	60.02	21276.54
七台河市	Qitaihe City	105.18	22200.59	72.02	11042.66	9.87	3248.74	23.29	7909.19	23.29	7909.19
牡丹江市	Mudanjiang City	631.47	282110.99	278.40	65494.93	131.04	79234.18	216.00	136487.89	22.30	12597.23
黑河市	Heihe City	203.56	37503.12	90.76	11551.35	63.99	15161.18	33.27	8449.32	13.04	3198.15
绥化市	Suihua City	1336.49	301937.28	948.15	163763.59	143.58	51624.73	244.77	86548.96	95.63	25858.33
大兴安岭地区	Da Hinggan Ling Prefecture	104.84	10446.50	35.48	3469.32	17.48	4597.14	2.26	441.66		
农垦总局	General Bureau of Agriculture	546.83	125988.66	313.50	31703.07	111.18	20860.55	112.85	72542.16	76.04	66483.42
森工总局	General Bureau of Forest Industry	48.66	5361.01	9.31	583.34	28.79	3737.19	2.93	355.44		
友谊国土资源局	Youyi Land and Resources Bureau	9.75	1697.10	7.72	1012.00	0.96	282.45	1.08	402.65	0.58	206.65
五大连池风景名胜区	Wudalianchi	8.38	980.89	8.00	808.00	0.38	172.89				
上海	**Shanghai**	**1337.49**	**10905194.56**	**523.35**	**423289.03**	**249.12**	**5530989.74**	**511.61**	**4573949.17**	**255.01**	**809712.00**
江苏	**Jiangsu**	**36171.21**	**61149559.70**	**16445.65**	**4121480.99**	**8202.56**	**19932297.19**	**10537.35**	**35634507.65**	**4098.42**	**9087594.98**
南京市	Nanjing City	1795.85	9430931.20	656.88	269703.51	285.60	1425929.74	472.31	6981808.75	81.38	244404.73
无锡市	Wuxi City	2129.95	3914674.88	1119.11	625532.18	428.57	1606020.29	555.05	1657157.99	103.73	92246.00
徐州市	Xuzhou City	2635.51	4215053.04	940.17	181852.08	631.99	1492873.87	1029.00	2483662.74	659.48	1491028.37
常州市	Changzhou City	2203.72	4992645.27	1040.91	319676.02	486.99	1966776.37	656.55	2660520.53	219.51	847049.53
苏州市	Suzhou City	4314.65	11354482.05	2113.07	740278.68	893.15	3675688.24	1112.78	6749329.80	373.13	1121641.38
南通市	Nantong City	4289.70	8068998.77	1306.16	301561.49	1219.84	2924638.37	1646.08	4624505.91	315.70	830084.94
连云港市	Lianyungang City	4692.99	2684981.38	2516.96	390225.53	1739.78	1689665.76	423.54	594739.61	9.82	11411.98
淮安市	Huai'an City	1730.95	1936810.03	711.66	106103.63	525.01	850764.00	459.59	965972.36	381.77	842317.16
盐城市	Yancheng City	4370.07	4227154.05	1982.63	318609.72	899.57	1457673.67	1468.78	2434409.48	1228.44	2066641.37
扬州市	Yangzhou City	2007.98	3255055.80	1140.98	222226.33	343.62	1163078.68	492.52	1829321.64	194.39	519433.28
镇江市	Zhenjiang City	1684.56	1799835.95	881.90	244779.43	158.10	251702.33	593.66	1241799.55	302.96	488605.08
泰州市	Taizhou City	1987.65	2462966.97	1169.90	292977.60	124.60	285766.80	663.49	1874771.43	217.94	516066.00
宿迁市	Suqian City	2327.63	2805970.32	865.33	107954.79	465.75	1141719.07	964.00	1536507.87	10.17	16665.17

用地类型和省市分列（2013 年） 续表 2

and by Province，Autonomous Region and Municipality （2013） Continued 2

Unit: hectare, 10^4 yuan

用地 Residential Uses				其他用地 Land for Other Types							
公共租赁房 Public Rental House		高档住宅 High-grade Residence		公共管理与公共服务用地 Land for Public Management and Public Services		特殊用地 Land for Special Uses		交通运输用地 Land for Transport		水域及水利设施用地 Land for Water Conservancy Facilities	
出让面积 Area	成交价款 Transaction Price Value	出让面积 Area	成交价款 Transaction Price Value	出让面积 Area	成交价款 Transaction Price Value	出让面积 Area	成交价款 Transaction Price Value	出让面积 Area	成交价款 Transaction Price Value	出让面积 Area	成交价款 Transaction Price Value
5.54	**351.50**			**56.10**	**59661.21**	**1.99**	**269.54**	**18.31**			
0.82	200.85			51.43	58062.33						
				3.18	1371.37						
4.73	150.65										
				0.00	0.41						
				0.25							
						1.99	269.54	2.17			
				0.43	124.24			5.60			
				0.02	2.85			1.33			
				0.31	22.61						
				0.08	36.88			9.21			
				0.39	40.54						
				52.68	**370901.95**	**0.53**	**1168.00**	**0.19**			
37.46	**50110.27**	**13.49**	**38141.30**	**482.89**	**960467.38**	**1.49**	**4172.29**	**268.03**			
0.72	1794.23	4.65	7721.00	171.81	672733.98			203.88			
				15.85	10418.88			4.78			
				26.32	34977.35			8.02			
5.61	4455.00			8.18	10282.96			0.52			
11.26	20811.03			116.92	127748.70			0.63			
2.27	4079.88			26.76	16666.67			14.21			
8.52	7683.32			4.18	2667.16						
				28.60	8799.92						
3.83	4886.82			13.31	6518.86	1.49	4172.29				
		8.84	30420.30	17.46	8991.00			4.47			
5.25	6400.00			41.32	54079.60			4.33			
				7.05	3528.30			22.58			
				5.14	3054.00			4.60			

国有建设用地出让情况——按

State-owned Land for Construction Use Granted by Land-use Type

单位：公顷，万元

地区	Region	出让总量 Total Amount of Granting		工矿仓储用地 Land for Industry, Mining and Warehousing		商服用地 Land for Commercial and Service Uses		住宅 Land for			
								普通商品住房 Ordinary Commercial House			
										中低价位、中小套型 Medium- and Low-price, Medium- and Small-sized Ordinary Commercial Houses	
		出让面积 Area	成交价款 Transaction Price Value	出让面积 Area	成交价款 Transaction Price Value	出让面积 Area	成交价款 Transaction Price Value	出让面积 Area	成交价款 Transaction Price Value	出让面积 Area	成交价款 Transaction Price Value
浙江	**Zhejiang**	**15493.39**	**41251381.82**	**8078.49**	**3503078.68**	**2551.60**	**10588676.35**	**4176.48**	**26480089.32**	**4176.48**	**26480089.32**
杭州市	Hangzhou City	2152.45	14313683.48	918.58	375122.36	406.65	4641812.08	720.30	9080722.10	720.30	9080722.10
宁波市	Ningbo City	2621.98	7311145.67	1264.02	658484.39	559.63	1752183.05	702.12	4773527.58	702.12	4773527.58
温州市	Wenzhou City	1294.96	5130214.14	460.23	334704.90	266.54	1235715.98	461.17	3492752.65	461.17	3492752.65
嘉兴市	Jiaxing City	1482.29	2487602.23	719.79	289666.56	288.27	798193.29	379.45	1342616.10	379.45	1342616.10
湖州市	Huzhou City	1512.09	1440794.59	921.38	303655.98	186.87	383563.07	335.70	710750.26	335.70	710750.26
绍兴市	Shaoxing City	1699.22	3232326.13	811.73	365236.96	240.58	477641.04	620.55	2361473.48	620.55	2361473.48
金华市	Jinhua City	1418.67	2306355.79	846.27	353327.15	195.31	509823.90	321.35	1413859.77	321.35	1413859.77
衢州市	Quzhou City	616.36	574550.70	408.77	104509.66	116.94	188111.94	70.89	253548.06	70.89	253548.06
舟山市	Zhoushan City	516.60	609259.80	385.91	191813.84	39.90	137922.78	70.41	268848.82	70.41	268848.82
台州市	Taizhou City	1362.50	3035169.79	824.25	407608.67	152.32	342409.99	340.68	2235454.80	340.68	2235454.80
丽水市	Lishui City	816.26	810279.50	517.56	118948.19	98.59	121299.25	153.86	546535.70	153.86	546535.70
安徽	**Anhui**	**19150.35**	**22652940.02**	**9009.75**	**1594897.20**	**3849.93**	**7711513.98**	**5531.64**	**12595443.12**	**1400.03**	**2958855.08**
合肥市	Hefei City	1754.28	4836300.75	792.85	208305.19	539.50	2659114.07	382.62	1935069.28	1.79	2152.00
芜湖市	Wuhu City	2093.41	1945514.81	1078.34	259112.20	542.74	766748.08	250.64	687762.12	143.86	420302.20
蚌埠市	Bengbu City	1147.98	1162732.84	504.59	81242.35	202.10	197312.27	432.34	880816.72	153.61	291864.18
淮南市	Huainan City	388.90	437693.37	150.37	33217.77	26.40	28638.11	189.70	362817.01		
马鞍山市	Ma'anshan City	851.31	1020570.64	360.15	79454.25	184.65	394420.80	281.51	529427.60	116.01	132208.63
淮北市	Huaibei City	246.62	205141.06	153.14	30955.59	30.15	59059.06	54.42	113276.40	23.05	60163.05
铜陵市	Tongling City	553.40	814606.00	188.45	56877.00	119.67	289438.67	228.73	449355.33	167.13	371488.46
安庆市	Anqing City	775.02	524687.09	539.60	90178.38	99.71	169951.90	128.92	263600.06	18.64	52847.23
黄山市	Huangshan City	498.42	294919.12	163.82	19961.71	180.66	155175.11	76.03	95371.40	37.97	51577.58
滁州市	Chuzhou City	2603.31	1741748.03	1056.15	122973.54	367.28	379822.17	1133.78	1221575.60	105.88	170675.07
阜阳市	Fuyang City	1196.13	1972822.75	614.55	116375.65	101.73	213931.71	386.17	1370473.31	27.47	102658.00
宿州市	Suzhou City	947.61	990380.77	370.72	60522.43	212.61	294518.76	353.99	624213.46	145.44	212671.10
巢湖市	Chaohu City	822.14	681944.08	382.64	57173.94	78.64	60440.01	282.98	520636.74	88.94	155313.38
六安市	Lu'an City	1347.84	1073205.98	793.33	107706.86	201.15	207109.32	336.67	750906.64	170.80	472481.28
亳州市	Bozhou City	1386.71	2249799.82	565.57	95961.19	231.69	475340.25	554.43	1651117.93		
池州市	Chizhou City	982.27	1457946.90	393.61	55604.00	351.10	781024.40	214.81	613916.00	107.45	293214.00
宣城市	Xuancheng City	1554.99	1242926.01	901.88	119275.16	380.15	579469.28	243.89	525107.50	92.00	169238.91
福建	**Fujian**	**10623.98**	**15796084.53**	**6070.24**	**1263800.93**	**1484.80**	**4150572.20**	**2457.84**	**10192556.47**	**760.43**	**2814787.06**
福州市	Fuzhou City	2486.33	4955525.16	1171.31	264650.81	480.03	1552967.60	609.73	3068800.14	234.25	1102741.37

用地类型和省市分列（2013年） 续表 3
and by Province，Autonomous Region and Municipality （2013） Continued 3

Unit: hectare, 10^4 yuan

用地 Residential Uses				其他用地 Land for Other Types							
公共租赁房 Public Rental House		高档住宅 High-grade Residence		公共管理与公共服务用地 Land for Public Management and Public Services		特殊用地 Land for Special Uses		交通运输用地 Land for Transport		水域及水利设施用地 Land for Water Conservancy Facilities	
出让面积 Area	成交价款 Transaction Price Value	出让面积 Area	成交价款 Transaction Price Value	出让面积 Area	成交价款 Transaction Price Value	出让面积 Area	成交价款 Transaction Price Value	出让面积 Area	成交价款 Transaction Price Value	出让面积 Area	成交价款 Transaction Price Value
26.84	**44305.54**	**7.01**	**24311.00**	**533.75**	**515786.76**			**112.10**		**0.22**	**59.42**
				102.93	213726.73			3.98			
8.44	10788.10			75.93	92291.38			11.84			
2.21	2368.00			91.35	51718.16			13.46			
				49.41	35765.68			45.37			
1.49	297.00			51.99	34181.95			14.67			
5.09	17214.99			21.28	10759.66						
				52.90	25750.97			2.85			
		6.76	21000.00	12.09	5031.99			0.26		0.22	59.42
3.14	940.62			16.62	9193.72			0.63			
6.13	10306.00	0.25	3311.00	20.13	17541.52			18.74			
0.35	2390.84			39.13	19824.99			0.29			
63.97	**76875.77**			**378.73**	**135347.93**	**2.65**	**794.49**	**70.41**			
15.60	15207.42			18.66	17404.25	2.65	794.49	2.40			
19.25	16521.47			87.09	11536.11			3.90			
				8.95	3361.50						
				14.02	12321.51			8.42			
5.68	10320.00			16.44	5618.00			0.37			
				8.90	1850.00						
				0.68	205.00			3.15			
				3.92	689.92			0.94			
				76.59	24187.84			1.32			
				32.83	10624.47			7.91			
6.59	11570.00			4.70	3738.07						
1.48	2237.50			6.53	2687.38						
13.80	20358.82			23.05	9676.98			27.39			
1.57	660.56			13.92	6028.48			0.21			
				32.03	16380.45						
				22.74	7402.50						
				7.68	1635.47			14.39			
2.62	**1281.76**	**4.87**	**14700.00**	**385.91**	**123757.18**	**9.85**	**4612.98**	**118.07**		**3.90**	**347.77**
		4.87	14700.00	213.05	49592.45			7.35			

国有建设用地出让情况——按

State-owned Land for Construction Use Granted by Land-use Type

单位：公顷，万元

地区	Region	出让总量 Total Amount of Granting		工矿仓储用地 Land for Industry, Mining and Warehousing		商服用地 Land for Commercial and Service Uses		住宅 Land for			
								普通商品住房 Ordinary Commercial House			
										中低价位、中小套型 Medium- and Low-price, Medium- and Small-sized Ordinary Commercial Houses	
		出让面积 Area	成交价款 Transaction Price Value	出让面积 Area	成交价款 Transaction Price Value	出让面积 Area	成交价款 Transaction Price Value	出让面积 Area	成交价款 Transaction Price Value	出让面积 Area	成交价款 Transaction Price Value
厦门市	Xiamen City	390.45	2304746.72	189.97	79724.62	67.14	634620.82	65.24	1579700.00		
莆田市	Putian City	515.42	1010691.61	269.59	60984.85	80.33	169991.01	162.36	778456.35	17.05	119600.00
三明市	Sanming City	984.83	975919.25	589.84	81026.24	136.92	156621.07	244.42	733552.58	147.00	394860.60
泉州市	Quanzhou City	1519.36	1959697.60	921.06	290715.61	183.18	498356.89	388.32	1164779.20	105.17	254824.41
漳州市	Zhangzhou City	1876.54	1543577.08	1204.13	197164.99	169.34	212881.17	454.72	1115667.88	71.00	100067.88
南平市	Nanping City	844.83	561672.69	538.24	61500.72	126.24	164803.61	158.83	330063.81	22.49	34688.52
龙岩市	Longyan City	1063.55	1477551.50	619.90	93098.34	138.64	452942.72	191.59	879763.50	95.71	650797.40
宁德市	Ningde City	942.66	1006702.93	566.21	134934.74	102.98	307387.30	182.62	541773.01	67.78	157206.88
江西	**Jiangxi**	**15635.71**	**13384514.67**	**9666.52**	**1224684.12**	**2370.52**	**3933154.82**	**3303.79**	**7884933.18**	**542.79**	**1203102.41**
南昌市	Nanchang City	2461.16	3504488.11	1497.25	286218.85	403.82	1195384.24	525.19	1984837.60	75.14	344273.03
景德镇市	Jingdezhen City	439.70	391603.09	198.70	29406.44	148.63	161298.30	79.67	199358.99	5.96	12253.91
萍乡市	Pingxiang City	644.44	696878.58	327.41	50814.78	88.53	88162.46	216.27	543892.72		
九江市	Jiujiang City	2648.47	2211223.58	1393.84	152649.40	465.31	681105.65	692.59	1218598.73	110.04	112565.97
新余市	Xinyu City	762.56	357872.36	534.90	66992.32	96.39	70819.49	113.25	216968.58	90.83	184377.26
鹰潭市	Yingtan City	630.46	377239.96	409.08	57592.85	59.26	42126.43	150.29	251096.68		
赣州市	Ganzhou City	1812.18	1849749.97	1125.00	108427.01	328.14	770908.56	325.23	918642.89	76.23	180743.92
吉安市	Ji'an City	1144.09	1001460.16	710.30	76219.71	141.34	223164.42	280.00	698007.38	32.65	53989.49
宜春市	Yichun City	1878.18	1248001.73	1197.39	158991.76	267.82	275544.33	389.80	782915.17	80.96	164388.00
抚州市	Fuzhou City	1632.57	798299.63	1310.02	142634.20	128.42	156578.07	190.24	495881.97	8.15	27080.00
上饶市	Shangrao City	1581.92	947697.49	962.64	94736.79	242.87	268062.87	341.27	574732.49	62.85	123430.84
山东	**Shandong**	**42390.70**	**34901802.07**	**21968.56**	**4976958.83**	**6633.50**	**10416209.16**	**10929.82**	**18569067.87**	**6169.13**	**8086808.93**
济南市	Jinan City	1878.98	4602922.74	797.33	250533.36	273.13	1193991.02	676.12	3083958.31	29.97	58260.00
青岛市	Qingdao City	4659.73	4588382.66	2361.90	579578.48	521.35	1199002.34	1145.73	2693178.16	874.33	1669183.76
淄博市	Zibo City	2109.69	1820520.89	1145.12	384403.28	249.85	507696.03	380.26	767137.34	35.25	54568.66
枣庄市	Zaozhuang City	1307.42	1795329.69	491.22	143796.71	337.42	649327.75	410.44	942448.44	91.10	188193.65
东营市	Dongying City	2234.56	1179296.59	1411.93	222446.00	203.98	273584.56	540.04	664824.03	152.93	177903.00
烟台市	Yantai City	3411.31	2725806.23	1249.78	311998.66	397.96	670030.26	1472.47	1621220.15	1102.70	1083163.33
潍坊市	Weifang City	7173.74	3778934.28	4320.53	1016319.74	1086.44	1324200.59	1039.28	1305509.57	383.82	441903.98
济宁市	Jining City	2380.39	2494707.10	950.02	227854.97	607.94	935304.65	708.06	1294519.32	237.49	334641.82
泰安市	Tai'an City	1281.79	956661.51	584.44	141962.92	254.05	232379.48	388.27	564246.57	60.12	72914.39
威海市	Weihai City	2934.03	2602392.21	1024.50	260902.86	413.67	680779.30	1448.92	1629402.07	1177.84	1294060.98

用地类型和省市分列（2013年） 续表4

and by Province, Autonomous Region and Municipality （2013） Continued 4

Unit: hectare, 10^4 yuan

用地 Residential Uses				其他用地 Land for Other Types							
公共租赁房 Public Rental House		高档住宅 High-grade Residence		公共管理与公共服务用地 Land for Public Management and Public Services		特殊用地 Land for Special Uses		交通运输用地 Land for Transport		水域及水利设施用地 Land for Water Conservancy Facilities	
出让面积 Area	成交价款 Transaction Price Value	出让面积 Area	成交价款 Transaction Price Value	出让面积 Area	成交价款 Transaction Price Value	出让面积 Area	成交价款 Transaction Price Value	出让面积 Area	成交价款 Transaction Price Value	出让面积 Area	成交价款 Transaction Price Value
								68.10			
1.64	859.76			1.50	399.63						
0.98	422.00			2.76	899.10			8.45		0.12	18.50
				22.33	5489.39			1.74			
				39.76	16798.49	0.23	46.98			3.57	300.27
				21.52	5304.55						
				26.81	31100.34	9.39	4520.00			0.20	29.00
				58.19	14173.23	0.23	46.00	32.43			
84.69	**158142.00**	**2.62**	**17270.55**	**171.02**	**121485.77**	**4.00**	**1500.00**	**14.34**		**1.07**	**100.00**
				29.84	36447.43	4.00	1500.00			1.07	100.00
				12.70	1539.37						
				12.23	14007.76						
66.36	141255.19			17.79	11131.04			12.59			
				16.92	2978.96						
				11.83	26424.00						
9.96	10520.82			10.20	6058.90			0.09			
				12.46	4068.65						
6.71	6000.00	2.62	17270.55	12.06	7172.92						
				2.31	2370.39			1.58			
1.66	365.99			32.69	9286.36			0.08			
29.25	**15610.84**	**1.49**	**1731.46**	**1109.83**	**594807.05**	**32.27**	**8759.20**	**922.49**			
				117.28	70035.15	8.67	2080.00	6.26			
				93.97	51618.43			516.46			
7.69	1700.60			263.60	136589.77			55.52			
				35.30	49896.00			33.03			
				42.37	11731.00	6.36	3000.00	29.89			
		1.38	799.89	289.72	121757.27						
7.59	3260.98			77.75	28132.56						
				47.61	21910.42	9.80	2351.20	20.33			
				12.10	7471.40						
0.61		0.10	931.57	14.90	23046.25			31.33			

国有建设用地出让情况——按
State-owned Land for Construction Use Granted by Land-use Type

单位：公顷，万元

地区	Region	出让总量 Total Amount of Granting		工矿仓储用地 Land for Industry, Mining and Warehousing		商服用地 Land for Commercial and Service Uses		住宅 Land for			
								普通商品住房 Ordinary Commercial House			
										中低价位、中小套型 Medium- and Low-price, Medium- and Small-sized Ordinary Commercial Houses	
		出让面积 Area	成交价款 Transaction Price Value	出让面积 Area	成交价款 Transaction Price Value	出让面积 Area	成交价款 Transaction Price Value	出让面积 Area	成交价款 Transaction Price Value	出让面积 Area	成交价款 Transaction Price Value
日照市	Rizhao City	1097.67	1224352.89	555.02	129002.74	146.54	340201.51	303.12	708350.52	49.21	74637.21
莱芜市	Laiwu City	919.44	261278.90	745.67	129966.23	73.99	39215.16	95.76	90513.53		
临沂市	Linyi City	4059.35	2775369.15	2080.77	431697.60	965.13	1094523.35	838.28	1173985.57	833.20	1168562.10
德州市	Dezhou City	2058.58	1524989.70	1172.16	180989.41	443.03	582409.65	424.72	758482.41	319.73	605309.40
聊城市	Liaocheng City	1780.78	914630.86	1137.50	205397.88	231.35	211369.72	381.63	483611.33	345.02	441587.95
滨州市	Binzhou City	1267.69	583335.80	887.03	168610.41	111.78	142523.60	234.29	252458.87	138.38	101104.60
菏泽市	Heze City	1835.56	1072890.87	1053.65	191497.58	315.89	339670.19	442.40	535221.68	338.03	320814.11
河南	**Henan**	**19544.38**	**15033726.22**	**9865.57**	**1966995.97**	**2836.03**	**3543692.39**	**6101.65**	**9134820.64**	**1573.41**	**1927317.07**
郑州市	Zhengzhou City	3138.50	4945119.57	1071.54	321947.24	407.21	1142714.62	1442.68	3306331.97	20.97	19076.53
开封市	Kaifeng City	1087.79	802374.06	515.74	91296.17	181.71	163481.01	373.26	541484.57	155.23	344514.64
洛阳市	Luoyang City	1403.70	1119922.60	641.50	131262.27	178.39	203256.19	517.10	723152.50	209.39	185275.54
平顶山市	Pingdingshan City	998.50	963766.10	434.80	100650.30	145.37	224422.34	353.74	612041.62	58.83	79462.59
安阳市	Anyang City	1436.18	663830.32	824.89	180900.72	230.66	161486.34	336.89	313405.27	52.14	49500.85
鹤壁市	Hebi City	773.35	323072.59	521.26	100343.65	77.66	66913.00	166.14	150416.94	19.28	16965.66
新乡市	Xinxiang City	1550.13	592380.89	896.97	157231.08	149.22	99077.91	457.48	325160.83	212.70	161023.05
焦作市	Jiaozuo City	1405.04	611749.91	928.68	134495.04	181.66	140362.41	269.14	327788.69	190.08	215169.44
濮阳市	Puyang City	628.45	440090.19	358.80	77832.68	78.50	75557.67	183.71	281925.29	1.41	2550.00
许昌市	Xuchang City	935.53	777482.78	358.58	81045.95	236.31	207421.78	330.36	484358.68	110.65	206133.50
漯河市	Luohe City	544.47	485743.95	265.48	51023.91	77.76	132481.72	195.43	299563.93		
三门峡市	Sanmenxia City	626.59	242736.98	470.59	95114.19	77.14	63413.37	72.73	80839.78	59.17	60566.07
南阳市	Nanyang City	1039.38	614545.33	618.63	122215.10	117.43	133653.40	262.05	341765.00	34.83	70846.31
商丘市	Shangqiu City	1231.93	829449.28	593.76	86739.32	193.79	257355.96	407.98	470173.12	227.33	253103.27
信阳市	Xinyang City	592.86	441156.01	277.12	55260.06	90.20	113387.98	205.10	265491.73	58.54	70489.10
周口市	Zhoukou City	904.29	506413.78	464.40	90187.48	192.67	165139.35	197.85	235541.11	129.39	148226.72
驻马店市	Zhumadian City	1247.68	673891.87	622.81	89450.79	220.35	193567.32	330.03	375379.62	33.47	44413.81
湖北	**Hubei**	**18411.65**	**16193107.60**	**11218.31**	**2325481.30**	**2313.79**	**4038494.37**	**4313.74**	**9508302.69**	**1306.77**	**2132442.16**
武汉市	Wuhan City	2667.10	6749099.30	1528.45	584674.12	308.47	1957085.42	723.40	4072235.15	34.66	271946.52
黄石市	Huangshi City	1765.73	1278773.36	1298.02	201436.51	104.97	298907.54	274.56	764148.77	98.89	332074.98
十堰市	Shiyan City	1044.73	475177.29	621.87	155976.20	215.51	120029.65	183.03	184197.00	96.24	102260.53
宜昌市	Yichang City	2209.92	1542276.81	1585.98	303089.86	255.87	413792.44	319.78	805968.73	87.78	307975.44
襄阳市	Xiangyang City	1926.80	1317873.99	1177.14	245194.04	251.08	295082.01	472.45	772179.03	142.79	205803.87

用地类型和省市分列（2013 年） 续表 5

and by Province，Autonomous Region and Municipality （2013） Continued 5

Unit: hectare, 10^4 yuan

用地 Residential Uses				其他用地 Land for Other Types							
公共租赁房 Public Rental House		高档住宅 High-grade Residence		公共管理与公共服务用地 Land for Public Management and Public Services		特殊用地 Land for Special Uses		交通运输用地 Land for Transport		水域及水利设施用地 Land for Water Conservancy Facilities	
出让面积 Area	成交价款 Transaction Price Value	出让面积 Area	成交价款 Transaction Price Value	出让面积 Area	成交价款 Transaction Price Value	出让面积 Area	成交价款 Transaction Price Value	出让面积 Area	成交价款 Transaction Price Value	出让面积 Area	成交价款 Transaction Price Value
				18.45	8355.18			69.79			
				2.84	761.90			1.17			
2.70	256.00			30.91	43261.34			135.24			
				17.37	2950.23			1.29			
3.62	3531.22			19.84	6225.73			4.96			
7.04	6862.05			10.32	6125.99			17.24			
				15.51	4938.42	7.45	1328.00				
55.50	**45224.62**			**545.25**	**295535.10**	**4.19**	**565.19**	**62.70**			
47.13	41951.00			159.56	126088.84			7.60			
2.25	82.41			11.56	5205.39			3.27			
				43.81	49679.22			17.95			
				29.52	15848.99			3.40			
				37.29	7129.56			6.45			
				0.25	155.00			8.03			
				42.23	9064.88			4.24			
1.29	285.00			23.06	8740.37			1.22			
2.42	492.84			5.03	4281.71						
2.41	2413.37			5.56	1477.00			2.31			
				3.12	2367.58						
				1.95	2804.45	4.19	565.19				
				41.27	16911.83						
				36.40	15180.87						
				20.30	6499.65			0.15			
				42.10	13129.84			5.24			
				42.26	10969.93			2.85			
8.19	**7549.45**	**11.44**	**20304.89**	**355.74**	**249265.94**	**9.07**	**3699.18**	**153.00**		**0.91**	**57.33**
				105.44	131078.90			1.34			
0.55	2116.19			1.20	477.11			73.33			
0.30	2694.00			21.62	9355.38			0.56			
				20.10	15573.95			17.03		0.91	57.33
				5.33	2012.69	0.24	34.18	20.57			

国有建设用地出让情况——按

State-owned Land for Construction Use Granted by Land-use Type

单位：公顷，万元

地区	Region	出让总量 Total Amount of Granting		工矿仓储用地 Land for Industry, Mining and Warehousing		商服用地 Land for Commercial and Service Uses		住宅 Land for			
								普通商品住房 Ordinary Commercial House			
										中低价位、中小套型 Medium- and Low-price, Medium- and Small-sized Ordinary Commercial Houses	
		出让面积 Area	成交价款 Transaction Price Value	出让面积 Area	成交价款 Transaction Price Value	出让面积 Area	成交价款 Transaction Price Value	出让面积 Area	成交价款 Transaction Price Value	出让面积 Area	成交价款 Transaction Price Value
鄂州市	Ezhou City	651.30	313559.63	358.84	98702.00	63.01	49815.44	163.93	131728.36		
荆门市	Jingmen City	878.60	395840.01	470.47	69956.87	215.29	160528.48	183.55	161963.00	75.42	62679.52
孝感市	Xiaogan City	1007.11	749866.09	495.23	77416.31	64.63	83620.55	378.21	535844.35	73.51	74883.92
荆州市	Jingzhou City	1406.42	887136.31	985.54	158532.09	132.61	184605.31	261.09	531831.78	120.47	204967.64
黄冈市	Huanggang City	1291.42	698531.63	750.66	104569.68	204.12	138495.35	318.83	450916.99	115.05	182410.38
咸宁市	Xianning City	1464.54	582649.00	778.17	126188.70	204.23	135849.48	463.06	316442.87	398.41	287340.04
随州市	Suizhou City	627.12	350825.55	403.70	65549.54	29.71	24893.12	187.28	258576.89		
恩施土家族苗族自治州	Enshi Tujia & Miao A.P.	465.54	374860.92	167.49	30417.81	85.00	72907.85	188.52	260427.83	18.80	24491.58
省直辖县级行政区划	County-level Administrative Units' Directly under the Provincial Government	1005.33	476637.70	596.75	103777.57	179.28	102881.73	196.05	261841.97	44.74	75607.74
湖南	**Hunan**	**10601.40**	**11907774.96**	**4514.04**	**1273744.47**	**1865.04**	**3524912.99**	**3806.54**	**6879263.77**	**388.23**	**805244.24**
长沙市	Changsha City	2046.91	4745502.11	692.37	377684.33	381.52	1533199.02	913.52	2759895.17	245.98	621679.58
株洲市	Zhuzhou City	723.92	787737.20	273.98	75930.56	111.16	182452.65	260.97	513142.61		
湘潭市	Xiangtan City	540.29	523742.58	299.89	96242.59	98.73	173339.85	134.62	249085.37	26.80	46205.96
衡阳市	Hengyang City	1108.61	844817.72	545.16	122618.31	167.96	225904.25	367.91	486782.32	7.37	10768.10
邵阳市	Shaoyang City	471.79	420745.73	178.29	38546.99	69.21	101106.38	192.68	263506.47	14.49	13090.31
岳阳市	Yueyang City	707.14	636118.99	365.53	83180.14	102.68	153163.64	233.08	398830.93	25.03	28434.01
常德市	Changde City	934.40	847900.16	394.90	81482.60	155.67	222963.03	312.59	502601.69	1.17	1296.11
张家界市	Zhangjiajie City	161.25	195688.71	29.61	6213.82	56.29	65838.46	67.43	120149.29		
益阳市	Yiyang City	686.76	433594.94	375.67	124824.99	111.07	108219.31	175.39	185703.37	21.60	20455.99
郴州市	Chenzhou City	924.61	720951.58	418.47	92468.21	187.79	232721.06	286.85	382318.08	0.36	225.29
永州市	Yongzhou City	762.82	387167.97	507.62	74226.01	70.11	72804.99	176.47	236114.89	6.88	6440.56
怀化市	Huaihua City	709.48	738106.98	174.78	44106.79	150.15	232099.80	357.55	448326.96	26.26	31923.60
娄底市	Loudi City	610.10	450565.13	213.26	48222.28	140.05	133436.81	254.07	267272.33	12.30	24724.73
湘西土家族苗族自治州	West Hunan Tujia & Miao A.P.	213.32	175135.15	44.52	7996.86	62.64	87663.74	73.41	65534.31		
广东	**Guangdong**	**14424.14**	**32545048.17**	**6641.13**	**2902531.66**	**1878.18**	**11585633.37**	**4912.82**	**17305236.55**	**1147.94**	**3783803.66**
广州市	Guangzhou City	1409.14	7604046.28	648.21	595530.15	212.59	3360970.05	500.23	3402229.27	217.67	416240.04
韶关市	Shaoguan City	751.74	698490.36	354.19	68620.80	104.27	175759.61	287.40	450791.06	20.23	38597.52
深圳市	Shenzhen City	537.21	5484832.70	108.51	509130.12	99.52	3419843.06	176.80	1530085.61	86.98	704015.41
珠海市	Zhuhai City	449.36	3358564.77	178.28	71222.15	101.14	885814.22	144.10	2308299.55	105.83	706172.74
汕头市	Shantou City	163.65	490091.25	87.65	56871.32	14.98	118811.05	39.79	291970.06	12.71	73826.00
佛山市	Foshan City	1312.44	5509875.99	535.26	244045.87	217.43	1592489.66	547.82	3669028.20	103.10	949900.01

用地类型和省市分列（2013年） 续表6

and by Province，Autonomous Region and Municipality （2013） Continued 6

Unit: hectare, 10^4 yuan

用地 Residential Uses				其他用地 Land for Other Types							
公共租赁房 Public Rental House		高档住宅 High-grade Residence		公共管理与公共服务用地 Land for Public Management and Public Services		特殊用地 Land for Special Uses		交通运输用地 Land for Transport		水域及水利设施用地 Land for Water Conservancy Facilities	
出让面积 Area	成交价款 Transaction Price Value	出让面积 Area	成交价款 Transaction Price Value	出让面积 Area	成交价款 Transaction Price Value	出让面积 Area	成交价款 Transaction Price Value	出让面积 Area	成交价款 Transaction Price Value	出让面积 Area	成交价款 Transaction Price Value
				65.52	33313.83						
3.85	1193.63			4.14	1989.08			1.28			
		10.66	20069.16	56.25	30772.55			0.78			
				11.25	3259.98	6.67	3280.00	9.26			
				3.33	557.15			14.21			
3.49	1545.62	0.78	235.74	1.42	634.07	0.59	53.00	12.82			
				4.60	1496.00			1.82			
				22.29	10608.81	1.58	332.00				
				33.25	8136.44						
6.58	**3213.34**			**333.98**	**200127.43**	**25.60**	**7068.00**	**24.04**		**4.00**	**568.20**
				57.89	73345.59			1.62			
				76.50	15979.39						
				0.43	211.93	6.40	4300.00				
1.85	1263.97			15.18	5227.27			10.55			
				13.28	9691.48					3.33	428.93
				5.85	944.28						
2.16	480.00			64.52	38598.92			3.76			
				2.80	1016.22			5.14			
0.83	1260.00			19.71	12803.09						
1.74	209.36			28.51	12281.88			1.23			
				8.37	3993.67					0.25	28.27
				5.90	10898.74	19.20	2268.00	1.49		0.42	111.00
				2.46	1452.72			0.25			
				32.58	13682.25						
8.41	**25501.60**	**5.42**	**2737.00**	**790.58**	**652487.62**	**24.73**	**13461.99**	**121.85**		**28.18**	**1912.70**
2.01	6359.76			41.58	228649.44			1.27			
				2.29	706.66	0.67	61.00	2.91		0.02	1.34
2.35	0.00			112.17	25773.90			12.19		25.67	
2.92	17951.84			21.37	74530.05			1.56			
				7.56	10984.44	13.00	10960.00	0.68			
				11.67	4267.68			0.26			

国有建设用地出让情况——按

State-owned Land for Construction Use Granted by Land-use Type

单位：公顷，万元

地区	Region	出让总量 Total Amount of Granting		工矿仓储用地 Land for Industry, Mining and Warehousing		商服用地 Land for Commercial and Service Uses		住宅 Land for			
								普通商品住房 Ordinary Commercial House			
										中低价位、中小套型 Medium- and Low-price, Medium- and Small-sized Ordinary Commercial Houses	
		出让面积 Area	成交价款 Transaction Price Value	出让面积 Area	成交价款 Transaction Price Value	出让面积 Area	成交价款 Transaction Price Value	出让面积 Area	成交价款 Transaction Price Value	出让面积 Area	成交价款 Transaction Price Value
江门市	Jiangmen City	841.64	735687.65	488.41	122554.89	64.29	169059.95	211.42	422627.24	137.55	300749.20
湛江市	Zhanjiang City	792.61	1053005.53	405.64	98098.57	86.86	402263.87	161.73	453560.71	14.44	26713.47
茂名市	Maoming City	578.88	516981.91	217.00	43052.85	130.37	164749.16	228.41	307753.68	6.70	1232.00
肇庆市	Zhaoqing City	1091.35	706273.41	578.23	120029.51	216.18	282395.83	168.22	261910.46	74.97	86694.50
惠州市	Huizhou City	1290.33	1025750.35	767.87	272858.16	86.18	111704.11	389.08	622400.40	22.40	146720.00
梅州市	Meizhou City	553.16	416752.57	158.31	22218.11	115.87	140846.69	268.36	243060.10	45.56	40481.30
汕尾市	Shanwei City	184.45	88858.49	141.79	28850.01	13.45	9449.03	29.21	50559.44	5.80	15364.00
河源市	Heyuan City	425.15	357858.64	205.38	35248.18	45.67	54163.68	164.70	262276.29	3.45	3179.58
阳江市	Yangjiang City	425.35	217526.80	232.84	62771.62	34.81	35651.49	142.39	115202.40	33.99	33976.06
清远市	Qingyuan City	1184.93	703352.61	464.93	86026.25	76.21	73230.87	556.73	517714.07	164.02	174792.23
东莞市	Dongguan City	914.01	2155592.00	397.95	193700.81	63.59	385682.84	331.65	1513320.27	46.42	5675.50
中山市	Zhongshan City	410.66	573681.90	211.74	115768.90	56.85	89487.16	99.02	329383.90		
潮州市	Chaozhou City	232.60	179196.28	136.52	71021.81	4.00	10792.19	66.69	84822.17	16.18	30039.10
揭阳市	Jieyang City	361.45	301984.73	103.89	38156.86	57.05	40142.80	184.73	213946.25	23.82	23699.00
云浮市	Yunfu City	514.04	366643.94	218.53	46754.70	76.89	62326.04	214.35	254295.42	6.11	5736.00
广西	**Guangxi**	**8657.12**	**6342838.25**	**4123.94**	**816388.32**	**1661.58**	**1601932.55**	**2095.44**	**3719210.68**	**842.04**	**1707524.34**
南宁市	Nanning City	890.55	1013903.72	580.92	144194.10	65.53	244553.22	194.43	599600.10	17.88	42865.19
柳州市	Liuzhou City	891.56	1309521.55	558.09	145920.49	42.24	139104.42	276.34	1020349.01	200.03	925784.91
桂林市	Guilin City	702.13	651859.87	268.34	53652.07	138.87	193288.75	243.09	387157.72	29.26	30457.32
梧州市	Wuzhou City	524.94	283417.79	341.54	53410.74	58.38	55579.88	101.58	170167.05	5.58	6920.00
北海市	Beihai City	404.69	342472.18	257.89	76885.68	37.48	57368.85	95.90	200413.04	29.72	63586.26
防城港市	Fangchenggang City	1106.02	364722.61	307.70	52534.63	615.20	199829.89	68.82	89194.08	3.18	5488.13
钦州市	Qinzhou City	549.54	434064.85	227.34	39226.78	98.68	126217.66	189.80	243564.07	142.93	177580.17
贵港市	Guigang City	503.44	311504.10	300.63	60772.74	34.71	61000.76	132.46	159914.27	62.17	86334.40
玉林市	Yulin City	592.67	414136.41	191.47	34029.06	171.25	102224.55	224.98	276276.66	128.39	169327.06
百色市	Baise City	622.85	406487.16	282.81	45918.09	108.21	125051.00	167.93	199604.90	43.16	41409.22
贺州市	Hezhou City	318.97	235945.36	104.39	17451.07	107.95	124110.21	98.36	91612.76	86.08	74209.81
河池市	Hechi City	572.82	151071.03	113.03	20614.46	33.15	22622.69	86.28	85053.91	0.58	122.00
来宾市	Laibin City	662.42	295426.08	433.14	54126.90	90.71	110766.74	131.24	128209.24	84.16	79925.51
崇左市	Chongzuo City	314.52	128305.54	156.64	17651.51	59.22	40213.91	84.25	68093.87	8.90	3514.35

用地类型和省市分列（2013年） 续表 7

and by Province，Autonomous Region and Municipality （2013） Continued 7

Unit: hectare, 10^4 yuan

用地 Residential Uses				其他用地 Land for Other Types							
公共租赁房 Public Rental House		高档住宅 High-grade Residence		公共管理与公共服务用地 Land for Public Management and Public Services		特殊用地 Land for Special Uses		交通运输用地 Land for Transport		水域及水利设施用地 Land for Water Conservancy Facilities	
出让面积 Area	成交价款 Transaction Price Value	出让面积 Area	成交价款 Transaction Price Value	出让面积 Area	成交价款 Transaction Price Value	出让面积 Area	成交价款 Transaction Price Value	出让面积 Area	成交价款 Transaction Price Value	出让面积 Area	成交价款 Transaction Price Value
				71.50	21169.90			6.01			
				134.86	93502.04			3.53			
				1.83	1042.22			1.28			
				85.26	33164.85	6.86	1005.00	36.59			
				34.90	14389.69			12.31			
				10.62	10627.66						
		5.42	2737.00	3.97	3433.48						
				15.12	3742.33					0.19	158.95
				84.49	25950.22			2.57			
				96.93	49971.12			23.89			
				24.05	28680.61	0.27	192.99	16.81		1.93	1676.40
				11.89	10160.73	3.93	1243.00				
				15.78	9738.82						
1.13	1190.00			2.76	2001.78					0.37	76.00
2.90	**2015.19**			**193.85**	**106407.59**	**31.62**	**6906.00**	**198.26**		**298.78**	**15178.13**
				49.67	25556.30						
				7.12	2570.00			1.32		5.97	740.00
0.10	76.08			19.74	7830.46	25.68	5400.00	0.35			
				1.60	166.40			21.84			
				8.61	5279.61			4.81			
				22.66	6371.56			91.62			
1.66	746.00			31.52	24064.02			0.54			
				18.81	9546.43			16.83			
				4.96	1603.00						
				21.99	20280.84	5.94	1506.00	35.57			
1.14	1193.11			1.32	469.86			1.78			
				1.98	1337.99			9.30		292.81	14438.13
				2.58	1115.13			1.19			
				1.30	216.00			13.11			

国有建设用地出让情况——按

State-owned Land for Construction Use Granted by Land-use Type

单位：公顷，万元

地区	Region	出让总量 Total Amount of Granting		工矿仓储用地 Land for Industry, Mining and Warehousing		商服用地 Land for Commercial and Service Uses		住宅 Land for			
								普通商品住房 Ordinary Commercial House			
										中低价位、中小套型 Medium- and Low-price, Medium- and Small-sized Ordinary Commercial Houses	
		出让面积 Area	成交价款 Transaction Price Value	出让面积 Area	成交价款 Transaction Price Value	出让面积 Area	成交价款 Transaction Price Value	出让面积 Area	成交价款 Transaction Price Value	出让面积 Area	成交价款 Transaction Price Value
海南	**Hainan**	**1918.21**	**2458598.91**	**376.84**	**88436.84**	**507.07**	**915902.71**	**779.04**	**1103574.86**	**427.75**	**491251.81**
海口市	Haikou City	113.39	395161.22	6.55	2529.25	48.96	190239.81	52.63	198468.50		
三亚市	Sanya City	162.89	614906.87	32.12	20949.78	80.24	363323.43	18.68	146837.15		
省直辖县级行政区划	County-level Administrative Units Dire-ctly under the Provincial Government	1641.93	1448530.81	338.18	64957.82	377.87	362339.46	707.73	758269.21	427.75	491251.81
重庆	**Chongqing**	**8277.18**	**17227485.17**	**2697.07**	**1043230.18**	**1087.86**	**2860742.92**	**4180.80**	**13147535.48**	**1137.45**	**2422440.98**
四川	**Sichuan**	**15480.61**	**19953178.58**	**7415.58**	**1355137.55**	**3019.20**	**5055577.42**	**4501.69**	**13305043.30**	**1083.60**	**2738118.46**
成都市	Chengdu City	3174.96	7158553.77	1906.61	472578.75	526.62	1915013.80	678.80	4722546.88	51.07	104516.57
自贡市	Zigong City	688.39	518740.75	358.37	69588.73	112.63	95296.97	217.38	353855.04		
攀枝花市	Panzhihua City	298.31	179792.26	175.67	25650.99	29.34	57819.27	70.12	77463.23		
泸州市	Luzhou City	701.07	783374.89	331.26	78581.17	91.21	130324.03	196.95	543733.54	57.90	223094.34
德阳市	Deyang City	976.78	571653.32	556.35	82846.69	126.78	107148.33	236.46	360669.02	115.94	160127.99
绵阳市	Mianyang City	1072.40	906441.36	468.33	118957.32	256.72	274006.72	281.78	490756.58	13.98	21031.21
广元市	Guangyuan City	726.07	349962.48	506.62	53872.86	109.93	118667.96	103.35	174496.22	16.57	12874.67
遂宁市	Suining City	1100.55	1019529.54	311.58	35055.86	186.07	182219.64	580.11	791343.95	222.34	454337.16
内江市	Neijiang City	476.27	919265.73	182.13	25703.09	70.52	107946.36	219.23	778516.13		
乐山市	Leshan City	594.07	554636.90	242.09	43267.78	165.42	164534.29	159.92	337186.27	121.23	255817.20
南充市	Nanchong City	1040.11	1682711.20	316.18	48813.27	290.54	515121.36	414.77	1110583.68	37.84	100193.50
眉山市	Meishan City	1044.10	1030752.67	636.84	73943.95	132.16	275893.33	225.57	669631.74	13.90	39498.20
宜宾市	Yibin City	777.40	758855.27	389.08	63548.56	120.06	100250.36	234.39	582843.08	59.27	90620.67
广安市	Guang'an City	760.19	734464.60	258.39	32247.52	325.44	201568.53	145.85	489257.32	97.95	342756.86
达州市	Dazhou City	450.90	707679.90	179.01	36150.50	90.11	136095.26	177.19	534390.59	108.24	360907.74
雅安市	Ya'an City	248.88	110506.52	182.65	18241.93	40.00	38996.90	26.23	53267.69	22.99	45877.09
巴中市	Bazhong City	388.38	643916.33	29.62	4489.44	104.40	159522.20	246.42	475660.59	2.68	8750.00
资阳市	Ziyang City	667.04	1113927.34	199.83	48380.55	176.85	359956.20	271.76	694383.99	135.04	471146.42
阿坝藏族羌族自治州	Aba Tibetan & Qiang A.P.	85.90	21159.43	56.78	7330.70	18.51	9661.32	3.48	3423.14		
甘孜藏族自治州	Ganzi Tibetan A.P.	25.10	13634.58	2.91	374.32	13.29	9013.98	3.57	3180.06	3.03	2952.34
凉山彝族自治州	Liangshan Yi A.P.	183.76	173619.74	125.26	15513.58	32.60	96520.61	8.36	57854.57	3.62	43616.49
贵州	**Guizhou**	**9259.23**	**7667053.72**	**3550.31**	**577112.26**	**1875.53**	**2480251.62**	**3543.00**	**4444052.31**	**2587.43**	**3294595.82**
贵阳市	Guiyang City	1647.94	1998838.98	592.73	153859.51	505.58	1007911.11	490.92	797946.68	386.92	597348.36

用地类型和省市分列（2013年） 续表 8

and by Province，Autonomous Region and Municipality （2013） Continued 8

Unit: hectare, 10^4 yuan

用地 Residential Uses				其他用地 Land for Other Types							
公共租赁房 Public Rental House		高档住宅 High-grade Residence		公共管理与公共服务用地 Land for Public Management and Public Services		特殊用地 Land for Special Uses		交通运输用地 Land for Transport		水域及水利设施用地 Land for Water Conservancy Facilities	
出让面积 Area	成交价款 Transaction Price Value	出让面积 Area	成交价款 Transaction Price Value	出让面积 Area	成交价款 Transaction Price Value	出让面积 Area	成交价款 Transaction Price Value	出让面积 Area	成交价款 Transaction Price Value	出让面积 Area	成交价款 Transaction Price Value
2.00	**1502.59**	**50.00**	**75755.00**	**192.69**	**267572.94**			**10.56**			
								5.25			
				31.85	83796.51						
2.00	1502.59	50.00	75755.00	160.84	183776.43			5.31			
		9.38	**2145.00**	**100.74**	**72040.47**	**9.68**	**5513.66**	**34.38**		**22.59**	**5470.72**
0.65	**195.49**			**346.34**	**160502.22**	**3.27**	**512.00**	**71.28**		**13.86**	**1714.34**
				43.25	27863.93			9.10			
				19.51	18249.21	3.27	512.00	0.27		0.12	16.88
				45.97	21185.62			34.98		0.22	39.36
				1.96	1977.55			0.43			
				61.53	21219.46			2.99		0.49	58.00
				1.99	2084.45			4.18			
				22.61	10837.08			0.18			
				20.41	8988.30			0.14		5.75	606.47
0.65	195.49			9.76	7297.40			8.20			
				49.52	11283.66						
				31.46	11726.98					2.41	486.29
				7.99	4445.00						
								4.59			
				2.60	1000.00			5.33			
				17.53	8710.00						
				3.00	283.50					4.13	460.77
				4.43	525.09			0.90			
				2.80	2825.00					0.74	46.57
7.26	**13347.81**			**173.03**	**107809.41**	**7.34**	**1344.20**	**18.57**		**0.50**	**82.77**
2.14	5778.45			55.20	32985.34			1.37			

国有建设用地出让情况——按

State-owned Land for Construction Use Granted by Land-use Type

单位：公顷，万元

地区	Region	出让总量 Total Amount of Granting		工矿仓储用地 Land for Industry, Mining and Warehousing		商服用地 Land for Commercial and Service Uses		住宅 Land for			
								普通商品住房 Ordinary Commercial House			
										中低价位、中小套型 Medium- and Low-price, Medium- and Small-sized Ordinary Commercial Houses	
		出让面积 Area	成交价款 Transaction Price Value	出让面积 Area	成交价款 Transaction Price Value	出让面积 Area	成交价款 Transaction Price Value	出让面积 Area	成交价款 Transaction Price Value	出让面积 Area	成交价款 Transaction Price Value
六盘水市	Liupanshui City	446.98	328878.38	220.52	36363.65	63.67	87784.04	140.86	190620.10	25.87	31512.91
遵义市	Zunyi City	1643.19	1283982.34	600.00	99834.83	117.20	72395.37	901.21	1096384.23	865.72	1067713.45
安顺市	Anshun City	759.26	834741.03	307.74	32628.51	229.53	377725.68	189.94	412755.15	109.59	295339.39
铜仁地区	Tongren Prefecture	1071.84	710285.95	384.96	50137.93	255.23	190309.29	365.86	422941.81	295.53	346885.94
黔西南布依族苗族自治州	Southwest Guizhou Buyei & Miao A.P.	643.64	309475.66	190.66	24428.62	147.98	87105.94	243.36	164064.95	239.79	162221.14
毕节地区	Bijie Prefecture	1043.00	1014245.28	307.14	60468.67	177.58	265534.21	542.30	685746.80	401.58	498213.24
黔东南苗族侗族自治州	Southeast Guizhou Miao & Dong A.P.	645.23	367197.20	288.42	30143.14	117.66	114984.59	237.26	221459.09	171.54	153081.40
黔南布依族苗族自治州	South Guizhou Buyei & Miao A.P.	1358.14	819408.91	658.13	89247.42	261.11	276501.39	431.28	452133.49	90.88	142280.00
云南	**Yunnan**	**8018.56**	**8990941.47**	**2440.01**	**624911.55**	**2061.41**	**2830062.33**	**3109.83**	**5148339.14**	**300.68**	**284617.16**
昆明市	Kunming City	2253.38	5492600.75	475.11	148190.68	578.75	1705316.32	1035.67	3345661.85		
曲靖市	Qujing City	485.35	385591.32	185.48	51620.50	81.18	72782.57	213.57	260163.59	31.26	43084.83
玉溪市	Yuxi City	390.29	221784.63	240.07	57601.54	61.22	75283.60	74.79	75669.74		
保山市	Baoshan City	595.43	273139.50	175.46	37205.11	160.01	93237.88	226.74	133690.22	0.76	521.96
昭通市	Zhaotong City	136.17	112849.32	37.69	10445.23	46.10	43297.05	46.76	57549.43	0.22	319.52
丽江市	Lijiang City	264.24	140090.72	92.54	13668.26	120.07	103196.07	51.14	23137.20	0.37	117.72
普洱市	Pu'er City	348.01	217083.32	93.03	20089.81	144.20	115128.61	84.17	71463.68	7.16	4630.00
临沧市	Lincang City	312.36	142409.80	70.13	16010.93	146.65	94163.10	45.96	23345.63	0.41	175.13
楚雄彝族自治州	Chuxiong Yi A.P.	516.21	287702.00	251.26	46934.56	29.80	23552.44	211.74	207076.40	132.74	124101.65
红河哈尼族彝族自治州	Honghe Hani & Yi A.P.	664.64	559644.30	238.73	91094.40	103.50	118105.53	313.36	348150.68	100.63	100475.76
文山壮族苗族自治州	Wenshan Zhuang & Miao A.P.	366.97	241084.50	117.67	38287.61	83.48	65086.68	156.94	134268.09		

用地类型和省市分列（2013年） 续表 9

and by Province，Autonomous Region and Municipality （2013） Continued 9

Unit: hectare, 10^4 yuan

用地 Residential Uses				其他用地 Land for Other Types							
公共租赁房 Public Rental House		高档住宅 High-grade Residence		公共管理与公共服务用地 Land for Public Management and Public Services		特殊用地 Land for Special Uses		交通运输用地 Land for Transport		水域及水利设施用地 Land for Water Conservancy Facilities	
出让面积 Area	成交价款 Transaction Price Value	出让面积 Area	成交价款 Transaction Price Value	出让面积 Area	成交价款 Transaction Price Value	出让面积 Area	成交价款 Transaction Price Value	出让面积 Area	成交价款 Transaction Price Value	出让面积 Area	成交价款 Transaction Price Value
5.12	7569.36			6.73	3898.00	1.56	401.20	8.51			
				17.69	13581.32			6.46		0.50	82.77
				26.35	11018.13			2.23			
				23.41	15094.19	5.78	943.00				
				32.40	29217.22						
				1.91	160.18						
				1.82	433.02						
				7.52	1422.01						
82.83	**29163.45**	**0.77**	**185.59**	**212.38**	**326569.89**	**0.21**	**249.60**	**20.76**		**56.28**	**7928.55**
28.44	4917.78			107.80	273942.99	0.21	249.60	13.78		0.40	397.53
				2.04	750.96					3.02	251.05
7.95	4924.56			3.40	6699.43					0.37	48.77
4.44	1917.09			4.75	3755.83					16.57	1911.96
				0.99	824.53					1.29	131.39
										0.47	89.20
12.44	7106.52			12.30	2675.34			0.67		1.21	370.00
14.61	3120.94									29.15	4317.36
14.42	6927.51			6.48	2447.40			1.40		0.35	68.46
0.24	196.45			7.46	1678.49			1.35			
				6.83	3174.00					2.06	268.12

国有建设用地出让情况——按
State-owned Land for Construction Use Granted by Land-use Type

单位：公顷，万元

地区	Region	出让总量 Total Amount of Granting		工矿仓储用地 Land for Industry, Mining and Warehousing		商服用地 Land for Commercial and Service Uses		住宅 Land for			
								普通商品住房 Ordinary Commercial House			
										中低价位、中小套型 Medium- and Low-price, Medium- and Small-sized Ordinary Commercial Houses	
		出让面积 Area	成交价款 Transaction Price Value	出让面积 Area	成交价款 Transaction Price Value	出让面积 Area	成交价款 Transaction Price Value	出让面积 Area	成交价款 Transaction Price Value	出让面积 Area	成交价款 Transaction Price Value
西双版纳傣族自治州	Xishuangbanna Dai A.P.	523.35	271281.43	54.12	11812.29	184.09	89054.97	240.41	146335.25		
大理白族自治州	Dali Bai A.P.	768.21	425077.62	317.48	64452.39	143.68	106975.90	289.21	244511.37	6.78	3074.23
德宏傣族景颇族自治州	Dehong Dai & Jingpo A.P.	253.04	141733.02	66.03	13443.90	102.50	72999.96	82.78	54729.80	17.97	7226.35
怒江傈僳族自治州	Nujiang Lisu A.P.	22.94	10146.34	10.65	2403.33	2.89	3038.24	9.39	4704.77	2.38	890.00
迪庆藏族自治州	Diqing Tibetan A.P.	117.98	68722.89	14.55	1651.01	73.29	48843.41	27.21	17881.44		
西藏	**Tibet**	**377.43**	**79517.02**	**54.53**	**5907.66**	**210.86**	**52067.02**	**111.98**	**21537.99**		
拉萨市	Lhasa City	132.76	43455.79	32.97	2553.61	52.81	20664.25	46.98	20237.93		
昌都地区	Qamdo Prefecture	0.19	1850.00			0.19	1850.00				
山南地区	Lhokha Prefecture	0.90	195.39			0.90	195.39				
日喀则地区	Xigaze Prefecture	0.37	31.01			0.31	26.66				
那曲地区	Nagqu Prefecture										
阿里地区	Ngari Prefecture	1.93	97.91	1.86	92.79	0.02	3.60	0.05	1.52		
林芝地区	Nyingchi Prefecture	241.28	33886.92	19.71	3261.26	156.63	29327.12	64.95	1298.54		
陕西	**Shaanxi**	**8500.04**	**7017752.05**	**4109.76**	**859460.67**	**1319.56**	**1816199.95**	**2552.68**	**4045058.68**	**733.89**	**869798.01**
西安市	Xi'an City	1902.89	2535253.27	999.47	274910.91	243.85	733947.38	492.51	1342331.11	9.82	21000.00
铜川市	Tongchuan City	135.60	60043.90	72.95	14710.00	20.85	15918.12	33.56	26970.78		
宝鸡市	Baoji City	1069.74	599475.76	334.48	91383.20	266.09	140707.97	407.84	347290.13	44.18	30311.62
咸阳市	Xianyang City	1272.65	889135.46	655.32	150446.96	168.86	153978.87	385.60	564270.78	301.67	476552.36
渭南市	Weinan City	611.48	313234.55	266.42	45972.07	91.16	54590.31	224.61	205005.68	102.17	57626.99
延安市	Yan'an City	296.50	232419.24	212.41	55372.42	29.15	43003.58	54.11	133801.97	5.30	10175.75
汉中市	Hanzhong City	561.38	408091.69	112.61	23339.11	43.45	25994.12	379.55	355296.08	98.39	142165.84
榆林市	Yulin City	1847.14	1321549.33	1150.41	143554.60	288.66	528411.93	325.83	636069.26	132.97	97621.09
安康市	Ankang City	453.87	485060.67	135.00	27970.69	85.61	50406.86	185.96	367263.65	28.72	26107.94
商洛市	Shangluo City	348.79	173488.18	170.70	31800.71	81.88	69240.80	63.10	66759.23	10.67	8236.43

用地类型和省市分列（2013年） 续表10
and by Province, Autonomous Region and Municipality (2013) Continued 10

Unit: hectare, 10^4 yuan

用地 Residential Uses				其他用地 Land for Other Types							
公共租赁房 Public Rental House		高档住宅 High-grade Residence		公共管理与公共服务用地 Land for Public Management and Public Services		特殊用地 Land for Special Uses		交通运输用地 Land for Transport		水域及水利设施用地 Land for Water Conservancy Facilities	
出让面积 Area	成交价款 Transaction Price Value	出让面积 Area	成交价款 Transaction Price Value	出让面积 Area	成交价款 Transaction Price Value	出让面积 Area	成交价款 Transaction Price Value	出让面积 Area	成交价款 Transaction Price Value	出让面积 Area	成交价款 Transaction Price Value
				44.73	24078.92						
				14.29	6048.19			3.56			
0.29	52.61			1.32	493.80					0.10	12.95
		0.77	185.59							1.28	61.76
				0.06	**4.35**						
				0.06	4.35						
11.88	**4241.50**	**0.01**	**2.15**	**257.27**	**177999.75**			**22.53**		**6.46**	**1114.62**
1.15	1827.00			153.04	132949.65						
				7.58	2360.00						
10.73	2414.50			29.58	15913.29						
				10.53	4770.95			8.32			
				22.55	4911.41			5.57			
								0.84			
				5.31	1300.12			0.06		0.94	17.05
				4.39	3725.00						
				13.68	9565.35			7.74		5.52	1097.57
		0.01	2.15	10.61	2503.98						

国有建设用地出让情况——按

State-owned Land for Construction Use Granted by Land-use Type

单位：公顷，万元

地区	Region	出让总量 Total Amount of Granting		工矿仓储用地 Land for Industry, Mining and Warehousing		商服用地 Land for Commercial and Service Uses		住宅 Land for			
								普通商品住房 Ordinary Commercial House			
										中低价位、中小套型 Medium- and Low-price, Medium- and Small-sized Ordinary Commercial Houses	
		出让面积 Area	成交价款 Transaction Price Value	出让面积 Area	成交价款 Transaction Price Value	出让面积 Area	成交价款 Transaction Price Value	出让面积 Area	成交价款 Transaction Price Value	出让面积 Area	成交价款 Transaction Price Value
甘肃	**Gansu**	**8711.13**	**2377714.36**	**4282.14**	**359549.07**	**2331.24**	**780750.29**	**1616.56**	**1202212.64**	**286.81**	**181259.97**
兰州市	Lanzhou City	1230.55	724177.78	688.16	97403.72	115.03	252855.82	420.94	366328.79	10.73	11482.87
嘉峪关市	Jiayuguan City	987.50	20115.21	157.02	2442.49	827.17	15558.37	3.31	2114.35		
金昌市	Jinchang City	288.87	70203.22	116.84	5397.40	115.46	38785.23	56.56	26020.58	19.90	9353.00
白银市	Baiyin City	760.00	169936.72	579.04	34547.47	99.90	52704.82	81.06	82684.43	42.23	22409.33
天水市	Tianshui City	213.42	196119.80	110.33	21715.65	44.80	46579.66	53.97	126778.98	1.71	1028.80
武威市	Wuwei City	1116.43	154084.08	391.10	22103.59	352.08	66437.81	111.72	57551.45	10.57	11073.61
张掖市	Zhangye City	1302.78	170890.93	700.98	23384.63	175.65	67248.61	413.70	79656.34	9.43	3189.75
平凉市	Pingliang City	274.98	117292.54	144.52	21685.94	48.08	22817.24	46.43	68237.36	28.05	27418.07
酒泉市	Jiuquan City	1093.23	158211.67	652.83	23403.28	189.68	44860.39	145.88	86071.60	28.02	20073.70
庆阳市	Qingyang City	344.94	221819.51	186.77	28659.95	74.12	49782.87	80.21	141089.57	43.17	22830.59
定西市	Dingxi City	554.36	177149.96	336.58	46473.74	123.04	49085.63	83.21	78698.21	18.92	7270.58
陇南市	Longnan City	143.07	46254.70	76.44	15744.17	11.96	2763.47	16.56	23773.64	2.35	785.07
临夏回族自治州	Linxia Hui A.P.	372.75	144726.72	125.88	14642.47	145.94	66666.99	99.20	63034.60	71.55	44320.58
甘南藏族自治州	Gannan Tibetan A.P.	28.25	6731.53	15.65	1944.57	8.32	4603.38	3.78	172.73	0.17	24.01
青海	**Qinghai**	**1529.86**	**698984.17**	**775.81**	**94723.63**	**389.67**	**312627.41**	**289.06**	**252551.64**	**42.90**	**13096.21**
西宁市	Xining City	628.99	558130.99	311.31	68338.68	145.67	264847.36	134.83	189469.52	10.15	4999.32
海东地区	Haidong Prefecture	409.82	96357.90	152.49	15651.30	146.10	32689.89	105.15	46783.88	27.74	7170.35
海北藏族自治州	Haibei Tibetan A.P.	43.42	5585.19	8.05	741.73	10.98	1995.06	8.20	1473.40	4.92	880.54
黄南藏族自治州	Huangnan Tibetan A.P.	8.76	1744.13	2.07	241.80	5.83	1051.23	0.86	451.10		
海南藏族自治州	Hainan Tibetan A.P.	85.07	18768.59	31.05	1788.14	21.95	5778.46	28.71	10755.28		
果洛藏族自治州	Golog Tibetan A.P.	6.49	336.08	4.95	204.10	0.87	76.53	0.34	31.72		
玉树藏族自治州	Yushu Tibetan A.P.										
海西蒙古族藏族自治州	Haixi Mongol & Tibetan A.P.	347.30	18061.30	265.89	7757.88	58.26	6188.88	10.97	3586.73	0.10	46.00

用地类型和省市分列（2013 年） 续表 11
and by Province, Autonomous Region and Municipality （2013） Continued 11

Unit: hectare, 10^4 yuan

用地 Residential Uses				其他用地 Land for Other Types							
公共租赁房 Public Rental House		高档住宅 High-grade Residence		公共管理与公共服务用地 Land for Public Management and Public Services		特殊用地 Land for Special Uses		交通运输用地 Land for Transport		水域及水利设施用地 Land for Water Conservancy Facilities	
出让面积 Area	成交价款 Transaction Price Value	出让面积 Area	成交价款 Transaction Price Value	出让面积 Area	成交价款 Transaction Price Value	出让面积 Area	成交价款 Transaction Price Value	出让面积 Area	成交价款 Transaction Price Value	出让面积 Area	成交价款 Transaction Price Value
3.66	**985.36**			**382.23**	**23808.98**			**6.95**		**3.26**	**266.94**
				6.39	7585.12			0.02			
0.15	132.60			4.17	912.91						
1.53	77.59			255.97	7228.10			3.15		0.88	73.81
				1.30	312.54						
				1.26	220.78						
1.98	775.16			102.36	3058.79						
				3.84	2287.12						
				5.99	1915.04			1.61		0.40	42.38
				0.13	35.58			2.17		0.62	11.47
				0.82	253.01					0.90	129.65
										0.46	9.63
5.85	**8470.05**	**0.25**	**20.32**	**49.79**	**23311.35**			**0.22**		**2.23**	**261.04**
2.05	7527.79			30.43	21480.43			0.22			
3.80	942.26			0.05	29.52					2.23	261.04
				16.20	1375.00						
		0.25	20.32	3.11	426.40						

国有建设用地出让情况——按

State-owned Land for Construction Use Granted by Land-use Type

单位：公顷，万元

地区	Region	出让总量 Total Amount of Granting		工矿仓储用地 Land for Industry, Mining and Warehousing		商服用地 Land for Commercial and Service Uses		住宅 Land for			
								普通商品住房 Ordinary Commercial House			
										中低价位、中小套型 Medium- and Low-price, Medium- and Small-sized Ordinary Commercial Houses	
		出让面积 Area	成交价款 Transaction Price Value	出让面积 Area	成交价款 Transaction Price Value	出让面积 Area	成交价款 Transaction Price Value	出让面积 Area	成交价款 Transaction Price Value	出让面积 Area	成交价款 Transaction Price Value
宁夏	**Ningxia**	**5479.02**	**1752615.35**	**3339.38**	**272271.75**	**1021.18**	**664695.17**	**1022.39**	**796208.07**	**69.89**	**39824.45**
银川市	Yinchuan City	2327.62	1147061.01	1030.90	119532.51	578.89	432268.26	656.46	583453.29	45.51	30683.12
石嘴山市	Shizuishan City	742.07	115706.66	575.07	46091.44	106.68	50569.59	51.76	17093.97	4.73	1874.03
吴忠市	Wuzhong City	1150.28	272987.29	763.09	41143.31	180.72	81038.23	193.97	149592.13	14.13	5569.76
固原市	Guyuan City	434.37	73181.95	255.65	18065.17	87.63	30819.71	77.84	19904.35	5.52	1697.54
中卫市	Zhongwei City	824.67	143678.44	714.66	47439.33	67.26	69999.37	42.36	26164.33		
新疆	**Xinjiang**	**15383.50**	**3246789.20**	**10423.54**	**583857.13**	**2638.98**	**1266832.59**	**2052.69**	**1332904.83**	**733.23**	**413012.41**
乌鲁木齐市	Urumqi City	1490.68	862602.33	748.96	92683.93	354.39	397559.77	365.28	364080.43	121.14	169456.80
克拉玛依市	Karamay City	407.54	135159.94	125.86	15286.00	128.75	65299.16	152.93	54574.78	39.03	16604.18
吐鲁番地区	Turpan Prefeture	433.48	64824.01	294.76	10586.10	118.12	43391.81	17.76	9589.10	11.81	6654.00
哈密地区	Hami Prefeture	596.57	53538.14	427.32	8852.76	96.90	14446.91	45.45	28037.42		
昌吉回族自治州	Changji Hui A.P.	3949.79	552893.69	2953.71	109107.06	583.76	223948.83	366.63	192596.26	175.82	52383.43
博尔塔拉蒙古自治州	Bortala Mongol A.P.	421.90	88179.95	269.52	16486.76	73.05	21563.40	79.33	50129.79	46.56	30088.65
巴音郭楞蒙古自治州	Bayingolin Mongol A.P.	1076.82	187731.00	799.59	26041.44	170.44	72761.51	83.95	86910.01	1.18	304.75
阿克苏地区	Akesu Prefeture	985.01	196950.42	567.34	20290.82	169.98	55673.78	244.40	120791.58	122.46	49266.55
克孜勒苏柯尔克孜自治州	Kizilsu Kirgiz A.P.	325.25	38222.87	231.12	3498.43	60.50	18136.10	30.43	15853.71	9.36	7406.88
喀什地区	Kashi Prefeture	1657.74	263751.67	1132.11	81744.67	260.84	92815.71	224.87	84336.12	119.33	35682.84
和田地区	Hotan Prefeture	342.91	43688.53	193.93	6642.31	110.46	26010.23	12.20	2358.00	11.29	2248.00
伊犁哈萨克自治州	Ili Kazak A.P.	2255.06	574227.58	1584.99	136466.17	321.61	152009.68	322.55	282159.77	67.04	41615.35
塔城地区	Tacheng Prefeture	488.19	93420.19	273.92	27241.70	110.09	45444.43	69.92	18237.18		
阿勒泰地区	Altay Prefeture	841.99	32206.85	788.44	21954.69	25.80	7119.01	16.61	2867.71	8.22	1300.98
石河子市	Shihezi City	110.55	59392.04	31.95	6974.30	54.28	30652.26	20.38	20382.97		
阿拉尔市	Aral City										
图木舒克市	Tumxuk City										
五家渠市	Wujiaqu City										

用地类型和省市分列（2013年） 续表 12

and by Province，Autonomous Region and Municipality （2013） Continued 12

Unit: hectare, 10^4 yuan

用地 Residential Uses				其他用地 Land for Other Types							
公共租赁房 Public Rental House		高档住宅 High-grade Residence		公共管理与公共服务用地 Land for Public Management and Public Services		特殊用地 Land for Special Uses		交通运输用地 Land for Transport		水域及水利设施用地 Land for Water Conservancy Facilities	
出让面积 Area	成交价款 Transaction Price Value	出让面积 Area	成交价款 Transaction Price Value	出让面积 Area	成交价款 Transaction Price Value	出让面积 Area	成交价款 Transaction Price Value	出让面积 Area	成交价款 Transaction Price Value	出让面积 Area	成交价款 Transaction Price Value
0.34	**133.85**			**64.66**	**17431.89**	**7.49**	**1122.82**	**23.59**			
				37.78	11055.15			23.59			
0.34	133.85			0.74	695.00	7.49	1122.82				
				12.49	1213.62						
				13.26	4392.72						
				0.39	75.40						
0.63	**101.34**	**5.50**	**493.20**	**120.18**	**42484.55**			**0.09**			
		5.50	493.20	12.12	2117.21			0.09			
				2.85	1257.00						
				26.60	2175.06						
0.63	101.34			32.39	23177.55						
				6.31	495.22						
				3.28	194.25						
				0.72	201.56						
				0.45	782.73						
				26.33	8677.99						
				4.68	1921.87						
				0.50	101.59						
				3.94	1382.52						

主要城市建设用地价格（2013年）
Prices of Land for Construction Use of Major Cities (2013)

城市	City	地面地价水平（元/米²） Price Level of Ground Land（yuan/m²）				地价同比增长率（%） Increase Over the Same Period of the Previous Year（%）			
		综合地价 Integrated Price of Land	商业用地地价 Price of Land for Commercial Use	住宅用地地价 Price of Land for Residential Use	工业用地地价 Price of Land for Industrial Use	综合地价 Integrated Price of Land	商业用地地价 Price of Land for Commercial Use	住宅用地地价 Price of Land for Residential Use	工业用地地价 Price of Land for Industrial Use
105个主要城市总体水平	**The Overall Land Price Level of 105 Major Cities**	**3349**	**6306**	**5033**	**700**	**7.02**	**7.93**	**8.95**	**4.45**
北京市	Beijing	9771	13878	14688	1623	7.61	7.22	8.10	3.44
天津市	Tianjin	5443	8580	5862	802	4.57	3.84	5.15	2.82
石家庄市	Shijiazhuang City	1954	2626	2245	672	5.25	5.46	5.88	0.19
唐山市	Tangshan City	1497	2321	1823	531	2.18	3.16	1.84	2.31
秦皇岛市	Qinhuangdao City	1747	2572	2457	367	2.95	3.88	3.02	0.92
邯郸市	Handan City	1119	2334	1557	607	0.72	0.73	1.04	0.33
保定市	Baoding City	1514	3217	2441	547	11.32	14.28	13.59	1.86
张家口市	Zhangjiakou City	1041	1869	1008	404	2.66	1.96	3.07	0.75
廊坊市	Langfang City	2016	3840	3059	421	2.08	1.03	2.31	1.45
太原市	Taiyuan City	1745	2877	2049	804	40.95	45.38	37.98	18.24
大同市	Datong City	1909	3701	2841	517	2.86	6.26	0.00	0.00
呼和浩特市	Hohhot City	2974	4204	3291	503	14.43	15.87	14.34	9.64
包头市	Baotou City	828	1728	1086	321	11.44	16.76	12.07	1.26
沈阳市	Shenyang City	2304	3033	2645	662	7.71	8.59	7.61	5.41
大连市	Dalian City	2274	4892	2763	718	4.99	2.49	6.07	2.87
鞍山市	Anshan City	770	1264	937	405	4.76	7.12	6.00	-0.25
抚顺市	Fushun City	627	1398	1231	378	1.62	1.01	1.23	0.80
本溪市	Benxi City	785	1146	1048	417	1.68	0.35	1.95	2.21
丹东市	Dandong City	869	2966	1581	365	3.08	3.67	4.15	1.11
锦州市	Jinzhou City	727	1339	832	279	2.68	3.00	2.84	2.20
阜新市	Fuxin City	912	1897	1187	343	2.59	2.04	3.04	0.88
辽阳市	Liaoyang City	807	1523	1036	454	0.60	0.46	0.48	0.89
长春市	Changchun City	2217	4267	2675	387	6.08	6.54	6.57	0.00
吉林市	Jilin City	827	1338	1192	371	0.36	0.22	0.42	0.54
哈尔滨市	Harbin City	2332	6342	2527	436	0.60	0.43	1.04	0.23
齐齐哈尔市	Qiqihar City	565	1687	694	357	8.03	7.80	7.76	8.51
鸡西市	Jixi City	589	2131	691	250	-1.34	-1.52	-1.57	0.00
鹤岗市	Hegang City	499	1009	423	249	-0.20	0.10	-0.47	-0.40

主要城市建设用地价格（2013年） 续表1
Prices of Land for Construction Use of Major Cities (2013) Continued 1

城市	City	地面地价水平（元/米²） Price Level of Ground Land（yuan/m²）				地价同比增长率（%） Increase Over the Same Period of the Previous Year（%）			
		综合地价 Integrated Price of Land	商业用地地价 Price of Land for Commercial Use	住宅用地地价 Price of Land for Residential Use	工业用地地价 Price of Land for Industrial Use	综合地价 Integrated Price of Land	商业用地地价 Price of Land for Commercial Use	住宅用地地价 Price of Land for Residential Use	工业用地地价 Price of Land for Industrial Use
大庆市	Daqing City	887	1389	1029	251	2.19	2.21	1.98	2.87
伊春市	Yichun City	285	493	238	197	1.42	1.44	1.71	0.51
佳木斯市	Jiamusi City	516	1133	523	286	1.57	1.71	2.95	0.00
牡丹江市	Mudanjiang City	677	2466	666	352	1.20	1.07	1.99	0.00
上海市	Shanghai	16246	36713	28066	1780	15.12	7.61	17.86	8.24
南京市	Nanjing City	7078	18285	9422	1078	9.42	7.89	10.46	0.95
无锡市	Wuxi City	3200	10628	4718	718	0.38	0.91	0.30	0.18
徐州市	Xuzhou City	2197	3781	3220	271	2.02	2.03	2.05	1.47
常州市	Changzhou City	1317	4793	3073	375	1.61	1.65	1.98	0.60
苏州市	Suzhou City	3006	5519	2877	621	5.17	5.73	5.08	0.65
南通市	Nantong City	1767	3740	3162	583	1.31	1.91	1.37	0.33
扬州市	Yangzhou City	1202	2635	1772	347	1.95	3.99	1.78	1.17
杭州市	Hangzhou City	11181	15782	16226	535	7.02	3.89	7.39	3.11
宁波市	Ningbo City	6077	8706	9253	1125	11.73	6.37	13.94	8.59
温州市	Wenzhou City	5111	11592	9575	1701	-1.05	-0.28	-1.76	0.35
嘉兴市	Jiaxing City	1296	3056	1516	462	11.15	11.05	10.90	12.41
湖州市	Huzhou City	1989	4339	2466	439	1.43	0.28	1.36	2.33
合肥市	Hefei City	2541	5468	3573	408	4.18	2.78	4.78	0.00
芜湖市	Wuhu City	1627	5348	2627	376	-0.18	0.34	-0.64	0.53
蚌埠市	Bengbu City	959	1684	1349	312	1.70	0.72	1.97	0.65
淮南市	Huainan City	710	1731	1269	308	-0.14	-0.12	-0.16	0.00
淮北市	Huaibei City	1452	3682	1938	299	0.62	1.52	0.36	0.00
福州市	Fuzhou City	10100	17080	11092	592	6.27	6.17	6.36	3.14
厦门市	Xiamen City	18173	29217	19837	896	12.71	4.47	14.37	8.47
泉州市	Quanzhou City	3537	6869	5988	593	5.65	5.60	5.96	2.77
南昌市	Nanchang City	4578	7421	5035	460	19.01	16.40	20.18	1.75

主要城市建设用地价格（2013年） 续表2

Prices of Land for Construction Use of Major Cities (2013) Continued 2

城市	City	地面地价水平（元/米²）Price Level of Ground Land（yuan/m²）				地价同比增长率（%）Increase Over the Same Period of the Previous Year（%）			
		综合地价 Integrated Price of Land	商业用地地价 Price of Land for Commercial Use	住宅用地地价 Price of Land for Residential Use	工业用地地价 Price of Land for Industrial Use	综合地价 Integrated Price of Land	商业用地地价 Price of Land for Commercial Use	住宅用地地价 Price of Land for Residential Use	工业用地地价 Price of Land for Industrial Use
九江市	Jiujiang City	1422	2895	2605	297	4.41	4.59	4.96	1.02
济南市	Jinan City	2301	4408	3701	695	2.22	1.73	2.27	2.21
青岛市	Qingdao City	3050	8642	4681	783	7.66	6.82	9.96	1.03
淄博市	Zibo City	1065	1957	1409	426	2.70	4.21	3.22	0.00
枣庄市	Zaozhuang City	903	1632	1245	350	1.80	1.75	1.63	2.64
烟台市	Yantai City	1724	4802	4295	369	4.42	2.17	4.88	3.65
潍坊市	Weifang City	1511	2464	1614	439	12.34	16.39	10.02	2.57
济宁市	Jining City	872	1578	1281	476	2.23	2.33	3.22	0.42
泰安市	Tai’an City	1610	2258	2372	324	7.69	7.99	8.26	2.21
临沂市	Linyi City	848	1524	1072	368	6.40	7.48	6.35	6.05
郑州市	Zhengzhou City	2550	3049	3407	678	5.81	4.63	6.90	2.26
开封市	Kaifeng City	1243	2359	1527	415	8.09	8.36	8.61	4.01
洛阳市	Luoyang City	1334	2732	1787	545	6.46	6.39	8.30	1.49
平顶山市	Pingdingshan City	1137	2316	1344	554	6.56	0.52	8.04	10.10
安阳市	Anyang City	1015	2236	1064	596	16.40	9.99	17.83	19.44
新乡市	Xinxiang City	1371	2465	1683	399	4.74	5.48	3.00	6.40
焦作市	Jiaozuo City	687	1669	884	322	3.93	4.77	4.37	2.22
武汉市	Wuhan City	4220	9004	5822	809	6.32	7.63	6.36	2.41
黄石市	Huangshi City	659	1024	703	346	8.70	10.33	12.00	1.98
宜昌市	Yichang City	1218	1977	1239	375	8.75	9.29	9.45	2.18
襄阳市	Xiangyang City	978	1835	1073	548	8.91	10.88	11.73	0.40
荆州市	Jingzhou City	1296	2504	1700	551	3.60	1.83	4.94	1.66
长沙市	Changsha City	2450	3927	2769	766	9.91	10.03	10.67	5.51
株洲市	Zhuzhou City	1296	2893	1324	429	4.77	5.09	4.09	5.93
湘潭市	Xiangtan City	1739	2392	1789	501	5.39	5.10	5.80	3.94
衡阳市	Hengyang City	831	1769	870	490	8.49	11.33	9.57	4.03

主要城市建设用地价格（2013年） 续表3

Prices of Land for Construction Use of Major Cities (2013) Continued 3

城 市	City	地面地价水平（元/米²） Price Level of Ground Land（yuan/m²）				地价同比增长率（%） Increase Over the Same Period of the Previous Year（%）			
		综合地价 Integrated Price of Land	商业用地地价 Price of Land for Commercial Use	住宅用地地价 Price of Land for Residential Use	工业用地地价 Price of Land for Industrial Use	综合地价 Integrated Price of Land	商业用地地价 Price of Land for Commercial Use	住宅用地地价 Price of Land for Residential Use	工业用地地价 Price of Land for Industrial Use
岳阳市	Yueyang City	1528	2988	1521	361	10.64	10.01	11.10	4.03
广州市	Guangzhou City	16863	27057	22128	627	16.13	9.19	21.80	8.67
深圳市	Shenzhen City	21395	36924	32430	2761	18.93	17.77	20.54	11.87
珠海市	Zhuhai City	4199	9428	6235	591	5.56	5.18	6.04	2.78
汕头市	Shantou City	2128	5570	3640	867	10.09	6.18	12.69	8.10
佛山市顺德区	Shunde of Foshan City	2958	6460	3858	659	14.87	19.21	13.94	9.29
湛江市	Zhanjiang City	1102	3969	1692	435	7.51	6.15	8.95	3.57
东莞市	Dongguan City	4868	7174	5280	713	9.49	5.94	10.51	2.44
中山市	Zhongshan City	1801	5804	1545	640	10.22	9.67	10.83	7.74
南宁市	Nanning City	2524	6317	1957	505	5.12	4.83	6.36	3.06
柳州市	Liuzhou City	2364	7085	2785	415	4.56	3.98	4.86	4.27
北海市	Beihai City	1259	2902	1997	343	2.69	2.11	1.73	8.54
海口市	Haikou City	3062	3736	3557	571	6.47	10.08	5.21	1.96
成都市	Chengdu City	7251	10516	8020	705	9.50	8.74	11.30	2.92
南充市	Nanchong City	1943	2771	2220	511	9.03	8.79	9.79	4.50
宜宾市	Yibin City	1892	2575	2400	212	9.11	4.76	10.70	0.00
贵阳市	Guiyang City	3295	8695	3662	456	1.79	2.68	1.16	1.79
昆明市	Kunming City	6535	15798	7346	675	4.16	4.87	3.83	6.80
拉萨市	Lhasa City	1513	2106	1679	1018	6.35	7.82	3.13	1.37
重庆市	Chongqing	4029	8445	3921	564	6.08	4.27	7.13	1.62
西安市	Xi'an City	3248	4985	4033	686	8.81	9.83	8.76	3.78
兰州市	Lanzhou City	2129	3078	2841	756	4.16	3.60	5.53	0.67
西宁市	Xining City	1340	2548	1402	482	2.21	1.84	2.41	0.42
银川市	Yinchuan City	1200	2415	1680	253	5.17	8.69	4.67	0.00
乌鲁木齐市	Urumqi City	1726	3191	2970	550	3.98	3.60	3.74	5.16

土地违法案件

Cases Handling of

单位：件，公顷

年份/案件类别	Year/Case Category	合计 Total		
		件数 Number of Cases	涉及土地面积 Land Area Involved	耕地 Cultivated Land
	2011	43149	46063.57	15352.56
	2012	37480	28489.60	9875.05
	2013	56926	34882.26	10654.99
上年未结案件	**Cases Unsettled from Last Year**	**4239**	**4166.44**	**1427.66**
本年发现违法	**Violations of Law Discovered in the Current Year**	**83978**	**41197.42**	**12359.31**
本年发生	Cases Occurring This Year	38437	13655.44	4681.77
历年隐漏	Cases Concealed and Not Discovered over the Past Years	45541	27541.97	7677.54
本年立案	**Cases Filed This Year**	**58775**	**35728.08**	**10611.91**
本年发生案件立案	Cases Occurring This Year	18828	11050.75	3567.46
买卖或非法转让	Purchase and Sale or Illegal Transfer	177	175.87	14.87
破坏耕地	Damage of Cultivated Land	496	124.49	89.57
非法占地	Unlawful Encroachment of Land	17944	10557.74	3407.8
非法批地	Unlawful Approval of Land Occupancy	58	97.79	27.58
低价出让土地	Granting of Land at a Lower Price			
其他	Others	153	94.85	27.64
历年隐漏案件立案	Cases Concealed and Not Discovered over the Past Years	39947	24677.34	7044.45
本年结案	**Cases Settled This Year**	**56926**	**34882.26**	**10654.99**
处理本年发生案件	This Year's Cases Handled	16302	9653.87	3132.45
买卖或非法转让	Purchase and Sale or Illegal Transfer	159	166.37	14.16
破坏耕地	Damage of Cultivated Land	434	80	68.46
非法占地	Unlawful Encroachment of Land	15565	9232.09	3007.62
非法批地	Unlawful Approval of Land Occupancy	23	85.76	16.61
低价出让土地	Granting of Land at a Lower Price			
其他	Others	121	89.66	25.61
处理上年未结案件	Last Year's Unsettled Cases Handled	2408	2097.85	689.44
处理历年隐漏案件	Concealed and Not Discovered Cases Handled	38216	23130.54	6833.09
本年未结案件	**Cases Unsettled This Year**	**6088**	**5012.26**	**1384.58**

查处情况
Violations of Land Law

Unit: case, hectare

省级机关 Provincial Level			市级机关 Municipal Level			县级机关 County Level		
件数 Number of Cases	涉及土地面积 Land Area Involved	耕地 Cultivated Land	件数 Number of Cases	涉及土地面积 Land Area Involved	耕地 Cultivated Land	件数 Number of Cases	涉及土地面积 Land Area Involved	耕地 Cultivated Land
43	947.04	585.73	41	366.69	139.25	532	2503.49	1008.22
20	209.99	54.93	34	187.00	90.62	394	1585.56	698.54
20	57.26	13.33	87	270.49	90.24	525	1497.60	576.36
2	**22.32**	**6.67**	**9**	**203.89**	**93.72**	**52**	**206.23**	**65.59**
51	**259.03**	**28.34**	**129**	**297.02**	**65.09**	**924**	**1731.76**	**599.45**
8	18.02	8.74	22	117.44	18.63	178	554.59	207.6
43	241.01	19.6	107	179.58	46.46	746	1177.17	391.85
24	**166.67**	**11.9**	**86**	**232.49**	**47.54**	**517**	**1450.97**	**547.88**
2	0.93		14	110.51	12.74	140	476.65	191.64
2	0.93		14	110.51	12.74	124	430.29	182.01
						14	46.31	9.63
						2	0.05	
22	165.74	11.9	72	121.98	34.8	377	974.32	356.24
20	**57.26**	**13.33**	**87**	**270.49**	**90.24**	**525**	**1497.6**	**576.36**
1	0.8		10	15.01	11.49	130	460.36	187.72
1	0.8		10	15.01	11.49	114	414	178.09
						14	46.31	9.63
						2	0.05	
2	22.32	6.67	6	136.4	44.15	30	103.38	39.28
17	34.14	6.66	71	119.08	34.6	365	933.86	349.36
6	**131.73**	**5.24**	**8**	**165.89**	**51.02**	**44**	**159.6**	**37.11**

土地违法案件
Cases Handling of

单位：件，公顷

年份/案件类别	Year/Case Category	乡级机关 Township Level		
		件数 Number of Cases	涉及土地面积 Land Area Involved	耕地 Cultivated Land
	2011	780	1731.28	709.28
	2012	595	851.85	361.73
	2013	950	1291.33	550.09
上年未结案件	**Cases Unsettled from Last Year**	**69**	**86.15**	**67.56**
本年发现违法	**Violations of Law Discovered in the Current Year**	**1285**	**1571.47**	**675.46**
本年发生	Cases Occurring This Year	389	571.2	328.15
历年隐漏	Cases Concealed and Not Discovered over the Past Years	896	1000.27	347.31
本年立案	**Cases Filed This Year**	**989**	**1354.06**	**597.04**
本年发生案件立案	Cases Occurring This Year	291	447.64	252.91
买卖或非法转让	Purchase and Sale or Illegal Transfer	1	0.25	
破坏耕地	Damage of Cultivated Land	2	0.27	0.27
非法占地	Unlawful Encroachment of Land	243	395.37	234.69
非法批地	Unlawful Approval of Land Occupancy	44	51.48	17.95
低价出让土地	Granting of Land at a Lower Price			
其他	Others	1	0.27	
历年隐漏案件立案	Cases Concealed and Not Discovered over the Past Years	698	906.42	344.13
本年结案	**Cases Settled This Year**	**950**	**1291.33**	**550.09**
处理本年发生案件	This Year's Cases Handled	238	412.32	225.59
买卖或非法转让	Purchase and Sale or Illegal Transfer	1	0.25	
破坏耕地	Damage of Cultivated Land	2	0.27	0.27
非法占地	Unlawful Encroachment of Land	225	372.08	218.34
非法批地	Unlawful Approval of Land Occupancy	9	39.45	6.98
低价出让土地	Granting of Land at a Lower Price			
其他	Others	1	0.27	
处理上年未结案件	Last Year's Unsettled Cases Handled	31	26.46	14.29
处理历年隐漏案件	Concealed and Not Discovered Cases Handled	681	852.55	310.21
本年未结案件	**Cases Unsettled This Year**	**108**	**148.88**	**114.51**

查处情况　续表

Violations of Land Law　Continued

Unit: case, hectare

村（组）集体 Village and Collective Level			企事业单位 Enterprises and Institutions			个人 Individuals		
件数 Number of Cases	涉及土地面积 Land Area Involved	耕地 Cultivated Land	件数 Number of Cases	涉及土地面积 Land Area Involved	耕地 Cultivated Land	件数 Number of Cases	涉及土地面积 Land Area Involved	耕地 Cultivated Land
2826	2006.82	882.63	13819	32659.31	9646.47	25108	5848.93	2380.96
2799	1573.11	690.05	9926	19889.96	6455.58	23712	4192.12	1523.60
5817	2768.46	1109.47	15002	22009.31	5824.02	34525	6987.83	2491.50
491	**428.78**	**193.62**	**875**	**2548.26**	**681.7**	**2741**	**670.82**	**318.81**
7238	**3336.66**	**1189.41**	**17344**	**24715.95**	**6530.97**	**57007**	**9285.53**	**3270.59**
2162	940.11	334.01	5921	8036.95	2454.43	29757	3417.14	1330.21
5076	2396.55	855.4	11423	16679	4076.54	27250	5868.39	1940.38
5832	**2775.62**	**1044.23**	**15280**	**22643.79**	**5925.69**	**36047**	**7104.49**	**2437.63**
1384	671.26	262.21	4774	7242.22	2085.39	12223	2101.54	762.58
72	79.51	10.51	17	72.4	1.33	87	23.71	3.03
8	2.4	1.79	60	27.34	21.97	426	94.48	65.54
1292	587.22	248.85	4624	7059.8	2038.96	11645	1973.63	690.56
12	2.13	1.06	73	82.68	23.13	65	9.72	3.45
4448	2104.36	782.02	10506	15401.57	3840.3	23824	5002.95	1675.05
5817	**2768.46**	**1109.47**	**15002**	**22009.31**	**5824.02**	**34525**	**6987.83**	**2491.5**
1202	526.66	205.1	4340	6473.25	1869.33	10381	1765.49	633.24
68	72.24	10.51	16	72.12	1.19	74	21.77	2.46
6	1.44	1.24	53	24.77	19.4	373	53.52	47.55
1121	451.65	192.71	4203	6296.76	1825.61	9891	1681.79	581.38
7	1.33	0.64	68	79.6	23.13	43	8.41	1.85
312	265.75	145.24	517	1101.45	211.7	1510	442.09	228.12
4303	1976.05	759.13	10145	14434.61	3742.99	22634	4780.25	1630.14
506	**435.94**	**128.38**	**1153**	**3182.74**	**783.37**	**4263**	**787.48**	**264.94**

土地违法案件查处
Cases Handling of Violations

单位：件，公顷

年份/案件类别	Year/Case Category	合计 Total 件数 Number of Cases	涉及土地面积 Land Area Involved	耕地 Cultivated Land
	2011	43149	46063.57	15352.56
	2012	37480	28489.60	9875.05
	2013	56926	34882.26	10654.99
上年未结案件	**Cases Unsettled from Last Year**	**4239**	**4166.44**	**1427.66**
本年发现违法	**Violations of Law Discovered in the Current Year**	**83978**	**41197.42**	**12359.31**
本年发生	Cases Occurring This Year	38437	13655.44	4681.77
历年隐漏	Cases Concealed and Not Discovered over the Past Years	45541	27541.97	7677.54
本年立案	**Cases Filed This Year**	**58775**	**35728.08**	**10611.91**
本年发生案件立案	Cases Occurring This Year	18828	11050.75	3567.46
买卖或非法转让	Purchase and Sale or Illegal Transfer	177	175.87	14.87
破坏耕地	Damage of Cultivated Land	496	124.49	89.57
非法占地	Unlawful Encroachment of Land	17944	10557.74	3407.80
非法批地	Unlawful Approval of Land Occupancy	58	97.79	27.58
低价出让土地	Granting of Land at a Lower Price			
其他	Others	153	94.85	27.64
历年隐漏案件立案	Cases Concealed and Not Discovered over the Past Years	39947	24677.34	7044.45
本年结案	**Cases Settled This Year**	**56926**	**34882.26**	**10654.99**
处理本年发生案件	This Year's Cases Handled	16302	9653.87	3132.45
买卖或非法转让	Purchase and Sale or Illegal Transfer	159	166.37	14.16
破坏耕地	Damage of Cultivated Land	434	80.00	68.46
非法占地	Unlawful Encroachment of Land	15565	9232.09	3007.62
非法批地	Unlawful Approval of Land Occupancy	23	85.76	16.61
低价出让土地	Granting of Land at a Lower Price			
其他	Others	121	89.66	25.61
处理上年未结案件	Last Year's Unsettled Cases Handled	2408	2097.85	689.44
处理历年隐漏案件	Concealed and Not Discovered Cases Handled	38216	23130.54	6833.09
本年未结案件	**Cases Unsettled This Year**	**6088**	**5012.26**	**1384.58**

情况——按地区分列
of Land Law by Region

Unit: case, hectare

北京 Beijing			天津 Tianjin			河北 Hebei		
件数 Number of Cases	涉及土地面积 Land Area Involved	耕地 Cultivated Land	件数 Number of Cases	涉及土地面积 Land Area Involved	耕地 Cultivated Land	件数 Number of Cases	涉及土地面积 Land Area Involved	耕地 Cultivated Land
711	939.76	101.20	362	134.57	42.65	2789	2192.26	1358.62
498	518.24	23.01	721	105.73	21.44	2258	1468.44	774.98
391	394.81	14.21	826	218.15	80.26	6304	1752.22	601.20
218	**511.86**	**137.97**				**534**	**518.14**	**304.09**
1588	**945.42**	**169.11**	**978**	**237.03**	**91.41**	**7469**	**2240.65**	**700.54**
355	180.36	33.52	291	42.33	14.96	1784	643.74	212.63
1233	765.06	135.59	687	194.70	76.45	5685	1596.92	487.91
508	**410.55**	**24.01**	**836**	**220.01**	**81.40**	**6817**	**1930.80**	**582.97**
43	41.53	0.75	149	25.31	4.95	1617	549.40	158.95
						2	5.14	5.14
						46	11.27	10.75
42	41.26	0.75	149	25.31	4.95	1564	530.49	142.33
1	0.27					5	2.50	0.73
465	369.02	23.26	687	194.70	76.45	5200	1381.40	424.02
391	**394.81**	**14.21**	**826**	**218.15**	**80.26**	**6304**	**1752.22**	**601.20**
27	31.85		139	23.45	3.81	1001	243.32	102.26
						2	5.14	5.14
						27	8.64	8.12
26	31.58		139	23.45	3.81	968	227.38	88.60
1	0.27					4	2.16	0.40
100	104.57	7.44				315	170.51	92.03
264	258.39	6.77	687	194.70	76.45	4988	1338.39	406.91
335	**527.60**	**147.77**	**10**	**1.86**	**1.14**	**1047**	**696.72**	**285.86**

土地违法案件查处
Cases Handling of Violations

单位：件，公顷

年份/案件类别	Year/Case Category	山西 Shanxi		
		件数 Number of Cases	涉及土地面积 Land Area Involved	耕地 Cultivated Land
	2011	1713	2860.07	1008.88
	2012	916	1102.99	330.70
	2013	1242	1392.71	517.87
上年未结案件	**Cases Unsettled from Last Year**	**78**	**102.97**	**27.65**
本年发现违法	**Violations of Law Discovered in the Current Year**	**1387**	**1406.17**	**534.26**
本年发生	Cases Occurring This Year	442	338.78	165.91
历年隐漏	Cases Concealed and Not Discovered over the Past Years	945	1067.38	368.36
本年立案	**Cases Filed This Year**	**1297**	**1365.15**	**510.90**
本年发生案件立案	Cases Occurring This Year	375	314.87	146.34
买卖或非法转让	Purchase and Sale or Illegal Transfer	1	1.60	0.93
破坏耕地	Damage of Cultivated Land	2	1.85	1.66
非法占地	Unlawful Encroachment of Land	368	309.28	143.62
非法批地	Unlawful Approval of Land Occupancy			
低价出让土地	Granting of Land at a Lower Price			
其他	Others	4	2.14	0.13
历年隐漏案件立案	Cases Concealed and Not Discovered over the Past Years	922	1050.28	364.55
本年结案	**Cases Settled This Year**	**1242**	**1392.71**	**517.87**
处理本年发生案件	This Year's Cases Handled	316	290.79	143.00
买卖或非法转让	Purchase and Sale or Illegal Transfer	1	1.60	0.93
破坏耕地	Damage of Cultivated Land	2	1.85	1.66
非法占地	Unlawful Encroachment of Land	309	285.20	140.28
非法批地	Unlawful Approval of Land Occupancy			
低价出让土地	Granting of Land at a Lower Price			
其他	Others	4	2.14	0.13
处理上年未结案件	Last Year's Unsettled Cases Handled	46	77.60	14.22
处理历年隐漏案件	Concealed and Not Discovered Cases Handled	880	1024.32	360.65
本年未结案件	**Cases Unsettled This Year**	**133**	**75.41**	**20.68**

情况——按地区分列 续表 1
of Land Law by Region Continued 1

Unit: case, hectare

内蒙古 Inner Mongolia			辽宁 Liaoning			吉林 Jilin		
件数 Number of Cases	涉及土地面积 Land Area Involved	耕地 Cultivated Land	件数 Number of Cases	涉及土地面积 Land Area Involved	耕地 Cultivated Land	件数 Number of Cases	涉及土地面积 Land Area Involved	耕地 Cultivated Land
650	1800.14	182.93	950	1306.50	567.59	1193	1558.47	402.72
437	758.73	131.80	602	574.00	187.14	971	1228.39	343.76
919	2167.18	280.01	1367	794.08	208.39	925	1092.20	420.38
156	**321.30**	**109.15**	**98**	**161.68**	**70.97**	**14**	**92.43**	**10.66**
984	**2358.23**	**292.08**	**1363**	**731.08**	**181.75**	**977**	**1087.05**	**427.57**
457	971.19	184.90	344	127.36	32.08	600	805.91	346.53
527	1387.05	107.18	1019	603.73	149.66	377	281.14	81.05
888	**2086.16**	**288.00**	**1365**	**739.87**	**182.51**	**950**	**1073.56**	**426.90**
429	960.11	183.34	348	138.86	34.03	590	803.97	345.93
			7	1.11	0.67	6	14.02	0.28
2	1.13	1.13	9	0.98	0.90	8	2.33	2.33
422	954.41	182.21	326	126.45	32.20	572	786.48	343.32
5	4.58		6	10.32	0.26	4	1.15	
459	1126.05	104.66	1017	601.01	148.48	360	269.59	80.98
919	**2167.18**	**280.01**	**1367**	**794.08**	**208.39**	**925**	**1092.20**	**420.38**
374	822.94	111.24	311	120.20	33.13	566	778.36	339.71
			7	1.11	0.67	6	14.02	0.28
1	0.08	0.08	8	0.75	0.67	6	2.28	2.28
368	818.29	111.16	290	108.02	31.54	551	761.53	337.15
5	4.58		6	10.32	0.26	3	0.54	
105	252.23	84.37	60	80.96	31.22	14	92.44	10.66
440	1092.01	84.41	996	592.93	144.04	345	221.39	70.01
125	**240.28**	**117.14**	**96**	**107.47**	**45.09**	**39**	**73.79**	**17.18**

土地违法案件查处
Cases Handling of Violations

单位：件，公顷

年份/案件类别	Year/Case Category	黑龙江 Heilongjiang		
		件数 Number of Cases	涉及土地面积 Land Area Involved	耕地 Cultivated Land
	2011	1429	1806.38	418.18
	2012	1201	1741.65	414.91
	2013	1621	1679.50	368.42
上年未结案件	**Cases Unsettled from Last Year**			
本年发现违法	**Violations of Law Discovered in the Current Year**	**1707**	**1989.30**	**379.10**
本年发生	Cases Occurring This Year	810	1236.83	202.85
历年隐漏	Cases Concealed and Not Discovered over the Past Years	897	752.47	176.25
本年立案	**Cases Filed This Year**	**1684**	**1986.89**	**378.10**
本年发生案件立案	Cases Occurring This Year	798	1247.96	203.51
买卖或非法转让	Purchase and Sale or Illegal Transfer			
破坏耕地	Damage of Cultivated Land	1	0.04	0.04
非法占地	Unlawful Encroachment of Land	788	1245.91	203.22
非法批地	Unlawful Approval of Land Occupancy			
低价出让土地	Granting of Land at a Lower Price			
其他	Others	9	2.01	0.25
历年隐漏案件立案	Cases Concealed and Not Discovered over the Past Years	886	738.92	174.59
本年结案	**Cases Settled This Year**	**1621**	**1679.50**	**368.42**
处理本年发生案件	This Year's Cases Handled	748	1104.95	195.18
买卖或非法转让	Purchase and Sale or Illegal Transfer			
破坏耕地	Damage of Cultivated Land	1	0.04	0.04
非法占地	Unlawful Encroachment of Land	739	1103.18	194.88
非法批地	Unlawful Approval of Land Occupancy			
低价出让土地	Granting of Land at a Lower Price			
其他	Others	8	1.73	0.25
处理上年未结案件	Last Year's Unsettled Cases Handled			
处理历年隐漏案件	Concealed and Not Discovered Cases Handled	873	574.55	173.24
本年未结案件	**Cases Unsettled This Year**	**63**	**307.39**	**9.68**

情况——按地区分列　续表 2
of Land Law by Region　Continued 2

Unit: case, hectare

上海 Shanghai			江苏 Jiangsu			浙江 Zhejiang		
件数 Number of Cases	涉及土地面积 Land Area Involved	耕地 Cultivated Land	件数 Number of Cases	涉及土地面积 Land Area Involved	耕地 Cultivated Land	件数 Number of Cases	涉及土地面积 Land Area Involved	耕地 Cultivated Land
272	401.66	249.53	704	1475.32	686.23	5050	1699.81	666.25
325	272.05	149.13	428	456.24	240.86	3391	986.53	464.71
359	224.10	92.15	603	536.46	294.02	4284	1205.92	485.47
			17	**52.58**	**30.37**	**22**	**4.29**	**1.22**
445	**131.26**	**77.67**	**764**	**645.74**	**363.50**	**4930**	**1299.09**	**514.16**
161	54.63	35.50	282	239.34	154.92	2161	507.49	160.38
284	76.63	42.17	482	406.40	208.59	2769	791.60	353.78
359	**224.10**	**92.15**	**614**	**532.12**	**295.96**	**4380**	**1226.68**	**492.58**
1	0.21	0.21	179	150.15	96.05	1764	477.45	151.32
						42	19.84	0.94
						33	8.27	7.92
1	0.21	0.21	175	147.35	95.45	1689	449.34	142.46
			4	2.79	0.60			
358	223.89	91.94	435	381.98	199.92	2616	749.23	341.26
359	**224.10**	**92.15**	**603**	**536.46**	**294.02**	**4284**	**1205.92**	**485.47**
1	0.21	0.21	155	125.67	79.56	1746	472.24	150.79
						42	19.84	0.94
						31	8.17	7.87
1	0.21	0.21	151	122.88	78.96	1673	444.23	141.98
			4	2.79	0.60			
			15	28.93	14.54	22	2.76	1.22
358	223.89	91.94	433	381.85	199.92	2516	730.92	333.46
			28	**48.25**	**32.32**	**118**	**25.05**	**8.33**

土地违法案件查处
Cases Handling of Violations

单位：件，公顷

年份/案件类别	Year/Case Category	安徽 Anhui		
		件数 Number of Cases	涉及土地面积 Land Area Involved	耕地 Cultivated Land
	2011	2138	2329.29	1248.05
	2012	3250	1598.65	974.47
	2013	3627	1913.85	1056.88
上年未结案件	**Cases Unsettled from Last Year**	**356**	**370.93**	**197.44**
本年发现违法	**Violations of Law Discovered in the Current Year**	**5133**	**2044.70**	**1159.42**
本年发生	Cases Occurring This Year	2337	810.08	516.72
历年隐漏	Cases Concealed and Not Discovered over the Past Years	2796	1234.61	642.69
本年立案	**Cases Filed This Year**	**3647**	**1748.61**	**983.96**
本年发生案件立案	Cases Occurring This Year	908	534.69	337.78
买卖或非法转让	Purchase and Sale or Illegal Transfer	1	0.89	0.41
破坏耕地	Damage of Cultivated Land	5	0.70	0.70
非法占地	Unlawful Encroachment of Land	844	465.65	309.11
非法批地	Unlawful Approval of Land Occupancy	56	67.19	27.56
低价出让土地	Granting of Land at a Lower Price			
其他	Others	2	0.27	
历年隐漏案件立案	Cases Concealed and Not Discovered over the Past Years	2739	1213.91	646.18
本年结案	**Cases Settled This Year**	**3627**	**1913.85**	**1056.88**
处理本年发生案件	This Year's Cases Handled	623	465.75	282.04
买卖或非法转让	Purchase and Sale or Illegal Transfer	1	0.89	0.41
破坏耕地	Damage of Cultivated Land	3	0.40	0.40
非法占地	Unlawful Encroachment of Land	596	409.03	264.64
非法批地	Unlawful Approval of Land Occupancy	21	55.16	16.59
低价出让土地	Granting of Land at a Lower Price			
其他	Others	2	0.27	
处理上年未结案件	Last Year's Unsettled Cases Handled	315	269.13	140.17
处理历年隐漏案件	Concealed and Not Discovered Cases Handled	2689	1178.97	634.67
本年未结案件	**Cases Unsettled This Year**	**376**	**205.69**	**124.52**

情况——按地区分列 续表 3
of Land Law by Region Continued 3

Unit: case, hectare

福建 Fujian			江西 Jiangxi			山东 Shandong		
件数 Number of Cases	涉及土地面积		件数 Number of Cases	涉及土地面积		件数 Number of Cases	涉及土地面积	
	Land Area Involved	耕地 Cultivated Land		Land Area Involved	耕地 Cultivated Land		Land Area Involved	耕地 Cultivated Land
3520	1113.53	332.78	1100	1127.24	301.97	1221	757.30	359.77
3847	1214.01	307.71	537	529.70	165.44	1319	747.76	392.47
3499	733.79	220.19	944	810.32	188.23	5131	1833.70	644.65
323	**83.34**	**31.32**	**30**	**43.58**	**27.20**	**418**	**171.66**	**84.95**
5049	**926.66**	**281.45**	**1222**	**871.71**	**189.86**	**5960**	**2061.40**	**757.65**
3396	434.69	131.20	415	306.13	69.13	1928	726.70	408.06
1653	491.97	150.25	807	565.58	120.74	4032	1334.70	349.59
3778	**825.97**	**258.59**	**936**	**799.65**	**176.91**	**5072**	**1790.28**	**617.71**
2207	361.02	111.41	185	264.17	59.01	1133	485.98	277.19
19	3.33	1.05	3	1.19	0.50	1	0.04	
46	29.37	8.84	4	1.42	0.93	6	0.49	0.49
2137	324.42	101.51	176	261.51	57.58	1125	484.98	276.70
5	3.90		2	0.05		1	0.47	
1571	464.95	147.18	751	535.48	117.90	3939	1304.31	340.52
3499	**733.79**	**220.19**	**944**	**810.32**	**188.23**	**5131**	**1833.70**	**644.65**
1911	294.39	86.43	180	262.15	58.13	848	384.45	224.73
12	2.59	1.05	3	1.19	0.50	1	0.04	
31	3.13	2.63	2	1.09	0.60	6	0.49	0.49
1864	285.49	82.76	173	259.82	57.03	840	383.45	224.24
4	3.18		2	0.05		1	0.47	
155	43.23	19.07	15	39.13	25.29	390	167.36	83.08
1433	396.16	114.69	749	509.04	104.81	3893	1281.89	336.84
602	**175.52**	**69.72**	**22**	**32.92**	**15.88**	**359**	**128.25**	**58.01**

土地违法案件查处

Cases Handling of Violations

单位：件，公顷

年份/案件类别	Year/Case Category	河南 Henan		
		件数 Number of Cases	涉及土地面积 Land Area Involved	耕地 Cultivated Land
	2011	1709	999.15	610.02
	2012	1105	883.73	560.76
	2013	4416	1873.56	871.11
上年未结案件	**Cases Unsettled from Last Year**	**64**	**60.44**	**25.68**
本年发现违法	**Violations of Law Discovered in the Current Year**	**5286**	**2050.88**	**948.66**
本年发生	Cases Occurring This Year	1593	661.02	284.13
历年隐漏	Cases Concealed and Not Discovered over the Past Years	3693	1389.86	664.53
本年立案	**Cases Filed This Year**	**4361**	**1820.49**	**851.80**
本年发生案件立案	Cases Occurring This Year	1053	533.61	250.58
买卖或非法转让	Purchase and Sale or Illegal Transfer	8	2.61	0.94
破坏耕地	Damage of Cultivated Land	10	1.48	1.48
非法占地	Unlawful Encroachment of Land	1015	518.74	247.46
非法批地	Unlawful Approval of Land Occupancy			
低价出让土地	Granting of Land at a Lower Price			
其他	Others	20	10.78	0.70
历年隐漏案件立案	Cases Concealed and Not Discovered over the Past Years	3308	1286.89	601.22
本年结案	**Cases Settled This Year**	**4416**	**1873.56**	**871.11**
处理本年发生案件	This Year's Cases Handled	1047	530.51	248.97
买卖或非法转让	Purchase and Sale or Illegal Transfer	8	2.61	0.94
破坏耕地	Damage of Cultivated Land	10	1.48	1.48
非法占地	Unlawful Encroachment of Land	1009	515.64	245.85
非法批地	Unlawful Approval of Land Occupancy			
低价出让土地	Granting of Land at a Lower Price			
其他	Others	20	10.78	0.70
处理上年未结案件	Last Year's Unsettled Cases Handled	62	56.71	20.92
处理历年隐漏案件	Concealed and Not Discovered Cases Handled	3307	1286.34	601.22
本年未结案件	**Cases Unsettled This Year**	**9**	**7.37**	**6.38**

情况——按地区分列　续表 4
of Land Law by Region　Continued 4

Unit: case, hectare

湖北 Hubei			湖南 Hunan			广东 Guangdong		
件数 Number of Cases	涉及土地面积		件数 Number of Cases	涉及土地面积		件数 Number of Cases	涉及土地面积	
	Land Area Involved	耕地 Cultivated Land		Land Area Involved	耕地 Cultivated Land		Land Area Involved	耕地 Cultivated Land
1370	2027.04	786.85	2368	1499.42	351.68	1151	934.70	118.72
1066	1163.43	508.51	1432	1020.08	229.04	1763	467.46	101.60
1418	1005.73	477.82	1832	753.55	235.99	4279	1441.38	217.71
96	**114.47**	**42.03**	**83**	**46.34**	**11.31**	**871**	**193.12**	**45.82**
2384	**1240.15**	**559.34**	**2646**	**896.08**	**274.65**	**7129**	**2055.25**	**292.30**
1228	488.56	200.47	1761	413.33	129.16	3301	606.45	92.44
1156	751.59	358.87	885	482.76	145.50	3828	1448.80	199.86
1456	**1057.11**	**477.14**	**1859**	**778.47**	**246.70**	**4351**	**1497.39**	**227.60**
418	391.39	156.07	1102	382.25	1[illegible]9.69	1062	230.93	47.63
8	9.13	0.32	22	3.15	0.78	2	0.49	0.14
8	4.83	4.10	71	9.28	8.85	112	13.03	9.51
389	373.06	151.38	1002	368.44	1[illegible]0.06	916	208.98	34.03
13	4.37	0.27	7	1.37		32	8.43	3.96
1038	665.72	321.07	757	396.22	127.01	3289	1266.46	179.97
1418	**1005.73**	**477.82**	**1832**	**753.55**	**235.99**	**4279**	**1441.38**	**217.71**
359	287.09	128.02	1064	339.00	108.77	794	126.32	19.63
6	2.17	0.32	16	1.65	0.11	1	0.20	
8	4.83	4.10	70	9.08	8.65	101	3.40	3.19
335	277.22	123.33	971	326.89	100.01	683	115.74	13.46
10	2.87	0.27	7	1.37		9	6.98	2.98
54	64.94	29.70	48	31.53	6.63	384	107.60	26.41
1005	653.70	320.10	720	383.02	120.59	3101	1207.46	171.68
134	**165.85**	**41.35**	**110**	**71.26**	**22.02**	**943**	**249.13**	**55.71**

土地违法案件查处
Cases Handling of Violations

单位：件，公顷

年份/案件类别	Year/Case Category	广西 Guangxi		
		件数 Number of Cases	涉及土地面积 Land Area Involved	耕地 Cultivated Land
	2011	3292	2668.62	666.08
	2012	3125	2322.16	886.65
	2013	2292	1034.48	210.13
上年未结案件	**Cases Unsettled from Last Year**	**201**	**465.59**	**36.15**
本年发现违法	**Violations of Law Discovered in the Current Year**	**4375**	**1182.74**	**271.81**
本年发生	Cases Occurring This Year	2200	365.25	55.37
历年隐漏	Cases Concealed and Not Discovered over the Past Years	2175	817.49	216.45
本年立案	**Cases Filed This Year**	**2390**	**848.28**	**210.08**
本年发生案件立案	Cases Occurring This Year	579	149.90	26.38
买卖或非法转让	Purchase and Sale or Illegal Transfer	27	4.57	0.27
破坏耕地	Damage of Cultivated Land	39	2.01	2.01
非法占地	Unlawful Encroachment of Land	508	135.44	23.57
非法批地	Unlawful Approval of Land Occupancy			
低价出让土地	Granting of Land at a Lower Price			
其他	Others	5	7.88	0.53
历年隐漏案件立案	Cases Concealed and Not Discovered over the Past Years	1811	698.39	183.70
本年结案	**Cases Settled This Year**	**2292**	**1034.48**	**210.13**
处理本年发生案件	This Year's Cases Handled	535	119.38	21.98
买卖或非法转让	Purchase and Sale or Illegal Transfer	27	4.58	0.27
破坏耕地	Damage of Cultivated Land	38	0.91	0.91
非法占地	Unlawful Encroachment of Land	465	106.01	20.27
非法批地	Unlawful Approval of Land Occupancy			
低价出让土地	Granting of Land at a Lower Price			
其他	Others	5	7.88	0.53
处理上年未结案件	Last Year's Unsettled Cases Handled	96	303.92	9.55
处理历年隐漏案件	Concealed and Not Discovered Cases Handled	1661	611.18	178.60
本年未结案件	**Cases Unsettled This Year**	**299**	**279.39**	**36.10**

情况——按地区分列 续表 5
of Land Law by Region Continued 5

Unit: case, hectare

海南 Hainan			重庆 Chongqing			四川 Sichuan		
件数 Number of Cases	涉及土地面积 Land Area Involved	耕地 Cultivated Land	件数 Number of Cases	涉及土地面积 Land Area Involved	耕地 Cultivated Land	件数 Number of Cases	涉及土地面积 Land Area Involved	耕地 Cultivated Land
354	1043.36	75.26	1669	969.36	383.62	1038	1774.14	803.72
557	1185.76	101.25	1449	528.88	209.90	502	465.51	223.89
956	182.12	13.23	1269	529.97	203.07	379	188.02	79.47
84	**395.53**	**11.24**	**63**	**21.46**	**7.89**	**165**	**213.07**	**125.58**
1199	**229.34**	**20.61**	**1397**	**575.53**	**225.20**	**1749**	**541.57**	**154.43**
29	2.30	0.54	564	127.92	26.65	1565	285.90	108.32
1170	227.03	20.06	833	447.61	198.55	184	255.67	46.11
1199	**228.80**	**20.61**	**1258**	**525.80**	**201.50**	**416**	**203.47**	**84.15**
29	2.30	0.54	508	117.14	26.09	294	131.49	50.66
			3	0.54	0.30	1	0.12	0.12
			1	1.41	1.41	2	1.73	1.73
29	2.30	0.54	501	114.91	24.38	289	129.03	48.79
						1	0.60	0.02
			3	0.27		1	0.01	
1170	226.49	20.06	750	408.66	175.41	122	71.98	33.48
956	**182.12**	**13.23**	**1269**	**529.97**	**203.07**	**379**	**188.02**	**79.47**
10	1.35	0.26	496	113.33	24.29	242	113.99	45.03
			3	0.54	0.30	1	0.12	0.12
			1	1.41	1.41	1	0.20	0.20
10	1.35	0.26	489	111.11	22.58	238	113.06	44.69
						1	0.60	0.02
			3	0.27		1	0.01	
			60	19.38	7.18	16	2.20	1.12
946	180.77	12.97	713	397.25	171.60	121	71.82	33.32
327	**442.21**	**18.62**	**52**	**17.29**	**6.32**	**202**	**228.52**	**130.26**

土地违法案件查处
Cases Handling of Violations

单位：件，公顷

年份/案件类别	Year/Case Category	贵州 Guizhou		
		件数 Number of Cases	涉及土地面积 Land Area Involved	耕地 Cultivated Land
	2011	2631	2633.20	1387.43
	2012	2055	1609.72	711.79
	2013	1785	1405.12	667.76
上年未结案件	**Cases Unsettled from Last Year**	**254**	**128.69**	**65.34**
本年发现违法	**Violations of Law Discovered in the Current Year**	**9558**	**2112.54**	**1092.46**
本年发生	Cases Occurring This Year	7770	905.68	544.38
历年隐漏	Cases Concealed and Not Discovered over the Past Years	1788	1206.86	548.08
本年立案	**Cases Filed This Year**	**1910**	**1432.98**	**673.11**
本年发生案件立案	Cases Occurring This Year	968	452.01	241.35
买卖或非法转让	Purchase and Sale or Illegal Transfer	6	4.63	2.02
破坏耕地	Damage of Cultivated Land	27	16.76	10.97
非法占地	Unlawful Encroachment of Land	931	429.15	227.80
非法批地	Unlawful Approval of Land Occupancy			
低价出让土地	Granting of Land at a Lower Price			
其他	Others	4	1.47	0.57
历年隐漏案件立案	Cases Concealed and Not Discovered over the Past Years	942	980.97	431.76
本年结案	**Cases Settled This Year**	**1785**	**1405.12**	**667.76**
处理本年发生案件	This Year's Cases Handled	830	364.79	195.71
买卖或非法转让	Purchase and Sale or Illegal Transfer	4	4.61	2.12
破坏耕地	Damage of Cultivated Land	26	16.57	10.78
非法占地	Unlawful Encroachment of Land	796	342.14	182.24
非法批地	Unlawful Approval of Land Occupancy			
低价出让土地	Granting of Land at a Lower Price			
其他	Others	4	1.47	0.57
处理上年未结案件	Last Year's Unsettled Cases Handled	56	99.61	48.80
处理历年隐漏案件	Concealed and Not Discovered Cases Handled	899	940.72	423.25
本年未结案件	**Cases Unsettled This Year**	**379**	**156.55**	**70.69**

情况——按地区分列 续表 6

of Land Law by Region Continued 6

Unit: case, hectare

云南 Yunnan			西藏 Tibet			陕西 Shaanxi		
件数 Number of Cases	涉及土地面积 Land Area Involved	耕地 Cultivated Land	件数 Number of Cases	涉及土地面积 Land Area Involved	耕地 Cultivated Land	件数 Number of Cases	涉及土地面积 Land Area Involved	耕地 Cultivated Land
593	2930.08	799.21				787	814.26	476.56
755	1811.21	537.09				718	590.99	241.11
599	649.56	165.59	14	531.29	0.10	1881	2417.14	951.90
24	**14.05**	**4.10**				**15**	**29.73**	**12.26**
636	**660.28**	**195.11**	**1152**	**1211.08**	**80.42**	**1949**	**2441.41**	**979.18**
215	144.59	63.94	3	0.04	0.03	549	475.11	212.44
421	515.69	131.17	1149	1211.04	80.39	1400	1966.31	766.74
612	**657.42**	**172.62**	**14**	**531.29**	**0.10**	**1873**	**2393.20**	**943.41**
215	162.23	51.29	3	0.04	0.03	520	471.86	209.93
2	0.63					3	0.29	0.04
2	0.69					1	2.18	2.18
210	160.19	51.29	3	0.04	0.03	504	442.34	188.79
1	0.72					12	27.05	18.93
397	495.18	121.32	11	531.25	0.07	1353	1921.34	733.49
599	**649.56**	**165.59**	**14**	**531.29**	**0.10**	**1881**	**2417.14**	**951.90**
202	152.47	48.48	3	0.04	0.03	518	471.55	209.65
2	0.63					3	0.29	0.04
2	0.69					1	2.18	2.18
197	150.42	48.48	3	0.04	0.03	502	442.04	188.51
1	0.72					12	27.05	18.93
23	11.33	1.27				10	24.24	8.76
374	485.76	115.85	11	531.07	0.07	1353	1921.34	733.49
37	**21.91**	**11.12**				**7**	**5.79**	**3.78**

土地违法案件查处
Cases Handling of Violations

单位：件，公顷

年份/案件类别	Year/Case Category	甘肃 Gansu		
		件数 Number of Cases	涉及土地面积 Land Area Involved	耕地 Cultivated Land
	2011	259	477.38	53.55
	2012	372	398.59	103.23
	2013	605	1096.53	496.42
上年未结案件	**Cases Unsettled from Last Year**			
本年发现违法	**Violations of Law Discovered in the Current Year**	**832**	**1140.34**	**516.73**
本年发生	Cases Occurring This Year	442	192.02	56.40
历年隐漏	Cases Concealed and Not Discovered over the Past Years	390	948.31	460.33
本年立案	**Cases Filed This Year**	**623**	**1123.14**	**511.86**
本年发生案件立案	Cases Occurring This Year	229	173.96	51.34
买卖或非法转让	Purchase and Sale or Illegal Transfer	1	0.03	0.03
破坏耕地	Damage of Cultivated Land	3	0.24	0.24
非法占地	Unlawful Encroachment of Land	218	171.65	50.36
非法批地	Unlawful Approval of Land Occupancy			
低价出让土地	Granting of Land at a Lower Price			
其他	Others	7	2.04	0.71
历年隐漏案件立案	Cases Concealed and Not Discovered over the Past Years	394	949.18	460.52
本年结案	**Cases Settled This Year**	**605**	**1096.53**	**496.42**
处理本年发生案件	This Year's Cases Handled	214	168.50	47.35
买卖或非法转让	Purchase and Sale or Illegal Transfer	1	0.03	0.03
破坏耕地	Damage of Cultivated Land	3	0.24	0.24
非法占地	Unlawful Encroachment of Land	205	166.48	47.08
非法批地	Unlawful Approval of Land Occupancy			
低价出让土地	Granting of Land at a Lower Price			
其他	Others	5	1.75	
处理上年未结案件	Last Year's Unsettled Cases Handled			
处理历年隐漏案件	Concealed and Not Discovered Cases Handled	391	928.02	449.07
本年未结案件	**Cases Unsettled This Year**	**18**	**26.62**	**15.43**

情况——按地区分列 续表 7
of Land Law by Region Continued 7

Unit: case, hectare

青海 Qinghai			宁夏 Ningxia			新疆 Xinjiang		
件数 Number of Cases	涉及土地面积		件数 Number of Cases	涉及土地面积		件数 Number of Cases	涉及土地面积	
	Land Area Involved	耕地 Cultivated Land		Land Area Involved	耕地 Cultivated Land		Land Area Involved	耕地 Cultivated Land
202	1385.30	373.91	878	2503.18	324.43	1046	1902.04	214.19
286	622.54	291.56	209	113.25	20.88	1385	2003.17	225.27
183	322.64	68.47	323	448.28	44.85	2653	4254.11	479.04
15	**5.41**	**0.02**	**40**	**43.77**	**7.24**			
171	**329.10**	**68.45**	**626**	**460.01**	**54.11**	**2933**	**5095.63**	**506.31**
106	122.77	43.04	381	79.02	16.65	967	1359.94	178.52
65	206.33	25.41	245	380.99	37.46	1966	3735.69	327.79
171	**329.10**	**68.45**	**333**	**427.42**	**41.94**	**2818**	**4913.32**	**488.20**
106	122.77	43.04	88	46.43	4.48	928	1326.76	177.58
1	0.34					11	102.18	
			1	0.73	0.73	57	12.28	10.67
105	122.43	43.04	87	45.70	3.75	859	1182.31	166.91
						1	30.00	
65	206.33	25.41	245	380.99	37.46	1890	3586.56	310.63
183	**322.64**	**68.47**	**323**	**448.28**	**44.85**	**2653**	**4254.11**	**479.04**
103	110.89	43.04	78	44.51	4.37	861	1289.40	176.65
1	0.34					11	102.18	
			1	0.73	0.73	54	11.36	9.74
102	110.55	43.04	77	43.78	3.64	795	1145.87	166.91
						1	30.00	
15	5.42	0.02	32	42.11	5.77			
65	206.33	25.41	213	361.66	34.71	1792	2964.70	302.39
3	**11.87**		**50**	**22.91**	**4.33**	**165**	**659.22**	**9.16**

土地违法案件查处结果

Handling Results of Cases of Violations of Land Law

年份/地区 Year/Region		拆除构建物面积（百平方米）Area of Structures Demolished ($100m^2$)	没收构建物面积（百平方米）Area of Structures Confiscated ($100m^2$)	收回土地面积（公顷）		罚没款（万元）Amount of Fines (10^4 yuan)
				Area of Land Withdrawn (hectare)	耕地 Cultivated Land	
2011		128975.95	427312.77	3791.19	1064.70	264742.72
2012		106091.28	210281.77	2826.73	1137.04	184729.25
2013		258023.64	690668.33	2824.59	664.57	261544.78
北　京	Beijing	751.93	21849.92	171.02	1.11	2919.20
天　津	Tianjin	1334.99	587.77			118.54
河　北	Hebei	27101.34	25390.41	188.85	42.82	9713.22
山　西	Shanxi	1658.48	12123.67	17.62	4.35	7446.34
内蒙古	Inner Mongolia	58931.25	125659.99	17.61	3.65	23678.12
辽　宁	Liaoning	14829.44	24233.79	42.78	4.73	11818.06
吉　林	Jilin	233.86		2.56	1.79	3095.96
黑龙江	Heilongjiang	284.54	746.99	1.69	0.20	7196.71
上　海	Shanghai	2699.59	959.83			1184.35
江　苏	Jiangsu	2431.32	23305.64	226.46	25.17	4561.40
浙　江	Zhejiang	34874.51	24598.76	292.34	122.81	19215.48
安　徽	Anhui	7443.34	128971.19	372.97	93.39	8883.96
福　建	Fujian	6972.59	15749.27	130.12	27.08	6674.38
江　西	Jiangxi	2778.84	12894.04	19.35	4.35	4050.84
山　东	Shandong	7993.01	34865.80	158.81	73.35	24690.65
河　南	Henan	10569.99	30862.35	41.41	26.67	11644.72
湖　北	Hubei	2005.23	17452.63	66.20	40.57	6869.15
湖　南	Hunan	4035.44	7319.39	64.90	28.13	33734.57
广　东	Guangdong	7041.62	23496.36	11.02	0.89	7202.66
广　西	Guangxi	36840.00	14510.57	14.30	1.65	6380.49
海　南	Hainan	5082.58	3434.98	25.47	0.57	3984.28
重　庆	Chongqing	4192.59	18868.87	85.91	40.71	6121.62
四　川	Sichuan	1360.01	5466.86	101.02	41.46	1637.88
贵　州	Guizhou	4465.66	88176.81	5.47	2.56	10324.02
云　南	Yunnan	433.77	1842.75	42.48	20.05	2537.99
西　藏	Tibet	300.00		0.03	0.03	67.80
陕　西	Shaanxi	3339.72	22123.84	59.96	52.36	12213.74
甘　肃	Gansu	242.51	1266.13	17.04	2.22	3301.13
青　海	Qinghai	147.16	113.38	20.38	0.04	523.59
宁　夏	Ningxia	381.35	2823.34	0.18		1544.28
新　疆	Xinjiang	7266.98	973.00	626.64	1.86	18209.65

主要统计指标解释

批准建设用地面积 是指省级以上政府（包括省级人民政府授权设区的市、自治州人民政府）依法批准的建设用地面积。

国务院批准建设用地 是指依法经国土资源部审查，报国务院批准的建设用地面积。

省级政府批准建设用地 是指依法经省、自治区、直辖市人民政府国土资源行政主管部门审查，经同级人民政府批准的建设用地面积，省级人民政府授权设区的市、自治州人民政府批准的用地面积亦统计在内。

新增建设用地 包括农用地转用和未利用地面积。

农用地转用 是指批准用地面积中的农用地面积。

耕地 是指批准用地面积中的耕地面积。

城镇村建设用地 是指在土地利用总体规划确定的城市、村庄和集镇建设用地规模范围以内，为实施该规划，经国务院和省级人民政府（包括省级人民政府授权设区的市级人民政府）依法批准的建设用地。城镇村建设用地分类采用《土地利用现状分类》（GB/T 21010-2007）。

商服用地 是指主要用于商业、服务业的土地。

工矿仓储用地 是指主要用于工业生产、物资存放场所的土地。

住宅用地 是指主要用于人们生活居住的房基地及其附属设施的土地。

公共管理与公共服务用地 是指用于机关团体、新闻出版、科教文卫、风景名胜、公共设施等的土地。

交通运输用地（城镇村建设用地） 是指用于运输通行的地面线路、场站等用地。包括民用机场、港口、码头、地面运输管道和各种道路用地。

单独选址建设项目用地 是指在土地利用总体规划确定的城市和村庄、集镇建设用地规模范围以外，经国务院、省级人民政府批准的道路、管线工程和大型基础设施建设项目占用的土地。单独选址建设项目用地分类根据《国民经济行业分类》（GB/T 4754-2002）确定。

交通运输用地（单独选址建设项目用地） 是指按照确定的行业分类目录中确定的交通运输项目的用地。

水域及水利设施用地 是指按照确定的行业分类目录中确定的水利设施项目的用地。

能源用地 是指按照确定的行业分类目录中确定的能源项目的用地。

土地征收 是指国家基于公共利益的需要，将农民集体所有的土地收归国有，并对被征收人给予合理补偿的行为。

征收面积 经国务院和省级政府土地行政主管部门审查，报同级人民政府批准征收的土地面积。

建设用地供应总量 是指报告期市、县人民政府根据年度土地供应计划依法以出让、划拨、租赁等方式将国有建设用地使用权提供给单位或个人使用的国有建设用地总量。

划拨 是指县级以上人民政府依法批准，在土地使用者缴纳补偿、安置费用后将该幅土地交付其使用，或者将国有建设用地使用权无偿交付给土地使用者使用的行为。

协议出让 是指国家以协议方式将国有建设用地使用权在一定年限内出让给土地使用者，由土地使用者向国家支付国有建设用地使用权出让金的行为。

招标出让 是指市、县人民政府国土资源管理部门发布招标公告或者发出投标邀请书，邀请特定或不特定的法人、自然人和其他组织参加国有建设用地使用权投标，根据投标结果确定土地使用者的行为。

拍卖出让 是指市、县人民政府国土资源管理部门发布拍卖公告，由竞买人在指定时间、地点进行公开竞价，根据出价结果确定土地使用者的行为。

挂牌出让 是指市、县人民政府国土资源管理部门发布挂牌公告，按公告规定期限将拟出让宗地的交易条件在指定的土地交易场所挂牌公布，接受竞买人的报价申请并更新挂牌价格，根据挂牌期限截止时的出价结果（或现场竞价结果）确定土地使用者的行为。

租赁 是指国家依法将国有建设用地出租给土地使用者使用，由土地使用者与县级以上人民政府国土资源管理部门签订一定年限的土地租赁合同，并支付租金的行为。

其他供地方式 是指除划拨、出让、租赁以外的其他供地方式，如作价出资入股、授权经营等。

宗数 是指报告期内供应的国有建设用地的宗数。

面积 是指报告期内市、县人民政府供应给单位或个人使用的国有建设用地总面积。

新增 即新增建设用地，是指农用地和未利用地经依法批准转用和土地征用后在报告期内供应给单位或个人使用的建设用地面积。

成交价款 是指市、县人民政府以协议、招标、拍卖、挂牌等方式出让国有建设用地的实际交易价总额。

租金 是指承租方为取得国有建设用地使用权而向国家支付的价款。以报告期实际收入数为准。

用地类型 见《土地利用现状分类》（GB/T 21010-2007）中的建设用地类型。其中：住宅用地又划分为①高档住宅用地；②普通商品住房用地（其中：中低价位、中小套型普通商品房用地类型单列）；③经济适用住房用地；④廉租住房用地。

高档住宅用地 是指报告期内出让用于高档住宅建设的建设用地，包括住宅小区建筑容积率低于 1.0、单套住房建筑面积超过 144 平方米的住宅用地以及别墅、高档公寓用地。

普通商品住房用地 是指报告期内出让用于普通商品住房建设的建设用地。

中低价位、中小套型普通商品住房用地 是指报告期内出让用于中低价位、中小套型普通商品住房建设的建设用地，特指限房价普通商品住房用地和单套住房建筑面积在 90 平方米（含）以下的普通商品住房用地。

经济适用住房用地 是指报告期内供应用于经济适用住房建设的建设用地，包括集资建房用地。

廉租住房用地 是指报告期内供应用于廉租住房建设的建设用地。

地价 是指根据城市地价监测技术规范，以城市监测点地价为基础，综合土地市场交易价格测算的反映城市整体状况的土地价格水平。

综合地价 是指同一城市或地区的不同用途土地的平均价格水平。

商业用地地价 是指同一城市或地区的商业用途土地的平均价格水平。

住宅用地地价 是指同一城市或地区的住宅用途土地的平均价格水平。

工业用地地价 是指同一城市或地区的工业用途土地的平均价格水平。

105 个主要城市 包括：北京，天津，（河北）石家庄、唐山、秦皇岛、邯郸、保定、张家口、廊坊，（山西）太原、大同，（内蒙古）呼和浩特、包头，（辽宁）沈阳、大连、鞍山、抚顺、本溪、丹东、锦州、阜新、辽阳，（吉林）长春、吉林，（黑龙江）哈尔滨、齐齐哈尔、鸡西、鹤岗、大庆、伊春、佳木斯、牡丹江，上海，（江苏）南京、无锡、徐州、常州、苏州、南通、扬州，（浙江）杭州、宁波、温州、嘉兴、湖州，（安徽）合肥、芜湖、蚌埠、淮南、淮北，（福建）福州、厦门、泉州，（江西）南昌、九江，（山东）济南、青岛、淄博、枣庄、烟台、潍坊、济宁、泰安、临沂，（河南）郑州、开封、洛阳、平顶山、安阳、新乡、焦作，（湖北）武汉、黄石、宜昌、襄樊、荆州，（湖南）长沙、株洲、湘潭、衡阳、岳阳，（广东）广州、深圳、珠海、汕头、佛山市顺德区、湛江、东莞、中山，（广西）南宁、柳州、北海，（海南）海口，重庆，（四川）成都、南充、宜宾，（贵州）贵阳，（云南）昆明，（西藏）拉萨，（陕西）西安，（甘肃）兰州，（青海）西宁，（宁夏）银川，（新疆）乌鲁木齐。

土地违法案件 是指违反土地管理法律法规，应当追究法律责任的案件。

省级、市级、县级、乡级 是指发生违反土地管理法律法规规定的各级党政军机关、人民团体。中央党政军机关、人民团体在外地的派出机构违反土地管理法律法规有关规定的案件，按机关级别归类到相应级别机关内。各级党政军机关、人民团体所属企事业单位违反土地管理法律法规的，应统计在“企事业单位”栏内。

涉及土地面积 是指各级机关、村（组）集体、企事业单位和个人等发生违反土地管理法律、法规行为，所牵涉到的土地面积。

上年未结案件 是指上年未结案需要转到本年继续处理的案件。

本年发现违法 是指报告期内发现的土地违法行为。

历年隐漏 是指报告期以前发生而在报告期内发现的土地违法行为。

本年立案 是指报告期内，经批准由土地行政主管部门立案查处的全部土地违法案件。

历年隐漏案件立案 是指报告期内对历年隐漏的土地违法行为，经批准由土地行政主管部门立案查处的全部土地违法案件。

本年发生案件立案 指报告期内发生的土地违法行为，经批准由土地行政主管部门立案查处的全部土地违法案件。

买卖或非法转让 买卖土地是指以牟利为目的，违反土地管理法律法规，无限期地将土地所有权和使用权转移给他人的行为；非法转让土地是指违反土地管理法律法规，将土地使用权有限期转移给他人的行为。

破坏耕地 是指单位或个人未经批准擅自占用耕地建窑、建坟，未经批准擅自在耕地上建房、挖砂、采石、采矿、取土等，使土地种植条件遭到破坏的违法行为。

非法占地 指单位或个人未经批准擅自占用土地、采取欺骗手段骗取批准占用土地以及超过批准的数量多占土地的违法行为。

非法批地 是指没有批准权的单位或个人批准用地、虽有批准权但超越了批准权限批准用地、违反土地利用总体规划批准用地和违反法律规定的程序批准用地的违法行为。

低价出让土地 是指违反土地管理法律法规，滥用职权，以低于国家规定的价格出让国有土地使用权，造成国有土地资产流失的违法行为。

其他（本年发生案件立案） 是指除买卖或非法转让、破坏耕地、非法占地、非法批地、低价出让土地以外的土地违法案件。

本年结案 是指报告期内经过土地行政主管部门处理已结案的土地违法案件。

处理上年未结案件 是指报告期内对上年未结案件经过土地行政主管部门处理并已结案的土地违法案件。

处理历年隐漏案件 是指报告期内对隐漏案件经过土地行政主管部门处理并已结案的土地违法案件。

处理本年发生案件 是指报告期内发生并经过土地行政主管部门处理，已结案的土地违法案件。

其他（处理本年发生案件） 是指除买卖和非法转让、破坏耕地、非法占地、非法批地、低价出让土地以外本年已结案的土地违法案件。

年末未结案件 是指当年不能结案需要转到下一年度继续处理的案件。

拆除构建物 是指对非法占地者所建的建筑物、构筑物依法拆除的面积。

没收构建物 是指对非法占地者所建的建筑物、构筑物依法没收的面积。

收回土地 是指在报告期内土地行政主管部门依法收回并已结案的土地面积。

罚没款 是指土地行政主管部门依法对报告期内已结案的案件进行经济处罚的实收金额。

Explanatory Notes on Main Statistical Indicators

Total area of construction-used land approved — refers to the area of construction-used land approved according to law by governments at the provincial level (including governments of cities and autonomous prefectures authorized by provincial-level people's government).

Land for construction approved by the State Council — refers to the area of construction-used land examined by the MLR according to law and submitted to the State Council for approval.

Land for construction approved by provincial governments — refers to the area of construction-used land examined by land and resources administration departments of the people's governments of provinces, autonomous regions, and municipalities directly under the Central government and approved by the people's governments of the corresponding levels. It also includes the areas approved by people's government of cities and autonomous prefectures authorized by provincial-level governments.

Construction-used land newly added — refers to the area of land into which farmland is changed and unused land.

Agriculture Land transform to constrction-used land — refers to the area of farmland in the area of land approved.

Cultivated land — refers to the area of cultivated land in the area of land approved.

Land for construction in city, town, and village — refers to the construction-used land approved according to law by the State Council and provincial-level governments (including city-level governments authorized by provincial-level governments to establish districts) within the scope of land-used scales for city, village, and town (township) construction determined by the national overall planning of land utilization. The Current Land Use Status Classification (GB/T 21010-2007) is adopted for the construction-used land classification of cities, towns, and villages.

Land for commercial and services uses — refers to the land mainly used for commerce and service trades.

Land for industry, mining and warehousing — refers to the land mainly used for industrial production and warehousing.

Land for residential uses — refers to the land used for house sites and their affiliated facilities for people's daily life and dwelling.

Land for public management and public services — refers to the land used for government agencies and public organizations, press and publication, science, education, culture and health, scenic spots and historical sites and public facilities.

Land for transport（Land for construction in city, town, and village） — refers to land used for ground lines and stations of transportation and passage. It includes land used for civil airports, harbors, wharfs, ground transport pipelines, and all kinds of roads.

Land for construction at separate seleeted sites — refers to land used for the construction projects of roads, pipelines, and large-scale infrastructures approved by the State Council and provincial-level governments outside the scope of land used for city, town, and village construction stipulated in the national overall planning of land utilization. The land-use classification of separate construction project sites is defined according to the "Classification of National Economic Industries" (GB/T 4754-2002).

Land for transport（Land for construction at separate sites） — refers to land used for transport stipulated in the "Catalog of the Classification of Industries".

Land for water conservancy facilities — refers to land used for water conservancy facilities stipulated in the "Catalog of the Classification of Industries".

Land for energy projects — refers to land for energy projects stipulated in the "Catalog of the Classification of Industries".

Land requisition — refers to the act of taking back to the state the land owned by farmer collectives based on the needs of public interests and paying reasonable land compensation to the requisitioned land.

Area requisitioned — refers to the area of requisitioned land examined by the State Council and land administration departments of provincial-level governments and approved by the people's governments of the same level.

Total amount of construction-used land supplied — refers to the total amount of state-owned construction-used land whose use right is provided by the people's government of a city or county to a unit or an individual during the reporting period in the way of grant, allocation, or lease according to the annual land supply plan. It also includes state-owned remaining construction-used land used for commercial services, residential areas, and industrial production, mining, and warehousing whose usage and land-use development intensity are changed after its approval.

Allocation — refers to the act through which the people's government at and above the county level assigns a plot of land to the land user after he pays land compensation and resettlement subsidies or assigns state-owned land-use right to the land user without compensation. This act is approved by the people's government at and above the county level according to law.

Granting through agreement — refers to the act through which the state assigns the land user the right to the use of state-owned construction-used land for a certain period of time in the way of agreement, and the land user shall pay the state the grant fees for the state-owned construction-used land-use right.

Granting through bidding — refers to the act through which the land administration department of the people's government at the city or county level issues a notice of invitation for bid to invite specially or not specially designated legal persons, natural persons and other organizations to participate in the bidding of the state land-use right, and the land user is determined according to the result of the bidding.

Granting through auction — refers to the act through which the land administration department of the people's government at the city or county level issues a notice of invitation for auction, and the bidders participate in open competition at the prescribed time and locality and the land user is determined according to the result of the price offer.

Granting through listing — refers to the act through which the land administration department of the people's government at the city or county level issues a notice of listing, draws up the transaction terms of granting land plots in the time limit prescribed by the notice, lists them in public in a land transaction house, receives the offer applications of the bidders, and renews the listed prices accordingly, and the land user is determined according to the price offer (or the result of on-the-spot price competition) at the closing time of the listing time limit.

Lease — refers to the act through which the state leases state-owned construction-used land to a land user, and the land user enters into a land leasing contract with the land administration department of the people's government at and above the county level for a fixed number of years and pays rent.

Other land supply ways — refer to the ways other than allocation, grant, and lease, e.g. investment as a shareholder with state-owned land rights and authorized operations of land.

Number of land plots — refers to the number of plots of state-owned construction-used land supplied during the reporting period.

Area — refers to the total area of state-owned land for construction supplied to a unit or an individual by the people's government of a city or county during the reporting period.

Newly increased — refers to newly added construction-used land, i.e. the area of farmland and unused land transferred and requisitioned after approval according to law and supplied to a unit or an individual during the reporting period.

Transaction price value — refers to the total amount of actual transaction price of state-owned construction-used land granted by the people's government of a city or county in the ways of agreement, bidding, auction, and listing.

Rent — refers to the amount payable by a lessee to the state for a rental period in order to acquire the granted state-owned, construction-used, land-use right. The rent shall be based on the actual income obtained during the reporting period.

Land-use types — See the construction-used land types in the "Current Land Use Status Classification" (GB/T 21010-2007). Among these types, the land for residential uses is subdivided into (1) land for high-grade residence, (2) land for ordinary commercial houses (of which land for medium- and low-price, medium- and small-sized ordinary commercial houses is listed separately, (3) land for economically affordable house, and (4) cheap rent house.

Land for high-grade residence — refers to the construction-used land used for high-grade residence construction assigned during the reporting period, including the land for residence with a floor area rate (FAR)$<$1.0 and the building area of a residence house$>$144 m^2, as well as villas and high-grade apartments.

Land for ordinary commercial houses — refers to the construction-used land used for ordinary commercial house construction assigned during the reporting period.

Land for medium-and low-price, medium-and small-sized ordinary commercial houses — refers to the construction-used land used for medium- and low-price, medium- and small-sized ordinary commercial house construction assigned during the reporting period. It specially refers to the land for price-limited ordinary commercial houses and ordinary commercial houses with their building area $<$90 m^2 (including 90 m^2).

Land for economically affordable house — refers to the construction-used land used for economically affordable house construction. It includes the land used for building houses by personal fund raising.

Cheap rent house — refers to the construction-used land used for cheap rent house construction.

Land price — refers to the price level of land which is estimated according to the urban land price monitoring technical code and on the basis of the land prices at urban monitoring stations combined with the price of the land market transactions. It can reflect the overall status of a city.

Integrated price of land — refers to the average price level of lands for different uses in the same city or area.

Price of land for commercial use — refers to the average price level of land for commercial use in the same city or area.

Price of land for residential use — refers to the average price level of land for residential use in the same city or area.

Price of land for industrial use—refers to the average price level of land for industrial use in the same city or area.

105 major cities—include: Beijing Municipality, Tianjin Municipality; Shijiazhuang, Tangshan, Qinhuangdao, Handan, Baoding, Zhangjiakou, and Langfang (Hebei); Taiyuan and Datong (Shanxi); Hohhot and Baotou (Inner Mongolia); Shenyang, Dalian, Anshan, Wushun, Benxi, Dandong, Jingzhou, Fuxin, and Liaoyang (Liaoning); Changchun and Jilin (Jilin), Harbin, Qiqihar, Jixi, Hegang, Daqing,

Yichun, Jiamusi, and Mudanjiang (Heilongjiang); Shanghai Municipality; Nanjing, Wuxi, Xuzhou, Changzhou, Suzhou, Nantong, and Yangzhou (Jiangsu); Hangzhou, Ningbo, Wenzhou, Jiaxing, and Huzhou (Zhejiang); Hefei, Wuhu, Bengbu, Huainan, and Huaibei (Anhui); Fuzhou, Xiamen, and Quanzhou (Fujian); Nanchang and Jiujiang (Jiangxi); Jinan, Qingdao, Zibo, Zaozhuang, Yantai, Weifang, Jining, Tai'an, and Linyi (Shandong); Zhengzhou, Kaifeng, Luoyang, Pingdingshan, Anyang, Xinxiang, and Jiaozuo (Henan); Wuhan, Huangshi, Yichang, Xiangfan, and Jinzhou (Hubei); Changsha, Zhuzhou, Xiangtan, Hengyang, and Yueyang (Hunan); Guangzhou, Shenzhen, Shantou, Shantou, Foshan City, Shunde, and Zhanjiang (Guangdong); Nanning, Liuzhou, and Beihai (Guangxi); Haikou (Hainan); Chongqing Municipality; Chengdu, Nanchong, and Yibin (Sichuan); Guiyang (Guizhou); Kunming (Yunnan); Lhasa (Tibet); Xi'an (Shaanxi); Lanzhou (Gansu); Xining (Qinghai); Yinchuan (Ningxia); Ürümqi (Xinjiang).

Case of violations of land law — refers to cases of violations of laws and regulations of land administration for which legal liabilities should be investigated.

Provincial, city, county, and township (town) levels — refer to party, government, and army administration agencies and mass organizations at various levels that commit acts in violations of laws and regulations of land administration. The cases concerning illegal acts of land committed by agencies sent to other parts of the country by the central party, government, and army administration agencies and mass organizations are classified according to the levels of these agencies as those at corresponding levels. Enterprises and institutions affiliated to agencies and mass organizations at various levels that violate land administration laws and regulations should be included in the column of "enterprises and institutions".

Land area involved — refers to the land area involved by the acts in violation of land administration laws and regulations committed by agencies at various levels, collectives of villages (teams), enterprises and institutions, and individuals.

Cases unsettled from last year — refer to cases that were not able to be settled last year and need to be transferred to the current year and continue to be handled.

Violations of law discovered in the current year — refers to the acts in violation of land laws and regulations discovered during the reporting period.

Cases concealed and not discovered over the years — refer to the acts in violation of land laws and regulations that were committed before the reporting period but discovered during the reporting period.

Cases filed this year — refer to all the cases in violation of land laws and regulations filed for investigation and handling during the reporting period by competent land administration departments after approval.

Cases concealed and not discovered over the past years — refers to all the cases in violation of land laws and regulations concealed and not discovered over the years filed for investigation and handling during the reporting period by competent land administration departments after approval.

Cases occurring this year — refer to all the cases committed in violation of land laws and regulations during the reporting period that are filed, investigated and handled by competent land administration departments after approval.

Purchase and sale or illegal transfer — Purchase and sale of land refer to the act through which the land ownership and land-use right are transferred to another person without a definite period of time for the purpose of seeking profits, which is in violation of land administration laws and regulations; illegal transfer of land refers to the act through which the land-use right is transferred to another person within a definite period of time, which is in violation of land administration laws and regulations.

Damage of cultivated land — refers to the illegal act through which units or individuals occupy cultivated land to build kilns and graves without approval and build houses, dig sand, quarry stone, mine minerals, and fetch earth thereupon without approval, thus destructing planting conditions of the land.

Unlawful encroachment of land — refers to the illegal act through which units or individuals occupy and use land without approval, obtain approval by deceitful means, and occupy and use land exceeding the approved amount.

Unlawful approval of land occupancy — refers to the illegal act through which units or individuals without authority to approve use of land approve occupation of land or they approve occupation of land by overstepping their authority of approval or in violation of the national overall planning of land utilization and procedures for land approval prescribed by law although they have approval authority.

Granting of land at a lower price — refers to the illegal act through which state-owned land-use rights are granted at a lower price than that prescribed by the State in violation of land administration laws and regulations by abusing their authority, thus resulting in a drain on state-owned land and assets.

Others (cases occurring this year) — refer to all the cases in violation of land laws and regulations except for those concerning land purchase and sale or illegal transfer, damage of cultivated land, occupation of land illegally, unlawful approval of land occupation, and assigning of land at a lower prices.

Cases settled this year — refer to cases in violation of land laws and regulations handled and settled by competent land administration departments during the reporting period.

Last year's unsettled cases handled — refer to last year's unsettled cases in violation of land laws and regulations handled and settled by competent land administration departments during the reporting period.

Concealed and not discovered cases handled — refer to the concealed and not discovered cases in violation of land laws and regulations handled and settled by competent land administration departments during the reporting period.

This year's cases handled — refer to cases in violation of land laws and regulations committed and handled and settled by competent land administration departments during the reporting period.

Others (this year's cases handled) — refers to the cases in violation of land laws and regulations except for land purchase and sale or unlawful transfer of land, damage of land, occupation of land without approval, unlawful approval of land occupation, and assigning of land at a lower price.

Cases unsettled at the year end — refer to cases that are not able to be settled in the current year and need to be transferred to the next year and continue to be handled.

Structures demolished — refers to the area of land on which buildings or structures erected by illegal occupants of land are demolished according to law.

Structures confiscated — refer to the area of land on which buildings or structures erected by illegal occupants of land are confiscated according to law.

Land withdrawn — refers to the area of land withdrawn by the competent land administration departments according to law during the reporting period. The relevant case has been settled.

Amount of fines — refers to the paid-in amount of fines imposed by the competent land administration departments according to law for economic punishment of the case settled during the reporting period.

矿产资源管理
Mineral Resources Administration

矿产资源勘查许可证发证及探矿权
Exploration Licenses Issued and Exploration

年份/地区	Year/Region	勘查许可证发证 Exploration Licenses Issued						
		许可证数(个) Number of Licenses(number)			登记面积（平方千米） Registered Area (km^2)			探矿权使用费（万元） Exploration Right Royalty (10^4 yuan)
		有效 Valid	新立 Newly Issued	注销 Cancelled	有效 Valid	新立 Newly Issued	注销 Cancelled	
	2011	36237	1366	1037	4992080.24	68511.22	50612.13	24355.04
	2012	33933	1055	643	4756199.40	105271.79	10173.54	24640.94
	2013	34022	1587	1126	4816634.74	46051.48	13327.28	25849.41
国土资源部	MLR	2580	49		4217439.65	2588.20		3444.27
北京	Beijing	12			26.43			0.89
天津	Tianjin	55	19	12	56.66	18.94	12.01	0.65
河北	Hebei	564	5	21	2889.32	37.39	53.59	129.92
山西	Shanxi	114	1	13	1095.03	9.50	53.87	46.34
内蒙古	Inner Mongolia	3701	217	39	90297.12	7004.04	1232.99	3386.13
辽宁	Liaoning	959	22	16	12210.20	415.79	89.41	378.85
吉林	Jilin	859	42		13522.32	1736.94		490.97
黑龙江	Heilongjiang	684	32	5	31742.28	787.14	172.04	1431.22
上海	Shanghai							
江苏	Jiangsu	207	44	9	1139.88	324.90	45.53	29.48
浙江	Zhejiang	490	72	13	5772.91	1140.03	120.47	169.37
安徽	Anhui	1219	28	17	15687.44	1103.39	197.71	556.08
福建	Fujian	442	24	16	3858.36	260.06	101.44	152.94
江西	Jiangxi	1773	45	80	14255.95	538.73	677.14	604.64
山东	Shandong	1141	89	30	13512.66	2436.28	344.86	490.07
河南	Henan	795	7	592	6991.14	124.55	5027.09	285.85
湖北	Hubei	376	62	29	2657.48	822.87	202.06	77.43
湖南	Hunan	714	111	37	7886.23	1719.87	413.77	227.26
广东	Guangdong	428	53	19	5253.96	1131.38	95.55	153.57
广西	Guangxi	1378	9	31	29783.35	63.51	622.84	1246.86
海南	Hainan	359		7	6729.78		83.96	285.36
重庆	Chongqing	177	21	8	4139.87	643.75	43.99	90.88
四川	Sichuan	1998	46	43	38050.03	1126.06	941.79	1185.38
贵州	Guizhou	721	43	2	12165.45	656.44	61.13	495.33
云南	Yunnan	2917	49	23	57505.83	879.74	305.47	2294.34
西藏	Tibet	694	19	17	26996.58	1097.87	504.70	1190.63
陕西	Shaanxi	854	20		21877.20	729.82		905.34
甘肃	Gansu	912	28	33	13940.56	1158.98	468.69	622.75
青海	Qinghai	902	243	7	31006.28	10630.36	194.18	764.55
宁夏	Ningxia	60	3	4	1193.17	11.24	103.51	53.25
新疆	Xinjiang	5937	184	3	126951.62	6853.71	1157.49	4658.81

出让、转让情况——按地区分列
Rights Granted and Transferred by Region

探矿权出让 Exploration Rights Granted							探矿权转让 Exploration Rights Transferred	
合计 Total		申请在先 First Application	协议出让 Granting through Agreement		"招拍挂"出让 Granting through Bidding, Auction and Listing		宗数(宗) Number of Cases (case)	转让金额（万元）Amount of Transfer (10^4 yuan)
宗数(宗) Number of Cases (case)	价款金额（万元）Amount of Price Value (10^4 yuan)	宗数 Number of Cases(case)	宗数(宗) Number of Cases (case)	价款金额（万元）Amount of Price Value (10^4 yuan)	宗数(宗) Number of Cases (case)	价款金额（万元）Amount of Price Value (10^4 yuan)		
1366	205571.30	831	106	77361.38	429	128209.92	485	117951.72
1055	118435.06	725	44	7442.72	286	110992.34	686	282721.59
1587	150682.98	1178	83	11622.76	326	139060.22	641	304651.55
49	23.83	34	1	23.83	14		36	88902.00
19	1191.60		19	1191.60			1	43.27
5	69.00	3			2	69.00	18	32933.89
1	30.00				1	30.00	2	32691.58
217	12824.14	164	26	5794.14	27	7030.00	68	7758.83
22	9935.05	8	5	0.05	9	9935.00	24	3581.60
42	8859.16	26	3	737.56	13	8121.60	26	3779.82
32	1000.00	31	1	1000.00			16	669.47
44		44					1	2010.00
72	256.00	70			2	256.00	16	2240.00
28	1700.00	27			1	1700.00	7	5395.50
24	2508.78	16	3	30.00	5	2478.78	6	
45	4216.00				45	4216.00	45	484.00
89	145.62	88			1	145.62	43	10271.86
7	1650.00	3			4	1650.00	31	1095.85
62	685.00	60			2	685.00	7	
111	1120.00	107	1	316.00	3	804.00		
53	1168.00	39			14	1168.00	4	8566.75
9	1246.00	3			6	1246.00	47	39.27
21	2191.21	16			5	2191.21		
46	45200.08	29	2		15	45200.08	48	8627.00
43	4225.90	37	1	483.96	5	3741.94	18	2510.97
49	13652.00				49	13652.00	92	19634.96
19	280.01	18	1	280.01			28	68784.23
20	4805.64	5	1	7.14	14	4798.50	7	151.00
28	7522.48				28	7522.48	6	201.70
243	3286.39	225	9	552.38	9	2734.01	18	78.00
3	1235.00				3	1235.00	2	4200.00
184	19656.09	125	10	1206.09	49	18450.00	24	

矿产资源勘查许可证发证及探矿权
Exploration Licenses Issued and Exploration

矿 种	Mineral	勘查许可证发证 Exploration Licenses Issued						
		许可证数（个） Number of Licenses（number）			登记面积（平方千米） Registered Area（km^2）			探矿权使用费（万元） Exploration Right Royalty (10^4 yuan)
		有效 Valid	新立 Newly Issued	注销 Cancelled	有效 Valid	新立 Newly Issued	注销 Cancelled	
总 计	**Total**	**34022**	**1587**	**1126**	**4816634.74**	**46051.48**	**13327.28**	**25849.41**
煤	Coal	2276	30	57	125090.09	3056.98	2961.10	5104.57
石油天然气	Oil & Natural gas	973	14		4084920.61			
煤层气	Coal bed methane	95			46170.27			
油页岩	Oil shale	69	11	2	3967.93	384.10	32.56	153.54
石煤	Stone coal	6		2	106.00		17.40	4.98
油砂	Oil sand	10	5		342.07	225.85		6.32
天然沥青	Native bitumen	5			27.50			0.85
地热	Geothermal	610	121	36	9119.68	2097.04	430.87	233.44
铁矿	Iron	3642	201	271	50631.91	6546.61	1772.61	1769.55
锰矿	Manganese	669	41	17	9503.21	772.12	192.01	341.75
铬铁矿	Chromite	61	1		1020.71	1.12		43.80
钛矿	Titanium	87	4	5	1702.79	124.72	73.33	55.37
钒矿	Vanadium	198	1	10	3512.59	18.06	107.04	109.84
金红石	Titanium	12		3	206.13		38.87	5.99
铜矿	Copper	6776	266	110	136479.13	9010.39	1237.51	5001.89
铅矿	Lead	3821	131	144	71669.77	3575.10	1158.84	2734.14
锌矿	Zinc	472	6	11	6613.14	113.73	112.63	272.33
铝土矿	Bauxite	322	10	25	9675.55	194.79	150.51	379.47
镁矿	Magnesium	12	1		70.11	4.28		2.71
镍矿	Nickel	195	18	3	4261.26	676.75	33.79	159.46
钴矿	Cobalt	18	2		286.01	35.41		10.68
钨矿	Tungsten	118	4	2	1065.91	72.95	25.18	48.74
锡矿	Tin	184	3	3	2182.13	30.56	18.70	91.22
铋矿	Bismuth	9			230.15			8.03
钼矿	Molybdenum	696	15	26	10608.34	511.13	188.73	418.24
汞矿	Mercury	9			170.01			6.78
锑矿	Antimony	135	1	1	1329.90	2.61	2.25	60.89
多金属	Polymetallic ore	1707	94	21	44856.91	3392.43	340.18	1581.90
铂矿	Platinum	27			468.14			23.16
砂金	Placer gold	23		1	258.44		14.93	11.29

出让、转让情况——按矿种分列（2013年）
Rights Granted and Transferred by Mineral (2013)

探矿权出让 Exploration Rights Granted							探矿权转让 Exploration Rights Transferred	
合计 Total		申请在先 First Application	协议出让 Granting through Agreement		"招拍挂"出让 Granting through Bidding, Auction and Listing		宗数(宗) Number of Cases(case)	转让金额（万元）Amount of Transfer (10^4 yuan)
宗数(宗) Number of Cases (case)	价款金额（万元）Amount of Price Value (10^4 yuan)	宗数(宗) Number of Cases(case)	宗数(宗) Number of Cases (case)	价款金额（万元）Amount of Price Value (10^4 yuan)	宗数(宗) Number of Cases (case)	价款金额（万元）Amount of Price Value (10^4 yuan)		
1587	**150682.98**	**1178**	**83**	**11622.76**	**326**	**139060.22**	**641**	**304651.55**
30	11950.00	21	8	350.00	1	11600.00	35	99297.76
14					14			
11	81.00	9			2	81.00	2	1078.00
5	906.09		5	906.09				
121	4089.47	84	19	1191.60	18	2897.87	5	179.27
201	46071.64	137	13	898.57	51	45173.07	92	17943.15
41	3038.00	26	4	500.00	11	2538.00	8	579.00
1		1					1	1900.00
4	2718.00	2			2	2718.00	2	200.00
1	575.00				1	575.00	3	
							1	2010.00
266	8923.12	206	6	0.01	54	8923.11	89	46211.80
131	13503.94	106	2		23	13503.94	87	50008.70
6	1123.83	4	1	23.83	1	1100.00	7	202.58
10	3530.00	8			2	3530.00	10	32696.64
1	1220.00				1	1220.00		
18	46.00	17			1	46.00		
2		2						
4		4					1	
3		3					3	300.00
15	559.84	10	2	395.84	3	164.00	9	
1		1						
94	7629.79	83	4	5089.79	7	2540.00	26	11116.73
							4	
							4	8321.01

矿产资源勘查许可证发证及探矿权

Exploration Licenses Issued and Exploration

矿种	Mineral	勘查许可证发证 Exploration Licenses Issued						
		许可证数（个）Number of Licenses（number）			登记面积（平方千米）Registered Area（km^2）			探矿权使用费（万元）Exploration Right Royalty (10^4 yuan)
		有效 Valid	新立 Newly Issued	注销 Cancelled	有效 Valid	新立 Newly Issued	注销 Cancelled	
金矿	Gold	7193	312	204	127331.42	9298.31	2585.73	4861.99
银矿	Silver	691	33	28	13878.35	1174.34	227.75	511.70
铌钽矿	Columbotantalite	94	8		1730.28	311.18		57.64
铌矿	Niobium	13			202.36			8.24
钽矿	Tantalum	13			119.23			5.61
铍矿	Beryllium	37			499.94			14.64
锂矿	Lithium	34	1	2	1295.04	35.52	17.55	40.82
锆矿	Zirconium	8	1		126.34	2.73		5.00
锶矿（天青石）	Strontium	10			95.26			4.08
铷矿	Rubidium	9	2		182.62	39.82		4.37
铯矿	Cesium	1			7.06			0.21
重稀土矿	Heavy rare earths	3	1		125.83	43.64		4.55
钇矿	Yttrium	1			5.12			0.26
轻稀土矿	Light rare earths	13	5		339.20	237.30		6.53
锗矿	Germanium	4			51.44			1.77
铊矿	Thallium	1			6.56			0.33
铼矿	Rhenium	5			60.90			1.12
蓝晶石	Kyanite	5		2	44.50		4.07	2.22
矽线石	Sillimanite	3			16.06			0.80
红柱石	Andalusite	9			91.77			3.66
菱镁矿	Magnesite	7	1		80.22	11.76		2.43
萤石（普通）	Common fluorite	354	22	14	2850.85	373.28	47.85	101.27
熔剂用石灰岩	Limestone for flux	16	1	1	96.91	2.07	7.11	2.90
冶金用白云岩	Metallurgical dolomite	20		2	61.80		7.19	2.33
冶金用石英岩	Metallurgical quartzite	12	1		64.25	1.13		1.98
冶金用脉石英	Metallurgical vein quartz	6	1		52.88	19.75		0.99
耐火粘土	Fire clay	7			62.00			3.10
其他粘土	Other clay	4			124.45			6.22

出让、转让情况——按矿种分列（2013年） 续表1
Rights Granted and Transferred by Mineral (2013) Continued 1

探矿权出让 Exploration Rights Granted							探矿权转让 Exploration Rights Transferred	
合计 Total		申请在先 First Application	协议出让 Granting through Agreement		“招拍挂”出让 Granting through Bidding, Auction and Listing		宗数（宗） Number of Cases(case)	转让金额（万元） Amount of Transfer (10^4 yuan)
宗数（宗） Number of Cases (case)	价款金额（万元） Amount of Price Value (10^4 yuan)	宗数（宗） Number of Cases(case)	宗数（宗） Number of Cases (case)	价款金额（万元） Amount of Price Value (10^4 yuan)	宗数（宗） Number of Cases (case)	价款金额（万元） Amount of Price Value (10^4 yuan)		
312	12665.87	267	3	414.22	42	12251.65	175	26519.85
33	316.00	28	2		3	316.00	14	810.87
8	210.00	7			1	210.00	4	12.08
							1	
1		1						
1		1						
2		2						
1		1						
5		5					1	
1	280.01		1	280.01			2	
22	30.00	19	3	30.00			16	1809.70
1		1						
1		1						
1		1					1	30.00
							1	36.21

矿产资源勘查许可证发证及探矿权
Exploration Licenses Issued and Exploration

矿种	Mineral	勘查许可证发证 Exploration Licenses Issued						
		许可证数（个） Number of Licenses(number)			登记面积（平方千米） Registered Area(km^2)			探矿权使用费（万元） Exploration Right Royalty (10^4 yuan)
		有效 Valid	新立 Newly Issued	注销 Cancelled	有效 Valid	新立 Newly Issued	注销 Cancelled	
耐火用橄榄岩	Refractory peridotite	3			9.13			0.46
熔剂用蛇纹岩	Serpentinite for flux	1			1.55			0.08
自然硫	Native sulfur	4			29.64			1.46
硫铁矿	Pyrite	196	9	15	2556.59	83.86	109.02	90.54
钠硝石	Natratine	129			6468.91			322.38
明矾石	Alunite	2			1.84			0.09
芒硝（含钙芒硝）	Mirabilite （Including glauberite）	67	2	1	3371.82	17.34	9.68	164.53
重晶石	Barite	50	7	7	739.75	95.01	32.44	27.17
天然碱	Trona	3			142.62			5.75
电石用灰岩	Tourmaline limestone	9			48.85			1.24
制碱用灰岩	Limestone for soda ash	1			5.45			0.27
含钾岩石	K-bearing rock	16	2		114.38	8.35		5.31
化肥用橄榄岩	Peridotite for fertilizer	1			2.72			0.14
化肥用蛇纹岩	Serpentinite for fertilizer	2			65.03			2.71
泥炭	Peat	9			168.51			7.24
盐矿	Salt	3			54.97			2.66
岩盐	Halite	56	4	10	1484.72	158.27	520.78	33.05
湖盐	Lake salt	5			129.64			4.23
镁盐	Magnesium salt	1			0.72			0.04
天然卤水	Natural brine	5	3		290.99	153.44		8.41
钾盐	Potash	77	8	1	7079.38	813.35	123.60	274.96
磷矿	Phosphate rock	220	21	10	2927.03	335.04	131.44	104.57
金刚石	Diamond	25	9		751.48	297.56		21.02
石墨	Graphite	64	7	1	786.95	76.82	4.98	31.42
水晶	Crystal	1			7.72			0.08
刚玉	Corundum	2			38.61			1.93
硅灰石	Wollastonite	30	1		331.52	4.32		8.64
滑石	Talc	20	1	1	102.55	0.96		5.02
云母	Mica	14		1	98.83		4.87	3.51
长石	Feldspar	61	8	3	303.41	40.55	20.50	10.37
电气石	Tourmaline	4			60.74			2.99

出让、转让情况——按矿种分列（2013年） 续表2

Rights Granted and Transferred by Mineral (2013) Continued 2

探矿权出让 Exploration Rights Granted							探矿权转让 Exploration Rights Transferred	
合计 Total		申请在先 First Application	协议出让 Granting through Agreement		“招拍挂”出让 Granting through Bidding, Auction and Listing		宗数（宗） Number of Cases (case)	转让金额（万元） Amount of Transfer (10^4 yuan)
宗数（宗） Number of Cases (case)	价款金额（万元） Amount of Price Value (10^4 yuan)	宗数（宗） Number of Cases (case)	宗数（宗） Number of Cases (case)	价款金额（万元） Amount of Price Value (10^4 yuan)	宗数（宗） Number of Cases (case)	价款金额（万元） Amount of Price Value (10^4 yuan)		
9	1198.50	3			6	1198.50	4	
2	59.00	1			1	59.00		
7	564.00	5			2	564.00	1	40.00
2	13.20				2	13.20		
4	450.00	3			1	450.00		
							1	
3		3						
8		8					1	
21	496.96	19	1	483.96	1	13.00	6	1638.20
9		9						
7	2192.60	2	2	1058.60	3	1134.00	1	12.00
1		1					1	16.00
1	52.00				1	52.00		
							2	80.00
8	9270.00	2			6	9270.00	4	15.00
							1	

矿产资源勘查许可证发证及探矿权
Exploration Licenses Issued and Exploration

矿种	Mineral	勘查许可证发证 Exploration Licenses Issued						
		许可证数（个） Number of Licenses(number)			登记面积（平方千米） Registered Area (km^2)			探矿权使用费（万元） Exploration Right Royalty (10^4 yuan)
		有效 Valid	新立 Newly Issued	注销 Cancelled	有效 Valid	新立 Newly Issued	注销 Cancelled	
石榴子石	Garnet	10	2		76.72	6.54		2.49
叶蜡石	Pyrophyllite	11	1	1	69.30	26.82	0.76	1.83
透辉石	Diopside	1			10.10			0.50
蛭石	Vermiculite	1			2.60			0.10
沸石	Zeolite	8	3	1	133.67	71.30	5.69	3.31
石膏	Gypsum	74	5	4	659.41	87.75	69.43	25.36
方解石	Calcite	35	1	3	184.71	10.85	16.08	6.38
光学萤石	Optical fluorite	4	1		88.80	16.26		3.06
宝石	Gem	7			78.00			2.80
玉石	Jade	22	3	1	248.61	22.11	3.98	9.13
玛瑙	Agate	3			90.02			1.76
石灰岩	Limestone	89	17	6	698.18	185.61	22.01	21.56
玻璃用石灰岩	Limestone for glass	144	16	23	900.69	55.19	115.78	22.73
水泥用石灰岩	Limestone for cement	2	1		9.59	3.68		0.15
建筑石料用灰岩	Limestone for building stone	1			22.26			0.45
制灰用石灰岩	Limestone for mortar	12	2		167.06	80.78		3.83
泥灰岩	Marlstone	2			19.17			0.63
白云岩	Dolostone	35	7	1	250.62	88.40	6.92	6.64
玻璃用白云岩	Dolostone for glass	39	12	1	416.28	139.78	1.06	9.33
石英岩	Quartzite	4			10.31			0.49
冶金用石英岩	Metallurgical quartzite	16		1	112.30		8.67	4.07
玻璃用石英岩	Quartzite for glass	6			25.71			1.29
砂岩	Sandstone	73		1	573.50		2.18	24.27
玻璃用砂岩	Sandstone for glass	10	2		20.36	4.70		0.58
水泥配料用砂岩	Sandstone for cement	6			32.87			0.98
陶瓷用砂岩	Sandstone for ceramics	3			16.67			0.83
天然石英砂	Natural silicioussand	4			29.97			1.50
玻璃用砂	Sand for glass	1			4.36			0.22
脉石英	Vein quartz	25	2		239.21	3.63		4.47
玻璃用脉石英	Vein quartz for glass	3			10.80			0.37
粉石英	Powdery quartz	3			13.20			0.46
硅藻土	Diatomaceous earth	11			46.16			2.03
页岩	Shale	2			75.70			1.51
陶粒用页岩	Shale for ceramsite	6			18.35			0.69
砖瓦用页岩	Shale for bricks and tiles	1			2.13			0.11

出让、转让情况——按矿种分列（2013年） 续表3
Rights Granted and Transferred by Mineral (2013) Continued 3

探矿权出让 Exploration Rights Granted							探矿权转让 Exploration Rights Transferred	
合计 Total		申请在先 First Application	协议出让 Granting through Agreement		“招拍挂”出让 Granting through Bidding, Auction and Listing		宗数（宗） Number of Cases (case)	转让金额（万元） Amount of Transfer (10^4 yuan)
宗数（宗） Number of Cases (case)	价款金额（万元） Amount of Price Value (10^4 yuan)	宗数（宗） Number of Cases (case)	宗数（宗） Number of Cases (case)	价款金额（万元） Amount of Price Value (10^4 yuan)	宗数（宗） Number of Cases (case)	价款金额（万元） Amount of Price Value (10^4 yuan)		
2		2						
1		1						
3		3						
5	28.00	3			2	28.00		
1		1					2	
1		1						
3		3					1	
17	2652.54	6	4	0.04	7	2652.50	2	
16	5876.10	7	2	0.10	7	5876.00	1	787.00
1	103.00				1	103.00		
2	9.00	1			1	9.00		
7	125.40	3			4	125.40		
12	1551.00	5			7	1551.00		
2	1700.00	1			1	1700.00	1	600.00
2	15.65				2	15.65		
							1	

矿产资源勘查许可证发证及探矿权
Exploration Licenses Issued and Exploration

矿 种	Mineral	勘查许可证发证 Exploration Licenses Issued						
		许可证数（个） Number of Licenses(number)			登记面积（平方千米） Registered Area (km^2)			探矿权使用费（万元） Exploration Right Royalty (10^4 yuan)
		有效 Valid	新立 Newly Issued	注销 Cancelled	有效 Valid	新立 Newly Issued	注销 Cancelled	
高岭土	Kaolin	75	9	14	781.38	224.60	107.64	20.66
陶瓷土	Ceramic clay	25	4	1	106.32	13.89	2.00	2.80
凹凸棒石粘土	Attapulgite clay	8		1	52.39		0.36	2.62
海泡石粘土	Sepiolite clay	3	1		42.22	33.81		0.76
伊利石粘土	Illite clay	2			14.59			0.73
累托石粘土	Rectorite clay	1			1.36			0.07
膨润土	Bentonite	28	1	1	410.34	3.68	16.21	10.49
陶粒用粘土	Clay for ceramisite	1			3.62			0.04
水泥配料用泥岩	Mudstone for cement	1			0.86			0.04
橄榄岩	Peridotite	1			0.95			0.05
建筑用橄榄岩	Peridotite for building	1			5.09			0.25
饰面用蛇纹岩	Facing serpentine	10			73.57			1.61
蛇纹岩	Serpentinite	1			6.89			0.34
玄武岩	Basalt	2		1	11.95		10.79	0.60
铸石用玄武岩	Basalt for casting	1			5.05			0.10
辉绿岩	Diabase	3			1.26			0.06
饰面用辉绿岩	Facing diabase	2	1		8.45	0.75		0.42
建筑用闪长岩	Diorite for building	1		1	24.87		7.80	0.25
花岗岩	Granite	21	3		115.20	31.80		2.64
建筑用花岗岩	Granite for building	3			11.10			0.38
饰面用花岗岩	Facing granite	73	23	1	745.61	312.03	3.07	12.44
麦饭石	Medical stone	1			0.71			0.04
珍珠岩	Perlite	9	1		333.75	21.95		10.49
黑曜岩	Obsidian	1			25.74			0.26
松脂岩	Pitchstone	1			2.85			0.14
霞石正长岩	Nepheline syenite	2			11.09			0.55
凝灰岩	Tuff	3	2		4.70	1.51		0.17
火山渣	Scoria	2			6.87			0.34
大理岩	Marble	25	4		182.18	57.06		5.47
饰面用石料（大理石）	Facing marble	12	3		47.85	6.72		1.72
建筑用大理岩	Marble for building	1			8.28			0.41
水泥用大理石	Marble for cement	14	2		59.38	14.36		1.89
饰面用板岩	Facing slate	2		1	8.63		2.12	0.09
角闪岩	Amphibolite	1			28.62			0.86
硼矿	Boron	36	1	1	454.91	5.55	4.99	20.04
矿泉水	Mineral water	46	3	3	186.65	10.71	12.84	3.04
地下水	Groundwater	35	3	4	3121.48	27.23	143.30	138.46
二氧化碳气	Carbon dioxide gas	3		1	45.51			2.22

出让、转让情况——按矿种分列（2013 年） 续表 4

Rights Granted and Transferred by Mineral (2013) Continued 4

探矿权出让 Exploration Rights Granted							探矿权转让 Exploration Rights Transferred	
合计 Total		申请在先 First Application	协议出让 Granting through Agreement		“招拍挂”出让 Granting through Bidding, Auction and Listing		宗数（宗） Number of Cases (case)	转让金额（万元） Amount of Transfer (10^4 yuan)
宗数（宗） Number of Cases (case)	价款金额（万元） Amount of Price Value (10^4 yuan)	宗数（宗） Number of Cases (case)	宗数（宗） Number of Cases (case)	价款金额（万元） Amount of Price Value (10^4 yuan)	宗数（宗） Number of Cases (case)	价款金额（万元） Amount of Price Value (10^4 yuan)		
9	201.71	5			4	201.71	3	
4	24.00	1			3	24.00		
1		1						
1	611.00				1	611.00		
1		1						
3	650.62				3	650.62		
23	2337.00	10			13	2337.00	1	
1	88.00				1	88.00		
2		2						
							1	
4	201.00	2			2	201.00		
3	692.00				3	692.00		
2	0.10	1	1	0.1			1	
1		1						
3	53.00				3	53.00	1	200.00
3		3						

矿产资源勘查许可证发证及探矿权
Exploration Licenses Issued and Exploration

经济类型	Economic Type	勘查许可证发证 Exploration License Issued						
		许可证数（个） Number of Licenses(number)			登记面积（平方千米） Registered Area (km²)			探矿权使用费（万元） Exploration Right Royalty (10^4 yuan)
		有效 Valid	新立 Newly Issued	注销 Cancelled	有效 Valid	新立 Newly Issued	注销 Cancelled	
总　计	**Total**	**34022**	**1587**	**1126**	**4816634.74**	**46051.48**	**13327.28**	**25849.41**
国有企业	State-owned Enterprises	9930	901	309	363836.92	33043.08	6205.92	9289.70
集体企业	Collective-owned Enterprises	150	4	28	1779.93	5.93	88.86	73.11
股份合作企业	Cooperative Stock Enterprises	276	10	25	4349.82	181.78	189.24	171.83
联营企业	Joint Ownership Enterprises	86	5	6	1470.75	43.41	16.45	56.24
有限责任公司	Limited Liability Corporations	20483	583	550	4400493.42	11749.18	5477.84	14395.19
股份有限公司	Share Holding Company Limited	1036	26	83	19325.08	301.62	657.97	819.27
私营企业	Private Enterprises	1763	48	115	19626.66	615.99	625.06	785.59
其他企业	Other Enterprises	149	10	5	2089.57	110.49	26.11	80.21
合资经营企业（港澳台资）	Enterprises of Joint Investment(with Investors from Hong Kong, Macao or Taiwan)	16		1	438.17		25.25	21.91
合作经营企业（港澳台资）	Cooperative Enterprises (with Investors from Hong Kong, Macao or Taiwan)	6			261.18			13.06
港澳台商独资经营企业	Enterprises with Funds Solely from Hong Kong, Macao or Taiwan	10			653.17			32.25
港澳台商投资股份有限公司	Share holding Company Limited with Funds from Hong Kong, Macao or Taiwan	6			146.91			7.22
中外合资经营企业	Chinese and Foreign Equity Joint Ventures	29		2	573.16		9.61	27.56
中外合作经营企业	Chinese and Foreign Cooperative Joint Ventures	61		2	906.89		4.97	44.38
外资企业	Foreign Funded Enterprises	20			632.45			31.38
外商投资股份有限公司	Foreign-Funded Share Holding Company Limited	1			50.66			0.51

出让、转让情况——按经济类型分列（2013年）

Rights Granted and Transferred by Economic Type (2013)

探矿权出让 Exploration Rights Granted							探矿权转让 Exploration Rights Transferred	
合计 Total		申请在先 First Application	协议出让 Granting through Agreement		“招拍挂”出让 Granting through Bidding, Auction and Listing		宗数（宗） Number of Cases (case)	转让金额（万元） Amount of Transfer (10^4 yuan)
宗数（宗） Number of Cases (case)	价款金额（万元） Amount of Price Value (10^4 yuan)	宗数（宗） Number of Cases (case)	宗数（宗） Number of Cases (case)	价款金额（万元） Amount of Price Value (10^4 yuan)	宗数（宗） Number of Cases (case)	价款金额（万元） Amount of Price Value (10^4 yuan)		
1587	**150682.97**	**1178**	**83**	**11622.76**	**326**	**139060.22**	**641**	**304651.55**
901	19776.02	864	10	875.92	27	18900.11	42	76403.45
4		4						
10	86.00	8			2	86.00	4	600.00
5	2460.00	4			1	2460.00	1	4200.00
583	118173.71	253	61	9495.60	269	108678.11	533	93949.39
26	5433.01	17	2	109.01	7	5324.00	27	127827.51
48	4611.34	21	8	1024.34	19	3587.00	30	1671.20
10	142.89	7	2	117.89	1	25.00	1	
							1	
							2	

矿产资源采矿许可证发证及采矿权
Mining Licenses Issued and Mining Rights

年份/地区	Year/Region	采矿许可证发证 Mining Licenses Issued						
		许可证数（个） Number of Licenses(number)			登记面积（平方千米） Registered Area (km^2)			采矿权使用费（万元） Mining Right Royalty (10^4 yuan)
		有效 Valid	新立 Newly Issued	注销 Cancelled	有效 Valid	新立 Newly Issued	注销 Cancelled	
	2011	107289	5955	8031	220717.11	5758.90	2992.00	14511.25
	2012	97623	1862	3170	223197.96	4553.52	498.77	13998.40
	2013	93782	2390	6465	243154.60	2689.81	1481.60	14292.95
国土资源部	MLR	1410	16		162449.98	348.34		2721.30
北　京	Beijing	163	1		187.06	0.33		23.30
天　津	Tianjin	404	14	3	15.54		0.14	20.50
河　北	Hebei	3422	51	454	2607.22	18.22	84.23	374.00
山　西	Shanxi	4566	33	215	9006.63	51.40	3.42	1073.90
内蒙古	Inner Mongolia	4557	191	102	5415.87	194.46	32.21	696.45
辽　宁	Liaoning	3058	32	182	1723.31	36.37	11.51	279.20
吉　林	Jilin	1741	73	61	696.35	30.11	1.46	141.00
黑龙江	Heilongjiang	2296	60	415	2285.89	11.12	12.89	315.00
上　海	Shanghai	53			13.09			3.45
江　苏	Jiangsu	1201	41	145	377.76	3.87	5.11	90.75
浙　江	Zhejiang	1144	76	247	209.72	12.95	22.73	64.95
安　徽	Anhui	2505	8	218	986.08	6.77	21.59	200.25
福　建	Fujian	1619	39	786	1437.27	17.80	503.65	199.75
江　西	Jiangxi	5758	199	155	2280.71	42.07	5.23	453.20
山　东	Shandong	3274	74	265	3213.25	13.80	10.35	449.55
河　南	Henan	2900	56	639	5343.56	168.46	246.41	628.85
湖　北	Hubei	3142	75	105	1722.97	30.57	9.66	288.80
湖　南	Hunan	5777	45	436	2673.29	28.80	27.80	498.45
广　东	Guangdong	1674	50	56	437.11	8.61	3.76	107.45
广　西	Guangxi	3833	77	152	1564.63	28.33	26.14	314.30
海　南	Hainan	203	44	89	254.76	9.89	5.55	32.35
重　庆	Chongqing	2584	52	222	2547.15	9.00	97.47	351.40
四　川	Sichuan	6963	71	397	4184.03	34.42	193.90	697.70
贵　州	Guizhou	7953	122	149	7011.50	239.51	3.81	1008.70
云　南	Yunnan	7889	266	177	4569.49	93.60	9.04	756.10
西　藏	Tibet	191	18		894.59	62.43		95.25
陕　西	Shaanxi	4955	67	433	6881.57	506.55	71.09	872.40
甘　肃	Gansu	3054	151	175	2594.98	92.48	37.26	382.85
青　海	Qinghai	836	68	54	5831.62	391.19	8.65	615.05
宁　夏	Ningxia	374	62	51	305.90	3.58	12.42	46.60
新　疆	Xinjiang	4283	258	82	3431.72	194.78	14.12	490.15

出让、转让情况——按地区分列
Granted and Transferred by Region

采矿权出让 Mining Rights Granted							采矿权转让 Mining Rights Transferred	
合计 Total		探矿权转采矿权 Change of Exploration Right to Mining Ritght	协议出让 Granting through Agreement		"招拍挂"出让 Granting through Bidding, Auction and Listing		宗数（宗）Number of Cases (case)	转让金额（万元）Amount of Transfer (10^4 yuan)
宗数（宗）Number of Cases (case)	价款金额（万元）Amount of Price Value (10^4 yuan)	宗数（宗）Number of Cases (case)	宗数（宗）Number of Cases (case)	价款金额（万元）Amount of Price Value (10^4 yuan)	宗数（宗）Number of Cases (case)	价款金额（万元）Amount of Price Value (10^4 yuan)		
5955	2198508	499	567	1319863	4889	878645	1680	977830
1862	766902	281	131	456091	1450	310809	1752	1659047
2390	663153.76	303	125	212436.75	1962	450717.01	1583	1509256.63
16	50479.62	14	2	50479.62			10	
1	6.00				1	6.00	2	
14	223.22	10	4	223.22			3	510.00
51	2813.58	11	4	1092.80	36	1720.78	131	10575.50
33	5540.61	13			20	5540.61	79	62371.79
191	14091.40	42	10	2850.97	139	11240.43	97	14898.00
32	9582.75	13	10	5978.58	9	3604.17	80	23508.93
73	7844.55	25			48	7844.55	25	702.17
60	6261.95	4	3	4883.95	53	1378.00	21	13573.89
41	29246.16				41	29246.16	4	22571.51
76	200473.36	10	22	18696.86	44	181776.50	24	
8	1101.00	5			3	1101.00	59	9662.30
39	3909.83	5	5	516.33	29	3393.50	5	300.00
199	12692.76	13			186	12692.76	86	17998.65
74	41923.26	3	10	421.81	61	41501.45	60	91819.90
56	3167.47	15	2	125.71	39	3041.76	56	1264.16
75	4874.61	8	3	47.34	64	4827.27	53	5647.24
45	14435.13	3			42	14435.13	89	4683.19
50	12134.29	3	2	2.00	45	12132.29	34	1941.00
77	8766.23	5			72	8766.23	34	1974.59
44	20545.42	1	1	120.00	42	20425.42	1	20.00
52	9752.66	2			50	9752.66	16	291.65
71	4067.58	16			55	4067.58	164	60386.12
122	44591.43	10	3	33538.40	109	11053.03	103	2503.38
266	16051.3	16	2	397.30	248	15654.00	173	299060.34
18	501.00	2	15	291.00	1	210.00	2	4200.00
67	32602.12	16	12	32183.99	39	418.13	29	2887.70
151	29116.95	7	3	5568.68	141	23548.27	67	20115.48
68	42932.39	3	2	38263.16	63	4669.23	16	5207.52
62	2452.77	1	1	858.26	60	1594.51	4	100.00
258	30972.36	27	9	15896.77	222	15075.59	56	830481.62

矿产资源采矿许可证发证及采矿权
Mining Licenses Issued and Mining Rights

矿种	Mineral	采矿许可证发证 Mining Licenses Issued								采矿权使用费（万元）Mining Right Royalty (10^4 yuan)
		许可证数（个）Number of Licenses(number)			登记面积（平方千米）Registered Area (km^2)			生产规模① Scale of Production		
		有效 Valid	新立 Newly Issued	注销 Cancelled	有效 Valid	新立 Newly Issued	注销 Cancelled	登记 Registration	新立 Newly Issued	
总计	**Grand Total**	**93782**	**2390**	**6465**	**243145.60**	**2689.81**	**1481.60**	**1502703.62**	**64283.99**	**14292.95**
煤炭	Coal	12084	40	526	59204.11	998.47	512.22	423722.75	5213	6220.80
石油天然气	Oil & Natural gas	664			135229.37					
煤层气	Coal bed methane	11			193.29					
油页岩	Oil shale	23	5		92.07	30.26		2161.00	1415.00	9.85
石煤	Stone coal	198	4	3	262.23	11.99	0.77	1377.91	12.00	31.85
油砂	Oil sand	1			1.94			14.40		0.20
天然沥青	Native bitumen	5			12.73			6.40		1.45
地热	Geothermal	877	24	28	899.67	4.89	1.62	22535.79	659.69	121.90
铁矿	Iron	3869	98	113	5547.32	188.23	33.00	105483.88	1906.50	660.35
锰矿	Manganese	442	8	19	629.87	8.12	16.43	2107.50	42.00	74.75
铬铁矿	Chromite	22	1		10.94	0.99		44.70	0.20	1.75
钛矿	Titanium	102	4	6	136.47	12.47	2.08	5081.23	43.20	16.65
钒矿	Vanadium	112	5	2	359.47	24.78	2.96	2552.07	187.30	38.35
金红石	Titanium	5			8.55			89.59		0.95
铜矿	Copper	881	18	2	1222.67	34.15	1.35	20676.18	1833.50	145.00
铅矿	Lead	999	12	14	1642.63	43.75	1.47	6244.77	77.00	191.25
锌矿	Zinc	412	9	8	717.76	25.88	2.96	3807.56	409.00	82.20
铝土矿	Bauxite	269	7	3	970.68	39.05	0.22	4738.40	262.00	104.25
镁矿	Magnesium	2		1	1.53			167.20		0.20
镍矿	Nickel	52	1		99.59	10.80		880.28	10.00	11.45
钴矿	Cobalt	4			5.26			177.00		0.65
钨矿	Tungsten	151	5		424.49	12.70		2389.93	285.90	45.75
锡矿	Tin	120			302.32			1200.23		33.30
铋矿	Bismuth	5	1		2.38	1.46		17.50	6.00	0.35
钼矿	Molybdenum	188	8	1	480.37	74.02	0.18	13272.42	1401.00	52.85
汞矿	Mercury	38		2	54.33		2.93	75.13		6.45
锑矿	Antimony	76	1	2	155.81	2.78	0.60	310.50	12.00	17.70
多金属	Polymetallic ore	2			2.61			180.00		0.30

①生产规模单位：固体矿产按万吨/年，气体矿产按万米^3/年，地下水按米^3/日计。

①Vnit：Solid mineral 10^4t/year, gas mineral 10^4m^3/year,liquid mineral m^3/day.

出让、转让情况——按矿种分列（2013年）
Granted and Transferred by Mineral (2013)

采矿权出让 Mining Rights Granted							采矿权转让 Mining Rights Transferred	
合计 Total		探矿权转采矿权 Change of Exploration Right to Mining Right	协议出让 Granting through Agreement		“招拍挂”出让 Granting through Bidding, Auction and Listing		宗数（宗）Number of Cases (case)	转让金额（万元）Amount of Transfer (10^4 yuan)
宗数（宗）Number of Cases (case)	价款金额（万元）Amount of Price Value (10^4 yuan)	宗数（宗）Number of Cases (case)	宗数（宗）Number of Cases (case)	价款金额（万元）Amount of Price Value (10^4 yuan)	宗数（宗）Number of Cases (case)	价款金额（万元）Amount of Price Value (10^4 yuan)		
2390	**663153.76**	**303**	**125**	**212436.75**	**1962**	**450717.01**	**1583**	**1509256.63**
40	111718.00	25	14	106518.00	1	5200.00	140	584357.00
5	2.00	3	2	2.00				
4	225.00		4	225.00			10	1183.00
24	695.00	14	9	689.00	1	6.00	5	1094.00
98	4915.00	89	5	2130.00	4	2785.00	102	117689.00
8	6700.00	6			2	6700.00	11	1558.00
1	2.00		1	2.00				
4	56.00				4	56.00	2	193.00
5	1645.00	1	1	1000.00	3	645.00		
18		18					22	95838.00
12	609.00	10	1	97.00	1	512.00	20	29584.00
9	5509.00	7	1	5000.00	1	509.00	4	8560.00
7	2857.00	5			2	2857.00		
1	1.00		1	1.00			3	29952.00
5	20486.00	1	1	16551.00	3	3935.00	2	178.00
							1	2950.00
1		1					1	
8		8					2	175.00
							3	33.00
1		1					2	1100.00

矿产资源采矿许可证发证及采矿权
Mining Licenses Issued and Mining Rights

矿 种	Mineral	采矿许可证发证 Mining Licenses Issued								
		许可证数（个） Number of Licenses(number)			登记面积（平方千米） Registered Area (km²)			生产规模 Scale of Production		采矿权使用费（万元） Mining Right Royalty (10^4 yuan)
		有效 Valid	新立 Newly Issued	注销 Cancelled	有效 Valid	新立 Newly Issued	注销 Cancelled	登记 Registration	新立 Newly Issued	
铂矿	Platinum	7			9.29			125.00		1.15
砂金	Placer gold	51	5	3	237.40	10.26	6.93	1424.62	59.75	24.85
金矿	Gold	1457	43	20	3209.43	95.82	14.23	15816.38	3937.50	358.45
银矿	Silver	114	5	1	206.64	16.12	2.59	1175.95	43.00	23.75
铌钽矿	Columbotantalite	11			21.14			168.30		2.50
铌矿	Niobium	4			2.84			33.80		0.45
钽矿	Tantalum	4			15.49			80.00		1.65
铍矿	Beryllium	3			3.94			12.50		0.45
锂矿	Lithium	16	2		314.04	3.88		423.76	106.00	31.75
锆矿	Zirconium	21		1	81.24		1.16	9084.83		8.60
锶矿（天青石）	Strontium	15	2		33.59	0.27		69.40	2.00	3.85
重稀土矿	Heavy rare earths	21			30.79			211.70		3.45
轻稀土矿	Light rare earths	89			69.22			692.42		9.45
锗矿	Germanium	2			1.32			9.00		0.20
碲矿	Tellurium	3			2.05			2.40		0.30
蓝晶石	Kyanite	7			3.99			33.00		0.60
矽线石	Sillimanite	5			18.97			27.00		2.00
红柱石	Andalusite	12			11.86			288.00		1.40
菱镁矿	Magnesite	115	1	1	38.16	0.55	1.11	1927.15	110.00	7.75
萤石（普通）	Common fluorite	1217	12	81	913.57	8.90	28.45	2101.86	39.10	126.05
熔剂用石灰岩	Limestone for flux	182	4	4	79.19	0.91	1.81	7040.51	185.00	13.90
冶金用白云岩	Metallurgical dolomite	165	3	3	39.33	2.35	0.14	2383.60	68.00	9.95
冶金用石英岩	Metallurgical quartzite	212	3	1	90.83	2.25	0.45	896.55	32.90	16.65
冶金用砂岩	Metallurgical sandstone	25	1		17.63	0.43		62.20	5.00	2.55
铸型用砂岩	Foundry sandstone	12			1.10			33.45		0.65
铸型用砂	Foundry sand	45			13.40			367.60		3.10
冶金用脉石英	Metallurgical vein quartz	141	6	3	174.56	14.76	0.08	386.22	50.30	21.65
耐火粘土	Fireclay	207	5	23	132.29	3.40	2.56	710.65	13.10	19.70

出让、转让情况——按矿种分列（2013年） 续表1

Granted and Transferred by Mineral (2013) Continued 1

采矿权出让 Mining Rights Granted							采矿权转让 Mining Rights Transferred	
合计 Total		探矿权转采矿权 Change of Exploration Right to Mining Right	协议出让 Granting through Agreement		"招拍挂"出让 Granting through Bidding, Auction and Listing		宗数（宗） Number of Cases (case)	转让金额（万元） Amount of Transfer (10^4 yuan)
宗数（宗） Number of Cases (case)	价款金额（万元） Amount of Price Value (10^4 yuan)	宗数（宗） Number of Cases (case)	宗数（宗） Number of Cases (case)	价款金额（万元） Amount of Price Value (10^4 yuan)	宗数（宗） Number of Cases (case)	价款金额（万元） Amount of Price Value (10^4 yuan)		
5	1760.00				5	1760.00	1	130.00
43	2236.00	36	6	1833.00	1	403.00	55	27649.00
5		5					1	255.00
2	37740.00	1	1	37740.00				
2	258.00				2	258.00		
							1	185.00
1	2172.00		1	2172.00			4	9644.00
12	255.00	8	1	77.00	3	178.00	54	3048.00
4	1251.00	1			3	1251.00	7	2696.00
3	1265.00	1			2	1265.00	5	416.00
3	1963.00				3	1963.00	8	84.00
1	31.00				1	31.00	3	39.00
							1	180.00
							2	37.00
6	2947.00	1			5	2947.00	1	210.00
5	629.00	1			4	629.00	1	31.00

矿产资源采矿许可证发证及采矿权
Mining Licenses Issued and Mining Rights

矿 种	Mineral	采矿许可证发证 Mining Licenses Issued								采矿权使用费（万元） Mining Right Royalty (10^4 yuan)
		许可证数（个） Number of Licenses(number)			登记面积（平方千米） Registered Area (km^2)			生产规模 Scale of Production		
		有效 Valid	新立 Newly Issued	注销 Cancelled	有效 Valid	新立 Newly Issued	注销 Cancelled	登记 Registration	新立 Newly Issued	
铁钒土	Bauxite	14	1	3	5.90	0.05	0.17	34.88	4.00	1.15
其他粘土	Other clay	40		10	15.20		0.13	149.30		3.15
铸型用粘土	Foundry clay	1			2.26			3.00		0.25
耐火用橄榄岩	Refractory peridotite	2			2.09			30.00		0.30
熔剂用蛇纹岩	Serpentinite for flux	3			0.54			75.00		0.15
自然硫	Native sulfur	1			10.16			3.80		1.05
硫铁矿	Pyrite	255	1	6	356.09	1.30	2.24	3146.95	100.00	42.80
钠硝石	Natratine	3			37.02			26.39		3.75
明矾石	Alunite	1			1.20			21.00		0.15
芒硝（含钙芒硝）	Mirabilite (Including glauberite)	77	1	2	586.11	231.99	2.25	4077.30	23.00	60.60
重晶石	Barite	465	4	8	556.20	1.08	3.12	1292.16	12.00	68.70
毒重石	Witherite	33			27.12			94.20		3.55
天然碱	Trona	12		5	57.79		2.10	345.40		6.10
颜料黄土	Pigment loess	1			0.35			0.50		0.05
电石用灰岩	Tourmaline limestone	54	1	1	24.79	1.44	0.01	1667.23	262.00	4.35
制碱用灰岩	Limestone for soda ash	28	1	2	7.19	0.17	0.03	757.60	13.00	1.85
化肥用石灰岩	Limestone for fertilizer	6		1	1.01		0.06	42.20		0.35
化工用白云岩	Dolostone for fertilizer industry	6			0.76			29.70		0.30
化肥用石英岩	Quartzite for fertilizer	11	2		4.02	0.74		61.50	20.00	0.75
化肥用砂岩	Sandstone for fertilizer	17			7.54			112.00		1.25
含钾岩石	K-bearing rock	6			5.07			65.00		0.70
含钾砂页岩	K-bearing sandy shale			1			0.03			
化肥用蛇纹岩	Serpentinite for fertilizer	5	1		2.75	0.88		26.00	5.00	0.40
泥炭	Peat	56	1	1	50.41	0.27	0.58	279.26	8.00	6.65
盐矿	Salt	15	2		139.28	38.71		464.63	105.83	14.30
岩盐	Halite	104	2	3	237.64	6.26	0.77	6605.71	160.00	26.25

出让、转让情况——按矿种分列（2013年） 续表2

Granted and Transferred by Mineral (2013) Continued 2

采矿权出让 Mining Rights Granted							采矿权转让 Mining Rights Transferred	
合计 Total		探矿权转采矿权 Change of Exploration Right to Mining Right	协议出让 Granting through Agreement		"招拍挂"出让 Granting through Bidding, Auction and Listing		宗数（宗） Number of Cases (case)	转让金额（万元） Amount of Transfer (10^4 yuan)
宗数（宗） Number of Cases (case)	价款金额（万元） Amount of Price Value (10^4 yuan)	宗数（宗） Number of Cases (case)	宗数（宗） Number of Cases (case)	价款金额（万元） Amount of Price Value (10^4 yuan)	宗数（宗） Number of Cases (case)	价款金额（万元） Amount of Price Value (10^4 yuan)		
1	54.00				1	54.00		
1		1					2	40.00
1	658.00				1	658.00		
4	114.00	1			3	114.00	25	1241.00
1		1						
1	170.00				1	170.00	1	95.00
2	212.00				2	212.00		
							4	196.00
1	31.00				1	31.00		
1		1						
2	7707.00		2	7707.00				
2	10482.00				2	10482.00	1	1348.00

矿产资源采矿许可证发证及采矿权
Mining Licenses Issued and Mining Rights

矿 种	Mineral	采矿许可证发证 Mining Licenses Issued								采矿权使用费（万元） Mining Right Royalty (10^4 yuan)
		许可证数（个） Number of Licenses(number)			登记面积（平方千米） Registered Area (km^2)			生产规模 Scale of Production		
		有效 Valid	新立 Newly Issued	注销 Cancelled	有效 Valid	新立 Newly Issued	注销 Cancelled	登记 Registration	新立 Newly Issued	
湖盐	Lake salt	38	1		572.59	2.00		1442.39	6.59	58.10
镁盐	Magnesium salt	6	1		80.81	26.51		282.00	120.00	8.25
天然卤水	Natural brine	42		1	554.94		1.37	4066.76		56.50
钾盐	Potash	21	1		11701.84	123.75		886.70	10.00	1170.70
溴矿	Bromine	57		1	67.45		0.19	14.78		8.85
砷矿	Arsenic	5			5.81			3.36		0.70
磷矿	Phosphate rock	354	6	8	848.42	51.39	2.27	13570.64	540.00	93.85
金刚石	Diamond	4			1.32					0.25
石墨	Graphite	170	5	5	184.60	36.04	2.05	1380.43	81.00	23.10
水晶	Crystal	6			1.28			0.07		0.35
工艺水晶	Crystal for artware	2			0.65			0.01		0.10
硅灰石	Wollastonite	169	2	2	65.19	0.42	0.05	520.28	8.20	12.45
滑石	Talc	135	2	2	68.89	2.44	0.28	495.06	8.00	11.00
石棉(温石棉)	Asbestos	36		1	16.12		0.04	232.25		2.90
云母	Mica	28		1	15.60		5.36	60.40		2.20
长石	Feldspar	381	8	13	186.69	3.86	1.73	1276.66	22.70	30.90
电气石	Tourmaline	4			9.00			2.99		1.00
石榴子石	Garnet	25	3		7.34	0.65		91.77	15.00	1.55
叶蜡石	Pyrophyllite	71	3	7	31.12	0.23	0.38	1283.79	5.80	5.35
透辉石	Diopside	37	1		6.11	0.05		211.30	10.00	2.05
蛭石	Vermiculite	17			11.20			66.30		1.70
沸石	Zeolite	53		4	9.64		0.12	180.95		2.90
透闪石	Tremolite	7			1.20			61.10		0.35
石膏	Gypsum	578	10	22	581.81	13.75	1.81	6962.16	521.00	75.00
方解石	Calcite	725	15	33	209.16	9.03	4.48	3059.72	119.50	48.25
光学萤石	Optical fluorite	3			1.81			1.55		0.25
宝石	Gem	6		1	7.20		1.22	10.38		0.90

出让、转让情况——按矿种分列（2013 年） 续表 3

Granted and Transferred by Mineral (2013) Continued 3

采矿权出让 Mining Rights Granted							采矿权转让 Mining Rights Transferred	
合计 Total		探矿权转采矿权 Change of Exploration Right to Mining Right	协议出让 Granting through Agreement		“招拍挂”出让 Granting through Bidding, Auction and Listing		宗数（宗） Number of Cases (case)	转让金额（万元） Amount of Transfer (10^4 yuan)
宗数（宗） Number of Cases (case)	价款金额（万元） Amount of Price Value (10^4 yuan)	宗数（宗） Number of Cases (case)	宗数（宗） Number of Cases (case)	价款金额（万元） Amount of Price Value (10^4 yuan)	宗数（宗） Number of Cases (case)	价款金额（万元） Amount of Price Value (10^4 yuan)		
1	412.00		1	412.00				
1	523.00		1	523.00			2	151.00
1		1						
							1	37.00
6	6564.00	4			2	6564.00	6	30670.00
5	4659.00		1	4075.75	4	583.01	5	3375.00
2	104.00				2	104.00	6	252.00
2	203.00				2	203.00	5	1557.00
							1	60.00
8	778.00				8	778.00	10	3517.00
3	154.00				3	154.00	1	
3	57.00	1			2	57.00	1	320.00
1	18.00		1	18.00			1	136.00
10	4169.00	1	2	2740.00	7	1429.00	9	697.00
15	514.00	2	2	177.00	11	337.00	20	531.00

矿产资源采矿许可证发证及采矿权
Mining Licenses Issued and Mining Rights

矿种	Mineral	采矿许可证发证 Mining Licenses Issued								
		许可证数（个） Number of Licenses(number)			登记面积（平方千米） Registered Area (km^2)			生产规模 Scale of Production		采矿权使用费（万元） Mining Right Royalty (10^4 yuan)
		有效 Valid	新立 Newly Issued	注销 Cancelled	有效 Valid	新立 Newly Issued	注销 Cancelled	登记 Registration	新立 Newly Issued	
玉石	Jade	142	21		129.62	26.24		563.92	0.09	16.55
玛瑙	Agate	4			11.54			0.80		1.25
石灰岩	Limestone	5308	81	366	681.39	8.12	14.44	58952.61	1082.18	298.35
玻璃用石灰岩	Limestone for glass	3		1	0.33			4.50		0.15
水泥用石灰岩	Limestone for cement	2180	55	132	997.21	37.55	33.40	150028.39	8654.00	172.65
建筑石料用灰岩	Limestone for building stone	11229	256	839	1370.02	42.97	28.59	137321.21	5068.91	636.30
饰面用灰岩	Facing limestone	149	25	1	55.04	15.99	0.07	787.44	145.54	10.30
制灰用石灰岩	Limestone for mortar	389	4	19	64.11	0.50	0.82	5442.72	117.00	22.65
含钾灰石	Potassium limestone	5			0.85			49.00		0.25
泥灰岩	Marlstone	45		1	6.09		0.01	205.55		2.60
白垩	Chalk	5			2.18			34.00		0.35
白云岩	Dolostone	525	23	19	150.11	11.11	4.74	5002.18	175.15	36.15
玻璃用白云岩	Dolostone for glass	15		1	8.44		0.03	173.00		1.45
建筑用白云岩	Dolostone for building	921	34	97	89.68	1.74	4.81	15236.55	403.20	48.55
石英岩	Quartzite	719	22	28	318.78	23.03	4.84	3743.14	81.50	56.30
冶金用石英岩	Metallurgical quartzite	64	1	5	18.89	0.14	0.60	254.40	50.00	4.30
玻璃用石英岩	Quartzite for glass	188	1	7	61.24	0.12	0.57	3696.88	9.00	12.80
砂岩	Sandstone	1193	23	190	91.69	3.15	11.72	9172.99	223.01	63.10
玻璃用砂岩	Sandstone for glass	84	2	1	15.88	0.21	0.01	1036.72	13.00	4.75
水泥配料用砂岩	Sandstone for cement	221	5	10	83.41	2.99	0.31	3134.49	58.00	16.40
砖瓦用砂岩	Sandstone for bricks and tiles	281	12	10	16.35	0.32	0.21	1531.65	70.30	14.50
陶瓷用砂岩	Sandstone for ceramics	66	3	1	21.45	0.20	0.37	339.76	20.00	4.60
建筑用砂岩	Sandstone for building	434	88	4	57.17	17.58	0.33	8556.76	2481.86	24.35
天然石英砂	Natural silicioussand	139	4	10	129.13	1.20	6.59	1554.89	40.20	17.75
玻璃用砂	Sand for glass	20			12.96			802.23		2.10

出让、转让情况——按矿种分列（2013年） 续表4

Granted and Transferred by Mineral (2013) Continued 4

采矿权出让 Mining Rights Granted							采矿权转让 Mining Rights Transferred	
合计 Total		探矿权转采矿权 Change of Exploration Right to Mining Right	协议出让 Granting through Agreement		“招拍挂”出让 Granting through Bidding, Auction and Listing		宗数（宗） Number of Cases (case)	转让金额（万元） Amount of Transfer (10^4 yuan)
宗数（宗） Number of Cases (case)	价款金额（万元） Amount of Price Value (10^4 yuan)	宗数（宗） Number of Cases (case)	宗数（宗） Number of Cases (case)	价款金额（万元） Amount of Price Value (10^4 yuan)	宗数（宗） Number of Cases (case)	价款金额（万元） Amount of Price Value (10^4 yuan)		
21	5767.00	1	2	129.00	18	5638.00	2	510.00
81	6625.00	2	1	120.00	78	6505.00	111	6903.00
55	71198.00	18	2	1400.00	35	69798.00	42	39268.00
256	35008.76				256	35011.00	211	20817.00
25	2853.00				25	2853.00		
4	545.00				4	545.00	10	759.00
							6	75.00
23	2676.00		2	80.00	21	2595.00	11	488.00
34	1059.00		2	34.00	32	1025.00	24	2489.00
22	2422.00	1	1	80.00	20	2342.00	17	981.00
1	858.00		1	858.00			2	113.00
1	352.00				1	352.00	5	252.00
23	1074.00				23	1074.00	29	2260.00
2	64.00				2	64.00	4	189.00
5	283.00	1			4	283.00	4	278.00
12	129.00				12	129.00	2	79.00
3	124.00				3	124.00	2	35.00
88	42612.00		1	346.00	87	42267.00	10	1824.00
4	60.00				4	60.00	1	7.00
							1	98.00

矿产资源采矿许可证发证及采矿权
Mining Licenses Issued and Mining Rights

矿 种	Mineral	采矿许可证发证 Mining Licenses Issued								采矿权使用费（万元） Mining Right Royalty (10^4 yuan)
		许可证数（个） Number of Licenses (number)			登记面积（平方千米） Registered Area (km^2)			生产规模 Scale of Production		
		有效 Valid	新立 Newly Issued	注销 Cancelled	有效 Valid	新立 Newly Issued	注销 Cancelled	登记 Registration	新立 Newly Issued	
海砂	Sea sand	5			1.85			360.85		0.40
建筑用砂	Sand for building	4445	284	533	1071.36	46.02	74.46	47086.34	4553.89	291.15
水泥配料用砂	Sand for cement	22		1	3.76		0.06	269.72		1.25
水泥标准砂	Standard sand for cement	3			1.51			6.80		0.25
砖瓦用砂	Sand for bricks and tiles	33		4	3.40		0.29	85.98		1.65
脉石英	Vein quartz	222	12	11	99.33	7.09	2.86	510.66	47.80	17.05
玻璃用脉石英	Vein quartz for glass	78	2	3	39.16	5.04	0.34	313.55	8.50	6.15
粉石英	Powdery quartz	18	1	3	8.08	0.35	0.26	63.20	10.00	1.40
硅藻土	Diatomaceous earth	36	3		29.70	3.06		231.60	20.00	4.00
页岩	Shale	1472	38	48	83.95	1.33	2.63	10244.63	261.30	76.45
陶粒用页岩	Shale for ceramsite	33		2	7.06		0.07	559.50		1.95
砖瓦用页岩	Shale for bricks and tiles	6194	202	260	270.70	23.98	5.55	28394.00	1711.66	316.10
水泥配料用页岩	Shale for cement	120	12	10	79.71	2.48	0.48	1562.28	87.70	12.45
高岭土	Kaolin	460	17	19	379.99	7.25	7.46	2745.58	117.50	51.70
陶瓷土	Ceramic clay	553	21	44	202.55	3.12	3.49	3236.40	112.85	40.00
凹凸棒石粘土	Attapulgite clay	28	4		25.95	3.34		213.52	24.00	3.40
海泡石粘土	Sepiolite clay	4			2.74			2.92		0.35
伊利石粘土	Illite clay	51	1	4	39.87	1.47	0.13	344.85	200.00	5.45
累托石粘土	Rectorite clay	1			0.63			5.00		0.10
膨润土	Bentonite	228	5	1	150.61	0.99	0.02	1192.97	31.28	22.60
砖瓦用粘土	Clay for bricks and tiles	13835	223	1355	1187.67	20.87	54.30	72886.56	1554.38	743.05
陶粒用粘土	Clay for ceramisite	67	1	1	207.67	0.02	0.06	227.17	7.40	23.05
水泥用粘土	Clay for cement	137	3	16	48.25	0.71	1.85	1858.13	48.06	9.50
水泥配料用红土	Laterite for cement	13		2	2.45		0.05	111.04		0.70
水泥配料用黄土	Loess clay for cement	7			0.61			226.58		0.35
水泥配料用泥岩	Mudstone for cement	29	2	1	9.34	1.51	0.25	593.03	11.00	1.85

出让、转让情况——按矿种分列（2013年） 续表5

Granted and Transferred by Mineral (2013) Continued 5

采矿权出让 Mining Rights Granted							采矿权转让 Mining Rights Transferred	
合计 Total		探矿权转采矿权 Change of Exploration Right to Mining Right	协议出让 Granting through Agreement		"招拍挂"出让 Granting through Bidding, Auction and Listing		宗数（宗） Number of Cases (case)	转让金额（万元） Amount of Transfer (10^4 yuan)
宗数（宗） Number of Cases (case)	价款金额（万元） Amount of Price Value (10^4 yuan)	宗数（宗） Number of Cases (case)	宗数（宗） Number of Cases (case)	价款金额（万元） Amount of Price Value (10^4 yuan)	宗数（宗） Number of Cases (case)	价款金额（万元） Amount of Price Value (10^4 yuan)		
284	13303.00		6	446.00	278	12853.00	64	437879.63
							1	
							1	1.00
12	866.00				12	866.00	7	242.00
2	93.00				2	93.00	1	60.00
1	62.00				1	62.00		
3	512.00	1			2	512.00		
38	1820.00				38	1820.00	24	2449.00
							1	5.00
202	7633.00				202	7633.00	97	4245.00
12	901.00		1	3.00	11	898.00	3	256.00
17	1594.00	4			13	1594.00	9	800.00
21	1614.00	4			17	1614.00	8	902.00
4	68.00				4	68.00		
							1	50.00
1		1					4	161.00
5	175.00	1	1	25.00	3	151.00	13	468.00
223	3446.00		1		222	3446.00	65	3274.00
1	60.00				1	60.00	3	197.00
3	326.00				3	326.00	2	515.00
2	19.00				2	19.00		

矿产资源采矿许可证发证及采矿权
Mining Licenses Issued and Mining Rights

矿 种	Mineral	采矿许可证发证 Mining Licenses Issued								
		许可证数（个） Number of Licenses(number)			登记面积（平方千米） Registered Area (km^2)			生产规模 Scale of Production		采矿权使用费（万元） Mining Right Royalty (10^4 yuan)
		有效 Valid	新立 Newly Issued	注销 Cancelled	有效 Valid	新立 Newly Issued	注销 Cancelled	登记 Registration	新立 Newly Issued	
保温材料用粘土	Clay for thermal insulating material	8		1	3.47		0.25	29.83		0.65
橄榄岩	Peridotite	9	1		30.48	2.40		95.08	5.00	3.30
建筑用橄榄岩	Peridotite for building	7	2		41.91	37.93		26.13	3.55	4.40
蛇纹岩	Serpentinite	41			20.71			317.91		3.50
饰面用蛇纹岩	Facing serpentinite	16	1		5.43	1.12		25.02	0.30	1.05
玄武岩	Basalt	455	13	66	76.81	4.55	5.27	5692.34	127.60	26.75
铸石用玄武岩	Basalt for casting	11		1	0.74		0.02	108.90		0.55
岩棉用玄武岩	Basalt for rock wool	188	40	6	19.01	5.83	0.13	7.00		9.80
建筑用玄武岩	Basalt for building	133	6	9	44.98	1.27	1.73	4822.84	1182.35	9.45
辉绿岩	Diabase	3			0.59			778.55	12.02	0.15
水泥用辉绿岩	Diabase for cement	2			0.05			35.80		0.10
铸石用辉绿岩	Diabase for casting	170	4	4	40.70	0.17	0.04	8.00		10.35
建筑用辉绿岩	Diabase for building	63	2	29	14.50	0.63	1.51	1731.59	40.00	3.65
饰面用辉绿岩	Facing diabase	106	1	14	7.18	0.01	0.16	244.40	6.00	5.40
安山岩	Andesite	4		1	3.24		0.46	1940.33	26.00	0.50
饰面用安山岩	Facing andesite	399	9	44	20.29	0.22	0.57	22.10		20.15
建筑用安山岩	Andesite for building	1	1		0.04	0.04		7867.68	98.80	0.05
闪长岩	Diorite	66	4	7	17.75	0.06	0.47	2206.93	25.73	4.40
建筑用闪长岩	Diorite for building	269	7	10	18.20	0.89	1.09	3310.74	85.80	14.05
水泥混合材料用闪长玢岩	Diorite porphyrite for addition of cement	1			0.01			5.20		0.05
花岗岩	Granite	742	11	82	243.84	10.62	228.32	7462.89	158.86	53.75
建筑用花岗岩	Granite for building	2680	155	412	213.43	18.08	13.81	63641.33	6060.88	138.85

出让、转让情况——按矿种分列（2013年） 续表6

Granted and Transferred by Mineral (2013) Continued 6

采矿权出让 Mining Rights Granted							采矿权转让 Mining Rights Transferred	
合计 Total		探矿权转采矿权 Change of Exploration Right to Mining Right	协议出让 Granting through Agreement		"招拍挂"出让 Granting through Bidding, Auction and Listing		宗数（宗） Number of Cases (case)	转让金额（万元） Amount of Transfer (10⁴ yuan)
宗数（宗） Number of Cases (case)	价款金额（万元） Amount of Price Value (10^4 yuan)	宗数（宗） Number of Cases (case)	宗数（宗） Number of Cases (case)	价款金额（万元） Amount of Price Value (10^4 yuan)	宗数（宗） Number of Cases (case)	价款金额（万元） Amount of Price Value (10^4 yuan)		
1	51.00				1	51.00		
2	20.00		2	20.00				
							2	67.00
1	280.00				1	280.00		
13	1156.00		2	30.00	11	1126.00	9	353.00
40	2835.00				40	2835.00	4	159.00
6	761.00		2	28.00	4	734.00	2	681.00
4	223.00				4	223.00	3	150.00
2	61.00	1			1	61.00	1	50.00
1	21.00				1	21.00	1	20.00
							1	170.00
9	185.00				9	185.00	3	114.00
1	901.00				1	901.00		
4	107.00				4	107.00		
7	145.00				7	145.00	1	100.00
11	2278.00		2	5.00	9	2273.00	26	2739.00
155	42172.00	1	4	36.00	150	42136.00	48	2880.00

矿产资源采矿许可证发证及采矿权
Mining Licenses Issued and Mining Rights

矿种	Mineral	采矿许可证发证 Mining Licenses Issued								
		许可证数（个） Number of Licenses(number)			登记面积（平方千米） Registered Area (km^2)			生产规模 Scale of Production		采矿权使用费（万元） Mining Right Royalty (10^4 yuan)
		有效 Valid	新立 Newly Issued	注销 Cancelled	有效 Valid	新立 Newly Issued	注销 Cancelled	登记 Registration	新立 Newly Issued	
饰面用花岗岩	Facing granite	1287	40	238	251.61	15.52	8.95	9077.94	477.86	76.10
麦饭石	Medical stone	9			10.02			18.63		1.35
珍珠岩	Perlite	67	9		18.06	1.71		340.05	29.00	4.45
黑曜岩	Obsidian	3			0.37			11.00		0.15
浮石	Float stone	18	1	1	2.39	0.01	0.50	37.12	3.20	0.90
粗面岩	Trachyte	18	1	1	2.44	0.02	0.99	168.36	13.57	1.05
铸石用粗面岩	Trachyte for cast stone	1			0.11			19.00		0.05
霞石正长岩	Nepheline syenite	14			6.56			399.80		1.20
凝灰岩	Tuff	78	1	7	13.95	0.02	217.93	1143.10	14.06	4.50
水泥用凝灰岩	Tuff for cement	14	3		1.70	0.31		224.20	70.59	0.70
建筑用石料（凝灰岩）	Tuff for building	1683	80	323	368.44	8.19	21.99	56374.23	6603.22	108.80
火山灰	Volcanic ash	3		1	0.60		0.02	19.50		0.15
水泥用火山灰	Volcanic ash for cement	2		1	0.09		0.01	8.00		0.10
火山渣	Scoria	12	1		3.48	0.80		88.70	6.00	0.75
大理岩	Marble	303	13	25	121.42	5.67	2.49	3584.66	202.28	22.95
饰面用石料（大理石）	Facing marble	437	20	14	197.22	11.47	2.77	6813.96	108.24	34.95
建筑用大理岩	Marble for building	401	9	16	89.51	0.61	8.91	4609.05	190.35	24.90
水泥用大理石	Marble for cement	98		4	27.56		0.21	4587.03		6.40
玻璃用大理石	Marble for glass	3			0.72			17.28		0.15
板岩	Slate	207	4	11	88.20	0.07	8.16	1563.23	21.42	17.25
饰面用板岩	Facing slate	81	1	4	35.82	0.03	0.74	289.25	0.63	6.55
水泥配料用板岩	Slate for cement	10			4.74			68.25		0.80
片麻岩	Gneiss	347	33	35	36.00	1.05	1.74	5175.57	549.86	18.65
角闪岩	Amphibolite	33		3	8.96		0.15	421.68		2.05
硼矿	Boron	62			362.13			572.20		38.00
矿泉水	Mineral water	805	8	19	429.84	1.02	13.99	4114.22	53.00	66.20
地下水	Groundwater	12		1	28.34		0.01	1133.70		3.20
二氧化碳气	Carbon dioxide gas	1			28.74			8.00		2.90
其他	Others	3			1.72					0.25

出让、转让情况——按矿种分列（2013 年） 续表 7
Granted and Transferred by Mineral (2013) Continued 7

采矿权出让 Mining Rights Granted							采矿权转让 Mining Rights Transferred	
合计 Total		探矿权转采矿权 Change of Exploration Right to Mining Right	协议出让 Granting through Agreement		"招拍挂"出让 Granting through Bidding, Auction and Listing		宗数（宗） Number of Cases (case)	转让金额（万元） Amount of Transfer (10^4 yuan)
宗数（宗） Number of Cases (case)	价款金额（万元） Amount of Price Value (10^4 yuan)	宗数（宗） Number of Cases (case)	宗数（宗） Number of Cases (case)	价款金额（万元） Amount of Price Value (10^4 yuan)	宗数（宗） Number of Cases (case)	价款金额（万元） Amount of Price Value (10^4 yuan)		
40	10070.00	3	8	204.00	29	9866.00	27	4466.00
9	440.00				9	440.00	3	60.00
1	4.00				1	4.00		
1	24.00				1	24.00		
							1	14.00
1	160.00				1	160.00		
3	96.00				3	96.00	1	23.00
80	135469.00		19	17918.00	61	117551.00	23	1587.00
1		1						
13	3322.00		4	968.00	9	2354.00	8	418.00
20	1182.00	3	1	13.00	16	1168.00	10	743.00
9	395.00				9	395.00	7	347.00
							3	812.00
4	6.00				4	6.00		
1	4.00				1	4.00	3	48.00
33	8825.00				33	8825.00	5	161.00
							1	130.00
8	249.00	4	1	4.00	3	246.00	17	764.00

矿产资源采矿许可证发证及采矿权出让、
Mining Licenses Issued and Mining Rights

经济类型	Economic Type	采矿许可证发证 Mining Licenses Issued						
		许可证数（个） Number of Licenses(number)			登记面积（平方千米） Registered Area (km^2)			采矿权使用费（万元） Mining Right Royalty (10^4 yuan)
		有效 Valid	新立 Newly Issued	注销 Cancelled	有效 Valid	新立 Newly Issued	注销 Cancelled	
合　计	**Grand Total**	**93782**	**2390**	**6465**	**243145.60**	**2689.81**	**1481.60**	**14292.95**
国有企业	State-owned Enterprises	2379	54	166	10454.47	66.01	59.07	1051.85
集体企业	Collective-owned Enterprises	5891	26	867	2186.11	24.03	141.97	438.35
股份合作企业	Cooperative Stock Enterprises	844	6	38	776.73	2.72	5.67	109.65
联营企业	Joint Ownership Enterprises	2654	6	129	384.13	0.41	8.94	153.40
有限责任公司	Limited Liability Corporations	33452	1381	998	204718.47	2335.92	470.57	8030.80
股份有限公司	Share Holding Company Limited	1966	80	91	12809.43	114.52	21.79	1342.80
私营企业	Private Enterprises	44350	791	3733	10721.40	136.01	757.73	2963.80
其他企业	Other Enterprises	1830	36	426	139.32	3.44	10.66	95.40
合资经营企业（港澳台资）	Enterprises of Joint Investment (with Investors from Hong Kong, Macao or Taiwan)	70	1		267.04	0.97		28.55
合作经营企业（港澳台资）	Cooperative Enterprises (with Investors from Hong Kong, Macao or Taiwan)	6			5.30			0.70
港澳台商独资经营企业	Enterprises with Funds Solely from Hong Kong, Macao or Taiwan	85	4	2	163.17	1.08	0.08	18.65
港澳台商投资股份有限公司	Share holding Company Limited with Funds from Hong Kong, Macao or Taiwan	17		1	12.36		1.00	1.60
中外合资经营企业	Chinese and Foreign Equity Joint Ventures	114	3	4	188.27	1.16	0.81	21.75
中外合作经营企业	Chinese and Foreign Cooperative Joint Ventures	37		2	187.44		1.59	19.80
外资企业	Foreign Funded Enterprises	63	1	3	66.11	0.17	1.28	8.55
外商投资股份有限公司	Foreign-funded Share Holding Company Limited	24	1	5	65.85	3.37	0.44	7.30

转让情况——按经济类型分列（2013年）
Granted and Transferred by Economic Type (2013)

采矿权出让 Mining Rights Granted							采矿权转让 Mining Rights Transferred	
合计 Total		探矿权转采矿权 Change of Exploration Right to Mining Right	协议出让 Granting through Agreement		"招拍挂"出让 Granting through Bidding, Auction and Listing		宗数（宗） Number of Cases (case)	转让金额（万元） Amount of Transfer (10^4 yuan)
宗数（宗） Number of Cases (case)	价款金额（万元） Amount of Price Value (10^4 yuan)	宗数（宗） Number of Cases (case)	宗数（宗） Number of Cases (case)	价款金额（万元） Amount of Price Value (10^4 yuan)	宗数（宗） Number of Cases (case)	价款金额（万元） Amount of Price Value (10^4 yuan)		
2390	**663153.76**	**303**	**125**	**212436.75**	**1962**	**450717.01**	**1583**	**1509256.63**
54	10699.63	11	7	3655.64	36	7043.99	16	14685.76
26	2876.70	1	8	24.00	17	2852.70	7	53.00
6	297.54	2			4	297.54	6	322.96
6	192.02		1	44.21	5	147.81	9	211.52
1381	581248.55	264	85	189866.27	1032	391382.28	1054	1333218.44
80	9858.62	12	4	1952.87	64	7905.75	33	134037.90
791	50246.09	9	19	16754.30	763	33491.79	430	23109.99
36	694.23	2			34	694.23	24	1054.00
1	61.00				1	61.00	1	1776.00
4	6622.43				4	6622.43	2	75.26
3	332.46	1	1	139.46	1	193.00		
1	24.49				1	24.49	1	711.80
1		1						

矿产资源勘查、开采
Cases Handling of Illegal

单位：件

年份/案件类别	Year / Case Category	合计 Total
	2011	7638
	2012	6161
	2013	6947
上年未结案件	**Cases Unsettled Last Year**	**591**
本年立案	**Cases Filed This Year**	**6875**
勘查	Exploration	291
无证勘查	Exploration Without Any License	122
越界勘查	Cross-border Exploration	22
非法转让探矿权	Illegal Transfer of Exploration Right	9
其他	Others (Exploration)	138
开采	Mining	6565
无证开采	Mining Without Any License	4398
越界开采	Cross-border Mining	1663
非法转让采矿权	Illegal Transfer of Mining Right	43
破坏性开采	Destructive Mining	35
其他	Others (Mining)	426
不按规定缴纳矿产资源补偿费	Failure to Pay Mineral Resources Compensation Fees According to the Rule	18
非法批准	Illegal Approval	1
违法发证	Unlawful Issuance of License	
勘查许可证	Exploration License	
采矿许可证	Mining License	
其他	Others	1
本年结案	**Cases Settled This Year**	**6947**
处理上年未结案	Last Year's Unsettled Cases Handled	366
勘查	Exploration	249
无证勘查	Exploration Without Any License	82
越界勘查	Cross-border Exploration	20
非法转让探矿权	Illegal Transfer of Exploration Right	9
其他	Others (Exploration)	138
开采	Mining	6317
无证开采	Mining Without Any License	4228
越界开采	Cross-border Mining	1603
非法转让采矿权	Illegal Transfer of Mining Right	43
破坏性开采	Destructive Mining	26
其他	Others (Mining)	417
不按规定缴纳矿产资源补偿费	Failure to Pay Mineral Resources Compensation Fees According to the Rule	14
非法批准	Illegal Approval	1
违法发证	Unlawful Issuance of License	
勘查许可证	Exploration License	
采矿许可证	Mining License	
其他	Others	1
本年未结案件	**Cases Unsettled This Year**	**519**

违法案件查处情况
Exploration and Mining

Unit: case

国家机关 State Organs			企事业单位 Enterprises and Institutions		集体 Collective		个人 Individual
省级机关 Provincial Level	市级机关 Municipal Level	县级机关 County Level		外商 Foreign-funded		乡村 Township	
			1992	6	151	34	5495
			1822	4	128	38	4211
1		1	2327	11	156	39	4463
1		**1**	**96**		**18**	**13**	**476**
1		**1**	**2364**	**11**	**140**	**26**	**4370**
			176	2	1		114
			24				98
			20				2
			7	2			2
			125		1		12
			2179	9	139	26	4247
			848	5	80	18	3470
			1079	4	51	6	533
			20				23
			5				30
			227		8	2	191
			9				9
1		1					
1		1					
1		**1**	**2327**	**11**	**156**	**39**	**4463**
			32		17	13	317
			170	2	1		78
			20				62
			18				2
			7	2			2
			125		1		12
			2116	9	138	26	4063
			819	5	80	18	3329
			1053	4	50	6	500
			20				23
			4				22
			220		8	2	189
			9				5
1		1					1
1		1					
1		**1**	**133**		**2**		**383**

矿产资源勘查、开采违法案件
Cases Handling of Illegal Exploration

单位：件

年份/案件类别	Year/Case Category	合计 Total	北京 Beijing	天津 Tianjin	河北 Hebei	山西 Shanxi
	2011	7638	88	38	343	318
	2012	6161	13	29	264	197
	2013	6947	55	26	364	202
上年未结案件	**Cases Unsettled Last Year**	**591**			**15**	**5**
本年立案	**Cases Filed This Year**	**6875**	**56**	**26**	**423**	**199**
勘查	Exploration	291			35	21
无证勘查	Exploration Without Any License	122			34	17
越界勘查	Cross-border Exploration	22				1
非法转让探矿权	Illegal Transfer of Exploration Right	9				
其他	Others (Exploration)	138			1	3
开采	Mining	6565	56	26	388	178
无证开采	Mining Without Any License	4398	55	26	321	125
越界开采	Cross-border Mining	1663			57	45
非法转让采矿权	Illegal Transfer of Mining Right	43				
破坏性开采	Destructive Mining	35				
其他	Others (Mining)	426	1		10	8
不按规定缴纳矿产资源补偿费	Failure to Pay Mineral Resources Compensation Fees According to the Rule	18				
非法批准	Illegal Approval	1				
违法发证	Unlawful Issuance of License					
勘查许可证	Exploration License					
采矿许可证	Mining License					
其他	Others	1				
本年结案	**Cases settled This Year**	**6947**	**55**	**26**	**364**	**202**
处理上年未结案	Last Year's Unsettled Cases Handled	366			3	3
勘查	Exploration	249			1	21
无证勘查	Exploration Without Any License	82				17
越界勘查	Cross-border Exploration	20				1
非法转让探矿权	Illegal Transfer of Exploration Right	9				
其他	Others (Exploration)	138			1	3
开采	Mining	6317	55	26	360	178
无证开采	Mining Without Any License	4228	54	26	305	125
越界开采	Cross-border Mining	1603			45	45
非法转让采矿权	Illegal Transfer of Mining Right	43				
破坏性开采	Destructive Mining	26				
其他	Others (Mining)	417	1		10	8
不按规定缴纳矿产资源补偿费	Failure to Pay Mineral Resources Compensation Fees According to the Rule	14				
非法批准	Illegal Approval	1				
违法发证	Unlawful Issuance of License					
勘查许可证	Exploration License					
采矿许可证	Mining License					
其他	Others	1				
本年未结案件	**Cases Unsettled This Year**	**519**	**1**		**74**	**2**

查处情况——按地区分列
and Mining by Region

Unit: case

内蒙古 Inner Mongolia	辽宁 Liaoning	吉林 Jilin	黑龙江 Heilongjiang	上海 Shanghai	江苏 Jiangsu	浙江 Zhejiang	安徽 Anhui	福建 Fujian	江西 Jiangxi	山东 Shandong
449	829	216	293		11	223	98	822	141	83
220	464	199	276		24	309	91	360	137	59
328	538	174	252		23	325	140	409	164	126
	219	**3**				**1**	**15**	**49**	**27**	**2**
336	**347**	**173**	**252**		**23**	**324**	**155**	**372**	**190**	**125**
23	2	2	3			2	5	1	2	2
2	2		2			2		1	1	
									1	
							4			
21		2	1				1			2
313	345	171	249		23	322	150	370	186	123
232	275	134	103		8	244	55	304	113	103
62	65	33	110		14	74	93	48	38	20
			1							
									29	
19	5	4	35		1	4	2	18	6	
								1	2	
328	**538**	**174**	**252**		**23**	**325**	**140**	**409**	**164**	**126**
1	196	3				1		44	1	2
23	2	2	3			2	5	1	2	2
2	2		2			2		1	1	
									1	
							4			
21		2	1				1			2
304	340	169	249		23	322	135	364	159	122
224	271	133	103		8	244	46	300	95	103
61	64	32	110		14	74	87	46	37	19
			1							
									21	
19	5	4	35		1	4	2	18	6	
									2	
8	**28**	**2**					**30**	**12**	**53**	**1**

矿产资源勘查、开采违法案件
Cases Handling of Illegal Exploration

单位：件

年份/案件类别	Year/Case Category	河南 Henan	湖北 Hubei	湖南 Hunan	广东 Guangdong	广西 Guangxi
	2011	118	94	687	282	383
	2012	104	89	488	354	266
	2013	128	42	382	277	470
上年未结案件	**Cases Unsettled Last Year**		**7**	**23**	**33**	**51**
本年立案	**Cases Filed This Year**	**129**	**42**	**383**	**274**	**474**
勘查	Exploration	3	1	3	1	2
无证勘查	Exploration Without Any License			3	1	
越界勘查	Cross-border Exploration					1
非法转让探矿权	Illegal Transfer of Exploration Right	2				
其他	Others (Exploration)	1	1			1
开采	Mining	125	41	380	273	472
无证开采	Mining Without Any License	87	14	184	251	344
越界开采	Cross-border Mining	30	21	184	20	67
非法转让采矿权	Illegal Transfer of Mining Right		1	2		
破坏性开采	Destructive Mining		1	1		
其他	Others (Mining)	8	4	9	2	61
不按规定缴纳矿产资源补偿费	Failure to Pay Mineral Resources Compensation Fees According to the Rule	1				
非法批准	Illegal Approval					
违法发证	Unlawful issuance of License					
勘查许可证	Exploration license					
采矿许可证	Mining license					
其他	Others					
本年结案	**Cases settled This Year**	**128**	**42**	**382**	**277**	**470**
处理上年未结案	Last Year's Unsettled Cases Handled		3	18	32	15
勘查	Exploration	3	1	1		2
无证勘查	Exploration Without Any License			1		
越界勘查	Cross-border Exploration					1
非法转让探矿权	Illegal Transfer of Exploration Right	2				
其他	Others (Exploration)	1	1			1
开采	Mining	124	38	363	245	453
无证开采	Mining Without Any License	86	12	177	232	327
越界开采	Cross-border Mining	30	20	174	12	66
非法转让采矿权	Illegal Transfer of Mining Right		1	2		
破坏性开采	Destructive Mining		1	1		
其他	Others (Mining)	8	4	9	1	60
不按规定缴纳矿产资源补偿费	Failure to Pay Mineral Resources Compensation Fees According to the Rule	1				
非法批准	Illegal Approval					
违法发证	Unlawful issuance of Liense					
勘查许可证	Exploration license					
采矿许可证	Mining license					
其他	Others					
本年未结案件	**Cases Unsettled This Year**	**1**	**7**	**24**	**30**	**55**

查处情况——按地区分列 续表
and Mining by Region Continued

Unit: case

海南 Hainan	重庆 Chongqing	四川 Sichuan	贵州 Guizhou	云南 Yunnan	西藏 Tibet	陕西 Shaanxi	甘肃 Gansu	青海 Qinghai	宁夏 Ningxia	新疆 Xinjiang
55	70	86	580	253	7	125	149	47	63	687
85	106	72	526	319	5	128	21	56	57	845
80	82	119	408	469	28	245	106	54	65	866
24	**3**	**34**	**26**	**8**		**28**				**18**
86	**86**	**134**	**432**	**467**	**28**	**219**	**111**	**54**	**80**	**875**
1	3	6	9	34	2	6	8	1	1	112
	3	2	2	4		2	2		1	41
1		2	1	4	1	3	4	1		2
			3							
		2	3	26	1	1	2			69
85	83	128	420	433	26	213	103	53	79	751
60	38	57	149	172	21	159	86	28	54	596
25	44	55	113	250	4	45	12	25	23	86
			39							
			2		1		1			
	1	16	117	11		9	4		2	69
			3							11
										1
										1
80	**82**	**119**	**408**	**469**	**28**	**245**	**106**	**54**	**65**	**866**
	2		6	8		28				
	3	2	9	34	2	6	8	1	1	112
	3		1	4		2	2		1	41
		1	1	4	1	3	4	1		2
			3							
		1	4	26	1	1	2			69
80	77	117	393	427	26	211	98	53	64	742
55	32	50	131	170	21	157	83	28	40	590
25	44	51	109	246	4	45	10	25	23	85
			39							
			1		1		1			
	1	16	113	11		9	4		1	67
										11
										1
										1
30	**7**	**49**	**50**	**6**		**2**	**5**		**15**	**27**

矿产资源勘查、开采违法案件查处结果
Handling Results of Cases of Illegal Exploration and Mining

年份/地区	Year / Region	吊销勘查许可证（件）Revoked Exploration Licenses (Case)	吊销采矿许可证（件）Revoked Mining Licenses (Case)	罚没款（万元）Fine (10^4 yuan)
	2011		1	43549.89
	2012		5	35794.61
	2013		13	45968.13
北京	Beijing			139.73
天津	Tianjin			22.75
河北	Hebei			681.22
山西	Shanxi		2	726.08
内蒙古	Inner Mongolia			2518.11
辽宁	Liaoning			5478.56
吉林	Jilin			298.29
黑龙江	Heilongjiang			1603.60
上海	Shanghai			
江苏	Jiangsu			70.80
浙江	Zhejiang			9739.83
安徽	Anhui			5683.71
福建	Fujian			925.76
江西	Jiangxi			319.33
山东	Shandong			248.81
河南	Henan			391.71
湖北	Hubei			95.11
湖南	Hunan		6	966.12
广东	Guangdong			760.18
广西	Guangxi			1653.61
海南	Hainan			166.65
重庆	Chongqing			361.30
四川	Sichuan			488.59
贵州	Guizhou			817.76
云南	Yunnan			785.59
西藏	Tibet			106.00
陕西	Shaanxi		5	5219.10
甘肃	Gansu			269.97
青海	Qinghai			170.20
宁夏	Ningxia			141.14
新疆	Xinjiang			5118.52

主要统计指标解释

勘查许可证数 是指有管辖权的探矿登记管理机关，按照法定的审批、发证权限，依法颁发的有效探矿许可证个数和注销的探矿许可证数。

有效（勘查许可证） 是指报告期末有效的勘查许可证，包括新立、变更、延续和其他有效勘查许可证。

新立（勘查许可证） 是指在未获得探矿权的区域，申请人提交材料，报经登记管理机关批准登记，在报告期内取得探矿权的过程，其批准的勘查许可证即为新立。

注销（勘查许可证） 包括探矿权人正常申请注销、转采的勘查许可证。

登记面积（勘查许可证） 是指勘查登记管理机关颁发的勘查许可证载明的区块面积的总和。计量单位平方千米。

探矿权使用费 是指国家将矿产资源探矿权出让给探矿权人，按法律规定向探矿权人收取的使用费。按报告期收取数统计。

探矿权出让 是指在报告期内国土资源主管部门通过申请在先、协议、招标、拍卖和挂牌等方式，把探矿权出让给探矿权申请人的行为。

申请在先 是指受让方（探矿权使用者）提出申请，出让方（政府）按照法定的审批权限，依法办理的探矿权登记，并获得勘查许可证。

协议出让（探矿权） 是指主管部门通过协议方式把探矿权出让给探矿权人的活动，探矿权人获得勘查许可证。

“招拍挂”出让（探矿权） 是指主管部门通过招标、拍卖和挂牌方式出让探矿权的活动，探矿权人获得勘查许可证。

招标（探矿权） 是指主管部门发布招标公告，邀请特定或者不特定的投标人参加投标，根据投标结果确定探矿权中标人的活动，探矿权人获得勘查许可证。

拍卖（探矿权） 是指主管部门发布拍卖公告，由符合探矿权申请人资质条件的竞买人在指定时间、地点进行公开竞价，根据出价结果确定探矿权竞得人的活动，探矿权人获得勘查许可证。

挂牌（探矿权） 是指主管部门发布挂牌公告，在挂牌公告规定的期限和场所接受竞买人的报价申请并更新挂牌价格，根据挂牌期限截止时的出价结果，确定探矿权竞得人的活动，探矿权人获得勘查许可证。

价款金额（探矿权） 是指协议、招标、拍卖、挂牌出让探矿权的评估或成交金额。

探矿权转让 是指报告期内经探矿权登记管理机关批准转让并办理了变更登记手续的探矿权数量和转让的金额。

转让金额（探矿权） 是指报告期内探矿权转让人与受让人之间签定的控矿权转让合同中约定的转让价格。

采矿许可证数 是指有管辖权的采矿登记管理机关，按照法定的审批、发证权限，依法颁发的有效采矿许可证个数和注销的采矿许可证数。

有效（采矿许可证） 是指报告期末有效的采矿许可证，包括新立、变更、延续和其他有效采矿许可证。

新立（采矿许可证） 是指在未获得采矿权的区域，申请人提交材料，报经登记管理机关批准登记，在报告期内取得采矿权的过程，其批准的采矿许可证即为新立。

注销（采矿许可证） 是指采矿权人需要停止生产，关闭矿山，依法申请注销采矿权的数量。

生产规模 是指各矿种采矿权登记生产规模的总和。仅按矿种分列时填写，单位以各矿种标准单位填写，固体矿产按万吨/年，气体矿产按万米^3/年计，地下水按米^3/日计。其中：新立矿山生产规模是指新立采矿证登记的矿山设计生产规模；有效的矿山生产规模是指报告期末有效的采矿证所登记的矿山设计生产规模。

登记面积（采矿许可证） 是指勘查登记、采矿登记管理机关依法划定的探矿权的区块面积、采矿权的矿区面积的总和。单位按平方千米填写。

采矿权使用费 是指国家将矿产资源采矿权出让给采矿权人，按法律规定向采矿权人收取的使用费。按报告期收取数统计。

采矿权出让 是指在报告期内国土资源主管部门通过探矿权转采矿权、协议、招标、拍卖和挂牌等方式，把采矿权出让给采矿权申请人的行为。

探矿权转采矿权 是指报告期内探矿权人在其勘查许可证范围内，将探矿权申请转为采矿权，并获得采矿许可证。

协议出让（采矿权） 是指出让方（采矿权管理机关）按照法律法规的规定采取非竞争性的方式，以协议方式出让采矿权给特定对象的活动，并获得采矿许可证。

“招拍挂”出让（采矿权） 是指采矿权人通过招标出让、拍卖出让、挂牌出让三种方式获得采矿权并取得采矿许可证。

招标（采矿权） 是指主管部门发布招标公告，邀请特定或者不特定的投标人参加投标，根据投标结果确定采矿权中标人的活动，并获得采矿许可证。

拍卖（采矿权） 是指主管部门发布拍卖公告，由符合采矿权申请人资质条件的竞买人在指定时间、地点进行公开竞价，根据出价结果确定采矿权竞得人的活动，并获得采矿许可证。

挂牌（采矿权） 是指主管部门发布挂牌公告，在挂牌公告规定的期限和场所接受竞买人的报价申请并更新挂牌价格，根据挂牌期限截止时的出价结果，确定采矿权竞得人的活动，并获得采矿许可证。

宗数（采矿权出让） 是指采矿权的出让数量，以“宗”计量。

价款金额（采矿权出让） 指协议、招标、拍卖、挂牌出让采矿权合同中签订的合同金额。

采矿权转让 是指报告期内经采矿权登记管理机关批准转让并办理了变更登记手续的采矿权数量和转让的金额。

转让金额（采矿权） 是指报告期内经采矿权转让人与受让人之间签定的采矿权转让合同中约定的转让价格。

上年未结案件 是指上一年度对勘查、开采登记范围的案件已经立案，但尚未查处或未查处完毕，需在本年继续查处的案件数。

本年立案 是指本年度对勘查、开采登记违法案件立案查处的案件数。分为勘查和开采两类。以“件”

计量。

无证勘查 是指未依法取得勘查许可证而进行勘查的活动。

越界勘查 是指探矿权人超越批准勘查的区块范围进行的勘查活动。

非法转让探矿权 是指违反《探矿权采矿权转让管理办法》规定的探矿权转让行为。

非法批准 是指负责矿产资源监督管理工作的国家工作人员或其他有关国家工作人员违反矿产资源法律法规的规定，擅自批准勘查、开采矿产资源和颁发勘查许可证、采矿许可证的行为。

其他（勘查） 是指上述各项之外的其他违法勘查活动。

无证开采 是指未依法取得采矿许可证的非法采矿活动。

越界开采 是指采矿权人超越批准的矿区范围进行的采矿活动，包括越层开采。

非法转让采矿权 是指违背《探矿权采矿权转让管理办法》第三条第二款规定的其他采矿权转让的。

不按规定缴纳矿产资源补偿费 是指矿山企业没有按有关法规规定按期、足额缴纳矿产资源补偿费。

破坏性开采 是指采矿权人违背开采顺序、合理开采方法及工艺进行的采富弃贫、采易弃难等破坏矿产资源的开采活动。

其他（开采） 是指上述各项之外的违法采矿活动。

本年结案 是指本年内查处完毕并结案的案件数。

本年未结案件 是指报告期内未能结案需要转到下一年度继续处理的案件。

吊销勘查许可证 依法由原颁发勘查许可证的主管机关吊销勘查许可证的件数。

吊销采矿许可证 依法由原颁发采矿许可证的主管机关吊销采矿许可证的件数。

罚没款 是指各级地质矿产主管部门对矿产资源勘查、开采违法活动立案查处并处以罚款的处罚金额。

Explanatory Notes on Main Statistical Indicators

Number of exploration licenses — refers to the number of valid exploration licenses issued and the number of exploration licenses cancelled by the exploration registration administration agency with jurisdictional power according to law within the prescribed limits of examining and approving and license-issuing authority.

Valid(exploration license) — refers to the valid exploration licenses at the end of the reporting period, including those that have been newly issued, modified or continued and other valid exploration licenses.

Newly issued(exploration license) — refers to the exploration license approved through the following process: in an area where no exploration right has been granted, the applicant submits material to the registration administration agency and obtains the exploration right during the reporting period after approval and registration.

Cancelled(exploration license) — The cancelled exploration licenses include that for which the exploration right holder normally applies for cancellation or change of it into the mining license.

Registered area(exploration license) — refers to the total sum of the block areas specified in the exploration license issues by the exploration registration administration agency.

Exploration right royalty — refers to the royalty charged to the exploration right holder according to relevant regulations, when the mineral resource exploration right is granted by the government to the exploration right holder. Statistic survey is made based on the royalties charged during the reporting period.

Exploration rights granted — refers to various acts through which the mineral exploration right is granted by the land and resources administration department to the applicant for the exploration right through the ways of first application, agreement, bidding, auction, and listing during the reporting period.

First application — means that: the assignee (exploration right holder) submits the application for the exploration right and the assignor (government) handles the registration of the exploration right according to law within the prescribed limits of examining and approving authority, and then the assignee obtains the exploration license.

Granting through agreement(exploration right) — refers to the act through which the administration department grants the exploration right to the exploration right holder in the way of agreement, and the exploration right holder obtains the exploration license.

Granting through bidding, auction and listing(exploration right) — refers to the acts through which the administration department grants the exploration right in the ways of bidding, auction, and listing, and the exploration right holder obtains the exploration license.

Granting through bidding(exploration right) — refers to the act through which the administrative authorities issue a notice of invitation for bid to invite specially or not specially designated bidders to participate in the bidding, and the warded bidder for the exploration right is determined according to the result of the bidding. The exploration right holder obtains the exploration license.

Granting through auction(exploration right) — refers to the act through which the administrative authorities issue a notice of invitation for auction, while the bidders qualified to be applicants for the exploration right may participate in open competition at the prescribed time and locality and the warded bidder for the exploration or mining right is determined according to the result of the price offer. The exploration right holder obtains the exploration license.

Granting through listing(exploration right) — refers to the act through which the administrative authorities issue a notice of listing, and receive the offer applications of the bidders and renew the listed prices in the time limit and locality prescribed by the notice, and the warded bidder for the exploration right is determined according to the price offer at the closing date of the listing time limit. The exploration right holder obtains the exploration license.

Amount of price value(exploration right) — refers to the amount of money evaluated or determined through transaction for assigning the exploration right through agreement, bidding, auction, and listing.

Exploration rights transferred — refers to the number of exploration rights that have been transferred and gone through the procedures of registration alteration after approval of the exploration right registration administration department during the reporting period and the amount of transfer.

Amount of transfer(exploration right) — refers to the price of transfer agreed upon in the contract of exploration right transfer signed between the exploration right assignor and the exploration right assignee during the reporting period.

Number of mining licenses — refers to the number of valid mining licenses issued and the number of mining licenses cancelled by the mining registration administration agency with jurisdictional power according to law within the prescribed limits of examining and approving and license-issuing authority.

Valid(mining license) — refers to the valid mining licenses at the end of the reporting period, including those that have been newly issued, modified or continued and other valid mining licenses.

Newly issued(mining license) — refers to the mining license approved through the following process: in an area where no mining right has been granted, the applicant submits material to the registration administration agency and obtains the mining right during the reporting period after approval and registration.

Cancelled(mining license) — refers to the number of mining rights which the mining right holder applies for canceling according to law because he needs to stop production and close the mine.

Production scale — refers to the total sum of the productions registered by the mining rights of various minerals. It is filled in according to minerals. The units are filled in according to the standard units of various minerals: 10^4 t/yr for solid minerals; 10^4 m^3/yr for gas minerals; m^3/day for groundwater. The production scale of the mine whose mining right is newly obtained refers to that in the mine design registered in the newly issued mining license; the valid production scale refers to that in the mine design registered in the valid mining license at the end of the reporting period.

Registered area(mining license) — refers to the total sum of the area of blocks with the exploration right and the area of the mining area with the mining right defined by the administration agency in charge of exploration and mining registration. The unit is km^2.

Mining right royalty — refers to the royalty charged to the mining right holder according to relevant regulations, when the mineral resource mining right is granted by the government to the mining right holder. Statistics is made based on the royalties charged during the reporting period.

Mining rights granted — refers to various acts through which the mining right is assigned by the land and resources administration department to the applicant for the mining right through the ways of change of the exploration right into the mining right, agreement, bidding, auction, and listing during the reporting period.

Change of exploration right to mining right — means that the exploration right holder applies for changing the exploration right into the mining right in his exploration license scope during the reporting period and obtains the mining license.

Granting through agreement (mining right) — refers to the act through which the assignor (mining right administration agency) grants the mining right to the particular individual or organization by adopting the noncompetitive way through agreement according to the provisions of law and the latter obtains the mining license.

Granting through bidding, action and listing (mining right) — refers to the acts through which the mining right holder obtains the mining right and the mining license in the ways of assigning through bidding, auction, and listing.

Granting through bidding (mining right) — refers to the act through which the administrative authorities issue a notice of invitation for bid to invite specially or not specially designated bidders to participate in the bidding, and the warded bidder for the mining right is determined according to the result of the bidding. The mining right holder obtains the mining license.

Granting through auction (mining right) — refers to the act through which the administrative authorities issue a notice of invitation for auction, while the bidders qualified to be applicants for the mining right may participate in open competition at the prescribed time and locality and the warded bidder for the mining or mining right is determined according to the result of the price offer. The mining right holder obtains the mining license.

Granting through listing(mining right) — refers to the act through which the administrative authorities issue a notice of listing, and receive the offer applications of the bidders and renew the listed prices in the time limit and locality prescribed by the notice, and the warded bidder for the mining right is determined according to the price offer at the closing date of the listing time limit. The mining right holder obtains the mining license.

Number of cases — refers to the number of assignings of mining rights.

Amount of price value(mining right) — refers to the contractual amount of money specified in the contract of assigning the mining right through agreement, bidding, auction, and listing.

Mining rights transferred — refers to the number of mining rights that have been transferred and gone through the procedures of registration alteration after approval of the mining right registration administration department during the reporting period and the amount of transfer.

Amount of transfer(mining right) — refer to the price of transfer agreed upon in the contract of mining right transfer signed between the mining right assignor and the mining right assignee during the reporting period.

Case unsettled last year — refers to the number of cases that were filed out in the scope of registration of exploration and mining last year but have not been investigated or handled or whose investigation and handling have not been completed and should continue in the current year.

Case filed this year — refers to the number of the illegal cases about registration of exploration and mining filed for investigation and handling during the current year. They include two categories, exploration and mining.

Exploration without any license — refers to exploration operations carried out without obtaining an exploration license according to law.

Cross-border exploration — refers to exploration operations carried out by an exploration right holder beyond the approved limits of his exploration block.

Illegal transfer of the exploration right — refers to the act through which the exploration right is transferred in violation of the “Regulations for Transferring Exploration Rights and Mining Rights”.

Unlawful approval — refers to the act through which the state functionaries in charge of mineral resources supervision and management and other state functionaries approve exploration and mining of mineral resources and issue exploration licenses and mining license without authorization in violation of laws and regulations concerning mineral resources.

Others (exploration) — refers to other illegal exploration operations except the above-mentioned items.

Mining without any license — refers to mining operations carried out without obtaining a mining license according to law.

Cross-border mining — refers to mining operations carried out by a mining right holder beyond the approved limits of his mining area, including cross-bed mining operations.

Illegal transfer of the mining right — refers to the act through which the mining right is transferred in violation of Section 2 of Article 3 of the “Regulations for Transferring Exploration Rights and Mining Rights”.

Failure to pay mineral resource compensation tees according to the rule — refers to a mine enterprise that does not pay the full mineral resource compensation on schedule according to the rule.

Destructive mining — refers to wasteful mining operations by a mining right holder that depart from the rational mining sequence or appropriate mining methods and technologies and are destructive to mineral resources.

Others (mining) — refer to other illegal mining operations except the above-mentioned items.

Case settled this year — refers to the number of cases investigated, handled and settled in the current year.

Case unsettled this year — refers to the cases that are not able to be settled in the current year and have to be transferred to the next year and continue to be handled.

Revoked exploration license — refers to the number of exploration licenses revoked by the original exploration license-issuing administration department according to law.

Revoked mining license — refers to the number of mining licenses revoked by the original mining license-issuing administration department in charge of examining and approving and issuing licenses according to law.

Fine — refers to the paid-in amount of fines imposed by the geological and mineral resources administration department at various administrative levels for economic punishment of the filed, investigated, and handled illegal mineral exploration and mining operations.

地质环境管理

Geo-environmental Management

地质环境

Geo-environmental

年份/地区	Year/Region	监测站数（个） Number of Monitoring Stations (number)			
			省级总站 Provincial Master Station	地市级分站 Prefecture and City Level Station	县区级分站 County and District Level Station
2011		630	32	246	352
2012		661	32	254	375
2013		687	32	268	387
北京	Beijing	1	1		
天津	Tianjin	1	1		
河北	Hebei	12	1	11	
山西	Shanxi	11	1	6	4
内蒙古	Inner Mongolia	8	1	7	
辽宁	Liaoning	15	1	14	
吉林	Jilin	11	1	10	
黑龙江	Heilongjiang	1	1		
上海	Shanghai	1	1		
江苏	Jiangsu	17	1	11	5
浙江	Zhejiang	36	1	11	24
安徽	Anhui	21	2	19	
福建	Fujian	11	1	8	2
江西	Jiangxi	9	1	8	
山东	Shandong	28	1	15	12
河南	Henan	19	1	18	
湖北	Hubei	27	1	11	15
湖南	Hunan	45	1	14	30
广东	Guangdong	35	1	15	19
广西	Guangxi	33	1	14	18
海南	Hainan	1	1		
重庆	Chongqing	40	1		39
四川	Sichuan	124	1	21	102
贵州	Guizhou	9	1	8	
云南	Yunnan	7	1	5	1
西藏	Tibet	5	1	3	1
陕西	Shaanxi	78	1	10	67
甘肃	Gansu	67	1	18	48
青海	Qinghai	1	1		
宁夏	Ningxia	5	1	4	
新疆	Xinjiang	8	1	7	

监测网络

Monitoring Network

从业人员（人） Employees (person)		突发性地质灾害监测点（个） Monitoring Site of Sudden Geohazards (number)	缓变性地质灾害监测点（个） Monitoring Site of Delayed Geohazards (number)	地下水监测点（个） Groundwater Monitoring Site (number)
	专业技术人员 Professional Technical Personnel			
7117	3461	79905	16744	16142
7013	3436	87776	14943	14783
7247	3740	102335	17796	14023
97	74		8	1475
70	47	4	12	450
316	219	459	522	2811
117	80	93	600	454
259	144		1642	842
158	116	18		427
105	88			669
75	57			280
173	149		2983	657
91	68	526	894	326
214	100	6299	1270	451
297	225	2		316
52	41	12		232
109	74	19		152
453	252	759	220	1039
87	60		160	616
486	382	834	23	252
280	147	3771	926	132
342	162	4364	220	507
419	315	8797	21	580
38	32	385		38
202	139	15494	16	37
673	255	29398	5178	
903	108	5149	443	245
109	102	3968	1937	
25	9	93		42
617	99	11843	166	253
290	73	8201	411	54
33	20	29		162
61	38	1818	144	331
96	65			193

地质灾害
Geohazards Prevention

年份/地区	Year/Region	地质灾害预报预警 Prediction and Early-warning of the Geohazard			地质灾害应急处置 Contingency Handling of Geohazards	
		成功避让地质灾害（处）Geohazard Avoided Successfully (place)	避免伤亡人员（人）Casualties Avoided (person)	避免直接经济损失（万元）Direct Economic Loss Avoided (10^4 yuan)	出动应急处置小组（个）Sending the Contingency Handling Team (number)	参与应急处置地质灾害（起）Participating in Contingency Handling of Geohazards (number)
2011		669	40594	81242.50	7149	8027
2012		3615	42401	86898.80	8793	8851
2013		882	187101	189861.10	8616	11526
北　京	Beijing				51	40
天　津	Tianjin				3	3
河　北	Hebei	13	1378	481.00	40	36
山　西	Shanxi	9	135	717.00	50	45
内蒙古	Inner Mongolia	2		600.00	3	3
辽　宁	Liaoning	15	767	254.60	2	13
吉　林	Jilin	18	504	322.00	86	24
黑龙江	Heilongjiang	1				
上　海	Shanghai					
江　苏	Jiangsu	5	310	5410.00	23	23
浙　江	Zhejiang	25	193	913.00	1375	1306
安　徽	Anhui	65	845	2549.00	200	494
福　建	Fujian	5	200	50.00	359	165
江　西	Jiangxi	2	35		282	294
山　东	Shandong	1			31	29
河　南	Henan	23		88.60	3	3
湖　北	Hubei	29	926	2586.00	401	329
湖　南	Hunan	51	2245	7741.00	452	616
广　东	Guangdong	133	6339	7876.00	702	1093
广　西	Guangxi	9	1012	265.00	530	555
海　南	Hainan	2			4	4
重　庆	Chongqing	25	520	3853.00	68	32
四　川	Sichuan	215	17943	26264.50	1393	2743
贵　州	Guizhou	11	976	408.40	235	229
云　南	Yunnan	27	1905	6594.00	893	948
西　藏	Tibet	11	1080	3980.00	12	8
陕　西	Shaanxi	52	3878	4488.00	383	377
甘　肃	Gansu	131	145868	114363.90	854	2071
青　海	Qinghai				162	
宁　夏	Ningxia				8	32
新　疆	Xinjiang	2	42	56.00	11	11

防治情况

and Control

地质灾害防治 Geohazard Prevention and Control					完成地质灾害危险性评估项目（个） Project of Evaluating the Danger of Geohazards Completed (number)	调查发现地质灾害隐患点（个） Hidden Danger Sites of Geohazards Found After Investigation (number)				
地质灾害防治项目（个） Geohazard Prevention and Control Project (number)			投入防治资金（万元） Funds Input for Prevention and Control (10^4 yuan)	搬迁人数（人） Number of Persons that Move Away (person)		总数 Total	变化情况 Changes		隐患等级 Grade of Hidden Danger	
	治理项目 Control Project	监测预警项目 Monitoring and Early-warning Project					新增数 New Hidden Danger Sites	消除数 Hidden Danger Sites Eliminated	特大型 Extra-large	大型 Large
20871	6313	13106	928085.45	296462	27683	184716				
26882	8982	15437	1024183.00	322713	28196	206374	17957	15492	1241	5601
36984	7574	24514	1235363.10	275707	31102	244348	35137	17488	2100	7799
42	42		10000.00		405	4496	3355			14
6	3	2	701.00	3	106	175	139			
195	118	36	36187.85	341	2804	3487	58	124	3	133
68	66	2	28979.20	2536	1310	10044	1382	3030	25	202
4	4		4346.00		220					
6	5	1	9000.00		706	5230			94	683
23	15		19553.00		237	4062	76	114	9	37
23	23		10860.00		412	2735	5		28	113
2	1	1	4051.00		40					
91	25	64	15804.06	373	3194	988	391	48	7	44
1549	1121	66	44166.83	6067	3764	6197	732	867	14	31
624	264	260	29280.18	15020	534	4721	733	1755	10	6
1765	359	927	44966.50	12423	1922	9098	413	748	5	45
106	85	5	17080.05	2234	647	23274	4112	3070	7	39
109	99	6	33734.18	3087	993	2379	268	78	11	21
27	7	20	9230.00	3598		3074		233	39	127
228	131	77	87346.29	24445	2033	5662	332	63	6	13
422	230	186	56030.86	7753	633	23949	7390	722	119	1194
2283	765	1500	81144.11	4950	948	9817	1434	1622	55	42
940	426	454	38546.09	900	784	10711	979	1507		14
95	15	80	1318.81	12	259	385	10	17		
665	250	152	50498.00	14488	1978	15510	165	134	47	980
24183	2672	18103	198007.00	84693	3805	34832	8591	852	157	1056
287	149	119	109371.69	17659	762	10817	341	196	181	218
2910	490	2336	200001.24	33730	834	18287	904	1012	138	631
6	2	4	4926.35	0	296	591	591	2	7	40
157	146	11	32957.06	20424	433	12009	1231	1222	67	89
130	31	99	33622.00	17975	327	14591	289	31	931	1036
21	19	2	19035.00	1488	332	3081	32	19	132	308
1	1		1697.00		119	2430	408		6	663
16	10	1	2921.75	1508	265	[illegible]716	776	22	2	20

地质灾害
Situation of

年份/地区	Year/Region	发生地质灾害数量（处） Quantity of Geohazards (place)					
			自然因素 Natural Factors	人为因素 Human Factors		崩塌 Avalanche	滑坡 Landslide
	2011	15804	14128	1676	15804	2445	11504
	2012	14675	14060	615	14675	2152	11112
	2013	15374	14829	545	15374	3288	9832
北 京	Beijing	40	40		40	32	3
天 津	Tianjin						
河 北	Hebei	19	17	2	19	8	6
山 西	Shanxi	38	33	5	38	24	9
内蒙古	Inner Mongolia	2		2	2	1	1
辽 宁	Liaoning	95	89	6	95	3	40
吉 林	Jilin	76	74	2	76	16	34
黑龙江	Heilongjiang	2	1	1	2	2	
上 海	Shanghai	1		1	1		
江 苏	Jiangsu	11	8	3	11	2	7
浙 江	Zhejiang	778	751	27	778	254	428
安 徽	Anhui	261	256	5	261	108	147
福 建	Fujian	175	175		175	109	65
江 西	Jiangxi	281	207	74	281	52	199
山 东	Shandong	29	24	5	29	12	7
河 南	Henan	29	3	26	29		2
湖 北	Hubei	311	251	60	311	46	228
湖 南	Hunan	2140	2078	62	2140	184	1770
广 东	Guangdong	2500	2399	101	2500	944	1463
广 西	Guangxi	481	407	74	481	275	152
海 南	Hainan	30	30		30	24	6
重 庆	Chongqing	347	343	4	347	52	268
四 川	Sichuan	2758	2748	10	2758	442	1855
贵 州	Guizhou	98	74	24	98	21	63
云 南	Yunnan	424	405	19	424	83	245
西 藏	Tibet	138	138		138	13	50
陕 西	Shaanxi	345	337	8	345	149	168
甘 肃	Gansu	3860	3853	7	3860	410	2562
青 海	Qinghai	37	20	17	37	10	21
宁 夏	Ningxia	32	32		32	2	27
新 疆	Xinjiang	36	36		36	10	6

灾情
Geohazards

发生地质灾害数量（处）Quantity of Geohazards (place)				造成伤亡人数（人）Casualties (person)			造成直接经济损失（万元）Direct Economic Loss（10^4 yuan）
泥石流 Mudflow	地面塌陷 Ground Collapse	地裂缝 Ground Crack	地面沉降 Land Subsidence	死亡 Deaths	失踪 Missings	受伤 Injuries	
1356	386	98	13	244	37	132	413151.00
952	364	76	19	293	85	258	526191.83
1547	385	282	30	482	185	262	1043567.56
	5						44.11
	4	1		8	8		112.80
	4	1		27		2	769.21
							100.00
48	4			2		2	30912.60
22	4						1798.60
							600.00
			1				
	2						1189.50
94	2			7		2	3830.30
3	3			1		1	2247.75
			1	4		2	1980.90
6	24			3		3	1395.11
	10						18.82
1	25	1		1			134.80
7	30			8		11	6510.90
132	43	8	3	15	2	12	16322.17
22	42	18	11	34		11	20515.73
4	47	3		35		28	2917.52
							24.30
2	24	1		2		3	6494.72
442	9			79	146	41	189586.92
	9	5		36	8	9	7703.65
69	9	10	8	69	3	33	51672.28
75				66	17		16611.00
12	12	3	1	29		41	9011.03
583	69	231	5	53	1	44	667296.36
6						16	668.13
	3						2800.00
19	1			3		1	298.35

缓变性地质
Delayed

年份/地区	Year/Region	沉降区面积（平方千米）Area of Subsidence Area (km^2)	
			本年新增 Newly Increased This Year
	2011	54668.47	913.57
	2012	54883.58	3808.70
	2013	51912.54	379.13
北　京	Beijing	3984.00	27.00
天　津	Tianjin	1735.00	
河　北	Hebei	13270.65	214.00
山　西	Shanxi	1272.00	
内蒙古	Inner Mongolia		
辽　宁	Liaoning		
吉　林	Jilin		
黑龙江	Heilongjiang		
上　海	Shanghai	6340.00	
江　苏	Jiangsu	14400.00	
浙　江	Zhejiang	5184.20	115.40
安　徽	Anhui	715.00	
福　建	Fujian		
江　西	Jiangxi		
山　东	Shandong	3220.00	
河　南	Henan		
湖　北	Hubei	1.20	
湖　南	Hunan	64.97	7.72
广　东	Guangdong	970.84	
广　西	Guangxi		
海　南	Hainan		
重　庆	Chongqing		
四　川	Sichuan	28.83	3.00
贵　州	Guizhou		
云　南	Yunnan	318.65	0.01
西　藏	Tibet		
陕　西	Shaanxi	362.20	10.00
甘　肃	Gansu	5.00	
青　海	Qinghai		
宁　夏	Ningxia	40.00	2.00
新　疆	Xinjiang		

灾害情况
Geohazards

地裂缝 Ground Crack	
地裂缝条数（条） Number of Ground Cracks (number)	地裂缝总长度（千米） Total Length of Ground Cracks (km)
5736	23125
4047	8473
5382	14754
4	20
235	61
364	364
4	4
40	10
9	2
25	9
5	26
836	53
103	14
18	6
16	1
605	3443
274	21
1865	4043
175	234
657	5396
147	1047

矿泉水及
Mineral Water

年份/地区	Year/Region	矿泉水 Mineral Water			
		注册登记的矿泉水水源数（个） Number of Mineral Water Sources Registered (number)		矿泉水源年检情况 Annual Check-up of Mineral Water Sources	
			国家级 State-level	参加年检数量（家） Quantity of Mineral Water Sources Participating Annual Check-up (number)	年检合格数（家） Acceptance Quantity of Annual Check-up (number)
	2011	1423	196	1025	981
	2012	1401	184	831	814
	2013	1226	143	722	704
北 京	Beijing	44		21	21
天 津	Tianjin	14		14	14
河 北	Hebei	41	9	36	36
山 西	Shanxi	62	14	4	4
内蒙古	Inner Mongolia	66	19	38	37
辽 宁	Liaoning	353	32		
吉 林	Jilin	1		12	12
黑龙江	Heilongjiang	56		56	56
上 海	Shanghai	13		13	13
江 苏	Jiangsu	21	1	23	23
浙 江	Zhejiang	42		40	32
安 徽	Anhui	9	6	9	9
福 建	Fujian	31		29	28
江 西	Jiangxi	39	22		
山 东	Shandong	93	2	82	82
河 南	Henan			13	13
湖 北	Hubei	9	2	7	7
湖 南	Hunan	12	12	12	12
广 东	Guangdong	95	6	67	67
广 西	Guangxi	32	4	26	23
海 南	Hainan	7		6	6
重 庆	Chongqing	11		10	10
四 川	Sichuan	44	1	98	98
贵 州	Guizhou	13		13	13
云 南	Yunnan	33	4	32	32
西 藏	Tibet	14	2	14	14
陕 西	Shaanxi	52		28	26
甘 肃	Gansu	5	1	5	2
青 海	Qinghai	4	4	4	4
宁 夏	Ningxia	8	2	8	8
新 疆	Xinjiang	2		2	2

地热情况
and Geotherm

可开采矿泉水资源量（万立方米）Quantity of Exploitable Mineral Water Resources (10^4 m^3)	本年矿泉水开采总量 Total Tonnage of Mineral Water Exploited in the Current Year	地热 Geotherm 可开采地热资源量（万立方米）Quantity of Exploitable Geothermal Resources (10^4 m^3)	本年新增地热资源量 Geothermal Resources Newly Increased in the Current Year	地热总开采量（万立方米）Total Exploited Geothermal Volume (10^4 m^3)	本年新增地热开采量 Exploited Geothermal Volume Newly Increased in the Current Year
1302699.00	49328.11	35732042.55	17917.64	2055993.64	3581.47
1466261.69	63836.58	44066924.8	8884.2	153696.69	2371.4
897821.41	27730.4	24734713.76	2395.46	146188.96	1766.38
1137.56	10.27	8085.00		1121.86	64.45
11300.00	2328.70	7606.60		3706.00	456.00
13034.62	160.28	18437555.60		5438.40	564.39
14.85		19500.00		1554.00	
3285.00	43.00	188.00		86.00	
715033.01	4226.70	5581648.77		111735.31	
69161.76	2129.27	70.00		18.00	
1097.10	980.46	259.66		127.75	
		14.00			
1106.62	61.40	2061.16	773.90	226.50	61.24
185.19	17.92	658.85	234.25	120.03	20.03
3487.06	31.36	543.66	73.00	163.15	37.62
160.60	35.52	1797.53		594.21	154.20
533.48	82.19	1474.34	31.00	579.67	11.00
8382.49	270.36	80593.32	197.88	705.99	75.60
		55100.63			
152.91	31.64	1019.94	146.29	474.22	
142.01	6.99	12711.58		2554.12	
2085.80	452.19	7693.58	305.46	4087.19	51.26
514.04	167.85	215.33		20.46	
271.52	22.20	2067.90			
6400.00	50.00	29976.00	306.00	4630.00	160.00
11171.28	932.29	11124.73	0.13	546.43	25.13
40250.59	14527.70	813.47	24.50	24.50	24.50
1562.08	25.87	15658.28	1.00	812.17	47.96
610.64	600.00	20814.00		160.00	
5740.00	285.00	430000.00		5890.00	
42.10	2.03	681.00		610.00	13.00
693.00	228.00	941.00		182.00	
260.00	21.00	3104.52	302.05		
6.10	0.21	735.31		21.00	

矿山环境
Mine Environmental

地区	Region	矿业开采累计占用、损坏土地面积（公顷）Cumulative Area of Land Occupied or Destructed by Mining (hectare)	本年矿业开采新增占用、损坏土地面积 Area of Land Newly Occupied or Destructed by Mining in the Current Year	累计恢复治理的矿山数（个）Cumulative Number of Mines Restored and Remediated (number)	本年恢复治理的矿山数 Number of Mines Restored and Remediated in the Current Year
总　计	Total	52528322.01	60949.24	35016	5737
北　京	Beijing	21950.00		57	5
天　津	Tianjin	1646.00		23	3
河　北	Hebei	61603.77	2523.62	3059	491
山　西	Shanxi	128401.72	2771.60	586	91
内蒙古	Inner Mongolia	50182243	564.00	2490	631
辽　宁	Liaoning	130595.70	2618.06	1150	401
吉　林	Jilin	23221.84	390.29	99	19
黑龙江	Heilongjiang	925841.17	22035.50	268	43
上　海	Shanghai	31.00		6	
江　苏	Jiangsu	25589.25	884.59	1263	117
浙　江	Zhejiang	13694.80	497.22	2201	175
安　徽	Anhui	82917.34	3029.58	532	97
福　建	Fujian	6200.86	243.65	1980	451
江　西	Jiangxi	64006.87	2021.15	1890	213
山　东	Shandong	35490.20	7127.82	2321	91
河　南	Henan	48787.00	100.05	580	55
湖　北	Hubei	31983.83	896.71	1157	174
湖　南	Hunan	28601.58	288.47	3391	401
广　东	Guangdong	14306.26	1561.77	2064	232
广　西	Guangxi	62704.59	1818.18	513	129
海　南	Hainan	7973.24	582.98	389	78
重　庆	Chongqing	121857.90	2500.00	34	3
四　川	Sichuan	10960.76	1057.2.00	670	134
贵　州	Guizhou	12307.14	578.33	981	248
云　南	Yunnan	44189.70	1521.04	1472	538
西　藏	Tibet	11923.94		58	
陕　西	Shaanxi	56986.77	2112.96	1408	108
甘　肃	Gansu	52566.78	1657.78	2042	277
青　海	Qinghai	244007.00	2.00	79	1
宁　夏	Ningxia	27038.06	351.00	160	1
新　疆	Xinjiang	48693.94	1213.69	2093	530

保护情况（2013 年）
Protection (2013)

累计恢复治理面积（公顷） Cumulative Area of Land Restored and Remediated (hectare)		本年投入矿山环境治理资金（万元） Funds Input for Remediation of the Mine Environment in the Current Year (10^4 yuan)			
	本年恢复治理面积 Area of Land Restored and Remediated in the Current Year		中央财政 Central Finance	地方财政 Local Finance	企业投入 Input by Enterprises
497906.96	33250.77	1429040.35	355344	487990.59	581415.76
1951.97	83.65	28851.00	13841	3000.00	12010.00
479.00	130.00	2120.00			2120.00
18601.52	1440.99	52950.85		34047.03	18903.82
28787.39	1251.13	52601.75		9806.27	42795.48
137854.67	1400.00	143896.00		25451.00	118445.00
56884.97	4319.00	171495.00	46000	105000.00	20495.00
2133.80	412.08	6446.00		6446.00	
19827.00	589.84	47811.57	20240	27571.57	
16.32		53.53		53.53	
11169.96	530.65	84693.14	26852	38775.14	19066.00
5787.63	895.66	44507.12		29508.85	14998.27
15665.74	1412.12	62480.87	11500	23242.32	27738.55
6973.77	1543.58	41643.89	14244	10260.04	17139.85
14375.61	4421.01	36545.25	22753	11650.3	2141.95
43608.79	4068.76	161559.29	14737	97636.67	49185.62
9627.00	1105.50	46688.00	43701		2987.00
4231.34	795.25	48738.93	31608	10481.43	6649.50
5852.95	777.57	82795.61	34106	13142.40	35547.21
6736.12	567.35	27373.98		13163.22	14210.76
4688.90	368.83	12608.78	8469	652.00	3487.78
6398.40	666.96	3403.37		198.00	3205.37
6518.40	500.00	4100.00		4100.00	
8215.21	753.70	15870.99	3760	4200.00	3620.99
2393.64	735.57	135767.35	22388	536.00	112843.40
18344.54	971.34	27370.71		1558.02	25812.69
7802.00					
10448.73	268.32	24355.30	17250	640.00	6465.30
8564.42	665.53	24557.60	18000	1780.00	4777.60
12553.17	417.77	7895.00	5895	2000.00	
12105.57	640.00	16350.00		10000.00	6350.00
9308.43	1518.61	13509.47		3090.80	10418.67

矿山环境
Mine Environmental

地区	Region	累计投入矿山环境治理资金（万元） Cumulative Funds Input for Remediation of the Mine Environment (10^4 yuan)	中央财政 Central Finance	地方财政 Local Finance	企业投入 Input by Enterprises
总 计	Total	7487086.63	2383896.19	2135373.42	2732705.05
北 京	Beijing	90057.91	66234.00	11230.91	12593.00
天 津	Tianjin	39762	16280.00		23482.00
河 北	Hebei	332852.31	146961.06	110891.15	74999.50
山 西	Shanxi	508979.64	56440.00	271171.50	181368.14
内蒙古	Inner Mongolia	378205.94	53917.35	123777.51	200511.08
辽 宁	Liaoning	597349.87	228030.04	162490.59	145756.74
吉 林	Jilin	146632.67	96926.00	22294.56	27412.11
黑龙江	Heilongjiang	190485.00	71230.00	115351.57	3903.43
上 海	Shanghai	5493.53	1810.00	83.53	3600.00
江 苏	Jiangsu	487108.19	85402.00	301220.16	99852.03
浙 江	Zhejiang	180700.37	11802.00	114383.46	54222.51
安 徽	Anhui	462367.88	110115.00	87749.58	264463.30
福 建	Fujian	188398.77	35249.00	27486.91	125662.86
江 西	Jiangxi	224821.92	115683.00	36489.41	72649.51
山 东	Shandong	794616.56	136717.00	305612.11	349824.35
河 南	Henan	235890.14	98578.00	133586.84	3725.30
湖 北	Hubei	287556.21	208711.00	27682.43	51117.78
湖 南	Hunan	535164.94	188386.00	100344.97	246433.97
广 东	Guangdong	160129.20	13244.90	35718.32	111087.33
广 西	Guangxi	128463.79	87879.00	18642.03	19829.76
海 南	Hainan	29794.89	4760.00	4908.08	20126.81
重 庆	Chongqing	89358.36	39370.00	23554	23894.36
四 川	Sichuan	88104.29	19658.00	17625.41	39366.08
贵 州	Guizhou	275400.42	57023.00	16012.39	202365.01
云 南	Yunnan	448701.82	85763.84	13827.62	195652.36
西 藏	Tibet	16558.00	14819.00		1739.00
陕 西	Shaanxi	144331.83	88210.00	7756.80	48365.03
甘 肃	Gansu	124791.76	70720.00	12461.66	41610.10
青 海	Qinghai	90610.50	83765.00	6845.50	
宁 夏	Ningxia	105910.00	72560.00	15000.00	18350.00
新 疆	Xinjiang	98487.92	17652.00	11174.42	68741.60

保护情况（2013年） 续表

Protection (2013) Continued

矿山地质环境治理恢复（万元）Remediation and Restoration of the Mine Geo-environment (10^4 yuan)		取得资格的矿山公园（个）Mine Parks Obtaining Qualification (number)			取得资格的矿山公园面积（公顷）Area of the Mine Parks Obtaining Qualification (hecture)		
保证金缴存数额 Amount of Security Deposit Paid	保证金返还数额 Amount of Security Deposit Returned		国家级 State Level	省级 Provincial Level		国家级 State Level	省级 Provincial Level
1904531.10	254296.83	80	72	8	482001.32	461694.32	20306
30784.52	15344.96	4	4		6950.00	6950.00	
1100.00							
61401.38	1226.81	4	4		6987.60	6987.60	
		2	2		8692.00	8692.00	
233679.67	12776.24	4	4		41358.00	41358.00	
80606.00		1	1		2500.00	2500.00	
143526.50	774.42	3	3		24450.00	24450.00	
28840.14		10	7	3	219843.72	219843.72	
118.33							
23510.44	983.74	2	2		339.00	339.00	
107625.83	4373.36	3	3		6181.00	6181.00	
41355.01	21259.45	3	3		4273.00	4273.00	
14604.83	470.33	2	2		23200.00	23200.00	
14441.37	5.10	5	4	1	4987.00	4987.00	
73938.07	2084.04	4	4		4779.00	4779.00	
172317.00	3725.30	5	3	2	2917.00	1961.00	956
23986.78	2664.64	4	4		8848.00	8848.00	
47154.04	14188.72	2	2		4854.00	4854.00	
76147.31	676.49	6	6		4394.00	4394.00	
70812.21	851.88	2	2		2190.00	2190.00	
3845.54	890.24						
37073.00	3419.00						
81184.00	1623.80	3	2	1	4551.00	3800.00	750
312848.62	164521.27	3	2	1	45103.00	26503.00	18600
122480.63	293.24	1	1		3868.00	3868.00	
383.10							
2661.47		1	1		4000.00	4000.00	
9202.42	1849.50	3	3		3255.00	3255.00	
15588.00		1	1		40000.00	40000.00	
23000.00	186.00	1	1		790.00	790.00	
50314.89	108.30	1	1		2691.00	2691.00	

地质遗迹自然
Construction of Geoheritage Natural

地区 Region		保护区（个）Reserve(number)				
			古生物化石 Paleontological Fossil	国家级 State Level	古生物化石 Paleontological Fossil	
总　计	Total	176	49	44	17	3678938.54
北　京	Beijing	3	1			5737.00
天　津	Tianjin	2		2		36813.00
河　北	Hebei	4	3	2	2	12659.20
山　西	Shanxi	5	1	1	1	5133.00
内蒙古	Inner Mongolia	17	9	1	1	270739.00
辽　宁	Liaoning	6	4	2	1	100407.80
吉　林	Jilin	5	1	1	1	300230.00
黑龙江	Heilongjiang	21	1	8	1	1441919.00
上　海	Shanghai					
江　苏	Jiangsu	1	1			18.25
浙　江	Zhejiang	3	1	1	1	4536.00
安　徽	Anhui	2	2	1		5336.00
福　建	Fujian	4		4		13184.00
江　西	Jiangxi					
山　东	Shandong	5	4	1	1	1666.00
河　南	Henan	1	1	1	1	91754.15
湖　北	Hubei	2	1	1	1	1041.40
湖　南	Hunan	3	1	3	1	358.00
广　东	Guangdong	9	4	1		44546.00
广　西	Guangxi	7	6	2	2	350.74
海　南	Hainan					
重　庆	Chongqing					
四　川	Sichuan					
贵　州	Guizhou	34	5	5	2	598404.00
云　南	Yunnan	2	2			1856.00
西　藏	Tibet	3				560540.00
陕　西	Shaanxi	11		4		133524.00
甘　肃	Gansu	22		1		9985.40
青　海	Qinghai					
宁　夏	Ningxia	4	1	2	1	38200.60
新　疆	Xinjiang					

保护区（2013 年）
Reserves and Geoparks (2013)

地质遗迹自然保护区 Geoheritage Natural Reserve						
保护区面积（公顷） Area of Reserve(hecture)			累计建设投资（万元） Cumulative Investment in Construction(10^4 yuan)			
古生物化石 Paleontological Fossil	国家级 State Level			古生物化石 Paleontological Fossil	本年投资 Investment in the Current Year	
		古生物化石 Paleontological Fossil				古生物化石 Paleontological Fossil
518761.68	1393675.03	95638.03	404317.28	86860.28	80987.72	14347.00
	36813.00		3216.00		2046.00	
9812.70	2410.00	1015.00	11505.88	5485.00	1636.00	240.00
5133.00	5133.00	5133.00	790.00	790.00	500.00	500.00
263284.00	46410.00	46410.00	12560.00	9818.00	2573.00	2573.00
96487.00	1396.30	46.30	20244.00	3120.00		
11000.00	11000.00	11000.00	16217.00	7817.00		
3844.00	743682.00	3844.00	107519.00	25751.00	31500.00	6746.00
18.25			3300.00	3300.00		
	275.00		13450.00		1863.00	
5336.00	3216.00	3216.00	3355.00	3354.80	2517.00	2517.00
	13184.00		36115.00		935.00	
1646.00	120.00	120.00	3380.00	3180.00	840.00	840.00
78015.00			2945.00			
41.40	41.40	41.40	6930.00	6400.00	300.00	200.00
58.00	358.00	58.00	1740.00	940.00		
7498.00	29000.00		53979.64	2219.12	30907.72	65.00
334.33	157.33	157.33	930.00	587.00	282.00	282.00
30358.00	373900.00	20557.00	16594.00	8420.00	2088.00	384.00
1856.00			5678.36	5678.36		
			160.00			
	101320.00		43552.00			
	8259.00		12000.00		3000.00	
4040.00	17000.00	4040.00	28156.40			

地质公园建设
Geopark

年份/地区 Year/Region	地质公园（个） Geopark (number)						地质公园 Area of Geopark			
		世界级 World Level	国家级 State Level	取得国家级地质公园资格 Qualified for Geopark by State Government	省级 Provincial Level	取得省级地质公园资格 Qualified for Geopark by Provincial Government		世界级 World Level	国家级 State Level	取得国家级地质公园资格 Qualified for Geopark by State Government
2011	320	24	138	140			8077271.00	5593592.00	1158658.00	4320775.00
2012	401	26	159	59	113	70	9302453.00	1392483.00	5900073.00	695932.00
2013	420	31	184	56	117	63	11989960.44	1529178.33	7152287.53	948007.50
北 京 Beijing	6	2	5		1		202842.00	126055.00	200042.00	
天 津 Tianjin	1		1				34200.00		34200.00	
河 北 Hebei	16	2	9	2	3	2	126201.70	16016.00	91547.00	9484.00
山 西 Shanxi	16		7	2	5	2	202974.59		122095.59	22533.00
内蒙古 Inner Mongolia	17	2	6	2	1	8	488686.00	197419.00	324103.00	52936.00
辽 宁 Liaoning	8		4	2	2		317415.00		291241.00	12074.00
吉 林 Jilin	8		3	2	3		332210.00		150528.00	33123.00
黑龙江 Heilongjiang	21	2	6	2	13		1441919.00	212000.00	426617.00	105065.00
上 海 Shanghai	1		1				14500.00		14500.00	
江 苏 Jiangsu	9		3	1	2	3	15385.00		438.00	6790.00
浙 江 Zhejiang	9	1	4		2	3	81183.00	29460.00	44316.00	
安 徽 Anhui	16	2	9	4	3		197816.50	56714.00	175153.00	7421.50
福 建 Fujian	14	2	9	4	1		254736.52	102520.00	159528.52	43940.00
江 西 Jiangxi	10	3	4	1	2	3	302087.00	165783.00	203613.00	
山 东 Shandong	56	1	8	3	28	17	388532.30	15860.00	239575.00	15964.00
河 南 Henan	24	4	13	2	9		558275.00	314600.00	429245.00	27904.00
湖 北 Hubei	22	1	6	4	10	2	566608.40	102272.00	140446.60	208600.00
湖 南 Hunan	23	1	8	4	5	6	466800.00	39800.00	159900.00	107800.00
广 东 Guangdong	14	2	8			6	155678.00	56100.00	124829.00	
广 西 Guangxi	16	1	7	4	5		1254458.00	31930.00	126853.00	50710.00
海 南 Hainan	5	1	1		1	3	272774.00	10800.00	10800.00	
重 庆 Chongqing	7		6	1			1402708.00		1383558.00	19150.00
四 川 Sichuan	24	2	14	2	7	1	479035.00	16844.00	385080.00	29978.00
贵 州 Guizhou	12		9	1	2		210811.00		177998.00	
云 南 Yunnan	11	1	8	2	1		624259.67	35005.33	583586.33	5668.00
西 藏 Tibet	5		2		3		540886.00		462480.00	
陕 西 Shaanxi	10	1	6	2	1	1	161374.00		110345.00	27838.00
甘 肃 Gansu	19		6	4	5	4	216339.67		79925.00	52709.00
青 海 Qinghai	7		5	2			334580.00		230300.00	104280.00
宁 夏 Ningxia	4		1	1	2		38200.60		12960.00	4040.00
新 疆 Xinjiang	9		5	2		2	306484.49		256484.49	

情况
Construction

面积（公顷）(hecture)		地质公园类别（个）Types of Geopark (number)			累计建设投资（万元）Cumulative Investment in Construction(10^4 yuan)	
省级 Provincial Level	取得省级地质公园资格 Qualified for Geopark by Provincial Government	地质构造、剖面和形迹 Geological Structure, Section and Trace Fossil	古生物化石 Paleontological Fossil	地质地貌景观 Geological-geomorpho-logical Landscape		本年投资 Investment in the Current Year
		39	26	255	3173604.00	258812.00
1383879.00	779131.00	53	31	319	3169459.00	276527.00
1721895.77	539147.30	55	34	331	4792265.41	470567.36
2800.00		1	1	4	184398.00	5398.00
		1			7837.90	2046.00
13833.70	10797.00	4	1	11	126679.00	16965.10
41716.00	16630.00	3	1	12	237251.50	26702.00
13995.00	97652.00		5	12	29812.00	4800.00
14100.00		1	2	5	56885.32	
148559.00			1	7	21570.56	6777.00
698237.00		2	1	18	107519.00	31500.00
				1	5180.00	200.00
2057.00	6100.00	1	2	6	76140.00	17340.00
11730.00	25137.00	1	1	7	52454.75	8073.00
15242.00		2		14	106209.40	32141.00
2018.00		2		12	177902.00	34698.00
76430.00	22044.00			10	230502.50	2504.50
98903.00	34090.30	3	3	50	210416.13	33047.50
101126.00		11	1	12	144346.00	
198648.80	18913.00	2	1	19	62817.02	10195.43
91100.00	68200.00	1		22	196741.40	5471.70
	30849.00		1	13	245266.81	45934.14
52515.00		1		15	22110.71	4140.31
300.00	16174.00			5	10718.00	500.00
			1	6	20241.21	
23830.00	18000.00	8	2	14	398466.90	5355.00
32813.00		2	3	7	88975.92	30298.00
			3	8	1355948.30	27255.80
	78406.00	3		2	7964.00	
15928.00	7263.00	2		8	430505.88	91987.88
44813.67	38892.00	2	2	15	61375.00	14500.00
				7	7068.00	
21200.60		2	1	1	28156.40	
	50000.00		1	8	80805.80	12737.00

地下水
Groundwater

年份/地区 Year/Region		地下水监测井数按级别分类（个） Number of Groundwater Monitoring Wells, Classified According to Their Levels (number)				地下水监测井按自动化程度分类（个） Number of Groundwater Monitoring Wells, Classified According to Their Automatic Level (number)	
		小计 Subtotal	国家级监测井数 Number of State Level Monitoring Wells	省级监测井数 Number of Provincial Level Monitoring Wells	地区级监测井数 Number of Prefecture Level Monitoring Wells	人工监测井数 Number of Manual Monitoring Wells	自动化监测井数 Number of Automatic Monitoring Wells
2010		16258	1515	7954	6193	15031	1227
2011		17457	1769	8181	6597	16003	1454
2012		15148	1827	8376	4945	13489	1659
2013		14630	1970	7692	4968	12531	2099
北　京	Beijing	1475	50	1425		1172	303
天　津	Tianjin	450	49	401		420	30
河　北	Hebei	2816	116	892	1808	2792	24
山　西	Shanxi	454	31	135	288	379	75
内蒙古	Inner Mongolia	842	56	453	333	842	
辽　宁	Liaoning	427	102	135	190	24	403
吉　林	Jilin	669	187	62	420	581	88
黑龙江	Heilongjiang	181	82	99		156	25
上　海	Shanghai	657	77	580		558	99
江　苏	Jiangsu	570	96	342	132	527	43
浙　江	Zhejiang	445	34	80	331	272	173
安　徽	Anhui	320	71	249		191	129
福　建	Fujian	232	35	130	67	232	
江　西	Jiangxi	152	18	105	29	152	
山　东	Shandong	1039	122	270	647	917	122
河　南	Henan	616	328	288		556	60
湖　北	Hubei	265	32	113	120	260	5
湖　南	Hunan	107	61	32	14	92	15
广　东	Guangdong	507	36	378	93	362	145
广　西	Guangxi	580	15	221	344	459	121
海　南	Hainan	38	11	27		32	6
重　庆	Chongqing	37	14	23		31	6
四　川	Sichuan	72	41	8	23	48	24
贵　州	Guizhou	245	39	206		236	9
云　南	Yunnan						
西　藏	Tibet	39	11	28		32	7
陕　西	Shaanxi	253	36	144	73	243	10
甘　肃	Gansu	345	51	266	28	328	17
青　海	Qinghai	162	18	144		145	17
宁　夏	Ningxia	331	48	283		299	32
新　疆	Xinjiang	304	103	173	28	193	111

监测
Monitoring

地下水监测井数按监测内容分类（个） Number of Groundwater Monitoring Wells Classified According to Their Monitored Content (number)						地下水监测数据量（个） Data Volume of Groundwater Monitoring (number)				
小计 Subtotal	单测水位监测井数 Number of specially Monitoring Wells of Water Table	单测水质监测井数 Number of specially Monitoring Wells of Water Quality	单测泉流量监测井数 Number of specially Monitoring Wells of Spring Flow	开采量监测井数 Number of Water Yield Monitoring Wells	泉流量监测点数 Number of Spring Flow Monitoring Sites	小计 Subtotal	水位监测数据量 Data Volume of Water Table Monitoring	水质监测数据量 Data Volume of Water Quality Monitoring	水温监测数据量 Data Volume of Water Temperature Monitoring	泉流量监测数据量 Data Volume of Spring Flow Monitoring
16258	10590	4435		1064	169	932908	580738	188732	152722	3230
17419	11305	4780		1237	135	1562434	842902	305982	400553	3707
15148	9295	2461	205	3090	97	1968316	1069962	273048	619760	5546
14630	9065	2509	212	2707	137	1970433	1016679	319965	623973	9816
1475	293	862		320		423866	122663	190608	110595	
450	338	47	1	58	6	24179	20000	3996	111	72
2816	2351	77	13	375		134750	90655	24651	19314	130
454	306			146	2	67667	40142	148	27375	2
842	504	198		139	1	21092	13122	336	7632	2
427	230		12	176	9	91283	42683	5592	42333	675
669	578	6		83	2	30464	15036	2024	13260	144
181	92			89		7616	7069	127	420	
657	507	150				56336	55750	293	293	
570	383	177	5	5		20955	20768	182		5
445	334	27	19	37	28	114257	79223	645	33765	624
320	151			168	1	105310	54609	309	50356	36
232	130	55	8	31	8	24244	17398	183	5330	1333
152	101	6	1	44		11030	5053	2440	3501	36
1039	529	204	28	272	6	109406	60610	31158	17205	433
616	429	5		181	1	54921	33984	187	20750	
265	144	100		21		24288	8713	6888	8687	
107	75	2	3	25	2	27274	12522	2142	11314	1296
507	333	101		73		391001	191570	17384	181671	376
580	325	85	113	52	5	28885	20262	6129	2465	29
38	22			16		2453	2369	42	42	
37	7	1		10	19	87	32	24	23	8
72	42	24			6	6870	1512	3841	1517	
245	74	135		18	18	33142	12866	7104	11876	1296
39	7	1		31		3221	693	2348	180	
253	151			102		12228	8652	3264	312	
345	139	109	5	74	18	8112	7758	176	106	72
162	115			47		50993	25056	1081	24856	
331	181	103		43	4	14792	9000	152	5616	24
304	194	34	4	71	1	69711	36909	6511	23068	3223

主要统计指标解释

地质环境监测 是指为实施地质环境管理而进行的监测工作。其主要任务是对地质环境中主要要素的动态变化情况进行监测、分析和预测，为地质环境保护管理及地质灾害防治、地下水资源的合理开发利用和保护、国土资源整治等提供科学依据。

监测站数 是指各级政府设立的从事地质环境监测的事业单位数。包括省级总站（院、中心）、地市级分站、县区级分站。

从业人员 是指报告期末本省(自治区、直辖市)内专业地质环境监测机构的人员，不包括群测群防点的群众联络员。

专业技术人员 专业技术人员是指具有工程系列助理工程师及以上职称的人员。

监测点 是指对一定区域内的各类滑坡、崩塌、泥石流等突发性地质灾害、地面沉降、地裂缝、海水入侵等缓变性地质灾害以及地下水水位、水质、水温、泉水等变化进行实际调查和监测工作所设立的点。

地质灾害预报预警 是指报告期内通过群测群防、专业监测、气象预警等对地质灾害发生的地点、时间及其灾害影响范围、强度进行预报预警。

成功避让地质灾害 是指报告期内根据预报预警信息而成功避让的地质灾害数。

避免伤亡人员 是指如不搬迁避让可能造成的伤亡人员。

避免直接经济损失 是指报告期内根据预报预警信息，采取防范措施，避免的能够用货币衡量的地质灾害直接财产损失。要按照实际情况确定，以地质灾害实际影响范围测定，如倒塌房屋内居住人员或灾害现象活动人员等。

出动应急处置小组 是指报告期内县级（含）以上国土资源部门出动的地质灾害应急处置小组个数。

参与应急处置地质灾害 是指报告期内县级（含）以上国土资源部门参与应急处置的地质灾害事故起数。

地质灾害防治项目 是指报告期内各级政府及国土资源管理部门立项设立的，运用工程手段对由于地质作用导致的将要发生和已经发生的地质灾害进行预防和治理的项目，包括治理项目和搬迁避让项目。

投入防治资金 是指为了防治地质灾害而开展的必要的监测、勘查和治理工程所投入的资金，包括中央和地方财政以及其他方面投入的资金。

完成地质灾害危险性评估项目 是指报告期内已在国土资源行政主管部门备案的地质灾害危险性评估项目个数，按一级项目、二级项目、三级项目三个级别分别进行统计和日常防灾工作中的巡查、检查、应急调查等。

调查发现地质灾害隐患点 是指按照规范开展的区域性地质调查和汛期应急调查后发现的隐患点。

地质灾害 是指滑坡、崩塌、泥石流、地面塌陷等突发性地质灾害与地裂缝、地面沉降、海水入侵等缓变性地质灾害。地质灾害数量的计量单位统一用“处”，对于难以区分确切数量的同一次降雨（或其他因素）引发的群发性地质灾害归为 1 处灾害。地裂缝、地面沉降、海水入侵数量只统计报告期内发现的或报告期之前发现且报告期内继续发展的。

崩塌 是指陡坡上大块的岩土体在重力作用下突然脱离母体崩落的物理地质现象。

滑坡 是指斜坡上不稳定的岩土体在重力作用下沿一定软弱面（或滑动带）整体向下滑动的物理地质现象。

泥石流 是指山地突然爆发的饱含大量泥沙、石块的特殊洪流。

地面塌陷 是指地表岩土体在自然或人为因素作用下向下陷落，并在地面形成塌陷坑（洞）的一种动力地质现象。

地裂缝和地面沉降 是指报告期内发现或报告期之前发现且报告期内继续发展的地裂缝和地面沉降数量。

造成伤亡人数 是指因发生各类地质灾害造成的人员受伤、死亡和失踪情况。

失踪 是指根据证据推断人员已经死亡，但是没有找到或确认死者的尸体。

造成直接经济损失 是指用货币衡量的直接财产损失。

沉降区面积 是指到报告期末一定区域内已发生地面沉降的面积，须指明是沉降量大于多少毫米的面积，如沉降量大于 100 毫米的面积 2000 平方千米，则填写 2000（>100）。

本年新增（沉降区面积） 是指到报告期末一定区域新增的累计沉降量达到 100 毫米的区域面积。

地裂缝条数 是指到报告期末地裂缝发生地区地裂缝的总条数。

地裂缝总长度 是指到报告期末地裂缝发生地区各条地裂缝的长度之和。

注册登记的矿泉水水源数 是指领取了国土资源行政主管部门颁发的矿泉水注册登记证的水源数。国家级是指领取了国土资源部颁发的国家级矿泉水注册登记证的水源数。省级是指领取了省级国土资源行政主管部门颁发的省级矿泉水注册登记证的水源数。

矿泉水源年检情况 是指报告期内的矿泉水源实行年检的情况。

可开采矿泉水资源量 是指经过评价计算的可采矿泉水资源量。

可采地热资源量 是指经过评价计算的可采地热资源量。

矿业开采累计占用、损坏土地面积 是指到报告期末矿业开采产生的尾矿、排放的固体废弃物、露天采矿、采矿塌陷及其他矿山地质灾害所造成的占用或损坏的全部土地面积。

本年矿业开采新增占用、损坏土地面积 是指报告期内因矿业开采占用或损坏的土地面积。

累计恢复治理的矿山数 是指到报告期末通过矿坑封闭、矸石利用、尾矿坝绿化、塌陷土地复垦、矿坑废水处理、边坡治理等方法，使矿业开采造成的生态环境破坏和环境污染得到治理，功能得以恢复的全部矿山数。

本年恢复治理的矿山数 是指报告期内通过矿坑封闭、矸石利用、尾矿坝绿化、塌陷土地复垦、矿坑废水处理、边坡治理等方法，使矿业开采造成的生态环境破坏和环境污染得到治理，功能得以恢复的矿山数。

累计恢复治理面积 是指到报告期末恢复治理的全部面积，包括复垦、地面塌陷治理、还林、还草、建设使用等面积。

本年恢复治理面积 是指报告期内恢复治理的面积，包括复垦、地面塌陷治理、还林、还草、建设使用等面积。

本年投入矿山环境治理资金 是指报告期内用于矿山环境恢复治理的资金，包括中央财政、地方财政和矿山企业投入以及民间投入等资金。

地质遗迹自然保护区 是指经国务院和省级政府有关主管部门对由地质作用形成的具有一定价值的地质遗迹资源进行保护的专门区域，主要包括有代表性的地质剖面、地质构造、地质地貌景观、古生物化石及其遗迹产地等。

累计建设投资（地质遗迹自然保护区） 是指历年来对地质遗迹自然保护区建设投入的全部资金。

本年投资（地质遗迹自然保护区建设） 是指本年对地质遗迹自然保护区建设投入的资金。包括硬件投资和软件投资。

地质公园 是指以地质科学意义和独特的地质景观为主，融合自然景观与人文景观的自然公园。目前，已建成的有世界地质公园、国家地质公园、省级地质公园。已批准的世界地质公园要纳入国家地质公园统计。

地质构造、剖面和形迹类地质公园 是指其主体是具有一定价值或典型代表意义的地质构造、地质剖面及其他地质形迹的地质公园。

古生物化石类地质公园 是指其主体是古生物的化石或其遗迹的地质公园。

地质地貌景观类地质公园 是指其主体是地质作用形成重要地质地貌景观的地质公园。

累计建设投资（地质公园） 是指历年来对地质遗迹公园建设投入的全部资金。

本年投资（地质公园建设） 是指本年对地质公园建设投入的资金。包括硬件投资和软件投资。

Explanatory Notes on Main Statistical Indicators

Geo-environmental monitoring — refers to the monitoring conducted for exercising geo-environmental management. Its main tasks are to monitor, analyze, and predict dynamic changes of main factors in the geo-environment and provide a scientific basis for the geo-environmental protection and management, prevention, and control of geo-hazards, rational development, utilization, and protection of groundwater resources, and improvement of land and resources.

Number of monitoring stations—refers to the number of institutions engaging in geo-environmental monitoring established by governments at various levels. These institutions include provincial-level master stations (institutes, centers), prefecture- and city-level stations, and county- and district-level stations.

Employees—refer to persons in special geo-environmental monitoring institutions in the province (autonomous region, and municipalities directly under the Central government) at the end of the reporting period, excluding local liaison persons at mass monitoring and prevention sites.

Professional technical personnel—refer to those who have an assistant engineer title or a title above this title in the engineering series.

Monitoring site—refers to the sites established for on-the-spot investigations and monitoring of various sudden geohazards such as landslides, avalanches, and mudflow occurring in a particular region, delayed geohazards such as land subsidence, ground cracks, and seawater invasion, and changes in groundwater table, water quality, water temperature, and spring water.

Prediction and early-warning of the geohazards—refer to the prediction and early-warning of the site and time of occurrence of a geohazard and its scope of influence and intensity through monitoring and control by the masses, professional monitoring, and meteorological early-warning of the geohazard during the reporting period.

Geohazards avoided successfully—refers to the number geohazards avoided successfully according to the information of prediction and early-warning during the reporting period.

Casualties avoided—refer to the number of injuries and deaths caused possibly if the people do not move away and avoid the geohazard.

Direct economic loss avoided—refers to the direct economic loss of a geohazard to properties avoided by taking precautionary measures according to the information provided by prediction and early-warning during the reporting period. The loss can be measured by currency. The measurement must be made according to the actual conditions and the actual influence scope of the geohazard, e.g. inhabitants in collapsed houses.

Sending the contingency handling team—refers to the number of contingency handling teams sent by land and resources departments at and above the county level during the reporting period.

Participating in contingency handling of geohazards—refers to the number of geohazard accidents for which land and resources departments at and above the county level participate in contingency handling during the reporting period.

Geohazards prevention and control project—refers to the project of preventing and controlling geohazards caused by geological processes that will occur and have occurred, which governments at various levels and land and resources departments file and establish, and prevent and control by using engineering means during the reporting period. These projects include the project of controlling geohazards and the project of removal and avoidance.

Funds input for prevention and control—refers to the funds input to necessary monitoring, survey, and control projects conducted for the prevention and control of geohazards, including those input by Central and local financial budgets and other aspects.

Projects of evaluating the danger of geohazards completed—refer to the number of projects of evaluating the danger of geohazards that have been filed in the land and resources administration department during the reporting period. The statistical investigation and inspection, examination, and contingency survey in routine hazard prevention work are made according to the first-, second-, and third-grade projects.

Hidden danger sites of geohazards found after investigation—refer to the hidden danger sites found after regional geological investigation according to the work code and emergency investigation in the flood season.

Geohazards—refers to sudden geohazards such as landslides, avalanches, mudflow, and ground collapse and delayed geohazards such as land subsidence, ground cracks, and seawater invasion. "Site" is used as the unit of measurements of the quantity of geohazards, and the group-occurring geohazards induced by the same rain (or other factors), whose accurate quantity is difficult to determine, are considered as one site of hazards. For the quantities of ground cracks, land subsidence, and seawater invasion, only those that are discovered during or before the reporting period and continue to develop during the reporting period are calculated.

Avalanche—refers to the physical-geological phenomenon that a large mass of soil or rock on steep slopes is suddenly divorced from its parent mass and falls under the force of gravity.

Landslide—refers to the physical-geological phenomenon of en-masse downward slide of unstable soil and rock material on slopes along particular surfaces of weakness (or slide zones) under the force of gravity.

Mudflow—refers to the sudden rush of flood torrents containing large amounts of mud and rock debris that suddenly moves downslope in mountains.

Ground collapse—refers to a dynamic geological phenomenon of downward collapse of surface rock and soil and formation of collapse pits (caves) at the ground surface under the action of natural or human factors.

Ground cracks and land subsidence—refers to the quantities of ground cracks and land subsidences that are discovered during or before the reporting period and continue to develop during the reporting period.

Casualties—refer to injuries, deaths, and missings caused by various kinds of geohazard.

Missing—refers to the case of a missing person who is inferred according to evidence to be dead but whose corpse has not been found or identified.

Direct economic loss—refers to direct losses of properties, expressed as currency.

Area of the subsidence area—refers to the area of land subsidence occurring in a certain region. The area with a subsidence of how many mm must be indicated. If the area with a subsidence >100 mm is 2,000 km^2, 2000 (>100) is filled in.

Newly increased this year (area of the subsidence area)—refers to the area of a certain region with a newly increased cumulative subsidence at the end of the reporting period reaching 100 mm

Number of ground cracks—refers to the total number of ground cracks in an area where ground cracks occur at the reporting period.

Total length of ground cracks—refers to the sum of lengths of all the ground cracks in an area where ground cracks occur during the reporting period.

Number of mineral water sources registered — refers to the number of water sources that have obtained certificates of mineral water registration issued by the administration department in charge of land and resources. State level refers to the number of water sources that have obtained state-level certificates of mineral water registration issued by the MLR. Province level refers to the number of water sources that have obtained provincial-level certificates of mineral water registration issued by the provincial-level administration department in charge of land and resources.

Annual check-up of mineral water sources—refers to the annual check-up of mineral water sources made during the reporting period.

Quantity of exploitable mineral water resources—refers to the quantity of exploitable mineral water resources that have been assessed and calculated.

Quantity of exploitable geothermal resources—refers to the quantity of exploitable geothermal resources that have been assessed and calculated.

Cumulative area of land occupied or destructed by mining—refers to the area of all land occupied or destructed by tailings of mining and solid wastes discharged, open-pit mining, and collapses due to mining, and other mine geohazards at the end of the reporting period.

Area of land newly occupied or destructed by mining in the current year—refers to the area of land occupied or destructed by mining in the reporting period.

Cumulative number of mines restored and remediated—refers to the number of all the mines in which the effects of eco-environmental destruction and pollution caused by mining are remediated and whose function is restored at the end of the reporting period through mine pit closing, waste rock utilization, forestation of the tailing dam, reclamation of collapsed land, treatment of mine pit waste water, and side-slope control.

Number of mines restored and remediated in the current year—refers to the number of mines in which the effects of eco-environmental destruction and pollution caused by mining are remediated and whose function is restored in the reporting period through mine pit closing, waste rock utilization, forestation of the tailing dam, reclamation of collapsed land, treatment of mine pit waste water, and side-slope control.

Cumulative area of land restored and remediated—refers to all the area of land restored and remediated at the end of the reporting period, including the area of land reclaimed, collapsed land remediated, land returned to forests and grassland, and land used for construction.

Area of land restored and remediated in the current year—refers to the area of land restored and remediated in the reporting period, including the area of land reclaimed, collapsed land remediated, land returned to forests and grassland, and land used for construction.

Funds input for remediation of the mine environment in the current year—refers to the funds used in the restoration and remediation of the mine environment during the reporting period, including the funds input by the Central and local financial budgets and mine enterprises and nongovernmental funds.

Geoheritage natural reserve—refers to special areas where the State Council and relevant competent departments of governments at the provincial level take measures for protecting geoheritage resources of certain value formed by geological processes. They mainly include sites of representative geological sections, geological structures, geological and geomorphological landscapes, and fossils and occurrences of their traces.

Cumulative investment in construction (geoheritage natural conservation area)—refers to all the funds invested in the construction of geoheritage natural conservation areas over the years.

Investment in the current year (construction of geoheritage natural reserve)—refers to the funds invested in the construction of geoheritage conservation areas in the current year. It includes investments to hardwares and softwares.

Geopark—refers to a natural park mainly encompassing a unique geological landscape of geoscientific significance, integrated with the natural landscape and human landscape. At present those that have been recognized include world geoparks, national geoparks, and provincial geoparks. The world geoparks that have been ratified are included in national geoparks in statistics.

Geopark of geological structure, section and trace type—refers to geoparks with representative geological structures, geological sections, and other geological traces of certain value as the main conservation content.

Paleontological fossil-type geopark—refers to geoparks with fossils or their traces as the main conservation content.

Geological-geomorphological landscape-type geopark—refers to geoparks with important geological and geomorphological landscapes formed by geological processes as the main conservation content.

Cumulative investment in construction (geopark)—refers to all the funds invested in the construction of geoheritage parks over the years.

Investment in the current year (construction of geopark)—refers to the funds invested in the construction of geoparks in the current year. It includes investments to hardwares and softwares.

国土资源行政复议情况

Administrative Reconsideration of Land and Resources

全国国土资源行政
Administrative Reconsideration of Land

年份/地区 Year/Region	上年结转(件) Cases Transferred from Last year (case)	本年行政 Administrative Reconsideration											
		本年新收（件） Cases Newly Received in the Current Year (case)				复议事项(件) Matters Reconsidered(case)							
			土地 Land Resources	矿产 Mineral Resources	其他 Others	行政处罚 Administrative Penalty	行政强制 Administrative Coercion	征收土地 Requisition of Land	行政许可 Administrative Licensing	行政确权 Administrative Confirmation	信息公开 Information Disclosure	行政不作为 Administrative Omission	其他 Others
2011	195	2436	2306	85	45	328	59	686	176	179	422	256	330
2012	158	2498	2269	110	119	362	61	390	167	151	632	320	415
2013	195	2001	1899	57	45	49	38	359	117	53	771	220	394
国土资源部 MLR	35	691	646	29	16	1		72	49	9	415	88	57
北京 Beijing													
天津 Tianjin	84	27	27					12			6	7	2
河北 Hebei	4	54	50	4		3			3	3	23	13	9
山西 Shanxi		8	8							1	6		1
内蒙古 Inner Mongolia		15	10	5						5	7	3	
辽宁 Liaoning		23	17	1	5			1			16		6
吉林 Jilin		17	16	1				1	1		5		10
黑龙江 Heilongjiang		11	10	1			1	3	1	3	2	1	
上海 Shanghai	4	172	172					8	1		40	9	114
江苏 Jiangsu	10	130	130			2		50	3	3	51	11	10
浙江 Zhejiang		103	103			1		2	31	9	11	3	46
安徽 Anhui		57	57			6		11			20	8	12
福建 Fujian	4	47	46		1	2	22	12		4	2		5
江西 Jiangxi		32	32					3	3		12	6	8
山东 Shandong	13	80	73	5	2			6		5	35	24	10
河南 Henan	7	50	50			3		16			18	3	10
湖北 Hubei	4	40	39		1	2			2		8	6	22
湖南 Hunan	10	48	44		4	3	1	10	2	3	16	5	8
广东 Guangdong		78	70		8	2		40		4	9	15	8
广西 Guangxi	2	25	13	5	7	5	3				7	1	9
海南 Hainan	1	27	27			5	2	12		3	2	3	
重庆 Chongqing	9	133	132	1		5		81	1		37	2	7
四川 Sichuan	2	49	49			1	9	14	10		7	4	4
贵州 Guizhou	4	9	6	2	1	1		5	2		1		
云南 Yunnan		7	7			1			1	1	1	1	2
西藏 Tibet													
陕西 Shaanxi	1	59	57	2		1			7		11	6	34
甘肃 Gansu		1	1								1		
青海 Qinghai		1	1								1		
宁夏 Ningxia		3	2	1		2						1	
新疆 Xinjiang	1	4	4			3					1		

复议情况

and Resources in China

复议情况
in the Current Year

	本年受理（件） Cases Accepted in the Current Year (case)			已审结（件） Cases Whose Trials have been Concluded(case)									未审结（件） Cases Whose Trials have not been Concluded (case)	行政赔偿 Administrative Compensation	
	土地 Land Resources	矿产 Mineral Resources	其他 Others		驳回 Rejection	维持 Maintenance	责令履行 Ordering to Execution	变更 Change	确认违法 Confirmation of a Malfeasance	撤销 Cancellation	撤回申请 Withdrawal of an Application	其他 Others		件数（件） Number of Cases (case)	赔偿数额（元） Amount of Compensation (yuan)
1759	1657	74	28	1695	165	769	124	1	26	95	202	313	259	1	
1792	1610	77	105	1620	237	846	115	5	41	99	176	101	330	4	18257
1191	1146	30	15	1121	143	666	140	3	24	48	63	34	265	15	
219	209	9	1	221	1	214			2	1	3		33	14	
25	25			109	12	42	49			1	5				
42	39	3		45	9	6	13		2	9	6		1		
2	2			2			2								
14	10	4		14	3	3	7					1			
23	17	1	5	22	9	13							1		
14	14			9	5	1	1			1		1	5		
11	10	1		8	4		3		1				3		
103	103			36	5	24			2	4	1		71		
93	93			85	9	45	10		7	3	11		18		
58	58			44	2	37	4				1		14		
52	52			45	5	20	6			6	3	5	7		
41	41			44		42					1	1	1		
23	23			23		22					1				
56	52	2	2	46	20	8	12		4		2		23	1	
39	39			24		5	11				1	7	22		
19	18		1	18	3	10	1			1	3		5		
33	33			36	4	19	2		4	6	1		7		
61	61			61	6	47	3				5				
17	7	5	5	16	8	4	3			1			3		
25	25			21	6	12				2	1		5		
114	114			100	5	74	7			8	6		23		
29	29			18	3	4	2		2	3	4		13		
9	6	2	1	11	2	6				1		2	2		
1	1			1		1									
59	57	2		53	22	6	2	3			5	15	7		
1	1			1							1				
1	1			1			1								
3	2	1		2		1					1		1		
4	4			5			1			1	1	2			

省级国土资源行政

Administrative Reconsideration of Land

年份/地区 Year/Region	上年结转(件) Cases Transferred from Last Year (case)	本年行政 Administrative Reconsideration											
		本年新收(件) Cases Newly Received in the Current Year (case)				复议事项(件) Matters Reconsidered (case)							
			土地 Land Resources	矿产 Mineral Resources	其他 Others	行政处罚 Administrative Penalty	行政强制 Administrative Coercion	征收土地 Requisition of Land	行政许可 Administrative Licensing	行政确权 Administrative Confirmation	信息公开 Information Disclosure	行政不作为 Administrative Omission	其他 Others
2011	77	912	866	39	7	55	1	213	75	51	252	93	172
2012	72	976	920	30	26	60	16	144	30	65	295	155	211
2013	205	2736	2562	69	105	292	107	577	147	172	639	271	531
北　京 Beijing													
天　津 Tianjin	84	27	27					12			6	7	2
河　北 Hebei	14	247	227	9	11	51	1	6	6	22	93	42	26
山　西 Shanxi		26	20	2	4	5		1	1	4	7	3	5
内蒙古 Inner Mongolia		15	10	5						5	7	3	
辽　宁 Liaoning	4	87	80	1	6	1	25	20		2	32	1	6
吉　林 Jilin		34	32	2		1		10	1		7	2	13
黑龙江 Heilongjiang		11	10	1			1	3	1	3	2	1	
上　海 Shanghai	4	172	172					8	1		40	9	114
江　苏 Jiangsu	16	262	262			11	1	74	7	8	101	26	34
浙　江 Zhejiang		231	227	1	3	6	1	4	50	28	33	27	82
安　徽 Anhui		93	85		8	12	7	16	3	1	26	14	14
福　建 Fujian	5	86	80	2	4	11	23	12	11	10	3	3	13
江　西 Jiangxi		53	53			2		5	3		27	8	8
山　东 Shandong	18	193	179	6	8	11	2	49	4	10	56	45	16
河　南 Henan	9	95	95			16		16		2	23	13	25
湖　北 Hubei	5	91	90		1	13		1	5	5	26	8	33
湖　南 Hunan	19	221	192	3	26	14	21	98	10	10	37	14	17
广　东 Guangdong	3	189	170		19	20	3	64	8	24	20	22	28
广　西 Guangxi	4	69	49	10	10	17	7	6	6	5	9	2	17
海　南 Hainan	1	27	27			5	2	12		3	2	3	
重　庆 Chongqing	9	133	132	1		5		81	1		37	2	7
四　川 Sichuan	2	114	110	2	2	16	9	32	11	8	19	6	13
贵　州 Guizhou	4	79	66	12	1	41	4	6	6	10	1	2	9
云　南 Yunnan		34	32	2		16		1	3	5	1	1	7
西　藏 Tibet													
陕　西 Shaanxi	1	87	76	9	2	10			8	4	20	6	39
甘　肃 Gansu	1	47	47			3		40		1	2		1
青　海 Qinghai		3	3								1		2
宁　夏 Ningxia	1	6	5	1		2			1	2		1	
新　疆 Xinjiang	1	4	4			3					1		

复议情况

and Resources at Provincial-level

复议情况
in the Current Year

本年受理（件） Cases Accepted in the Current Year (case)				已审结（件） Cases Whose Trials have been Concluded (case)									未审结（件） Cases Whose Trials have not been Concluded (case)	行政赔偿 Administrative Compensation	
	土地 Land Resources	矿产 Mineral Resources	其他 Others		驳回 Rejection	维持 Maintenance	责令履行 Ordering to Execution	变更 Change	确认违法 Confirmation of a Malfeasance	撤销 Cancellation	撤回申请 Withdrawal of an Application	其他 Others		件数(件) Number of Cases (case)	赔偿数额（元） Amount of Compensation(yuan)
611	573	34	4	560	57	280	85		19	30	70	19	128	1	
786	737	23	26	664	109	314	51		27	29	65	69	194	1	
2231	2088	57	86	1960	267	984	256	7	40	141	191	74	476	1	
25	25			109	12	42	49			1	5				
201	188	6	7	201	29	44	53		8	35	29	3	14		
18	12	2	4	17	1	8	6				1	1	1		
14	10	4		14	3	3	7					1			
85	77	2	6	83	11	58	4	1			8	1	6		
31	30	1		26	6	5	3			9	2	1	5		
11	10	1		8	4		3		1				3		
103	103			36	5	24			2	4	1		71		
202	202			193	24	106	30		10	5	17	1	25		
153	150	1	2	128	10	70	21		1	2	24		25		
88	80		8	72	11	25	8	1	1	14	6	6	16		
78	72	2	4	81	1	68	1	1		1	7	2	2		
41	41			40		31	7				2		1		
166	155	3	8	106	44	29	17		5	1	7	3	78	1	
83	83			70	4	26	11			2	16	11	22		
67	66		1	61	8	28	3	1	4	5	8	4	11		
181	164	2	15	106	11	64	5		4	16	6		94		
154	139		15	144	17	92	6			18	9	2	13		
55	40	8	7	49	12	23	3			5	6		10		
25	25			21	6	12				2	1		5		
114	114			100	5	74	7			8	6		23		
87	83	2	2	64	13	26	7		4	6	8		25		
77	64	10	3	66	2	53	1			1	3	6	15		
27	25	2		27	2	7				2	4	12			
86	73	10	3	78	25	21	2	3		2	8	17	9		
46	46			47	1	42				1	3				
3	3			3		1	1				1				
6	4	1	1	5		2					2	1	2		
4	4			5			1			1	1	2			

市级国土资源行政
Administrative Reconsideration of Land

年份/地区 Year/Region	上年结转（件）Cases Transferred from Last Year (case)	本年行政 Administrative Reconsideration：本年新收（件）Cases Newly Received in the Current Year (case)	土地 Land Resources	矿产 Mineral Resources	其他 Others	复议事项（件）Matters Reconsidered (case)：行政处罚 Administrative Penalty	行政强制 Administrative Coercion	征收土地 Requisition of Land	行政许可 Administrative Licensing	行政确权 Administrative Confirmation	信息公开 Information Disclosure	行政不作为 Administrative Omission	其他 Others
2011	103	1233	1172	28	33	269	58	433	56	104	81	109	123
2012	71	1109	978	46	85	299	45	187	64	81	209	91	133
2013	45	1426	1309	41	76	244	69	290	79	128	283	139	194
北京 Beijing													
天津 Tianjin													
河北 Hebei	10	193	177	5	11	48	1	6	3	19	70	29	17
山西 Shanxi		18	12	2	4	5		1	1	3	1	3	4
内蒙古 Inner Mongolia													
辽宁 Liaoning	4	64	63		1	1	25	19		2	16	1	
吉林 Jilin		17	16	1		1		9			2	2	3
黑龙江 Heilongjiang													
上海 Shanghai													
江苏 Jiangsu	6	132	132			9	1	24	4	5	50	15	24
浙江 Zhejiang		128	124	1	3	5	1	2	19	19	22	24	36
安徽 Anhui		36	28		8	6	7	5	3	1	6	6	2
福建 Fujian	1	39	34	2	3	9	1		11	6	1	3	8
江西 Jiangxi		21	21			2		2			15	2	
山东 Shandong	5	113	106	1	6	11	2	43	4	5	21	21	6
河南 Henan	2	45	45			13				2	5	10	15
湖北 Hubei	1	51	51			11		1	3	5	18	2	11
湖南 Hunan	9	173	148	3	22	11	20	88	8	7	21	9	9
广东 Guangdong	3	111	100		11	18	3	24	8	20	11	7	20
广西 Guangxi	2	44	36	5	3	12	4	6	6	5	2	1	8
海南 Hainan													
重庆 Chongqing													
四川 Sichuan		65	61	2	2	15		18	1	8	12	2	9
贵州 Guizhou		70	60	10		40	4	1	4	10		2	9
云南 Yunnan		27	25	2		15		1	2	4			5
西藏 Tibet													
陕西 Shaanxi		28	19	7	2	9			1	4	9		5
甘肃 Gansu	1	46	46			3		40		1	1		1
青海 Qinghai		2	2										2
宁夏 Ningxia	1	3	3						1	2			
新疆 Xinjiang													

复议情况

and Resources at Municipal-level

复议情况
in the Current Year

本年受理（件） Cases Accepted in the Current Year (case)				已审结（件） Cases Whose Trials have been Concluded (case)									未审结（件） Cases Whose Trials have not been Concluded (case)	行政赔偿 Administrative Compensation	
	土地 Land Resources	矿产 Mineral Resources	其他 Others		驳回 Rejection	维持 Maintenance	责令履行 Ordering to Exealtion	变更 Change	确认违法 Confirmation of a Malfeasance	撤销 Cancellation	撤回申请 Withdrawal of an Application	其他 Others		件数（件） Number of Cases (case)	赔偿数额（元） Amount of Compensation (yuan)
1135	1084	27	24	1122	108	486	39	1	7	62	125	294	116		
976	860	37	79	946	128	522	64	5	14	70	111	32	101	3	18257
1259	1151	36	72	1060	125	532	116	4	18	94	131	40	244		
159	149	3	7	156	20	38	40		6	26	23	3	13		
16	10	2	4	15	1	8	4				1	1	1		
62	60	1	1	61	2	45	4	1			8	1	5		
17	16	1		17	1	4	2			8	2				
109	109			108	15	61	20		3	2	6	1	7		
95	92	1	2	84	8	33	17		1	2	23		11		
36	28		8	27	6	5	2	1	1	8	3	1	9		
37	31	2	4	37	1	26	1	1		1	6	1	1		
18	18			17		9	7				1		1		
110	103	1	6	60	24	21	5		1	1	5	3	55		
44	44			46	4	21				2	15	4			
48	48			43	5	18	2	1	4	4	5	4	6		
148	131	2	15	70	7	45	3			10	5		87		
93	78		15	83	11	45	3			18	4	2	13		
38	33	3	2	33	4	19				4	6		7		
58	54	2	2	46	10	22	5		2	3	4		12		
68	58	8	2	55		47	1				3	4	13		
26	24	2		26	2	6				2	4	12			
27	16	8	3	25	3	15				2	3	2	2		
45	45			46	1	42				1	2				
2	2			2		1					1				
3	2		1	3		1					1	1	1		

全国国土资源行政
Administrative Response to Cases of

年份/地区	Year/Region	上年结转（件）Cases Transferred from Last Year (case)	本年发生(件) Cases that Occur in the Current Year (case)		一审结案 Cases Settled at			
			复议后应诉 Response after Reconsideration	未经复议直接应诉 Direct Response without Reconsideration	维持 Maintenance	撤销 Cancellation	变更 Change	履行法定职责 Execution of Lawful Duty
2011		243	520	1770	493	146	8	46
2012		238	353	2307	413	157	6	227
2013		34	104	437	59	28	7	27
国土资源部	MLR	2	8	32	22			6
北　京	Beijing			143	1	15		18
天　津	Tianjin			1				
河　北	Hebei	7	6	4	2	3		
山　西	Shanxi							
内蒙古	Inner Mongolia			9				
辽　宁	Liaoning		3	9	1	2	3	
吉　林	Jilin			1	1			
黑龙江	Heilongjiang							
上　海	Shanghai	3	30	128	2	2		
江　苏	Jiangsu	2	4	15				
浙　江	Zhejiang	4	4	3		2		
安　徽	Anhui	1		10	5			
福　建	Fujian		1	1	1			
江　西	Jiangxi		1					
山　东	Shandong	1	13	14	2			2
河　南	Henan	2	7	14	4	4	4	
湖　北	Hubei		2	2	2			
湖　南	Hunan		10	4	11			
广　东	Guangdong		11	13				
广　西	Guangxi							
海　南	Hainan		1	1				
重　庆	Chongqing	8		17	2			1
四　川	Sichuan	2		12				
贵　州	Guizhou		2	1	2			
云　南	Yunnan			2	1			
西　藏	Tibet							
陕　西	Shaanxi							
甘　肃	Gansu							
青　海	Qinghai							
宁　夏	Ningxia		1		1			
新　疆	Xinjiang	2						

应诉案件情况
Land and Resources in China

情况（件） First Instance (case)										未审结（件） Cases Whose Trials have not been Concluded (case)
判决 Judgment					裁定 Ruling					
确认合法或有效 Confirmation of Legality or Validity	确认违法或无效 Confirmation of Violation of Law or Invalidity	驳回诉讼请求 Dismissal of an Action	赔偿 Compensation	不予赔偿 No Compensation	驳回起诉 Dismissal of an Appeal	撤诉 Withdrawal of an Action	移送 Referral	终结 Termination	其他 Others	
13	32	570	1	1	236	407	8	7	16	549
28	36	450	5	1	347	511	3	7	57	650
1	7	236			51	95		4	4	56
					12	1				1
	2	61			28	9		1		8
		1								
		3			1	5				3
		3								6
		6								
	3	82			1	59			1	11
		13				3				
		5			4					
								3	1	2
		1								
		1								
		20								4
	1	5					5			
		1					1			
							3			
		22								2
1	1									
		4			2	7			1	8
		8			2	1				3
										1
									1	
					1					1
						1				1

省级国土资源行政
Administrative Response to Cases of

年份/地区 Year/Region	上年结转（件） Cases Transferred from Last Year (case)	本年发生（件） Cases that Occur in the Current Year (case)		一审结案 Cases Settled at				
		复议后应诉 Response after Reconsideration	未经复议直接应诉 Direct Response without Reconsideration	维持 Maintenance	撤销 Cancellation	变更 Change	履行法定职责 Execution of Lawful Duty	确认合法或有效 Confirmation of Legality or Validity
2011	39	69	417	42	9		14	5
2012	30	68	390	41	43		9	
2013	163	520	1994	416	138	20	56	24
北 京 Beijing			143	1	15		18	
天 津 Tianjin			1					
河 北 Hebei	31	20	48	19	13		2	
山 西 Shanxi			2					
内蒙古 Inner Mongolia			9					
辽 宁 Liaoning	3	5	48	5	2	3	1	8
吉 林 Jilin	2	34	9	4	2			
黑龙江 Heilongjiang								
上 海 Shanghai	5	40	159	2	4			
江 苏 Jiangsu	7	39	75	15			2	
浙 江 Zhejiang	7	36	104	19	6		1	
安 徽 Anhui	2	12	20	15	1			2
福 建 Fujian	3	8	23	7				
江 西 Jiangxi	3	8	6	5		1		1
山 东 Shandong	4	28	96	10	2		8	3
河 南 Henan	10	10	74	33	4	6	3	
湖 北 Hubei	15	27	54	18	7			2
湖 南 Hunan	5	81	248	106	9	2	5	5
广 东 Guangdong	43	95	631	86	61	7	9	
广 西 Guangxi	5	10	51	14	1	1	2	
海 南 Hainan		1	1					1
重 庆 Chongqing	8		17	2			1	
四 川 Sichuan	3	8	54	9			2	1
贵 州 Guizhou		43	63	31	5		1	
云 南 Yunnan	2	10	32	6	4			
西 藏 Tibet								
陕 西 Shaanxi	1	1	14	5				1
甘 肃 Gansu	2	2	9	4	1		1	
青 海 Qinghai								
宁 夏 Ningxia		2	3		1			
新 疆 Xinjiang	2							

应诉案件情况
Land and Resources at Provincial-level

情况（件）First Instance (case)									未审结（件）Cases Whose Trials have not been Concluded (case)
判决 Judgment				裁定 Ruling					
确认违法或无效 Confirmation of Violation of Law or Invalidity	驳回诉讼请求 Dismissal of an Action	赔偿 Compensation	不予赔偿 No Compensation	驳回起诉 Dismissal of an Appeal	撤诉 Withdrawal of an Action	移送 Referral	终结 Termination	其他 Others	
3	177			61	143			3	68
7	144			59	133	1	1	4	46
48	599	5	1	324	344	2	11	37	652
2	61			28	9		1		8
	1								
2	14	1		11	13				24
				1	1				
	3								6
1	10	1	1		4				20
1	2				2				34
3	103			7	61			2	22
1	48			10	19	1		2	23
1	51			26	33				10
	2			1	1	1	3	1	7
	11				4				12
1	3			1	4				1
5	20			22	10			2	46
1	6			11	8				22
3	12			7	21		2	3	21
3	41	1		47	34		2	3	76
16	153	1		109	92			1	234
	5	1		15	4			1	22
1									
	4			2	7			1	8
1	25			10	3			3	11
3	14			1	8			17	26
3	9			9	3		3	1	6
	1			3	1				5
				2	1				4
				1					3
					1				1

市级国土资源行政
Administrative Response to Cases of

年份/地区 Year/Region	上年结转（件） Cases Transferred from Last Year (case)	本年发生（件） Cases that Occur in the Current Year (case)		一审结案 Cases Settled at				
		复议后应诉 Response After Reconsideration	未经复议直接应诉 Direct Response without Reconsidera-tion	维持 Maintenance	撤销 Cancellation	变更 Change	履行法定职责 Execution of Lawful Duty	确认合法或有效 Confirmation of Legality or Validity
2011	202	449	1352	449	137	8	32	8
2012	206	282	1916	372	114	6	217	28
2013	131	424	1589	379	110	13	35	23
北　京 Beijing								
天　津 Tianjin								
河　北 Hebei	24	14	44	17	10		2	
山　西 Shanxi			2					
内蒙古 Inner Mongolia								
辽　宁 Liaoning	3	2	39	4			1	8
吉　林 Jilin	2	34	8	3	2			
黑龙江 Heilongjiang								
上　海 Shanghai	2	10	31		2			
江　苏 Jiangsu	5	35	60	15			2	
浙　江 Zhejiang	3	32	101	19	4		1	
安　徽 Anhui	1	12	10	10	1			2
福　建 Fujian	3	7	22	6				
江　西 Jiangxi	3	7	6	5		1		1
山　东 Shandong	3	15	82	8	2		6	3
河　南 Henan	8	3	60	29		2	3	
湖　北 Hubei	15	25	52	16	7			2
湖　南 Hunan	5	71	244	95	9	2	5	5
广　东 Guangdong	43	84	618	86	61	7	9	
广　西 Guangxi	5	10	51	14	1	1	2	
海　南 Hainan								
重　庆 Chongqing								
四　川 Sichuan	1	8	42	9			2	1
贵　州 Guizhou		41	62	29	5		1	
云　南 Yunnan	2	10	30	5	4			
西　藏 Tibet								
陕　西 Shaanxi	1	1	14	5				1
甘　肃 Gansu	2	2	9	4	1		1	
青　海 Qinghai								
宁　夏 Ningxia		1	2		1			
新　疆 Xinjiang								

应诉案件情况
Land and Resources at Municipal-level

情况（件） First Instance (case)									未审结（件） Cases Whose Trials have not been Concluded (case)
判决 Judgment				裁定 Ruling					
确认违法或无效 Confirmation of Violation of Law or Invalidity	驳回诉讼请求 Dismissal of an Action	赔偿 Compensation	不予赔偿 No Compensation	驳回起诉 Dismissal of an Appeal	撤诉 Withdrawal of an Action	移送 Referral	终结 Termination	其他 Others	
28	393	1	1	178	265	4	7	13	479
28	304	5	1	288	378	2	6	53	602
41	363	5	1	285	250	2	7	33	597
2	11	1		10	8				21
				1	1				
1	4	1	1		4				20
1	2				2				34
	21			6	2			1	11
1	35			10	16	1		2	18
1	46			22	33				10
	2			1	1	1			5
	10				4				12
1	2			1	4				1
5				22	10			2	42
	1			11	3				22
3	11			7	20		2	3	21
3	41	1		47	31		2	3	76
16	131	1		109	92			1	232
	5	1		15	4			1	22
1	17			8	2			3	8
3	14			1	8			17	25
3	9			9	3		3		6
	1			3	1				5
				2	1				4
									2

主要统计指标解释

上年结转（行政复议） 是指本统计时段之前复议机关已受理但未审结的行政复议案件数。

上年结转（行政应诉） 是指人民法院已受理但尚未作出终审判决，裁定的诉讼案件数。

本年新收 是指本统计时段内行政机关新收到的行政复议案件数。

本年受理 是指本统计时段内行政复议机关决定立案审理的行政复议案件数。

已审结 是指在本统计时段内上期结转和本期新收的案件中已正式受理并审结的案件。

其他（已审结） 包括：①部分维持、部分撤销的决定；②部分维持、部分变更的决定；③部分维持、部分责令履行的决定；④部分撤销、部分变更的决定；⑤部分撤销、部分责令履行的决定；⑥部分变更、部分责令履行的决定等。

未审结 是指在本统计时段内尚未审结的案件数。

Explanatory Notes on Main Statistical Indicators

Cases transferred from last year (Administrative Reconsideration) —refer to the number of cases of administrative reconsideration that have been accepted by the organ of administrative reconsideration but whose trials have not been concluded before the current satistical period.

Cases transferred from last year (Administrative Response) —refer to the number of cases of lawsuit that have been allepted by people's count but not be final judged.

Cases newly received in the current year—refer to the number of cases of administrative reconsideration received newly by administration departments during the current statistical period.

Cases accepted in the current year—refer to the number of cases of administrative reconsideration that administrative reconsideration departments decided to file and try during the current statistical period.

Cases whose trials have been concluded—refer to cases transferred from the previous period and those that have been formally accepted among the cases newly received and whose trials have been concluded during the current period.

Others(Cases whose trials have been concluded)—including ① decision on partial maintenance and partial cancellation; ② decision on partial maintenance and partial change; ③ decision on partial maintenance and partial performance; ④ decision on partial cancellation and partial change; ⑤ decision on partial cancellation and partial performance; ⑥ decision on partial change and partial performance.

海洋资源管理

Marine Resources Management

海洋监测、调查情况（2012 年）
Marine Monitoring and Survey（2012）

		站点（船舶）数（个、艘）Number of Stations (vessels)	项目数（个）Number of Projects (number)	实际获得数据量（个）Actual Data Quantity (number)	发布公（简）报（期）Communique (Bulletin) Issued (issue)	提交报告（期）Report Submitted (issue)
海洋监测	**Marine Monitoring**	**479**	**652**	**284755884**	**5828**	
赤潮监测	Akashio Monitoring					
台站监测	Station Monitoring	108	353	217532839	24	
断面监测	Sectional Monitoring	119	62	20767	8	
浮标监测	Buoy Monitoring	41	74	3699426		
海冰监测	Sea Ice Monitoring	37	29	11253	45	
船舶监测	Ship Monitoring	57	21	11716945	5650	
其他监测	Other Monitoring	117	113	51774654	101	
海洋调查	**Marine Survey**	**4626**	**427**	**225820**	**110**	
大洋调查	Ocean Survey	1566	12	39710	13	
极地调查	Polar Survey	154	17	6486		
专项调查	Specified Subject Investigation	1563	63	80686	23	
其他调查	Other Survey	1343	335	98938	74	

海洋行政管理（2012 年）
Marine Administration（2012）

		总计 Grand Total
发放海域使用权发证（本）	Permits of Marine Area Use Right Issued(piece)	2348
签发疏浚物海洋倾倒许可证（份）	Permits of Dredged Material Ocean Dumping Issued(piece)	146 *
海域使用执法检查（次）	Law Enforcement Inspection of Sea Area Use(times)	73311
涉外海洋科研（项）	Foreign Marine Scientific Research(piece)	51
海底电缆管道执法检查次数（次）	Law Enforcement Inspection of Submarine Cable and Pipeline Laying(times)	1986
海洋工程环境保护监督检查次数（次）	Law Enforcement Inspection of Maritime Engineering Environmental Protection (times)	26906
海洋倾废监督检查次数（次）	Law Enforcement Inspection of Waste Ocean Dumping(times)	6419
海洋生态保护执法检查（次）	Law Enforcement Inspection of Marine Ecological Protection(times)	3965

注：1. 以上数据来自国家海洋局 2013 年海域使用管理公报及中国海洋行政执法公报。

2. *为国家海洋局审批数。

Note: 1. The data come from management communiqué on sea area use 2011 and communiqué on maritime administrative law enforcement 2011 published by State Oceanic Administration.

2. *Approved by State Oceanic Administration.

五、国土资源科学技术研究

Chapter 5 Scientific and Technological Research on Land and Resources

国土资源科技人才情况

Scientific and Technological Talented

地区	Region		进入省部级以上 Plan of Talented Personnel at and above Provincial	
			新世纪百千万人才工程 New Century National Hundred, Thousand and Ten Thousand Talents Project	千人计划 Thousand Talents Plan
总　计	Total	140	5	
北　京	Beijing	3	2	
天　津	Tianjin	1		
河　北	Hebei	4		
山　西	Shanxi	8		
内蒙古	Inner Mongolia	2		
辽　宁	Liaoning	2		
吉　林	Jilin	1		
黑龙江	Heilongjiang	2		
上　海	Shanghai			
江　苏	Jiangsu	14		
浙　江	Zhejiang	1		
安　徽	Anhui	3		
福　建	Fujian	3		
江　西	Jiangxi			
山　东	Shandong	4		
河　南	Henan			
湖　北	Hubei	5		
湖　南	Hunan	3	1	
广　东	Guangdong	2		
广　西	Guangxi	2		
海　南	Hainan	51		
重　庆	Chongqing	3		
四　川	Sichuan	3		
贵　州	Guizhou	1		
云　南	Yunnan	9	1	
西　藏	Tibet			
陕　西	Shaanxi			
甘　肃	Gansu	1		
青　海	Qinghai	12	1	
宁　夏	Ningxia			
新　疆	Xinjiang			

填报说明：统计范围包括省（区、市）国土资源主管部门和部直属单位及其所属的具有独立法人地位的科学研究与技术开发机构、转制规划院、信息中心、整治中心、油气中心、宝玉石中心、图书馆等。省（区、市）国土资源部门属单位参照部属单位范围填报。如无特别

Instructions for filling: The statistics concludes land and resources administrative agencies of the provincial, municipal and county level, and the units museum, Chinese academy of land and resourceseconomcs, China land surveying and planning instiute, Information center of MLR, China land center, China geological library. If no special instructions, statistical data refer to the annual newly added data.

——按地区分列（2013 年）

Personnel of Land and Resources by Region (2013)

高层次科技人才培养、流动（人） High-level Scientific and Technological Talented Personnel Training and Flow			
人才计划（人） and Ministerial Levels（person）		高层次科技人员流动（人） High-level Scientific and Technological Talented Personnel Flow (person)	
部科技创新人才工程 Scientific and Technological Innovative Talent Project of MLR	省级科技人才计划 Provincial-level Scientific and Technological Talent Plan	新增 Newly Increased	减少 Reduced
27	108	512	57
1			
1		1	
2	2		
	8		
	2	49	
1	1		
	1	6	4
	2		
		3	4
4	10	26	5
1		172	
3		33	1
2	1	49	
	4	35	17
		3	
5			
	2	21	3
2		9	2
	2	3	2
1	50	17	
2	1	19	1
	3		
1		1	
	8	13	
1		12	
	11	40	18

科研机构、信息文献机构、开展科研和开发活动的事业单位。部属单位：中国地质调查局及其所属事业单位、科研院所，博物馆、经研院、说明，统计数据均指本年度新增数据。
with the status as independent legal person affiliated to MLR. Units affliated to MLR.: China geological survey and its affliates, China geological consolidation and rehabilitation center, Gas and oil resources center for strategic of MLR, National gems and jewelry technology administrative

国土资源科技人才情况——
Scientific and Technological Talented Personnel of

年份/单位	Year/Units		新世纪百千万人才工程 New Century National Hundred, Thousand and Ten Thousand Talents Project
	2010	19	4
	2011	71	10
	2012	43	12
	2013	95	10
国土资源部信息中心	Information Center of Ministry of Land and Resources	2	
国土资源部人力资源开发中心	The Ministry of land and Resources HumanResources Development Centre		
国土资源部咨询研究中心	Consulting & research Center Ministry of Land & Resources		
国土资源部土地整治中心	China Land Consolidation and Rehabilitation		
中国国土资源经济研究院	Chinese Academy of Land & Resources Economics		
中国土地勘测规划院	China Land Surveying and Planning Institute	3	1
中国地质博物馆	The Geological Museum of China	1	
国土资源部油气资源战略研究中心	Gas and Oil Resources Centre for Strategic of MLR		
中国土地矿产法律事务中心	China Land and Mineral Legal Services Center		
国土资源部珠宝玉石首饰管理中心	National Gems & Jewelry Technology Administrative Centre		
中国地质调查局发展研究中心	Research Center of Development，CGS	4	
中国国土资源航空物探遥感中心	China Aero Geophsical Survey & Remote Sensing Center for Land Resources	9	2
中国地质环境监测院	China Geological Environment Monitoring Academy	3	
国土资源实物地质资料中心	Geological Material Center,MLR		
中国地质图书馆	China Geological Library		
中国地质调查局天津地质调查中心	Tianjin Institute of Geology and Mineral Resources,CGS	10	
中国地质调查局沈阳地质调查中心	Shenyang Institute of Geology and Mineral Resources,CGS		
中国地质调查局西安地质调查中心	Xi'an Institute of Geology and Mineral Resources,CGS	8	
中国地质调查局南京地质调查中心	Nanjing Institute of Geology and Mineral Resources,CGS	1	
中国地质调查局成都地质调查中心	Chengdu Institute of Geology and Mineral Resources,CGS	13	1
中国地质调查局武汉地质调查中心	Wuhan Institute of Geology and Mineral Resources,CGS		
青岛海洋地质研究所	Qingdao Institute of Marine Geology	2	
广州海洋地质调查局	Guangzhou Marine Geological Survey	6	
中国地质科学院	Chinese Academy of Geological Sciences(CAGS)	1	
中国地质科学院地质研究所	Institute of Geology, CAGS		
中国地质科学院矿产资源研究所	Institute of Mineral Resources, CAGS	6	4
中国地质科学院地质力学研究所	Institute of Geomechanics, CAGS	4	
中国地质科学院水文地质环境地质研究所	Institute of Hydrogeology and Environmental Geology, CAGS	2	
中国地质科学院地球物理地球化学勘查研究所	Institute of Geophysical and Geochemical Exploration, CAGS	5	1
中国地质科学院岩溶地质研究所	Guangxi Institute of Karst Geology, CAGS		
国家地质实验测试中心	National Research Center for Geoanalysis		
中国地质调查局水文地质环境地质调查中心	Institute of Hydrogeology and Environmental Geology,CGS	1	1
中国地质科学院勘探技术研究所	Institute of Exploration Techniques, CAGS	3	
中国地质科学院探矿工艺研究所	Institute of Exploration Technology, CAGS		
北京探矿工程研究所	Beijing Institute of Exploration Engineering	1	
中国地质科学院郑州矿产综合利用研究所	Zhengzhou Institute of Multipurpose Utilization of Mineral Resources, CAGS	4	
中国地质科学院成都综合利用研究所	Chengdu Institute of Multipurpose Utilization of Mineral Resources, CAGS	2	
中国地质调查局油气资源调查中心	Oil & Gas Survey.CGS	4	

填报说明：统计范围包括省（区、市）国土资源主管部门和部直属单位及其所属的具有独立法人地位的科学研究与技术开发机构、转制规划院、信息中心、整治中心、油气中心、宝玉石中心、图书馆等。省（区、市）国土资源部门属单位参照部属单位范围填报。如无特别

Instructions for filling: The statistics concludes land and resources administrative agencies of the provincial, municipal and county level, and the units museum, Chinese academy of land and resourceseconomcs, China land surveying and planning instiute, Information center of MLR, China land center, China geological library. If no special instructions, statistical data refer to the annual newly added data.

按部属事业单位分列

Land and Resources by Units Affiliated to MLR

高层次科技人才培养、流动 High-level Scientific and Technological Talented Personnel Training and Flow				
进入省部级以上人才计划（人） Plan of Talented Personnel at and above Provincial and Ministerial Levels (person)			高层次科技人员流动（人） High-level Scientific and Technological Talented Personnel Flow (person)	
千人计划 Thousand Talents Plan	部科技创新人才工程 Scientific and Technological Innovative Talent Project of MLR	省级科技人才计划 Provincial-level Scientific and Technological Talent Plan	新增 Newly Increased	减少 Reduced
	9	6	129	36
10	20	11	112	55
2	6	17	126	61
	63	22	165	35
	2		9	3
			20	
			25	
	2		2	
	1			
			3	2
	4			
	7		9	10
	1	2		
			6	
	10		8	3
			11	
	3	5	8	3
	1			
	3	9	4	
	2		2	
	3	3	14	2
	1			
			14	2
	2			
	4			
	2		11	6
	3	1		1
				1
			7	
	2	1		
			3	1
	1			
	3	1		
	2		6	1
	4		3	

科研机构、信息文献机构、开展科研和开发活动的事业单位。部属单位：中国地质调查局及其所属事业单位、科研院所，博物馆、经研院、
说明，统计数据均指本年度新增数据。

with the status as independent legal person affiliated to MLR. Units affliated to MLR.: China geological survey and its affliates, China geological consolidation and rehabilitation center, Gas and oil resources center for strategic of MLR, National gems and jewelry technology administrative

国土资源科技研发情况
Scientific Research of Land

年份/地区	Year/Region	科技研发与投入 Scientific and Technological					
		项目总数（项） Total Number of Projects (project)					
			国家级 State Level	部级 Ministerial Level	省级 Provincial Level	本单位 The Current Unit	
总 计	Total	1055	35	154	512	328	81301
北 京	Beijing	50	6	13	22	9	10155
天 津	Tianjin	17		1	17		
河 北	Hebei	15		1	2	12	2085
山 西	Shanxi						
内蒙古	Inner Mongolia	22		7	13	2	12655
辽 宁	Liaoning	8		5	3		1219
吉 林	Jilin	11		1	5	5	377
黑龙江	Heilongjiang	17	1	11	5		928
上 海	Shanghai	72		4	2	66	598
江 苏	Jiangsu	61	4	27	30		9929
浙 江	Zhejiang	20	1	5	8	6	809
安 徽	Anhui	95		1	77	17	3549
福 建	Fujian	51	1	9	11	13	3569
江 西	Jiangxi						
山 东	Shandong	122		8	93	21	3761
河 南	Henan	26	2		13	11	708
湖 北	Hubei	31		5		14	1011
湖 南	Hunan	99	3	4	9	83	2446
广 东	Guangdong	13	3		7	3	980
广 西	Guangxi	83		4	60	19	10181
海 南	Hainan	3		3			241
重 庆	Chongqing	88	8	21	59		1662
四 川	Sichuan	13		1	4	8	480
贵 州	Guizhou	50	5	4	25	16	5052
云 南	Yunnan	12	1	5	1	5	2036
西 藏	Tibet				2		
陕 西	Shaanxi						
甘 肃	Gansu	18		7	6	5	1388
青 海	Qinghai	53		6	37	10	4639
宁 夏	Ningxia						
新 疆	Xinjiang	5		1	1	3	842

填报说明：统计范围包括省（区、市）国土资源主管部门和部直属单位及其所属的具有独立法人地位的科学研究与技术开发机构、转制规划院、信息中心、整治中心、油气中心、宝玉石中心、图书馆等。省（区、市）国土资源部门属单位参照部属单位范围填报。如无特别

Instructions for filling: The statistics concludes land and resources administrative agencies of the provincial, municipal and county level, and the units museum, Chinese academy of land and resourceseconomcs, China land surveying and planning instiute, Information center of MLR, China land center, China geological library. If no special instructions, statistical data refer to the annual newly added data.

——按地区分列（2013 年）
and Resources by Region (2013)

Research and Development and Input 项目年度经费总数（万元） Total Annual Fund of the Project (10⁴yuan)				科技基础条件平台建设 Scientific and Technological Basic Conditions Platform Construction			
国家级 State Level	部级 Ministerial Level	省级 Provincial Level	本单位 The Current Units	重点实验室（个） Key Laboratory (number)	监督检验测试中心（个） Center of Supervision, Inspection and Analysis (number)	野外科学观测研究基地（个） Field Observation and Research Base	科普基地（个） Science Popularization Base (number)
3334	20938	47362	9112	21	7	31	56
370	2008	7535	242	1		3	3
	197	190					
	305	80	1700			4	7
	4120	7671	223			1	2
	328	891		1	1	4	5
	100	17	261			3	6
10	378	540					1
	403		195	1			
1110	4063	4756					
40	602	154	13				
	581	2968		3	1	2	1
50	455	1877	1187	1		4	4
980	441	1510	830	2			1
105		315	288	3		3	
	454		257	1	1	2	6
207	713	68	1458		1	1	2
79	210	628	63				
	393	9577	211				7
	241						
311	497	854					1
	10	286	184			1	
73	2589	2066	324	1	1		4
	515	200	1321			1	
				1			1
	223	1080	85	1			
	1011	3434	194	5	2	1	
	100	665	77			1	5

科研机构、信息文献机构、开展科研和开发活动的事业单位。部属单位：中国地质调查局及其所属事业单位、科研院所，博物馆、经研院、说明，统计数据均指本年度新增数据。

with the status as independent legal person affiliated to MLR. Units affliated to MLR.: China geological survey and its affliates, China geological consolidation and rehabilitation center, Gas and oil resources center for strategic of MLR, National gems and jewelry technology administrative

国土资源科技研发情况——
Scientific Research of Land and

年份/单位	Year/Units	科技研发与投入 Scientific and			
		项目总数（项） Total Number of Projects (project)			
			国家级 State Level	部级 Ministerial Level	省级 Provincial Level
	2010	1444	380	810	50
	2011	1716	488	839	59
	2012	1825	331	1042	57
	2013	2106	414	1053	57
国土资源部信息中心	Information Center of Ministry of Land and Resources	29		29	
国土资源部人力资源开发中心	The Ministry of land and Resources HumanResources Development Centre	8		8	
国土资源部咨询研究中心	Consulting & research Center Ministry of Land & Resources	6		6	
国土资源部土地整治中心	China Land Consolidation and Rehabilitation	26	3	23	
中国国土资源经济研究院	Chinese Academy of Land & Resources Economics	93		57	24
中国土地勘测规划院	China Land Surveying and Planning Institute	10	7	3	
中国地质博物馆	The Geological Museum of China	12	1	11	
国土资源部油气资源战略研究中心	Gas and Oil Resources Centre for Strategic of MLR	13	1	11	
中国土地矿产法律事务中心	China Land and Mineral Legal Services Center	21	1	20	
国土资源部珠宝玉石首饰管理中心	National Gems & Jewelry Technology Administrative Centre				
中国地质调查局发展研究中心	Research Center of Development，CGS	71		71	
中国国土资源航空物探遥感中心	China Aero Geophsical Survey & Remote Sensing Center for Land Resources	24	5	19	
中国地质环境监测院	China Geological Environment Monitoring Academy	17	3	14	
国土资源实物地质资料中心	Geological Material Center,MLR	12		12	
中国地质图书馆	China Geological Library	38		11	
中国地质调查局天津地质调查中心	Tianjin Institute of Geology and Mineral Resources,CGS	20	6	9	2
中国地质调查局沈阳地质调查中心	Shenyang Institute of Geology and Mineral Resources,CGS	1		1	
中国地质调查局西安地质调查中心	Xi'an Institute of Geology and Mineral Resources,CGS	39	28	3	8
中国地质调查局南京地质调查中心	Nanjing Institute of Geology and Mineral Resources,CGS	69	16	52	1
中国地质调查局成都地质调查中心	Chengdu Institute of Geology and Mineral Resources,CGS	119	14	89	
中国地质调查局武汉地质调查中心	Wuhan Institute of Geology and Mineral Resources,CGS	57		57	
青岛海洋地质研究所	Qingdao Institute of Marine Geology	33	28	5	
广州海洋地质调查局	Guangzhou Marine Geological Survey	60	17	7	
中国地质科学院	Chinese Academy of Geological Sciences(CAGS)	53		21	
中国地质科学院地质研究所	Institute of Geology, CAGS	213	97	60	
中国地质科学院矿产资源研究所	Institute of Mineral Resources, CAGS	199	66	75	3
中国地质科学院地质力学研究所	Institute of Geomechanics, CAGS	120	30	67	
中国地质科学院水文地质环境地质研究所	Institute of Hydrogeology and Environmental Geology, CAGS	71	21	4	1
中国地质科学院地球物理地球化学勘查研究所	Institute of Geophysical and Geochemical Exploration, CAGS	112	7	67	
中国地质科学院岩溶地质研究所	Guangxi Institute of Karst Geology, CAGS	127	10	9	12
国家地质实验测试中心	National Research Center for Geoanalysis	111	32	54	
中国地质调查局水文地质环境地质调查中心	Institute of Hydrogeology and Environmental Geology,CGS	36	2	34	
中国地质科学院勘探技术研究所	Institute of Exploration Techniques, CAGS	24		24	
中国地质科学院探矿工艺研究所	Chengdu Institute of Exploration Technology, CAGS	23	4	18	
北京探矿工程研究所	Beijing Institute of Exploration Engineering	18	2	16	
中国地质科学院郑州矿产综合利用研究所	Zhengzhou Institute of Multipurpose Utilization of Mineral Resources, CAGS	98	5	23	2
中国地质科学院成都综合利用研究所	Chengdu Institute of Multipurpose Utilization of Mineral Resources, CAGS	89	8	34	4
中国地质调查局油气资源调查中心	Oil & Gas Survey, CGS	34		29	

填报说明：统计范围包括省（区、市）国土资源主管部门和部直属单位及其所属的具有独立法人地位的科学研究与技术开发机构、转制
规划院、信息中心、整治中心、油气中心、宝玉石中心、图书馆等。省（区、市）国土资源部门属单位参照部属单位范围填报。如无特别

Instructions for filling: The statistics concludes land and resources administrative agencies of the provincial, municipal and county level, and the units
museum, Chinese academy of land and resourceseconomcs, China land surveying and planning instiute, Information center of MLR, China land
center, China geological library. If no special instructions, statistical data refer to the annual newly added data.

按部属事业单位分列

Resources by Units Affiliated to MLR

Technological Research and Development and Input						科技基础条件平台建设 Scientific and Technological Basic Conditions Platform Construction			
	项目经费总数（万元） Total Annual Fund of the Project (10^4 yuan)								
本单位 The Current Unit		国家级 State Level	部级 Ministerial Level	省级 Provincial Level	本单位 The Current Unit	重点实验室（个） Key Laboratory (number)	监督检验测试中心（个） Center of Supervision, Inspection and Analysis (number)	野外科学观测研究基地（个） Field Observation and Research Base (base)	科普基地（个） Science Popularization Base (base)
204	265884	52262	201259	9461	2902	1	3		
232	253981	71891	160421	6041	5147	16	11		9
345	295307	39164	236003	5703	9853	36	18	28	17
517	386169	98218	224666	1719	18437	34	18	36	14
	10733		10733			1			
	1941		1941						
	550		550						
	6353		6353			2	8	8	1
	8622		6300	1044		1			
	3912	3412	500						
	1262	250	1012						1
1	6107	40	3067		3000				
	3148	5	3143			1			
	20273	19445				1			
	4867	840	4027			1			
	599	125	474					5	3
	6030		6030					1	1
	3744		3090						1
	44583	42090	2445	15		1	1	1	
	241		241						
	709	254	366	90		2	1	5	1
	11229	11229					1		
16	25850	417	19488		5945	1		1	
	12210		12210			1	1	1	1
	41800	3580	600						
36	2170	1458	445		267	1	1		
32	5605		4961		644				
56	19716	7758	11388		570	5		2	
37	19431	1820	15616	139	513	2			2
23	14856	994	13432		430	2		2	1
45	1223	495	188		540	3	1	2	1
38	16459	775	15165		519	3	1	2	
96	15300	918	9882	401	3099	3	1	4	1
25	6432	977	5157		298				
	10483	20	10463			1		1	
	8708		8708						
1	4525	170	4340		15				
	3753	652	3101				1		
68	6783	348	5347	10	1078	1	1	1	
43	5387	148	3700	20	1519	1			
	30576		30203						

科研机构、信息文献机构、开展科研和开发活动的事业单位。部属单位：中国地质调查局及其所属事业单位、科研院所，博物馆、经研院、
说明，统计数据均指本年度新增数据。

with the status as independent legal person affiliated to MLR. Units affliated to MLR.: China geological survey and its affliates, China geological consolidation and rehabilitation center, Gas and oil resources center for strategic of MLR, National gems and jewelry technology administrative

国土资源科技成果情况
Land and Resources Development

年份/地区 Year/Region	科技成果 Scientific and technological achievements											
	核心论文（篇）Core Journal Papers (paper)		科技著作（部）Scientific and Technological Works (monograph)	申请专利（件）Patent Application (case)			省部级以上科技奖励（项）Scientific and Technological Rewards at and above The Provincial and Ministerial Levels (project)			科技奖项（人）Scientific and Technological Prizes (person)		
		被SCI、EI、ISTP收录（次）Papers Indexed/Abstracted in SCI, EI and ISTP (times)			已授权专利 Authorized Patent	申请软件著作权 Apply for Software Copyright		国家级 State Level	省部级 Provincial and Ministerial Levels		李四光奖 J.S. Lee Prize	黄汲清奖 Huang Jiqing (Huang T.K.) Prize
2011	2382	487	107	131	66		116	11	100	27	4	2
2012	2089	519	133	160	82		145	4	137	2	1	1
2013	811	61	33	64	45	26	90	6	84	1	1	
北　京 Beijing	88	15	2	1	1	6	2		2			
天　津 Tianjin	10											
河　北 Hebei	82	5	3	17	10	7	2		2			
山　西 Shanxi												
内蒙古 Inner Mongolia							2		2			
辽　宁 Liaoning	1		1				5	2	3			
吉　林 Jilin	1		2		1		1		1			
黑龙江 Heilongjiang	3						1		1			
上　海 Shanghai	7	2		2	2	3	6		6			
江　苏 Jiangsu	50		2				2		2			
浙　江 Zhejiang	35	2	2	6	2					1	1	
安　徽 Anhui	27					1	4		4			
福　建 Fujian	31		1				3		3			
江　西 Jiangxi												
山　东 Shandong	175	2	9	10	4		8		8			
河　南 Henan	12	3	1				1		1			
湖　北 Hubei	5	5					3	1	2			
湖　南 Hunan	49	5	4	5	3	3	16		16			
广　东 Guangdong	18			2	2	1	6		6			
广　西 Guangxi	9						1		1			
海　南 Hainan	8											
重　庆 Chongqing	90	11	1	18	18	3	12		12			
四　川 Sichuan			1	1		2	2		2			
贵　州 Guizhou	51	7		2	2		2	1	1			
云　南 Yunnan	9	3					2	1	1			
西　藏 Tibet	1	1	1									
陕　西 Shaanxi												
甘　肃 Gansu	18						2		2			
青　海 Qinghai	31		3				7	1	6			
宁　夏 Ningxia												
新　疆 Xinjiang												

填报说明：统计范围包括省（区、市）国土资源主管部门和部直属单位及其所属的具有独立法人地位的科学研究与技术开发机构、转制规划院、信息中心、整治中心、油气中心、宝玉石中心、图书馆等。省（区、市）国土资源部门属单位参照部属单位范围填报。如无特别

Instructions for filling: The statistics concludes land and resources administrative agencies of the provincial, municipal and county level, and the units museum, Chinese academy of land and resourceseconomcs, China land surveying and planning instiute, Information center of MLR, China land center, China geological library. If no special instructions, statistical data refer to the annual newly added data.

——按地区分列

and Achievements by Region

国土资源标准（个） Standards of Land and Resources (standard)				科学技术普及 Scientific and Technological Popularization		国际科技合作 International Scientific and Technological Cooperation
	国家标准 State Standard	行业标准 Industrial Standard	地方标准 Local Standard	科普作品（种） Popular Science Works (kind)	主题科普活动（次） Thematic Science Popularization Activity (time)	举办国际科技会议（次） Holding International Scientific and Technological Meetings (time)
50	27	13	10	37	134	26
67	21	30	16	44	173	38
52	3	7	43	64	664	3
3			3	2	3	
					7	
				3	10	
3	1		2			
				1	25	
				2	3	1
1			1		4	
					1	
				4	5	
5		5			2	1
3			3	3	8	
					3	
				1	1	
		1		1	9	
				1	4	
1			1		3	
24			24	2	4	
1			1	3		
2			2	17	97	
					5	
4	2	1	1	1	5	
1			1		1	
4			4	21	411	
					1	1
					2	
				2	50	

科研机构、信息文献机构、开展科研和开发活动的事业单位。部属单位：中国地质调查局及其所属事业单位、科研院所，博物馆、经研院、说明，统计数据均指本年度新增数据。

with the status as independent legal person affiliated to MLR. Units affliated to MLR.: China geological survey and its affliates, China geological consolidation and rehabilitation center, Gas and oil resources center for strategic of MLR, National gems and jewelry technology administrative

国土资源科技成果情况——
Land and Resources Development and

年份/单位	Year/Units	核心论文（篇）Core Journal Papers (paper)	被SCI、EI、ISTP收录（次）Papers Indexed/Abstracted in SCI, EI and ISTP (time)
	2011	1804	442
	2012	1536	446
	2013	2364	680
国土资源部信息中心	Information Center of Ministry of Land and Resources	10	
国土资源部人力资源开发中心	The Ministry of Land and Resources HumanResources Development Centre	1	
国土资源部咨询研究中心	Consulting & Research Center Ministry of Land & Resources		
国土资源部土地整治中心	China Land Consolidation and Rehabilitation	35	3
中国国土资源经济研究院	Chinese Academy of Land & Resources Economics	74	5
中国土地勘测规划院	China Land Surveying and Planning Institute	78	2
中国地质博物馆	The Geological Museum of China	21	7
国土资源部油气资源战略研究中心	Gas and Oil Resources Centre for Strategic of MLR	9	
中国土地矿产法律事务中心	China Land and Mineral Legal Services Center	16	
国土资源部珠宝玉石首饰管理中心	National Gems & Jewelry Technology Administrative Centre	1	1
中国地质调查局发展研究中心	Research Center of Development，CGS	114	14
中国国土资源航空物探遥感中心	China Aero Geophsical Survey & Remote Sensing Center for Land Resources	56	16
中国地质环境监测院	China Geological Environment Monitoring Academy	42	11
国土资源实物地质资料中心	Geological Material Center,MLR	15	1
中国地质图书馆	China Geological Library	25	2
中国地质调查局天津地质调查中心	Tianjin Institute of Geology and Mineral Resources,CGS	69	13
中国地质调查局沈阳地质调查中心	Shenyang Institute of Geology and Mineral Resources,CGS	37	5
中国地质调查局西安地质调查中心	Xi'an Institute of Geology and Mineral Resources,CGS	124	30
中国地质调查局南京地质调查中心	Nanjing Institute of Geology and Mineral Resources,CGS	70	36
中国地质调查局成都地质调查中心	Chengdu Institute of Geology and Mineral Resources,CGS	180	35
中国地质调查局武汉地质调查中心	Wuhan Institute of Geology and Mineral Resources,CGS	102	34
青岛海洋地质研究所	Qingdao Institute of Marine Geology	111	46
广州海洋地质调查局	Guangzhou Marine Geological Survey	51	15
中国地质科学院	Chinese Academy of Geological Sciences(CAGS)	23	13
中国地质科学院地质研究所	Institute of Geology, CAGS	220	140
中国地质科学院矿产资源研究所	Institute of Mineral Resources, CAGS	202	73
中国地质科学院地质力学研究所	Institute of Geomechanics, CAGS	167	87
中国地质科学院水文地质环境地质研究所	Institute of Hydrogeology and Environmental Geology, CAGS	106	23
中国地质科学院地球物理地球化学勘查研究所	Institute of Geophysical and Geochemical Exploration, CAGS	124	10
中国地质科学院岩溶地质研究所	Guangxi Institute of Karst Geology, CAGS	70	16
国家地质实验测试中心	National Research Center for Geoanalysis	38	11
中国地质调查局水文地质环境地质调查中心	Institute of Hydrogeology and Environmental Geology,CGS	34	9
中国地质科学院勘探技术研究所	Institute of Exploration Techniques, CAGS	4	
中国地质科学院探矿工艺研究所	Chengdu Institute of Exploration Technology, CAGS	5	
北京探矿工程研究所	Beijing Institute of Exploration Engineering	5	2
中国地质科学院郑州矿产综合利用研究所	Zhengzhou Institute of Multipurpose Utilization of Mineral Resources, CAGS	42	
中国地质科学院成都综合利用研究所	Chengdu Institute of Multipurpose Utilization of Mineral Resources, CAGS	66	12
中国地质调查局油气资源调查中心	Oil & Gas Survey, CGS	17	8

按部属事业单位分列
Achievements by Units Affiliated to MLR

科技成果 Scientific and Technological Achievements						
科技著作（部） Scientific and Technological Works (monograph)	申请专利（件） Patent Application (case)			省部级以上科技奖励（项） Scientific and Technological Rewards at and above the Provincial and Ministerial Levels (project)		
		已授权专利 Authorized Patent	申请软件著作权 Apply for Software Copyright		国家级 State Level	省部级 Provincial and Ministerial Levels
86	92	42		49	9	40
96	113	60	26	88	3	84
154	177	117	56	72	4	68
				1		
3						
1	2		3			
10	3		3	4		4
21				4	1	3
8	1					
8				2		2
2						
18	16	16	16	19		19
13	6	3	6	6		6
8	3	2	1	6		6
3						
2						
4				1		1
1						
4	8	4	2			
6	1	1		3		3
5				1		1
10	7	1				1
	8	8		1		1
1	2	1	1	2	1	1
1						
2	5	4	1	1		1
4	9	5	4	4	1	3
8	3	3		2		2
3	5	5	7			
4	25	19	7			
				6		6
1	1	6		1		1
1	9	2	4	3		3
	14	6		1	1	
	5	5		1		1
	20	12	1			
1	7	1		2		2
	5	5		1		1
1	12	8				

国土资源科技成果情况——
Land and Resources Development and

年份/单位	Year/Units			
		科技奖项(人) Scientific and Technological Prizes (person)		
			李四光奖 J.S. Lee Prize	黄汲清奖 Huang Jiqing (Huang T.K.) Prize
	2011	23	2	1
	2012	1		1
	2013	3	3	
国土资源部信息中心	Information Center of Ministry of Land and Resources			
国土资源部人力资源开发中心	The Ministry of land and Resources HumanResources Development Centre			
国土资源部咨询研究中心	Consulting & Research Center Ministry of Land & Resources			
国土资源部土地整治中心	China Land Consolidation and Rehabilitation			
中国国土资源经济研究院	Chinese Academy of Land & Resources Economics			
中国土地勘测规划院	China Land Surveying and Planning Institute			
中国地质博物馆	The Geological Museum of China			
国土资源部油气资源战略研究中心	Gas and Oil Resources Centre for Strategic of MLR			
中国土地矿产法律事务中心	China Land and Mineral Legal Services Center			
国土资源部珠宝玉石首饰管理中心	National Gems & Jewelry Technology Administrative Centre			
中国地质调查局发展研究中心	Research Center of Development，CGS			
中国国土资源航空物探遥感中心	China Aero Geophsical Survey & Remote Sensing Center for Land Resources			
中国地质环境监测院	China Geological Environment Monitoring Academy	1	1	
国土资源实物地质资料中心	Geological Material Center,MLR			
中国地质图书馆	China Geological Library			
中国地质调查局天津地质调查中心	Tianjin Institute of Geology and Mineral Resources,CGS			
中国地质调查局沈阳地质调查中心	Shenyang Institute of Geology and Mineral Resources,CGS			
中国地质调查局西安地质调查中心	Xi'an Institute of Geology and Mineral Resources,CGS			
中国地质调查局南京地质调查中心	Nanjing Institute of Geology and Mineral Resources,CGS			
中国地质调查局成都地质调查中心	Chengdu Institute of Geology and Mineral Resources,CGS	1	1	
中国地质调查局武汉地质调查中心	Wuhan Institute of Geology and Mineral Resources,CGS			
青岛海洋地质研究所	Qingdao Institute of Marine Geology	1	1	
广州海洋地质调查局	Guangzhou Marine Geological Survey			
中国地质科学院	Chinese Academy of Geological Sciences(CAGS)			
中国地质科学院地质研究所	Institute of Geology, CAGS			
中国地质科学院矿产资源研究所	Institute of Mineral Resources, CAGS			
中国地质科学院地质力学研究所	Institute of Geomechanics, CAGS			
中国地质科学院水文地质环境地质研究所	Institute of Hydrogeology and Environmental Geology, CAGS			
中国地质科学院地球物理地球化学勘查研究所	Institute of Geophysical and Geochemical Exploration, CAGS			
中国地质科学院岩溶地质研究所	Guangxi Institute of Karst Geology, CAGS			
国家地质实验测试中心	National Research Center for Geoanalysis			
中国地质调查局水文地质环境地质调查中心	Institute of Hydrogeology and Environmental Geology, CGS			
中国地质科学院勘探技术研究所	Institute of Exploration Techniques, CAGS			
中国地质科学院探矿工艺研究所	Chengdu Institute of Exploration Technology, CAGS			
北京探矿工程研究所	Beijing Institute of Exploration Engineering			
中国地质科学院郑州矿产综合利用研究所	Zhengzhou Institute of Multipurpose Utilization of Mineral Resources, CAGS			
中国地质科学院成都综合利用研究所	Chengdu Institute of Multipurpose Utilization of Mineral Resources, CAGS			
中国地质调查局油气资源调查中心	oil & Gas Survey, CGS			

按部属事业单位分列 续表

Achievements by Units Affiliated to MLR Continued

科技成果 Scientific and Technological Achievements						国际科技合作 International Scientific and Technological Cooperation
国土资源标准（个） Standards of Land and Resources (standard)				科学技术普及 Scientific and Technological Popularization		
	国家标准 State Standard	行业标准 Industrial Standard	地方标准 Local Standard	科普作品（种） Popular Science Works (kind)	主题科普活动（次） Thematic Science Popularization Activity (time)	举办国际科技会议（次） Holding International Scientific and Technological meetings (time)
31	23	8		7	47	22
36	21	15		12	74	34
31	10	22		30	87	40
						1
11		11				
						1
1		1			2	2
					4	
						1
				2	1	1
		1			7	1
						1
4		4		3	28	
4	1	3		15	2	
					1	
				4	18	
				2	1	2
					1	
						1
					1	2
					2	
						6
				3	3	8
					5	3
					1	3
					1	
					2	4
					2	
2		2				
					2	2
9	9				1	
						1
				1	2	

主要统计指标解释

高层次科技人员 科技人员是指本单位固定人员中从事各类科技活动的人员。高层次科技人员是指副高级以上专业技术职称人员或博士。在高层次科技人员流动中，新增就是报告期内新增加的高层次科技人员数，减少就是报告期内减少的高层次科技人员数。

省部级以上人才计划 是指入选省部级以上人才计划的人员，包括入选国家新世纪百千万人才工程、国家千人计划、部科技创新人才工程、省级科技人才计划（入选省科技厅、国土资源厅组织的有关科技人才培养计划）等人员。

项目总数 是指报告期内在研的各类科研项目数，包括报告期内新立项目、已立项正在研究的项目、报告期内结题项目。国家级是指国家科技计划项目，包括国家自然科学基金、“973”计划、科技支撑计划、“863”计划、科技基础条件平台计划、国家科技重大专项、国际科技合作计划等；部级是指国土资源部科技计划及国土资源领域重大专项科研项目，包括部门科技计划项目、国土资源大调查、金土工程、海洋保障工程、危机矿山接替资源找矿、油气战略选区、第二次全国土地调查、地质矿产保障工程、矿产资源节约与综合利用、部公益性行业科研专项等。省级是指省级科技计划及省级国土资源专项科研项目，包括各省（区、市）科技厅、国土资源厅立项的科技计划项目、国土资源专项安排的科技项目。本单位是指各单位用科研业务事业费、自有资金开展的科研项目。

为避免重复填报，均由项目承担单位中排名最靠前的部系统内单位填写，国土资源部系统内单位共同承担的项目不重复填报。

项目年度经费总数 是指报告期内在研的各类科研项目本年度经费总和。没有项目年度经费数据的，填报本年度到账经费。

重点实验室 是指报告期内新命名或批准建设的国家级、省部级重点实验室，包括国土资源部与教育部共建、与各省共建的实验室。

监督检验测试中心 是指报告期内，通过国土资源部评审命名的国土资源部质量监督检测测试中心。

野外科学研究观测基地 是指报告期内，通过国土资源部评审命名的国土资源部野外科学研究观测基地。

科普基地 是指报告期内，通过国土资源部评审命名的国土资源部科普基地。

核心论文 在国际或在全国性核心期刊上以第一作者身份发表的论文。被 SCI、EI、ISTP 收录主要指由美国出版的科学引文索引（《SCI》）、科学技术会议索引（《ISTP》）和工程索引（《EI》）三种检索系统中收录的科技人员发表的期刊论文和会议论文。

科技著作 是指经过正式出版部门编印出版的科技专著、大专院校教科书、科普著作。为避免重复统计，只统计以本机构科技人员为第一作者的论文和著作。同一书名为部，与书的发行量无关。

申请专利 指报告期内，向国内外知识产权行政部门提出专利申请并被受理的件数。已授权专利是指报告期内，由国内外知识产权行政部门向本单位授予专利权的件数。专利包括发明专利、实用新型专利和外观设计专利三类。

软件著作权 指软件的开发或者其他权利人依据有关著作权法律的规定，对于软件作品所享有的各项专有权利。

省部级以上科技奖励 指报告期内，获得的国家级、省部级科技奖励的数目。国家级包括国家自然科学奖、国家技术发明奖、国家科技进步奖。省部级包括以国务院各部门名义颁发的或省（区、市）（科委）名义颁发的重大科技成果奖和科技进步奖等。获奖项目填报，由获奖项目承担单位排名最靠前的部系统内单位填写，多个部系统内单位共同获奖的不重复填报。

科技奖项 是指报告期内获得李四光奖（包括李四光地质科学荣誉奖、李四光野外地质工作者奖、李四光地质科技研究者奖、李四光地质教师奖）、黄汲清奖（包括黄汲清野外地质工作者奖、黄汲清地质科技研究者奖、黄汲清地质教师奖）的地质科技工作者。

国土资源标准 是指报告期内发布的制订、修订的国土资源标准数目，由制订、修订单位中排名最靠前的系统内单位填写，多个系统内单位共同编制的不重复填报。

科普作品 是指报告期内出版的图书、期刊、音像制品等科普作品。只统计第一作者的本单位科技人员。

主题科普活动 是指报告期内，本单位作为活动第一承担单位开展的国土资源领域科普活动。

举办国际科技会议 是指报告期内，本单位组织的两个或两个以上国家的科技人员在一个共同的场合就一个或一组共同感兴趣的课题相互交流信息、开展研讨的活动。

Explanatory Notes on Main Statistical Indicators

High-level scientific and technological talented personnel — Scientific and technological personnel refer to persons who conduct various kinds of scientific and technological activities in the fixed staff and workers in the current units. High-level scientific and technological personnel refer to persons with a professional technical title at and above the associate senior level or doctors. In the flow of high-level scientific and technological talented personnel, newly increased refers to the number of high-level scientific and technological personnel newly increased during the reporting period; reduced refers to the number of high-level scientific and technological talented personnel reduced during the reporting period.

Plan of Talented Personnel at and above Provincial and Ministerial Levels — refers to persons selected into the Plan of Talented Personnel at and above Provincial and Ministerial Levels, including those selected into the New Century National Hundred, Thousand and Ten Thousand Talent Project, Scientific and Technological Innovative Talent Project of MLR, and provincial-level scientific and technological talent plans (scientific and technological talented people training plans sponsored by departments (bureaus) of science and technology and departments (bureaus) of land and resources of provinces).

Total number of projects — refers to the number of various kinds of ongoing scientific research projects, including those filed newly during the reporting year, those that have been filed and are under research, and those whose research has been finished. The state-level projects refer to the projects in state scientific and technological plans, including the National Natural Science Foundation of China, National Key Basic Research Development Plan (973 Plan), State Science and Technology Support Program, State High-Tech Research and Development Program (863 Program), National Program for Sci-Tech Basic Conditions Platform Construction, major state special projects of science and technology, and plan for international scientific and technological cooperation. The ministerial-level projects refer to the scientific and technological plans of MLR and major special scientific and technological projects in areas of land and resources, including projects of scientific and technological plans of various sectors, land and resources survey, Golden Land Project, Marine Guarantee Project, succession and substitute resource exploration in crisis mines, oil and gas strategic candidate areas, second national land survey, geological and mineral resources guarantee project, saving and total utilization of mineral resources, and special scientific research project of MLR public-welfare industries. The provincial-level projects refer to provincial-level scientific and technological plans and provincial-level special scientific research projects of land and resources, including projects of scientific and technological plans filed by scientific and technological departments of various provinces (autonomous regions and municipalities under the Central Government) and departments of land and resources and scientific and technological projects arranged by special land and resources projects. The current unit refers to scientific research projects carried out by various units using operating expenses of scientific research and free funds.

In order to avoid filling out repeatedly, this item should be filled out by the unit within the MLR system which ranks first among the units undertaking the projects, while the project undertaken jointly by the units within the MLR system must not be filled out repeatedly.

Total annual fund of the project — refers to the total sum of funds of various ongoing scientific research projects in the current year during the reporting period. For the projects without the data of yearly funds, the funds credited into the account in the current year are filled in.

Key laboratory — refers to the state and provincial level key laboratories newly named or established after approval during the reporting period, including those established jointly by MLR and the Ministry of Education and by MLR and provinces.

Center of supervision, inspection and analysis — refers to the centers of quality supervision, inspection and analysis of MLR examined, evaluated, and named by MLR during the reporting period.

Field Observation and Research Base — refer to the bases of field observation and research of MLR examined，evaluated,and named by MLR during the reporting period.

Science popularization base — refers to the science popularization base of MLR examined, evaluated and named by MLR during the reporting period.

Core journal papers — refer to those papers published as the first author in international journals or domestic core journals. Papers indexed/abstracted in SCI, EI and ISTP mainly refer to papers published by scientific and technological personnel in academic journals and proceedings which are indexed/abstracted in three retrieval systems: SCI (Science Citation Index), ISTP (Index to Scientific & Technical Proceedings) and EI (Engineering Index) published in the United States.

Scientific and technological works — refer to scientific and technological monographs, text-books of universities and colleges, and popular science books compiled, printed, and published by formal publishing establishments. In order to evade repetition in statistical survey, only the papers and works whose first authors are scientific and technological persons of the current organization are included in the statistics. The books with the same title are considered to be one entry, which is unrelated to the quantity of distribution of the books.

Patent application — refer to the number of patent applications submitted to foreign or domestic administrative departments in charge of intellectual property rights and accepted by them during the reporting period. The authorized patents refer to the number of patent rights granted to the current units by foreign and domestic administrative departments in charge of intellectual property rights. Patents include invention patent, practical new patent and design patent.

Software Coperight — refer to all the proprietary rights enjoyed by the software developers or other right holders in accordance with the provisions of the law about copyright.

Scientific and technological rewards at and above the provincial and ministerial levels — refer to the number of state and provincial level scientific and technological rewards won during the reporting period. The state-level rewards include the National Natural Science Prize of China, State Technological Invention Prize, and State Scientific and Technological Progress Prize, and the provincial-level rewards include prizes of important scientific and technological results and scientific and technological progress prizes issued in the name of various departments of the State Council or issued in the name of governments (commissions of science and technology) of provinces (autonomous regions and municipalities directly under the Central Government). The project winning a reward is filled in by the unit of the MLR system which ranks first among the units undertaking the reward-winning project. The reward must not be filled in repeatedly if several units within the MLR system win the prize together.

Scientific and technological prizes — refer to geological scientific and technological workers winning the J.S. Lee Prize (including J.S. Lee Special (Honorary) Prize for Geological Sciences, J.S. Lee Prize for Field Geological Workers, J.S. Lee Prize for Geological Scientific and Technological Researchers, and J.S. Lee Prize for Geological Teachers), and Huang Jiqing (T.K. Huang) Prize (including Huang Jiqing Prize for Field Geological Workers, Huang Jiqing Prize for Geological Scientific and Technological Researchers, and Huang Jiqing Prize for Geological Teachers).

Standards of land and resources — refer to the number of standards of land and resources formulated and revised during the reporting period. It is filled in by the unit within the MLR system which ranks first among the formulating and revising units. It must not be filled in repeatedly if several units within the MLR system win the prize together.

Popular science works — refer to popular science works such as books, periodicals and audio-video products. Only the scientific and technological personnel in the first author's unit are calculated in the statistics.

Thematic science popularization activity — refers to the science popularization activity in the land and resource areas carried out by the current unit as the first unit undertaking the activity during the reporting period.

Holding international scientific and technological meetings — refers to the activity in which the current unit organizes scientific and technological personnel of two or more than two countries to conduct idea exchange and discussion of one topic or a group of topics of common interest at a public site during the reporting period.

六、测　　绘

Chapter 6　Surveying and Mapping

数字成果
Digital

单位：幅，平方千米

年份/地区	Year/Region	数字线划地图（DLG）					
		合计 Total		1∶50000		1∶10000	
		图幅数 Sheet	面积 Area	图幅数 Sheet	面积 Area	图幅数 Sheet	面积 Area
2011		365410	10941406	21837	9160183	56694	1481955
2012		393029	14787375	21916	9043395	49549	1383843
2013		365906	26849624	36615	17043741	57522	1483632
北 京	Beijing	8433	12070			457	9140
天 津	Tianjin	9247	18377			700	17500
河 北	Hebei	48945	61714			2712	47161
山 西	Shanxi	3001	38342			1520	38000
内蒙古	Inner Mongolia	954	18198			724	17600
辽 宁	Liaoning	4955	21283			834	20330
吉 林	Jilin	2289	53074			2289	53074
黑龙江	Heilongjiang	29481	10960709	13863	7148400	3713	93975
上 海	Shanghai	31586	12499			148	3240
江 苏	Jiangsu	10378	100076			3843	97316
浙 江	Zhejiang	36169	107706			3578	100184
安 徽	Anhui	15868	33226			1000	27175
福 建	Fujian	594	7994			176	5016
江 西	Jiangxi	6469	592616	442	166900	3125	87641
山 东	Shandong	12990	40644			1516	37900
河 南	Henan	17678	53665			2188	48790
湖 北	Hubei	24851	61688			1979	52895
湖 南	Hunan	6619	52354			1763	49944
广 东	Guangdong	8629	369761			6599	176592
广 西	Guangxi	4009	45402			1520	43873
海 南	Hainan	2746	478656	1292	475189	127	3235
重 庆	Chongqing	1189	9010				
四 川	Sichuan	28819	3419786	8108	3266165	5200	145024
贵 州	Guizhou	4794	27316			884	24756
云 南	Yunnan	3310	112060	61	28499	2808	83262
西 藏	Tibet	8	240			8	240
陕 西	Shaanxi	17262	9510177	11765	5491925	2116	49580
甘 肃	Gansu	3809	36401			1294	32350
青 海	Qinghai	518	12950			518	12950
宁 夏	Ningxia	250	6250			250	6250
新 疆	Xinjiang	9291	91803			3644	91100
青 岛	Qingdao						
大 连	Dalian						
宁 波	Ningbo	622	3392			132	3300
深 圳	Shenzhen	2470	150				
厦 门	Xiamen						
重庆测绘院	Chongqing Institute of Surveying and Mapping，SBSM	5684	478830	1084	466663	157	4239
中国测绘科学研究院	Chinese Academy of Surveying & Mapping	1989	1205				

生产情况

Products

Unit: sheet, km²

Digital Line Graphic							
1∶5000		1∶2000		1∶1000		1∶500	
图幅数 Sheet	面积 Area	图幅数 Sheet	面积 Area	图幅数 Sheet	面积 Area	图幅数 Sheet	面积 Area
6557	36510	53059	64411	61042	14152	156345	9077
6149	40299	69908	56550	88848	23198	150201	10361
6265	41970	55073	46653	97880	24968	111832	7160
		3376	2700			4600	230
		567	454			7980	424
65	300	9944	4965	25166	8650	11058	638
		168	168	492	123	821	51
70	438	160	160				
		398	398	1713	428	2010	125
672	4040	127	94	3952	970	6916	430
		7581	6065	13345	2669	10512	526
		1669	1669	4290	1055	576	36
165	822	4426	4949			28000	1750
84	370	1280	670	10551	2246	2776	165
418	2978						
		1000	1000	1900	475		
		1874	1874	1440	360	8160	510
233	1228	1014	977	10677	2459	3566	212
		5500	5500	11772	2943	5600	350
		1607	1557	3196	799	53	52
1725	10890	279	279				
16	34	2200	1422	263	73	10	1
				1029	202	298	30
1029	9000					160	10
334	2339	5171	5104	840	210	9166	945
		2470	2470			1440	90
19	112	171	171			251	16
		656	650	2305	513	144	9
384	2400	1491	1491	640	160		
		63	63	1549	388	4035	252
						490	92
				2470	150		
942	6311	1491	1491			2010	126
109	708	390	312	290	95	1200	90

数字成果
Digital

单位：幅，平方千米

年份/地区	Year/Region	数字高程模型（DEM）					
		合计 Total		1：5万		1：1万	
		图幅数 Sheet	面积 Area	图幅数 Sheet	面积 Area	图幅数 Sheet	面积 Area
	2011	83671	810229	128	51100	27271	709822
	2012	135185	1762199	2320	1043700	20766	643583
	2013	**232511**	**3873390**	**6903**	**2702002**	**38349**	**995948**
北　京	Beijing						
天　津	Tianjin	689	12743			689	12743
河　北	Hebei	1437	4850				
山　西	Shanxi	2010	18063			678	16950
内蒙古	Inner Mongolia	724	17601			724	17601
辽　宁	Liaoning	1769	21266			834	20330
吉　林	Jilin						
黑龙江	Heilongjiang	5408	125571	101	40002	3218	81075
上　海	Shanghai						
江　苏	Jiangsu						
浙　江	Zhejiang	8127	106180			3581	100268
安　徽	Anhui	4394	1469				
福　建	Fujian						
江　西	Jiangxi	160	160				
山　东	Shandong	15074	52844			2000	50000
河　南	Henan	16671	8958			400	3566
湖　北	Hubei	91408	126160			1408	36160
湖　南	Hunan	8692	18833			471	13252
广　东	Guangdong	6599	179592			6599	179592
广　西	Guangxi						
海　南	Hainan	27	810			27	810
重　庆	Chongqing	1029	9000				
四　川	Sichuan	37747	1221607	2887	1096000	4153	111315
贵　州	Guizhou	1028	28788			1028	28788
云　南	Yunnan	3790	80350			2671	79138
西　藏	Tibet	20	252			8	240
陕　西	Shaanxi	6599	1589238	3915	1566000	976	22740
甘　肃	Gansu	4265	99425			3881	97025
青　海	Qinghai	518	13288			518	13288
宁　夏	Ningxia	470	11750			470	11750
新　疆	Xinjiang	3620	90500			3620	90500
青　岛	Qingdao						
大　连	Dalian						
宁　波	Ningbo	99	2500			99	2500
深　圳	Shenzhen						
厦　门	Xiamen						
重庆测绘院	Chongqing Institute of Surveying and Mapping，SBSM	7215	26922			153	3457
中国测绘科学研究院	Chinese Academy of Surveying & Mapping	2922	4670			143	2860

生产情况　续表 1
Products　Continued 1

Unit: sheet, km²

Digital Elevation Model							
1：5000		1：2000		1：1000		1：500	
图幅数 Sheet	面积 Area	图幅数 Sheet	面积 Area	图幅数 Sheet	面积 Area	图幅数 Sheet	面积 Area
5062	18791	25021	26141	15117	3714	11072	661
4892	22142	45522	45068	19297	5124	42388	2582
7021	**47062**	**114970**	**115450**	**44619**	**10903**	**20649**	**2024**
802	4220	635	630				
		1040	1040	292	73		
		935	935				
672	4040	133	133	1284	321		
165	823	4341	5079	40	10		
		1053	858	3341	611		
		160	160				
		1874	1874	1440	360	9760	610
132	757	993	965	15146	3669		
		90000	90000				
		3853	3853	3520	880	848	848
1029	9000						
330	2310	7316	7253	17540	4385	5521	345
19	112	1100	1100				
		12	12				
		72	89	1636	409		
384	2400						
3424	23000	318	334			3320	131
64	400	1135	1135	380	185	1200	90

数字成果
Digital

单位：幅，平方千米

年份/地区	Year/Region	数字栅格地图（DRG）					
		合计 Total		1：5万		1：1万	
		图幅数 Sheet	面积 Area	图幅数 Sheet	面积 Area	图幅数 Sheet	面积 Area
2011		8231	420537	16	9073	2509	67805
2012		9813	3780511			1973	51459
2013		14565	169047			5709	158360
北京	Beijing						
天津	Tianjin						
河北	Hebei						
山西	Shanxi						
内蒙古	Inner Mongolia						
辽宁	Liaoning						
吉林	Jilin						
黑龙江	Heilongjiang						
上海	Shanghai						
江苏	Jiangsu						
浙江	Zhejiang						
安徽	Anhui	1000	27175			1000	27175
福建	Fujian						
江西	Jiangxi						
山东	Shandong						
河南	Henan						
湖北	Hubei						
湖南	Hunan	4467	77811			2702	76046
广东	Guangdong						
广西	Guangxi						
海南	Hainan						
重庆	Chongqing						
四川	Sichuan	497	12264			298	11920
贵州	Guizhou	6481	10882			173	4844
云南	Yunnan						
西藏	Tibet						
陕西	Shaanxi						
甘肃	Gansu	1678	34750			1294	32350
青海	Qinghai	135	3350			135	3350
宁夏	Ningxia	107	2675			107	2675
新疆	Xinjiang						
青岛	Qingdao						
大连	Dalian						
宁波	Ningbo						
深圳	Shenzhen						
厦门	Xiamen						
重庆测绘院	Chongqing Institute of Surveying and Mapping，SBSM						
中国测绘科学研究院	Chinese Academy of Surveying & Mapping	200	140				

生产情况 续表 2

Products Continued 2

Unit: sheet, km²

Digital Raster Graphic							
1∶5000		1∶2000		1∶1000		1∶500	
图幅数 Sheet	面积 Area	图幅数 Sheet	面积 Area	图幅数 Sheet	面积 Area	图幅数 Sheet	面积 Area
125	816	2231	2231	2297	562	986	50
540	3496	1427	1345	3822	900	1952	122
412	2572	4956	4956	3120	780	368	38
		1765	1765				
28	172	171	171				
		3020	3020	3000	750	288	18
384	2400						
				120	30	80	20

数字成果
Digital

单位：幅，平方千米

年份/地区	Year/Region	数字正射影像（DOM）					
		合计 Total		1：5万		1：1万	
		图幅数 Sheet	面积 Area	图幅数 Sheet	面积 Area	图幅数 Sheet	面积 Area
	2011	333776	6539991	5302	2055460	68276	1797256
	2012	392482	8976412	16155	7056724	55785	1635229
	2013	682988	10684135	14553	6779217	104604	2718778
北　京	Beijing						
天　津	Tianjin	18368	40049			564	14100
河　北	Hebei	32027	237885	62	25000	8104	202600
山　西	Shanxi	18020	30578			952	23790
内蒙古	Inner Mongolia	1756	33401			1756	33401
辽　宁	Liaoning	29147	48644			834	20330
吉　林	Jilin	706	16238			706	16238
黑龙江	Heilongjiang	13190	952241	1909	719002	9232	228994
上　海	Shanghai	9837	8000				
江　苏	Jiangsu	26232	109126			4139	105544
浙　江	Zhejiang	11423	101057			3268	91504
安　徽	Anhui	15491	40448			1000	27175
福　建	Fujian	3066	88301			3066	88301
江　西	Jiangxi	36391	144724			4007	113000
山　东	Shandong	20368	185344			7294	182500
河　南	Henan	7646	75381			2853	73242
湖　北	Hubei	223332	239010			617	16385
湖　南	Hunan	45326	240095			1650	45771
广　东	Guangdong	22693	228795			6599	176592
广　西	Guangxi	1273	3331			119	2100
海　南	Hainan	2244	16318	52	16000		
重　庆	Chongqing	614	4074				
四　川	Sichuan	34926	1382515	2822	1275050	3543	97270
贵　州	Guizhou	20327	39638			821	22988
云　南	Yunnan	5516	270163			2671	79138
西　藏	Tibet	67	252			55	240
陕　西	Shaanxi	8839	3318055	6306	3308725	339	8475
甘　肃	Gansu	6396	101076			3881	97025
青　海	Qinghai	383	9575			383	9575
宁　夏	Ningxia	916	22900			916	22900
新　疆	Xinjiang	9810	406770	14	5400	3644	91100
青　岛	Qingdao						
大　连	Dalian						
宁　波	Ningbo	272	2640			99	2500
深　圳	Shenzhen						
厦　门	Xiamen						
重庆测绘院	Chongqing Institute of Surveying and Mapping，SBSM	4849	558234	1231	535040		
中国测绘科学研究院	Chinese Academy of Surveying & Mapping	49537	897277	157	63000	31492	826000
中国资源卫星应用中心	China Centre for Resources Satellite Data and Application	2000	832000	2000	832000		

生 产 情 况 续表 3

Products Continued 3

Unit: sheet, km²

Digital Orthophoto Map							
1∶5000		1∶2000		1∶1000		1∶500	
图幅数 Sheet	面积 Area	图幅数 Sheet	面积 Area	图幅数 Sheet	面积 Area	图幅数 Sheet	面积 Area
28631	169691	147390	143929	26904	6686	13847	871
35055	135721	108301	96910	87125	21314	89957	5614
39971	278090	387203	379902	87569	22620	44082	3096
2201	13206	15603	12743				
		5753	7000	11988	2924	6120	360
		6046	6045	292	73	10730	670
		28313	28313				
632	3790	133	133	1284	321		
		9837	8000				
				15733	3221	6360	362
165	823	7990	8730				
387	4450	4139	3402	9785	2802		
		31584	31584	480	120	320	20
		1874	1874	1440	360	9760	610
132	757	335	307	4326	1076		
		222595	222595	120	30		
25679	179753	14413	13291	3520	880	64	400
6319	45298	6975	6205	2800	700		
15	92	1139	1139				
				2192	318		
550	4010	64	65				
		5500	5465	17540	4385	5521	345
		17200	16200	1826	421	480	30
19	111	1100	1100				
		12	12				
		558	446	1636	409		
384	2400	1491	1491	640	160		
				425	106	2627	164
		173	140				
3424	23000	194	194				
64	400	4182	3428	11542	4314	2100	135

地图编
Map

年份/地区	Year/Region	地形图（幅）			
			1:50000	1:10000	1:5000
2011		101720	6744	19593	3189
2012		185039	30445	36668	2027
2013		120235	17811	16396	1743
北 京	Beijing	4720			
天 津	Tianjin				
河 北	Hebei				
山 西	Shanxi	4977		927	
内蒙古	Inner Mongolia	1078		66	
辽 宁	Liaoning	22			3
吉 林	Jilin				
黑龙江	Heilongjiang	15011	13628	824	190
上 海	Shanghai	31438			
江 苏	Jiangsu	5737		1011	
浙 江	Zhejiang	9577		1639	165
安 徽	Anhui	968			
福 建	Fujian	176		176	
江 西	Jiangxi	5			
山 东	Shandong	1936			
河 南	Henan	2353		15	146
湖 北	Hubei				
湖 南	Hunan	2270		2112	27
广 东	Guangdong	10791		6599	
广 西	Guangxi	30		30	
海 南	Hainan	1251	864		254
重 庆	Chongqing	31	8		
四 川	Sichuan	3594	1956	976	
贵 州	Guizhou	358			
云 南	Yunnan	3559		992	16
西 藏	Tibet				
陕 西	Shaanxi	396	160	97	
甘 肃	Gansu	1			
青 海	Qinghai	4094		135	
宁 夏	Ningxia	12			
新 疆	Xinjiang	6076		640	
青 岛	Qingdao				
大 连	Dalian				
宁 波	Ningbo				
深 圳	Shenzhen	2470			
厦 门	Xiamen				
重庆测绘院	Chongqing Institute of Surveying and Mapping,SBSM	7194	1195	157	942
中国地图出版集团	China Map Publishing Group				
中国测绘科学研究院	Chinese Academy of Surveying & Mapping	110			
国家基础地理信息中心	National Geomatics Center of China				

制情况
Compilation

Topographic Map (sheet)			专题地图（册） Thematic Map (copy)	地图集（册） Atlas (copy)	电子地图（册） Digital Map (copy)
1:2000	1:1000	1:500			
12688	7996	49884	30775	591	822
13882	26738	73067	4025	482	3087
17686	23592	40564	3719	502	400
		4720	30	4	4
			2		
548	492	3010	51	8	
244		768	23	1	
15			44	1	
			14	1	1
123			95	2	8
7581	13345	10512		2	
1300	2850	576	2	1	
4341	40	3392	80	6	3
7	961		291	19	1
			126	2	
			42		
		1936	162	15	
556	1635		9	3	9
			6	3	2
90			50	7	9
58	120	4000	19	1	14
			38	1	7
48			104	18	1
			752	11	30
270		392	121	39	4
70		288	23	3	2
953	83	1515	22	2	6
			52	4	1
			11	1	1
451	64	3444	112	2	
				1	
	1502	3921	214		1
			11	1	
	2470		1		1
1031		2010	17		1
			634	340	147
	30	80		3	
			561		147

公开版地图、测绘图书出版情况

Publishing of Maps and Books of Surveying and Mapping

年份/地区 Year /Region	品种（种）Variety (Kind)					总印张（千印张）Number of Printed Sheets (1000 sheets)				
	纸质地图 Paper Map			电子地图 Electronic Map	图书 Book	纸质地图 Paper Map			电子地图 Electronic Map	图书 Book
	新版 New Edition	重版 Reprint	再版 Second Edition			新版 New Edition	重版 Reprint	再版 Second Edition		
2011	673	785	305	45	2104	17716	25908	8774		518651
2012	555	597	261	249	2023	13733	59133	1950		374139
2013	643	851	141	71	2631	12866	56237	5475		550860
黑龙江 Heilongjiang	82	46			103	607	5182			1766
福　建 Fujian	68	3				1170	25			
山　东 Shandong	76		48		43	618		605		2433
湖　南 Hunan	40	85			44	825	1304			2729
广　东 Guangdong	15	44	18		10	143	955	116		63
四　川 Sichuan	70	167	7		116	637	3674	136		3993
陕　西 Shaanxi	41		47		68	1479		4216		1234
中国地图出版集团 China Map Publishing Group	251	506	21	71	2247	7387	45097	402		538642

测绘成果提供情况（2013年）

Surveying and Mapping Products (2013)

地　区	Region	地形图（张）Topographic map(sheet)	测绘基准成果（点）Measuring Basis（point）	航摄成果（片）Aerophotogrammetry (sheet)	卫星遥感资料（平方千米）Satellite remote sensing data (km^2)
合　计	**Total**	**302532**	**257559**	**2588035**	**16351398.40**
北　京	Beijing	13604	10709		
天　津	Tianjin	36	72		
河　北	Hebei	2832	421	395190	176109.00
山　西	Shanxi	4678	654		
内蒙古	Inner Mongolia	8039	12743	225817	1601838.00
辽　宁	Liaoning	2937	2539		
吉　林	Jilin	4275	5059	100900	360000.00
黑龙江	Heilongjiang	2378	1847		
上　海	Shanghai	149644	7196		
江　苏	Jiangsu	1889	8531	1316	
浙　江	Zhejiang	992	2096	42273	1486689.40
安　徽	Anhui	4839	6732	123423	874036.00
福　建	Fujian	3319	863	2260	2525619.00
江　西	Jiangxi	2955	4860	244119	
山　东	Shandong	1779	669	1896	166439.00
河　南	Henan	1039	2503	136322	364000.00
湖　北	Hubei	851	563	42482	31028.00
湖　南	Hunan	4269	30056	108897	
广　东	Guangdong	2078	14318	60736	134079.00
广　西	Guangxi	4558	4397	25610	
海　南	Hainan	209	8539	21185	61481.00
重　庆	Chongqing	2138	647	4827	55939.00
四　川	Sichuan	3438	1331	31487	2300.00
贵　州	Guizhou	7178	8802	50862	187470.00
云　南	Yunnan	5750	33405	327316	497616.00
西　藏	Tibet	1801	748		
陕　西	Shaanxi	8225	3827	86793	86400.00
甘　肃	Gansu	9565	16383	56800	4380.00
青　海	Qinghai	4454	4147	1450	
宁　夏	Ningxia	1565	805	15490	
新　疆	Xinjiang	17189	12643	422223	1008641.00
青　岛	Qingdao	5507	41		
大　连	Dalian	263			
宁　波	Ningbo	8344	247		
深　圳	Shenzhen	573	31		
厦　门	Xiamen	1181			
国家基础地理信息中心	National Geomatics Center of China	8161	49135	58360	6727334.00

附：其他资料

Appendix: Other Data

我国主要矿产品

China's Imports and Exports of

矿产品名称	Mineral Commodity	进口		Imports		
		国家（地区）	Country (Region)	数量（吨） Quantity (ton)	占总量（%） Percentage	金额（千美元） Value (US$1000)
煤炭	**Coal**	**合 计**	**Total**	**327141265**	**100.0**	**29012823**
		印度尼西亚	Indonesia	125698953	38.4	8250623
		澳大利亚	Australia	88191136	27.0	10074676
		俄罗斯	Russian	27279179	8.3	2780882
		蒙古	Mongolia	17494669	5.3	1190009
		朝鲜	D.P.R. Korea	16539446	5.1	1390873
		越南	Vietnam	13112066	4.0	843976
		南非	South Africa	12742677	3.9	1097253
		加拿大	Canada	11968492	3.7	1737630
		其他国家或地区	Other Countries or Regions	14114647	4.3	1646902
石油原油	**Crude oil**	**合 计**	**Total**	**281952206**	**100.0**	**219653607**
		沙特阿拉伯	Saudi Arabia	53901165	19.1	42355522
		安哥拉	Angola	40009036	14.2	31805751
		阿曼	Oman	25471347	9.0	19911000
		俄罗斯	Russian	24347583	8.6	19739532
		伊拉克	Iraq	23512941	8.3	17888491
		伊朗	Iran	21442047	7.6	16890751
		委内瑞拉	Venezuela	15746579	5.6	10208798
		哈萨克斯坦	Kazakhstan	11980620	4.2	9375484
		阿联酋	United Arab Emirates	10275846	3.6	8367272
		科威特	Kuwait	9343967	3.3	7271336
		刚果(布)	Congo	7077474	2.5	5454444
		巴西	Brazil	5252048	1.9	3803172
		哥伦比亚	Colombia	3939992	1.4	2809815
		南苏丹	The South Sudan	3490457	1.2	2464247
		澳大利亚	Australia	3025157	1.1	2542784
		也门	Yemen	2452487	0.9	2003567
		其他国家或地区	Other Countries or Regions	20683461	7.5	16761642
铁矿砂及其精矿	**Iron ore fines and concentrate**	**合 计**	**Total**	**819281795**	**100.0**	**105716799**
		澳大利亚	Australia	416916145	50.9	54935982
		巴西	Brazil	155094904	18.9	21423503
		南非	South Africa	43026442	5.3	6024247
		伊朗	Iran	22430289	2.7	2377308
		印度尼西亚	Indonesia	17568042	2.1	1166999
		乌克兰	Ukraine	15631267	1.9	2329073

进出口情况（2013 年）

Major Mineral Commodities (2013)

	出 口	Exports				
占总值（%）Percentage	国家（地区）	Country (Region)	数量（吨）Quantity (ton)	占总量（%）Percentage	金额（千美元）Value (US$1000)	占总值（%）Percentage
100.0	**合 计**	**Total**	**7509515**	**100.0**	**1061960**	**100.0**
28.4	韩国	R.O.Korea	3355395	44.7	470114	44.3
34.7	日本	Japan	3121327	41.6	465128	43.8
9.6	中国台湾	Taiwan,China	835189	11.1	95267	9.0
4.1	朝鲜	D.P.R.Korea	158920	2.1	24838	2.3
4.8	缅甸	Myanmar	25896	0.3	4236	0.4
2.9	以色列	Israel	4042	0.1	819	0.1
3.8	俄罗斯	Russian	3450		434	
6.0	印度尼西亚	Indonesia	1387		219	
5.7	其他国家或地区	Other Countries or Regions	3909	0.1	905	0.1
100.0	**合 计**	**Total**	**1617328**	**100.0**	**1456209**	**100.0**
19.3	日本	Japan	646406	40.0	561358	38.5
14.5	朝鲜	D.P.R.Korea	578002	35.7	598134	41.1
9.1	美国	United States	199261	12.3	149176	10.2
9.0	马来西亚	Malaysia	193659	12.0	147540	10.2
8.1						
7.7						
4.6						
4.3						
3.8						
3.3						
2.5						
1.7						
1.3						
1.1						
1.2						
0.9						
7.6						
100.0	**合 计**	**Total**	**59475**	**100.0**	**9193**	**100.0**
52.0	韩国	R.O. Korea	53481	89.9	7773	84.6
20.3	印度	India	5486	9.2	1285	14.0
5.7	蒙古	Mongolia	289	0.5	62	0.7
2.2	斯里兰卡	Sri Lanka	80	0.1	10	0.1
1.1	澳大利亚	Australia	45	0.1	5	
2.2	马来西亚	Malaysia	30	0.1	6	0.1

我国主要矿产品
China's Imports and Exports of

矿产品名称	Mineral Commodity	进口	Imports			
		国家（地区）	Country (Region)	数量（吨） Quantity (ton)	占总量（%） Percentage	金额（千美元） Value (US$1000)
		加拿大	Canada	14333547	1.7	2103812
		塞拉利昂	Sierra Leone	11987951	1.5	1387080
		印度	India	11654434	1.4	1468718
		马来西亚	Malaysia	11576518	1.4	982038
		秘鲁	Peru	10734995	1.3	1312937
		俄罗斯	Russian	10692632	1.3	1413452
		智利	Chile	9612969	1.2	1352099
		毛里塔尼亚	Mauritania	9148386	1.1	1161293
		墨西哥	Mexico	8805480	1.1	1004985
		其他国家或地区	Other Countries or Regions	50067792	6.2	5273278
锰矿砂及其精矿	**Manganese ore fines and concentrate**	**合 计**	**Total**	**16608720**	**100.0**	**3191716**
		南非	South Africa	5181234	31.2	915812
		澳大利亚	Australia	4857375	29.2	1173066
		加蓬	Gabon	1730065	10.4	385827
		加纳	Ghana	1428381	8.6	225790
		马来西亚	Malaysia	1085158	6.5	114525
		巴西	Brazil	986559	5.9	187144
		缅甸	Myanmar	369626	2.2	29984
		土耳其	Turkey	193412	1.2	35502
		科特迪瓦	Côte d'Ivoire	177492	1.1	35232
		其他国家或地区	Other Countries or Regions	599417	3.7	88835
铜矿砂及其精矿	**Copper ore fines and concentrate**	**合 计**	**Total**	**10074357**	**100.0**	**19672666**
		智利	Chile	2788694	27.7	5884208
		秘鲁	Peru	1920396	19.1	3881370
		澳大利亚	Australia	891721	8.9	1668490
		蒙古	Mongolia	566346	5.6	952940
		墨西哥	Mexico	561586	5.6	1202681
		美国	United States	557762	5.5	1064958
		加拿大	Canada	478377	4.7	1136826
		土耳其	Turkey	346594	3.4	437193
		毛里塔尼亚	Mauritania	226062	2.2	437447
		菲律宾	Philippines	223832	2.2	355070
		其他国家或地区	Other Countries or Regions	1512987	15.1	2651481
镍矿砂及其精矿	**Nickel ore fines and concentrate**	**合 计**	**Total**	**71291605**	**100.0**	**5135039**
		印度尼西亚	Indonesia	41090945	57.6	2987296
		菲律宾	Philippines	29708003	41.7	1541824

进出口情况（2013年） 续表 1

Major Mineral Commodities (2013) Continued 1

	出口	Exports				
占总值（%） Percentage	国家（地区）	Country (Region)	数量（吨） Quantity (ton)	占总量（%） Percentage	金额（千美元） Value (US$1000)	占总值（%） Percentage
2.0	中国台湾	Taiwan, China	20	0.1	21	0.3
1.3	委内瑞拉	Venezuela	17		14	0.1
1.4	菲律宾	Philippines	12		4	
0.9	德国	Germany	8		1	
1.2	埃塞俄比亚	Ethiopia	3		11	0.1
1.3	日本	Japan	2		1	
1.3	南非	South Afica	2		1	
1.1	美国	United States				
1.0	厄立特里亚	Eritrea				
5.0						
100.0	**合 计**	**Total**	**50569**	**100.0**	**9503**	**100.0**
28.7	印度	India	45064	89.1	8834	93.0
36.8	越南	Vietnam	3257	6.4	114	1.2
12.1	意大利	Italia	1053	2.1	204	2.2
7.1	泰国	Thailand	301	0.6	56	0.6
3.6	韩国	R.O.Korea	240	0.5	40	0.4
5.9	朝鲜	D.P.R.Korea	186	0.4	72	0.8
0.9	日本	Japan	158	0.3	74	0.8
1.1	马达加斯加	Madagascar	120	0.2	36	0.4
1.1	孟加拉国	Bangladesh	38	0.1	11	0.1
2.7	其他国家或地区	Other Countries or Regions	152	0.3	61	0.5
100.0	**合 计**	**Total**	**641**	**100.0**	**403**	**100.0**
29.9	马达加斯加	Madagascar	250	39.0	26	6.3
19.7	中国台湾	Taiwan,China	95	14.8	191	47.4
8.5	泰国	Thailand	86	13.4	37	9.1
4.8	意大利	Italia	78	12.1	78	19.3
6.1	中国香港	Hongkong, China	61	9.5	54	13.4
5.4	斯里兰卡	Sri Lanka	26	4	2	0.5
5.8	土耳其	Turkey	25	3.8	4	1.1
2.2	巴布亚新几内亚	Papua New Guinea	20	3.1	1	0.3
2.2	新加坡	Singapore	1	0.3	6	1.4
1.8	蒙古	Mongolia			5	1.2
13.6						
100.0	**合 计**	**Total**	**16**	**100.0**	**6**	**100.0**
58.2	越南	Vietnam	16	100.0	6	100.0
30.0						

我国主要矿产品

China's Imports and Exports of

矿产品名称	Mineral Commodity	进口	Imports			
		国家（地区）	Country (Region)	数量（吨）Quantity (ton)	占总量（%）Percentage	金额（千美元）Value (US$1000)
		澳大利亚	Australia	311280	0.4	435042
		西班牙	Spain	87567	0.1	99573
		俄罗斯	Russian	28144		10526
		芬兰	Finland	26021		23454
		其他国家或地区	Other Countries or Regions	39645	0.2	37324
钴矿砂及其精矿	**Cobalt ore fines and concentrate**	**合 计**	**Total**	**179303**	**100.0**	**342279**
		刚果(金)	D.R. Congo	175496	97.9	328726
		古巴	Cuba	3538	2.0	13101
		赞比亚	Zambia	215	0.1	244
		比利时	Belgium	36		130
		美国	United States	11		65
		澳大利亚	Australia	5		4
		伊朗	Iran	2		8
氧化铝	**Alumina**	**合 计**	**Total**	**3830988**	**100.0**	**1404482**
		澳大利亚	Australia	3574726	93.3	1250605
		越南	Vietnam	114806	3.0	35649
		印度	India	63836	1.7	22665
		巴西	Brazil	32143	0.8	11267
		苏里南	Suriname	17207	0.4	6031
		法国	France	10914	0.3	14631
		日本	Japan	9573	0.3	25287
		其他国家或地区	Other Countries or Regions	7783	0.2	38347
铅矿砂及其精矿	**Lead ore fines and concentrate**	**合 计**	**Total**	**1492571**	**100.0**	**2104324**
		美国	United States	215737	14.5	267824
		俄罗斯	Russian	215301	14.4	312809
		澳大利亚	Australia	144763	9.7	189046
		朝鲜	D.P.R.Korea	117550	7.9	59388
		秘鲁	Peru	104811	7.0	297232
		土耳其	Turkey	94189	6.3	183538
		墨西哥	Mexico	62210	4.2	136180
		南非	South Africa	54009	3.6	94119
		波兰	Poland	53945	3.6	44174
		德国	Germany	44331	3.0	43514
		哈萨克斯坦	Kazakhstan	38944	2.6	25056
		其他国家或地区	Other Countries or Regions	346781	23.2	451444

进出口情况（2013年） 续表2

Major Mineral Commodities (2013) Continued 2

占总值（%）Percentage	出口 国家（地区）	Exports Country (Region)	数量（吨）Quantity (ton)	占总量（%）Percentage	金额（千美元）Value (US$1000)	占总值（%）Percentage
8.5						
1.9						
0.2						
0.5						
0.7						
100.0	**合 计**	**Total**	**0.4**	**100.0**	**8.3**	**100.0**
96.0	乌兹别克斯坦	Uzbekistan	0.4	100.0	8.3	100.0
3.8						
0.1						
0.1						
100.0	**合 计**	**Total**	**186301**	**100.0**	**95076**	**100.0**
89.0	阿联酋	United Arab Emirates	82834	44.5	32155	33.8
2.5	伊朗	Iran	57014	30.6	23840	25.1
1.6	朝鲜	D.P.R.Korea	21193	11.4	8334	8.8
0.8	韩国	R.O.Korea	7939	4.3	5815	6.1
0.4	越南	Vietnam	3479	1.9	4822	5.1
1.0	美国	United States	2909	1.6	7891	8.3
1.8	日本	Japan	2398	1.3	2444	2.6
2.9	其他国家或地区	Other Countries or Regions	8534	4.4	9776	10.2
100.0	**合 计**	**Total**	**6490**	**100.0**	**26194**	**100.0**
12.7	韩国	R.O.Korea	6490	100.0	26194	100.0
14.9						
9.0						
2.8						
14.1						
8.7						
6.5						
4.5						
2.1						
2.1						
1.2						
21.4						

我国主要矿产品
China's Imports and Exports of

矿产品名称	Mineral Commodity	进口		Imports		
		国家（地区）	Country (Region)	数量（吨） Quantity (ton)	占总量（%） Percentage	金额（千美元） Value (US$1000)
锌矿砂及其精矿	**Zinc ore fines and concentrate**	合 计	**Total**	**1994053**	**100.0**	**1354782**
		澳大利亚	Australia	810615	40.7	574371
		秘鲁	Peru	368866	18.5	258927
		蒙古	Mongolia	116178	5.8	81912
		土耳其	Turkey	110514	5.5	64501
		印度	India	88202	4.4	63012
		加拿大	Canada	62166	3.1	51784
		哈萨克斯坦	Kazakhstan	60101	3.0	30542
		爱尔兰	Ireland	58116	2.9	45073
		伊朗	Iran	44224	2.2	26930
		其他国家或地区	Other Countries or Regions	275071	13.9	157730
锡矿砂及其精矿	**Tin ore fines and concentrate**	合 计	**Total**	**96570**	**100.0**	**290903**
		缅甸	Myanmar	89102	92.3	232020
		玻利维亚	Bolivia	2655	2.7	23304
		坦桑尼亚	Tanzania	1629	1.7	16392
		老挝	Laos	1029	1.1	4591
		刚果(金)	D.R. Congo	798	0.8	8578
		其他国家或地区	Other Countries or Regions	1357	1.4	6018
铬矿砂及其精矿	**Chromite ore fines and concentrate**	合 计	**Total**	**12092452**	**100.0**	**2390668**
		南非	South Africa	6737499	55.7	1153468
		土耳其	Turkey	1986433	16.4	510269
		阿曼	Oman	686179	5.7	84808
		阿尔巴尼亚	Albania	676721	5.6	172316
		巴基斯坦	Pakistan	482031	4.0	108818
		伊朗	Iran	427369	3.5	101762
		澳大利亚	Australia	407623	3.4	88438
		其他国家或地区	Other Countries or Regions	688597	5.7	170788
钨矿砂及其精矿	**Tungsten ore fines and concentrate**	合 计	**Total**	**10026**	**100.0**	**133526**
		俄罗斯	Russian	2906	29.0	40203
		加拿大	Canada	1510	15.1	23622
		卢旺达	Rwanda	1320	13.2	19789
		美国	United states	1023	10.2	9161
		蒙古	Mongolia	633	6.3	3462
		越南	Vietnam	490	4.9	7620
		其他国家或地区	Other Countries or Regions	2144	21.3	29669

进出口情况（2013年） 续表 3
Major Mineral Commodities (2013) Continued 3

占总值（%） Percentage	出口 国家（地区）	Exports Country (Region)	数量（吨） Quantity (ton)	占总量（%） Percentage	金额（千美元） Value (US$1000)	占总值（%） Percentage
100.0	合 计	**Total**	**13264**	**100.0**	**14276**	**100.0**
42.4	韩国	R.O.Korea	13264	100.0	14276	100.0
19.1						
6.0						
4.8						
4.7						
3.8						
2.3						
3.3						
2.0						
11.6						
100.0	合 计	**Total**	**24**	**100.0**	**511**	**100.0**
79.8	马来西亚	Malaysia	24	100.0	511	100.0
8.0						
5.6						
1.6						
2.9						
2.1						
100.0	合 计	**Total**	**5188**	**100.0**	**2214**	**100.0**
48.2	荷兰	Netherlands	2000	38.6	708	32.0
21.3	秘鲁	Peru	1800	34.7	855	38.6
3.5	中国台湾	Taiwan, China	546	10.5	224	10.1
7.2	智利	Chile	364	7.0	174	7.9
4.6	新加坡	Singapore	240	4.6	150	6.8
4.3	朝鲜	D.P.R.Korea	119	2.3	36	1.6
3.7	韩国	R.O.Korea	46	0.9	23	1.0
7.2	其他国家或地区	Other Countries or Regions	73	1.4	45	2.0
100.0	合 计	**Total**	**374**	**100.0**	**3151**	**100.0**
30.1	荷兰	Netherlands	240	64.1	2393	76.0
17.7	越南	Vietnam	134	35.9	758	24.0
14.8						
6.9						
2.6						
5.7						
22.2						

我国主要矿产品
China's Imports and Exports of

矿产品名称	Mineral Commodity	进口	Imports			
		国家（地区）	Country (Region)	数量（吨）Quantity (ton)	占总量（%）Percentage	金额（千美元）Value (US$1000)
钼矿砂及其精矿	**Molybdenum ore fines and concentrate**	合计	**Total**	**14950**	**100.0**	**177966**
		智利	Chile	4232	28.3	53056
		美国	United States	2964	19.8	41575
		墨西哥	Mexico	2739	18.3	37537
		蒙古	Mongolia	2158	14.4	18605
		土耳其	Turkey	710	4.7	6117
		朝鲜	D.P.R.Korea	593	4.0	5340
		缅甸	Myanmar	354	2.4	2896
		其他国家或地区	Other Countries or Regions	1201	8.1	12839
钛矿砂及其精矿	**Titanium ore fines and concentrate**	合计	**Total**	**2264910**	**100.0**	**642336**
		越南	Vietnam	587067	25.9	142530
		澳大利亚	Australia	583959	25.8	198228
		印度	India	435622	19.2	109522
		韩国	R.O.Korea	152802	6.7	14113
		莫桑比克	Mozambique	134668	5.9	35946
		俄罗斯	Russian	133671	5.9	32222
		其他国家或地区	Other Countries or Regions	237121	10.6	109776
铌钽钒矿砂及其精矿	**Nb-Ta-V ore fines and concentrate**	合计	**Total**	**7192**	**100.0**	**223760**
		马来西亚	Malaysia	1951	27.1	12360
		卢旺达	Rwanda	1415	19.7	88432
		巴西	Brazil	1317	18.3	30752
		尼日利亚	Nigeria	1154	16.0	28247
		泰国	Thailand	215	3.0	2456
		美国	United States	187	2.6	8405
		坦桑尼亚	Tanzania	181	2.5	10977
		刚果(金)	D.R. Congo	149	2.1	9862
		其他国家或地区	Other Countries or Regions	624	8.7	32269
锑精矿	**Antimony**	合计	**Total**	**68138**	**100.0**	**187545**
		俄罗斯	Russian	20729	30.4	55951
		澳大利亚	Australia	11731	17.2	69535
		塔吉克斯坦	Tajikistan	9727	14.3	21010
		缅甸	Myanmar	9591	14.1	13829
		泰国	Thailand	5338	7.8	6381
		其他国家或地区	Other Countries or Regions	11022	16.2	20838

进出口情况（2013 年） 续表 4

Major Mineral Commodities (2013) Continued 4

	出 口 Exports					
占总值（%）Percentage	国家（地区）	Country (Region)	数量（吨）Quantity (ton)	占总量（%）Percentage	金额（千美元）Value (US$1000)	占总值（%）Percentage
100.0	**合 计**	**Total**	**6550**	**100.0**	**88327**	**100.0**
29.8	韩国	R.O.Korea	3834	58.5	53694	60.8
23.4	日本	Japan	910	13.9	13335	15.1
21.1	泰国	Thailand	854	13.0	7363	8.3
10.5	印度	India	506	7.7	7443	8.4
3.4	中国台湾	Taiwan,China	205	3.1	3076	3.5
3.0	荷兰	Netherlands	120	1.8	1750	2.0
1.6	澳大利亚	Australia	80	1.2	1153	1.3
7.2	中国香港	Hongkong,China	40	0.8	513	0.6
100.0	**合 计**	**Total**	**16230**	**100.0**	**22319**	**100.0**
22.2	泰国	Thailand	3686	22.7	5364	24.0
30.9	印度尼西亚	Indonesia	1586	9.8	2383	10.7
17.1	韩国	R.O.Korea	1412	8.7	1820	8.2
2.2	阿根廷	Argentina	1346	8.3	1860	8.3
5.6	巴西	Brazil	1248	7.7	1600	7.2
5.0	印度	India	1040	6.4	1122	5.0
17.0	其他国家或地区	Other Countries or Regions	5911	36.4	8169	36.6
100.0						
5.5						
39.5						
13.7						
12.6						
1.1						
3.8						
4.9						
4.4						
14.5						
100.0	**合 计**	**Total**	**219**	**100.0**	**782**	**100.0**
29.8	越南	Vietnam	200	91.3	339	43.3
37.1	中国香港	Hongkong,China	19	8.7	443	56.7
11.2						
7.4						
3.4						
11.1						

我国主要矿产品
China's Imports and Exports of

矿产品名称	Mineral Commodity	进口	Imports			
		国家（地区）	Country (Region)	数量（吨） Quantity (ton)	占总量（%） Percentage	金额（千美元） Value (US$1000)
稀土金属矿	**Rare earths**	**合 计**	**Total**	**1394**	**100.0**	**2900**
		越南	Vietnam	740	53.1	479
		泰国	Thailand	420	30.1	1218
		马来西亚	Malaysia	206	14.8	1139
		朝鲜	D.P.R.Korea	25	1.8	25
		中国台湾	Taiwan,China	2	0.1	29
		其他国家或地区	Other Countries or Regions	1	0.1	10
稀土金属及其混合物	**Rare earths and mixtures**	**合 计**	**Total**	**12**	**100.0**	**1374**
		日本	Japan	9	76.5	693
		中国	China	2	15.3	29
		越南	Vietnam		0.8	5
		美国	United States			489
		中国台湾	Taiwan,China			18
		德国	Germany			
		英国	United Kingdom			14
		其他国家或地区	Other Countries or Regions	1	7.4	126
稀土化合物及混合物	**REE compounds and mixtures**	**合 计**	**Total**	**3656**	**100.0**	**156945**
		美国	United States	1193	32.6	7035
		法国	France	1043	28.5	5323
		日本	Japan	534	14.6	11344
		中国	China	341	9.3	123359
		奥地利	Austria	160	4.4	381
		缅甸	Myanmar	129	3.5	1792
		老挝	Laos	90	2.5	495
		马来西亚	Malaysia	43	1.2	1515
		其他国家或地区	Other Countries or Regions	123	3.4	5702
磷矿	**Phosphate rock**	**合 计**	**Total**	**43**	**100.0**	**101**
		埃及	Egypt	26	61.4	2
		尼日利亚	Nigeria	7	16.3	4
		哈萨克斯坦	Kazakhstan	5	11.6	27
		德国	Germany	2	5.8	14
		其他国家或地区	Other Countries or Regions	2	4.9	54
磷肥	**Phosphate fertilizer**	**合 计**	**Total**	**727678**	**100.0**	**390867**
		俄罗斯	Russian	173304	23.8	78489
		挪威	Norway	115800	15.9	71912
		美国	United States	101618	14.0	48550

进出口情况（2013年） 续表 5
Major Mineral Commodities (2013) Continued 5

	出 口 Exports					
占总值（%）Percentage	国家（地区）	Country (Region)	数量（吨）Quantity (ton)	占总量（%）Percentage	金额（千美元）Value (US$1000)	占总值（%）Percentage
100.0						
16.5						
42.0						
39.3						
0.9						
1.0						
0.3						
100.0	**合 计**	**Total**	**3107**	**100.0**	**111546**	**100.0**
50.4	日本	Japan	2851	91.8	101007	90.6
2.1	美国	United States	71	2.3	1635	1.5
0.3	英国	United Kingdom	57	1.8	3179	2.9
35.6	荷兰	Netherlands	49	1.6	869	0.8
1.3	斯洛文尼亚	Slovenia	22	0.7	648	0.6
	德国	Germany	21	0.7	2277	2.0
1.1	意大利	Italy	20	0.7	357	0.3
9.2	加拿大	Canada	3	0.1	382	0.3
	其他国家或地区	Other Countries or Regions	12	0.3	1193	1.0
100.0	**合 计**	**Total**	**19386**	**100.0**	**463889**	**100.0**
4.5	美国	United States	7986	41.2	113361	24.4
3.4	日本	Japan	4714	24.3	89666	19.3
7.2	意大利	Italy	1579	8.1	19240	4.1
78.6	越南	Vietnam	1215	6.3	16274	3.5
0.2	法国	France	854	4.4	19107	4.1
1.1	荷兰	Netherlands	831	4.3	21835	4.7
0.3	德国	Germany	484	2.5	19863	4.3
1.0	中国香港	Hongkong,China	447	2.3	125711	27.1
3.7	其他国家或地区	Other Countries or Regions	1276	6.6	38832	8.5
100.0	**合 计**	**Total**	**357750**	**100.0**	**60408**	**100.0**
2.0	韩国	R.O.Korea	167464	46.8	25900	42.9
4.0	日本	Japan	161361	45.1	29176	48.3
26.7	新西兰	New Zealand	27781	7.8	5126	8.5
13.9	菲律宾	Philippines	836	0.2	147	0.2
53.5	其他国家或地区	Other Countries or Regions	308	0.1	59	0.1
100.0	**合 计**	**Total**	**6271904**	**100.0**	**2523171**	**100.0**
20.1	印度	India	2121106	33.8	924741	36.6
18.4	巴西	Brazil	803512	12.8	255500	10.1
12.4	越南	Vietnam	513708	8.2	223435	8.9

我国主要矿产品
China's Imports and Exports of

矿产品名称	Mineral Commodity	进口 国家（地区）	Imports Country (Region)	数量（吨）Quantity (ton)	占总量（%）Percentage	金额（千美元）Value (US$1000)
		摩洛哥	Morocco	93838	12.9	48335
		比利时	Belgium	86851	11.9	51317
		沙特阿拉伯	Saudi Arabia	54152	7.4	26070
		突尼斯	Tunisia	27100	3.7	16214
		罗马尼亚	Romania	25066	3.5	14545
		其他国家或地区	Other Countries or Regions	49949	6.9	35436
钾肥	**Potash fertilizer**	**合 计**	**Total**	**6664600**	**100.0**	**2713927**
		俄罗斯	Russian	2730291	41.0	1048468
		加拿大	Canada	1331900	20.0	538026
		白俄罗斯	Belarus	811613	12.2	328420
		以色列	Israel	769222	11.5	317336
		德国	Germany	338411	5.1	146656
		约旦	Jordan	249197	3.7	100277
		智利	Chile	144895	2.2	61966
		挪威	Norway	115800	1.7	71912
		比利时	Belgium	87446	1.3	51704
		其他国家或地区	Other Countries or Regions	85825	1.3	49161
盐矿	**Salt**	**合 计**	**Total**	**7645408**	**100.0**	**356291**
		澳大利亚	Australia	3689930	48.3	181256
		印度	India	2504359	32.8	99202
		墨西哥	Mexico	843696	11.0	42487
		智利	Chile	423909	5.5	17212
		日本	Japan	18285	0.2	1226
		丹麦	Denmark	3472		1243
		其他国家或地区	Other Countries or Regions	161756	2.2	13665
硫磺	**Sulfur**	**合 计**	**Total**	**10552295**	**100.0**	**1419935**
		哈萨克斯坦	Kazakhstan	1749850	16.6	181802
		沙特阿拉伯	Saudi Arabia	1666202	15.8	229619
		日本	Japan	1052731	10.0	138105
		阿联酋	United Arab Emirates	1046331	9.9	153422
		韩国	R.O.Korea	951022	9.0	121752
		伊朗	Iran	895734	8.5	122549
		加拿大	Canada	709492	6.7	106308
		卡塔尔	Qatar	629092	6.0	94244
		俄罗斯	Russian	505739	4.8	78369
		印度	India	369970	3.5	47540
		科威特	Kuwait	291631	2.8	41442
		其他国家或地区	Other Countries or Regions	684501	6.4	104783

进出口情况（2013年） 续表6

Major Mineral Commodities (2013) Continued 6

占总值（%） Percentage	出口		Exports			
	国家（地区）	Country (Region)	数量（吨） Quantity (ton)	占总量（%） Percentage	金额（千美元） Value (US$1000)	占总值（%） Percentage
12.4	巴基斯坦	Pakistan	492317	7.8	207200	8.2
13.1	印度尼西亚	Indonesia	455552	7.3	153078	6.1
6.7	伊朗	Iran	357273	5.7	159199	6.3
4.1	日本	Japan	256845	4.1	115444	4.6
3.7	泰国	Thailand	169330	2.7	74973	3.0
9.1	其他国家或地区	Other Countries or Regions	1102261	17.6	409602	16.2
100.0	**合计**	**Total**	**329580**	**100.0**	**147581**	**100.0**
38.6	菲律宾	Philippines	71782	21.8	30883	20.9
19.8	日本	Japan	69847	21.2	33111	22.4
12.1	韩国	R.O.Korea	56703	17.2	23804	16.1
11.7	越南	Vietnam	47417	14.4	20194	13.7
5.4	泰国	Thailand	29090	8.8	10804	7.3
3.7	马来西亚	Malaysia	16482	5.0	6682	4.5
2.3	缅甸	Myanmar	15655	4.7	8308	5.6
2.6	中国台湾	Taiwan, China	10755	3.3	4074	2.8
2.0	老挝	Laos	4740	1.4	3778	2.6
1.8	其他国家或地区	Other Countries or Regions	7111	2.2	5942	4.1
100.0	**合计**	**Total**	**1578939**	**100.0**	**112001**	**100.0**
50.9	韩国	R.O.Korea	573319	36.3	35402	31.6
27.8	日本	Japan	527568	33.4	37661	33.6
11.9	越南	Vietnam	82824	5.2	4866	4.3
4.8	马来西亚	Malaysia	62455	4.0	4374	3.9
2.1	孟加拉国	Bangladesh	55678	3.5	3845	3.4
0.3	菲律宾	Philippines	52750	3.3	3469	3.1
0.3	朝鲜	D.P. R. Korea	48358	3.1	2433	2.2
1.9	其他国家或地区	Other Countries or Regions	175986	11.2	19951	17.9
100.0	**合计**	**Total**	**2466**	**100.0**	**957**	**100.0**
12.8	朝鲜	D.P.R.Korea	624	25.3	152	15.9
16.2	印度尼西亚	Indonesia	320	13.0	131	13.7
9.7	缅甸	Myanmar	307	12.5	93	9.7
10.8	吉布提	Djibouti	242	9.8	75	7.8
8.6	加拿大	Canada	210	8.5	103	10.7
8.6	孟加拉国	Bangladesh	198	8.0	110	11.5
7.5	泰国	Thailand	120	4.9	88	9.2
6.6	韩国	R.O.Korea	96	3.9	30	3.1
5.5	塞拉利昂	Sierra Leone	75	3.0	35	3.6
3.3	越南	Vietnam	74	3.0	24	2.5
2.9	安哥拉	Angola	70	2.8	26	2.7
7.5	其他国家或地区	Other Countries or Regions	130	5.3	91	9.6

我国主要矿产品
China's Imports and Exports of

矿产品名称	Mineral Commodity	进口	Imports			
		国家（地区）	Country (Region)	数量（吨） Quantity (ton)	占总量（%） Percentage	金额（千美元） Value (US$1000)
天然石墨	**Natural graphite**	**合 计**	**Total**	**70651**	**100.0**	**27443**
		朝鲜	D.P.R.Korea	68485	96.9	8155
		日本	Japan	1070	1.5	14238
		德国	Germany	369	0.5	1261
		美国	United States	248	0.4	1392
		中国	China	153	0.2	807
		英国	United Kingdom	125	0.2	545
		瑞士	Switzerland	77	0.1	340
		其他国家或地区	Other Countries or Regions	123	0.2	705
高岭土	**Kaolin**	**合 计**	**Total**	**390697**	**100.0**	**117576**
		美国	United States	279951	71.7	71277
		巴西	Brazil	64643	16.5	17042
		英国	United Kingdom	19336	4.9	4406
		德国	Germany	5099	1.3	1491
		日本	Japan	4155	1.1	18240
		澳大利亚	Australia	3592	0.9	1733
		朝鲜	D.P.R.Korea	3297	0.8	172
		葡萄牙	Portuguese	2568	0.7	395
		法国	France	2233	0.6	832
		中国台湾	Taiwan,China	1295	0.3	596
		其他国家或地区	Other Countries or Regions	4528	1.2	1392
重晶石	**Barite**	**合 计**	**Total**	**4310**	**100.0**	**636**
		缅甸	Myanmar	3076	71.4	40
		朝鲜	D.P.R.Korea	537	12.5	32
		韩国	R.O.Korea	237	5.5	215
		西班牙	Spain	125	2.9	75
		中国	China	77	1.8	24
		泰国	Thailand	72	1.7	49
		德国	Germany	65	1.5	57
		其他国家或地区	Other Countries or Regions	121	2.7	143
大理石	**Marble**	**合 计**	**Total**	**9500606**	**100.0**	**1846719**
		土耳其	Turkey	4258160	44.8	894798
		埃及	Egypt	1849881	19.5	231557
		西班牙	Spain	564782	5.9	130397
		意大利	Italy	556378	5.9	154018
		伊朗	Iran	535206	5.6	98359
		巴基斯坦	Pakistan	492332	5.2	91301
		其他国家或地区	Other Countries or Regions	1243868	13.1	246288

进出口情况（2013年） 续表 7

Major Mineral Commodities (2013) Continued 7

	出 口 Exports						
占总值（%）Percentage	国家（地区）	Country (Region)	数量（吨）Quantity (ton)	占总量（%）Percentage	金额（千美元）Value (US$1000)	占总值（%）Percentage
100.0	**合计**	**Total**	**253116**	**100.0**	**276619**	**100.0**
29.7	日本	Japan	81403	32.2	86118	31.1
51.9	韩国	R.O.Korea	26183	10.3	88797	32.1
4.6	美国	United States	20811	8.2	19707	7.1
5.1	荷兰	Netherlands	19972	7.9	9327	3.4
2.9	印度	India	17649	7.0	11426	4.1
2.0	印度尼西亚	Indonesia	11780	4.7	1839	0.7
1.2	德国	Germany	11459	4.5	11874	4.3
2.6	其他国家或地区	Other Countries or Regions	63858	25.2	47532	17.2
100.0	**合 计**	**Total**	**1118022**	**100.0**	**108370**	**100.0**
60.6	中国香港	Hongkong, China	310776	27.8	9515	8.8
14.5	中国台湾	Taiwan, China	253498	22.7	9582	8.8
3.7	越南	Vietnam	94106	8.4	7751	7.2
1.3	日本	Japan	93231	8.3	16471	15.2
15.5	韩国	R.O.Korea	74631	6.7	8053	7.4
1.5	泰国	Thailand	54151	4.8	8265	7.6
0.1	马来西亚	Malaysia	44188	4.0	8135	7.5
0.3	菲律宾	Philippines	33769	3.0	3444	3.2
0.7	印度	India	31070	2.8	4682	4.3
0.5	印度尼西亚	Indonesia	28460	2.5	9154	8.4
1.3	其他国家或地区	Other Countries or Regions	100143	9.0	23318	21.6
100.0	**合 计**	**Total**	**2058846**	**100.0**	**279516**	**100.0**
6.3	美国	United States	1316762	64.0	158246	56.6
5.1	荷兰	Netherlands	185320	9.0	33258	11.9
33.7	沙特阿拉伯	Saudi Arabia	134549	6.5	15244	5.5
11.8	印度尼西亚	Indonesia	106555	5.2	12329	4.4
3.7	意大利	Italy	55103	2.7	9004	3.2
7.7	韩国	R.O.Korea	44146	2.1	8409	3.0
9.0	马来西亚	Malaysia	40359	2.0	7089	2.5
22.7	其他国家或地区	Other Countries or Regions	176053	8.5	35937	12.9
100.0	**合 计**	**Total**	**88064**	**100.0**	**18830**	**100.0**
48.5	中国台湾	Taiwan, China	61622	70.0	4325	23.0
12.5	印度	India	5100	5.8	2083	11.1
7.1	中国香港	Hongkong, China	4881	5.5	1054	5.6
8.3	意大利	Italy	4316	4.9	1343	7.1
5.3	泰国	Thailand	3842	4.4	1279	6.8
4.9	新加坡	Singapore	2386	2.7	2351	12.4
13.4	其他国家或地区	Other Countries or Regions	5918	6.7	6395	34.0

我国主要矿产品
China's Imports and Exports of

矿产品名称	Mineral Commodity	进口 国家（地区）	Imports Country (Region)	数量（吨） Quantity (ton)	占总量（%） Percentage	金额（千美元） Value (US$1000)
花岗石	**Granite**	**合 计**	**Total**	**5101057**	**100.0**	**1052787**
		印度	India	2879948	56.5	479023
		巴西	Brazil	999112	19.6	255287
		芬兰	Finland	315646	6.2	61306
		葡萄牙	Portuguese	225735	4.4	37126
		挪威	Norway	166783	3.3	49600
		南非	South Africa	63578	1.2	13061
		安哥拉	Angola	61874	1.2	12203
		西班牙	Spain	55627	1.1	12135
		澳大利亚	Australia	50618	1.0	10020
		其他国家或地区	Other Countries or Regions	282137	5.5	123025
菱镁矿	**Magnesite**	**合 计**	**Total**	**144808**	**100.0**	**58751**
		朝鲜	D.P.R.Korea	130806	90.3	23566
		日本	Japan	7127	4.9	20774
		以色列	Israel	2249	1.6	8318
		韩国	R.O.Korea	1437	1.0	481
		美国	United States	1049	0.7	1854
		墨西哥	Mexico	406	0.3	491
		澳大利亚	Australia	369	0.3	235
		荷兰	Netherlands	233	0.2	293
		其他国家或地区	Other Countries or Regions	1133	0.7	2739
石膏	**Gypsum**	**合 计**	**Total**	**86452**	**100.0**	**16206**
		泰国	Thailand	66786	77.3	5175
		西班牙	Spain	12786	14.8	4085
		美国	United States	2293	2.7	2408
		日本	Japan	1134	1.3	2230
		意大利	Italy	837	1.0	283
		德国	Germany	750	0.9	728
		巴西	Brazil	518	0.6	144
		英国	United kingdom	462	0.4	559
		其他国家或地区	Other Countries or Regions	885	1.0	594
石棉	**Asbestos**	**合 计**	**Total**	**202866**	**100.0**	**71791**
		俄罗斯	Russian	178243	87.9	63860
		哈萨克斯坦	Kazakhstan	24622	12.1	7902
		比利时	Belgium	1		2
		德国	Germany			9
		美国	United States			18
		法国	France			

进出口情况（2013年） 续表8
Major Mineral Commodities (2013) Continued 8

占总值（%） Percentage	出口	Exports				
	国家（地区）	Country (Region)	数量（吨） Quantity (ton)	占总量（%） Percentage	金额（千美元） Value (US$1000)	占总值（%） Percentage
100.0	**合 计**	**Total**	**865406**	**100.0**	**97670**	**100.0**
45.5	中国台湾	Taiwan, China	597539	69.0	15694	16.1
24.2	德国	Germany	53564	6.2	2777	2.8
5.8	荷兰	Netherlands	46688	5.4	1844	1.9
3.5	韩国	R.O.Korea	38642	4.5	13444	13.8
4.7	新加坡	Singapore	25433	2.9	42046	43.0
1.2	泰国	Thailand	13243	1.5	2584	2.6
1.2	挪威	Norway	12555	1.5	705	0.7
1.2	日本	Japan	12169	1.4	1010	1.0
1.0	土耳其	Turkey	10721	1.2	872	0.9
11.7	其他国家或地区	Other Countries or Regions	54851	6.4	16695	17.2
100.0	**合 计**	**Total**	**1934655**	**100.0**	**529580**	**100.0**
40.1	日本	Japan	428598	22.2	106740	20.2
35.4	美国	United States	262538	13.6	81408	15.4
14.2	荷兰	Netherlands	241215	12.5	68527	12.9
0.8	韩国	R.O.Korea	212151	11.0	46662	8.8
3.2	中国台湾	Taiwan, China	186560	9.6	31041	5.9
0.8	马来西亚	Malaysia	62523	3.2	9504	1.8
0.4	泰国	Thailand	56418	2.9	12227	2.3
0.5	巴西	Brazil	46090	2.4	29208	5.5
4.6	其他国家或地区	Other Countries or Regions	438562	22.6	144262	27.2
100.0	**合 计**	**Total**	**276043**	**100.0**	**22698**	**100.0**
31.9	越南	Vietnam	97480	35.3	2413	10.6
25.2	韩国	R.O.Korea	74284	26.9	3388	14.9
14.9	日本	Japan	22563	8.2	3110	13.7
13.8	中国台湾	Taiwan,China	22144	8.0	1588	7.0
1.7	蒙古	Mongolia	16582	6.0	742	3.3
4.5	俄罗斯	Russian	10368	3.8	451	2.0
0.9	刚果(布)	Congo	8068	2.9	419	1.8
3.4	中国香港	Hongkong, China	4444	1.6	1409	6.2
3.7	其他国家或地区	Other Countries or Regions	20109	7.3	9177	40.5
100.0	**合 计**	**Total**	**52860**	**100.0**	**22502**	**100.0**
89.0	印度尼西亚	Indonesia	32355	61.2	13184	58.6
11.0	印度	India	7557	14.3	3757	16.7
	泰国	Thailand	4679	8.9	1714	7.6
	越南	Vietnam	2178	4.1	842	3.7
	菲律宾	Philippines	1102	2.1	495	2.2
	中国台湾	Taiwan,China	854	1.6	363	1.6
	其他国家或地区	Other Countries or Regions	4134	7.8	2147	9.6

我国主要矿产品
China's Imports and Exports of

矿产品名称	Mineral Commodity	进口 Imports				
		国家（地区）	Country (Region)	数量（吨） Quantity (ton)	占总量（%） Percentage	金额（千美元） Value (US$1000)
水泥	**Cement**	合 计	**Total**	**659118**	**100.0**	**38197**
		日本	Japan	390799	59.3	15833
		越南	Vietnam	230476	35.0	10261
		中国台湾	Taiwan,China	14844	2.3	666
		泰国	Thailand	6442	1.0	975
		法国	France	4685	0.7	2236
		荷兰	Netherlands	3262	0.5	2557
		美国	United States	2331	0.4	2632
		中国澳门	Macao,China	1768	0.2	127
		其他国家或地区	Other Countries or Regions	4511	0.6	2911
滑石	**Talc**	合 计	**Total**	**35852**	**100.0**	**18288**
		朝鲜	D.P.R.Korea	15366	42.9	1809
		韩国	R.O.Korea	3039	8.5	2004
		巴基斯坦	Pakistan	2992	8.3	560
		美国	United States	2480	6.9	2225
		奥地利	Austria	2456	6.9	1851
		荷兰	Netherlands	2224	6.2	1877
		日本	Japan	2088	5.8	3451
		其他国家或地区	Other Countries or Regions	5207	14.5	4513
萤石	**Fluorite**	合 计	**Total**	**137620**	**100.0**	**21383**
		蒙古	Mongolia	128275	93.2	19450
		朝鲜	D.P.R.Korea	4623	3.4	210
		中国香港	Hongkong, China	3875	2.8	1422
		俄罗斯	Russian	371	0.3	65
		缅甸	Myanmar	308	0.2	30
		马来西亚	Malaysia	75	0.1	26
		印度	India	30		9
		韩国	R.O.Korea	14		14
		其他国家或地区	Other Countries or Regions	48		156
天然硼酸盐及硼酸	**Natural borate and boracic acid**	合 计	**Total**	**298060**	**100.0**	**119141**
		土耳其	Turkey	276033	92.6	113328
		玻利维亚	Bolivia	17585	5.9	4622
		阿根廷	Argentina	2690	0.9	542
		智利	Chile	795	0.3	235
		伊朗	Iran	440	0.1	172
		美国	United States	420	0.1	174
		其他国家或地区	Other Countries or Regions	98		68
天然硼砂及精矿	**Natural borax and concentrate**	合 计	**Total**	**31250**	**100.0**	**10038**
		玻利维亚	Bolivia	15578	49.8	5220
		土耳其	Turkey	14640	46.8	4449
		智利	Chile	960	3.1	323
		中国	China	50	0.2	28
		美国	United States	20	0.1	16
		中国台湾	Taiwan, China	1		1
		其他国家或地区	Other Countries or Regions	1		2

注：一些矿产品的进口量或出口量由于数量较小，只列出了合计数而未按国别分列。

Note: Few sums of imports or exports of some mineral commodities are not divided by country because of the comparatively small amount of that.

资料来源：中国海关统计数据。

Source：China Customs statistical data.

进出口情况（2013年） 续表 9

Major Mineral Commodities (2013) Continued 9

占总值（%） Percentage	出 口 Exports						
	国家（地区）	Country（Region）	数量（吨） Quantity（ton）	占总量（%） Percentage	金额（千美元） Value（US$1000）	占总值（%） Percentage
100.0	合 计	**Total**	**14542033**	**100.0**	**795983**	**100.0**
41.5	安哥拉	Angola	2239604	15.4	121853	15.3
26.9	蒙古	Mongolia	1542894	10.6	79558	10.0
1.7	澳大利亚	Australia	1315069	9.0	59778	7.5
2.6	刚果(布)	Congo	981636	6.8	51293	6.4
5.9	喀麦隆	Cameroon	945543	6.5	56827	7.1
6.7	中国香港	Hongkong, China	826316	5.7	45311	5.7
6.9	肯尼亚	Kenya	698192	4.8	26450	3.3
0.3	新加坡	Singapore	666032	4.6	32210	4.1
7.5	其他国家或地区	Other Countries or Regions	5326749	36.6	322702	40.6
100.0	合 计	**Total**	**661853**	**100.0**	**166784**	**100.0**
9.9	日本	Japan	123211	18.6	36563	21.9
11.0	泰国	Thailand	104832	15.8	33854	20.3
3.1	韩国	R.O.Korea	87296	13.2	15641	9.4
12.2	印度尼西亚	Indonesia	81059	12.2	16170	9.7
10.1	美国	United States	73470	11.1	19827	11.9
10.3	中国台湾	Taiwan, China	41328	6.2	5396	3.2
18.8	马来西亚	Malaysia	20970	3.2	5484	3.3
24.6	其他国家或地区	Other Countries or Regions	129688	19.7	33850	20.3
100.0	合 计	**Total**	**453580**	**100.0**	**137637**	**100.0**
91.0	荷兰	Netherlands	71593	15.8	21757	15.8
1.0	韩国	R.O.Korea	71321	15.7	18366	13.3
6.7	日本	Japan	69244	15.3	20632	15.0
0.3	美国	United States	60935	13.4	21556	15.7
0.1	印度	India	60123	13.3	18071	13.1
0.1	加拿大	Canada	44805	9.9	13961	10.1
	中国台湾	Taiwan, China	27123	6.0	7149	5.2
0.1	比利时	Belgium	15710	3.5	5440	4.0
0.7	其他国家或地区	Other Countries or Regions	32727	7.1	10705	7.8
100.0	合 计	**Total**	**470**	**100.0**	**238**	**100.0**
95.1	日本	Japan	200	42.6	96	40.4
3.9	印度尼西亚	Indonesia	110	23.4	58	24.3
0.5	韩国	R.O.Korea	88	18.7	46	19.4
0.2	新西兰	New Zealand	66	14.0	20	8.2
0.1	马来西亚	Malaysia	4	0.9	15	6.1
0.1	爱沙尼亚	Estonia	2	0.4	4	1.6
0.1						
100.0	合 计	**Total**	**1198**	**100.0**	**768**	**100.0**
52.0	日本	Japan	344	28.7	219	28.5
44.3	韩国	R.O.Korea	300	25.0	189	24.6
3.2	马来西亚	Malaysia	190	15.9	120	15.6
0.3	印度尼西亚	Indonesia	150	12.5	84	11.0
0.2	朝鲜	D.P.R.Korea	119	9.9	64	8.4
	以色列	Israel	34	2.9	30	3.9
	其他国家或地区	Other Countries or Regions	61	5.1	62	8.0